移民与城市化

周大鸣 主编

中山大学出版社

·广州·

版权所有　翻印必究

图书在版编目（CIP）数据

移民与城市化/周大鸣主编. —广州：中山大学出版社，2019.12
ISBN 978-7-306-06750-0

Ⅰ.①移… Ⅱ.①周… Ⅲ.①移民安置—关系—城市化—研究—世界 Ⅳ.①D523.8 ②F299.1

中国版本图书馆 CIP 数据核字（2019）第 241639 号

出 版 人：	王天琪
策划编辑：	嵇春霞
责任编辑：	高　洵
封面设计：	林绵华
版式设计：	林绵华
责任校对：	罗梓鸿
责任技编：	何雅涛
出版发行：	中山大学出版社
电　　话：	编辑部 020-84110283，84111996，84111997，84113349
	发行部 020-84111998，84111981，84111160
地　　址：	广州市新港西路 135 号
邮　　编：	510275　传　真：020-84036565
网　　址：	http://www.zsup.com.cn　E-mail: zdcbs@mail.sysu.edu.cn
印 刷 者：	广州市友盛彩印有限公司
规　　格：	787mm×1092mm　1/16　20.5 印张　388 千字
版次印次：	2019 年 12 月第 1 版　2019 年 12 月第 1 次印刷
定　　价：	62.00 元

如发现本书因印装质量影响阅读，请与出版社发行部联系调换。

序

周大鸣

有一件事在微信上炒作得很厉害：广州杨箕村摆了1500桌酒席，有1.5万人左右来参加饭局，有500多人为这个饭局服务。实际上这样一种习俗在过去的乡村里，尤其在广东的乡村里是非常普遍、非常流行的。只要有大型仪式，就有这样大规模的宴席场面出现。如客家人举行仪式吃大盆菜，摆上百桌是很普通的一件事；珠三角的龙舟饭，全村人都来吃，并举行飘色活动，除了全村人一起吃饭外，每家还要包席请亲朋好友，包的席越多越有面子；一些少数民族的长龙宴，场面也极为壮观。为什么过去乡村习以为常的场面到了城市里会引起全国乃至世界的关注？城市人口密度高、规模大，反而更分散、更个性化。这就回到我们的话题。

从农村向城市转变的过程中，我们面临着文化的危机。过去，城市是在地域文化的基础上建立起来的，尽管千城一面，但每个城市的文化特色还是存在的。随着移民时代的到来，原有的以地域为基础的人群不再是城市的主要人口，那么，以地域为特征的城市文化能不能继续传承下去？

越来越多的小城市或者乡镇成为城市，它们成为城市后，原有的乡村民俗文化能不能在城市里保存下来，决定了一个大的都市能不能有它自己的文化特色。乡村有传统文化物质建筑这一套东西，比如祠堂、庙宇和土地，随着城市吞并村落，这些东西怎么办？广州猎德村是个城中村，村民把各个祠堂建在一起，所以你现在去猎德，可以看到在高楼大厦旁边有一排祠堂，原来猎德村的人还可以根据祠堂找到自己的村落。笔者在福建莆田看到，村落城市化后，人们把不同村的村庙搬到了同一座山上，这样他们还可以到这座山上去拜他们村里的庙，这是一种保存的方式。物质的东西还可以通过搬迁保存下来，但非物质文化遗产在一个城市里能不能流传下来，成为城市文化的一部分，尤其是本来只是一个区域性的乡村文化的东西能不能成为大城市移民文化中被大家认同的文化，这是很重要也很严肃的话题。

笔者在一些论坛里也提出过一个观点：以俗建雅。历朝历代都有把俗变雅的例子，因此，怎样把乡村里我们认为俗文化的东西变成城市里精英文化的东

西，作为一个城市的文化传承下去，就很重要。广州已经有了尝试，如黄埔区的波罗诞、天河区的乞巧节等，逐渐成为居民雅俗共赏的节日。也许，这些可以成为一种新的移民文化，能够整合成城市人群认同的一种东西。

笔者关注移民问题由来已久，在20世纪80年代后期开始研究外来工，2000年主持建立了中山大学移民与族群研究中心（以下简称"中心"），组织团队对移民进行研究，研究的成果大致可以分成如下几块。一是国内移民，包括对台湾人、农民工、散工、城市少数民族的研究；二是国际移民，包括对移入中国的国际移民的探讨，如对在广州的非洲人、韩国人、日本人的研究，也包括对海外华人的研究，如对德国华人、爱尔兰华人及东南亚华人的研究。

中心每年都会召开一次"移民与城市化"的讨论会，本书就是2015年讨论会的成果，共分为5编。

第一编讨论乡村向城市的转型，几个研究个案来自珠三角和长三角。从这些个案可以清楚地看到移民的进入对都市化的贡献，以及村落向都市发展的过程。包括对珠三角历史上的移民、城镇的发展，以及对移民结构与城镇特征的研究。

第二编探讨移民的社会适应状况，以爱尔兰华人、英国穆斯林，以及浙江、海南、珠三角移民为例进行了分析。

第三编是对城市边缘人群的研究，包括对城市散工、越南女工的调查和分析。

第四编从空间理论、社会网络视角探讨城市移民，选点主要是珠三角地区，分析了移民的网络资源及其利用情况，分析了新的公共空间、生活空间的形成。

第五编探讨城市问题与社会治理，分析了移民的进入与政府职能的转变，移民的医疗保险覆盖率、报销率，城市化与村民身份认同的变化，以及傣族水库移民在适应新居住地中的问题等。

笔者在《中国乡村都市化再研究——珠江三角洲的透视》一书中，对珠三角30多年的乡村都市化路程进行了探讨。在为这一具有中国特色的都市化发展模式感到震惊的同时，也需要思索乡村都市化的未来。在这转型节点，都市人类学的研究可以从以下5个方面切入。

第一，产业升级转型。曾经举足轻重、为珠三角乡村都市化做出重要贡献的"三来一补"① 企业已经退出历史舞台，国内民营企业日益占据经济发展的

---

① "三来一补"指来料加工、来样加工、来件装配和补偿贸易，是20世纪八九十年代我国利用外资的4种主要形式，对我国东部沿海地区尤其是珠三角地区的经济起步、腾飞起到了重要的作用。

重要位置。在"腾笼换鸟"和"双转移"①的宏观政策下，珠三角该如何立足原有产业优势、地理区位优势及人文环境进行产业结构升级转型，是当前所面临的关键问题。产业升级转型的同时，要理顺发展历程，处理好产业转型与社会发展相协调的问题。

第二，要通过"各自为政"到"统筹规划"的转变，处理好传统与现代兼容的城市规划问题。在30多年的乡村都市化过程中，珠三角地区当时所有的规划、建设都是各村、各镇自行决定与实施的，这一方面发挥了乡村的自主性与积极性，另一方面也产生了日益明显的缺少大区域视角的统筹规划问题，这给今后更深层次的都市化建设带来了挑战。虽然村庄或集镇的内部规划较为完善，但是，从整个珠三角来看，城市建设统筹规划仍十分迫切。而目前要实现村、镇、市级层面的统一规划与建设，各村、各镇原有的规划与建设路径将会是最大的阻力。

第三，城市新移民的社会治理与城市融合发展。《国家新型城镇化规划（2014—2020年）》指出，新型城镇化是人的城市化。②从流动人口、外来工到农民工，再到新移民，这是城市治理理念与都市环境的转变，"城市新移民"的概念与内涵已经日益被政府管理者和社会民众所认可。珠三角从乡村到城市的转型，离不开城市新移民的劳动与建设。数量庞大的城市新移民群体，其融入城市的过程必然会对社会秩序以及社会治理产生重要影响。一方面，要认识到城市新移民这一群体的复杂性与多元性，包括投资经营性移民、体力劳动型移民、智力型移民等。另一方面，在宏观制度设计层面上，要考量城市新移民的特点与现实需求；在微观层面上，要重视都市族群文化的融合。

第四，集体主义遗产的延续。20世纪八九十年代，珠三角地区的不少乡村将80年代初分田到户的土地再集中起来统一规划和开发利用，而村民则依据集体的收入进行分红，这种现象即新集体化。这种新集体化并不是人民公社化时代的复制，而是融合了全球化、都市化、现代化等因素的新时期的集体主义。笔者称之为"集体主义遗产"，它主要指的是土地资源的集体占有与村落共同体的延续。在珠三角村落的土地资源由村、小组集体统筹使用，土地的占有让村落集体拥有持续的经济收入时，集体分红等社区福利正日益增强村民对

---

① 广东在2008年开始实施"腾笼换鸟"政策。当时，在将近3万家加工贸易型企业中，超过三分之一的企业聚集在东莞各镇、村。当时广东省同时实施"腾笼换鸟"与"双转移"政策。"双转移"指的是产业转移和劳动力转移。

② 参见《国家新型城镇化规划（2014—2020年）》（http://www.gov.cn/zhengce/2014-03/16/content_2640075.htm。2015年11月23日访问）。该规划对新型城镇化的建设做出了整体的规划，提出了不少新的思路与设想。

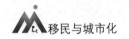

村落共同体的认同感，并强化"我村"与"他者"的区别与边界。从乡村转变为城市，这种集体主义文化并没有因为个体主义的发展而消失。

第五，乡村都市化的文化遗产传统与创新。城市并不只是一个地理单元，还是一个经济、社会和文化中心。珠三角已经从乡村向城市转变，这个过程还在进行，乡村都市化的发展并不是终点，而是更高水平都市化发展的基石。30多年的乡村都市化，融合了当地悠久的历史文化、国际化与现代化的因素，形成了具有独特性的城市文化。回溯乡村都市化发展历程，珠三角传统的民间文化、百姓智慧与侨乡社会网络扮演了重要的角色。推进新型城镇化建设既要继承乡村都市化文化的遗产，又要结合时代特色，吸纳多元文化，进行自我提升与创新。

目前，我国人类学研究的还多是偏西部的乡村，随着中国城市人口超过农村人口，加强对都市的研究刻不容缓。笔者主持《移民与城市化》专集，希望一集一集连续做下去，也希望能以此引领新一代人类学学子更多地进入都市研究。

是以为序。

周大鸣
2017 年 11 月 6 日

目　　录

第一编　从乡土中国到都市中国 ……………………………………… 1

 第一章　从乡村到城市
    ——以广东省东莞市虎门为例 …………………………… 3
 第二章　城乡二元与乡村都市化
    ——广东省佛山市南海区民乐地区社会整合研究 ……… 17
 第三章　没有"村民"的村落：传统村落的转型及其现代性特征 …… 33
 第四章　"城乡连续统"框架下新型城镇化社区样态研究
    ——以河南省新乡市 Z 社区为例 ………………………… 46

第二编　城市新移民与社会适应 ……………………………………… 57

 第五章　爱尔兰中国移民的现状与趋势 ………………………………… 59
 第六章　英国穆斯林移民及社会融入的困境：历史、现实和展望 …… 74
 第七章　融合与区隔：三亚冬季穆斯林移民的社会适应研究 ………… 89
 第八章　代际更替、再社会化与非自愿性移民的城市融入
    ——基于贵州省城镇移民市民化问题的政策评估与研究 … 102
 第九章　从"二元"到"融洽"
    ——以广东省佛山市南海区西樵民乐为例 ……………… 114

第三编　城市边缘群体 ………………………………………………… 127

 第十章　中国沿海城市散工的现实状况与学理分析 …………………… 129
 第十一章　城市个体化新移民与一个教会的跨族界宗教实践
    ——一项应用并反思"宗教市场论"的教会拓殖过程研究
    ………………………………………………………………… 144

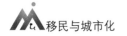

第十二章　构建"关系"：河口镇越南女工的职业流动与社会资本研究……………………………………………………………………… 161

第四编　空间、社会网络与传统复兴…………………………… 173

第十三章　新农村建设：农村发展类型与劳动力人口流动……… 175
第十四章　关于"村中城"地方经济网络的探讨
　　　　　——以广东省佛山市南海区民乐地区为例…………… 194
第十五章　经济、网络与公共空间
　　　　　——城市新移民的生存图景………………………………… 209
第十六章　快速城镇化背景下中国外来移民空间分异研究
　　　　　——以广东省广州市为例………………………………… 227
第十七章　城镇化进程中的民俗复兴与地方再造
　　　　　——以广东省中山市小榄镇菊花会研究为例………… 251

第五编　城市问题与社会治理…………………………………… 267

第十八章　移民与汕头经济社会发展的战略新思路……………… 269
第十九章　论新市民城市融入过程中的政府职能问题…………… 282
第二十章　"城中村"城市化进程中村民身份的解构与再构
　　　　　——以广东省广州市长湴村为例………………………… 293
第二十一章　水库移民与社区可持续发展探析
　　　　　　——以云南省红河州一个傣族村寨为例…………… 307

后　　记………………………………………………………………… 319

第一编

从乡土中国到都市中国

第一章　从乡村到城市
——以广东省东莞市虎门为例

本章从文化转型的视角，以东莞虎门为例，探讨乡村向城市的转型。选择虎门是基于笔者的经验观察和学术研究积累，笔者多次前往虎门，目睹了虎门从乡村到城市的变化。第一次是1979年，当时为太平镇，镇上只有两三条狭窄破烂的街道，与一般的小镇没有什么区别。20世纪90年代初，在虎门进行乡村都市化的课题研究，在虎门镇对南栅、大宁、龙眼等村落进行调查。2000年后，因研究城市新移民课题、乡村都市化再研究课题等，笔者又多次到过虎门。①

一、相关概念的讨论与虎门的巨变

（一）乡村与城市：概念与现实

费孝通认为，从基层看，中国社会是乡土性的。② 他指出，中国基层社会"不流动是从人和空间的关系上说的，从人和人在空间的排列关系上说就是孤立和隔膜。孤立和隔膜并不是以个人为单位的，而是以一处住在的集团为单位的"③。中国农村具有如下特征：乡土束缚、家族中心、小农经济、自给自足的生产方式、闭塞的空间、循环的地权、灌溉农业、有机循环、单一经济、复杂的政治结构等。④ 从传统意义的角度来看，乡村往往具有较为封闭、固定的地理空间，以农业生产为主要的生计模式，以亲缘关系为主要的社会交往纽

---

① 参见周大鸣《安海与虎门：闽粤集镇的市镇化比较》，载《广州社会》1997年第1期；《中国乡村都市化研究》，中山大学出版社1996年版；《中国乡村都市化再研究——珠江三角洲的透视》，社会科学文献出版社2015年版。

② 参见费孝通《费孝通文集》（第5卷），群言出版社1999年版，第316页。

③ 费孝通：《费孝通文集》（第5卷），群言出版社1999年版，第318页。

④ 参见刘创楚、杨庆堃《中国社会——从不变到巨变》，香港中文大学出版社1989年版，第71~75页。

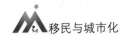

带，建立在以家为核心的血缘关系的基础之上。另外，乡村还具有一套国家控制之外的民间整合模式，土地神、庙宇等成为乡村社会整合的重要因素。在珠三角地区，很多村落都有自己的土地社。李翠玲所研究的中山永宁社区，所辖的12个小区（自然村）中共有社坛54座。①徐红用"乡民社会"这个概念来指称古代中国以礼俗和宗法为主要特征的社会形态模式。她认为，社会价值观念的一元化与恒定化、社会成员主体意识的极端弱化、社会基层组织的门阀化和帮派化是这种"乡民社会"的主要特点。②在全球化和现代化浪潮席卷下，乡村已经不再只是一个封闭式的地理单元。"流动"已经成为改革开放以来中国乡村发展的主要特征之一。自20世纪80年代开始出现的农村劳动力迁移，以及随后出现的"打工妹""打工仔""农民工"等称呼，无疑都表明城市与乡村之间的流动日益频繁，联系日益密切。

与乡村相比，城市则是有着更加多元、开放特质的人类聚落。城市作为一个不同于乡村的聚合体，具有"经济角色、政治角色、文化角色和流通角色四种职能"③。刘易斯·芒福德从社会与文化的角度系统地阐述了城市的起源和发展，并展望了远景。在他看来，城市最终的任务是促进人们自觉地参加宇宙和历史的进程，通过感情上的交流、理性上的传递和技术的精通熟练，尤其是通过激动人心的表演，从而扩大生活各个方面的范围，这是历史上城市的最高职责。④城市（都市）作为一个现代话语，与中国古代"城市"不同。古代的城是指城墙，而市则是人们进行交易的场所。如果说传统乡村社会是一种机械团结，那么，现代城市社会则更多是一种有机团结。在我国，城市、城镇等概念具体指代的内容略有差异，本章并不过多地在概念上细分。本章所说的城市与乡村不仅是一个地理概念或经济学概念，还是一个更多考虑社会文化因素的概念，包括居民对城与乡的感知与认同。中华人民共和国成立后，乡村与城市的关系发生了几次转折。一是在中华人民共和国成立伊始，全国响应中央的号召，支持城市的发展，发展国家的重工业；二是知识青年上山下乡，城市青年支援农村的建设，但这还只是以城市的建设为中心；三是改革开放后，国家重点发展东部沿海城市，大量农村劳动力投入东部沿海城市的建设和发展

---

① 参见李翠玲《社神崇拜与社区重构——对中山市小榄镇永宁社区的个案考察》，载《民俗研究》2011年第1期。
② 参见徐红《从"乡民社会"走向"公民社会"——对中国社会发展模式的评析》，载《上海大学学报》（社会科学版）2004年第2期。
③ 周大鸣：《现代都市人类学》，中山大学出版社1997年版。
④ 参见［美］刘易斯·芒福德著，宋俊岭、倪文彦译《城市发展史——起源、演变和前景》，中国建筑工业出版社2005年版，第586页。

中；四是 21 世纪初期，国家开始建设新农村，将大量的财力、物力投入乡村的扶贫开发中。改革开放 40 多年以来，东部沿海地区的乡村通过工业化等形式获得了快速的发展，"村村点火，户户冒烟"是其生动形象的描述。珠三角地区的"三来一补"企业最负盛名，通过引进外资，在村里建起了一栋栋厂房，将土地资源、劳动力资源转变为乡村发展的动力机制。

什么是城市化？不同学科定义的侧重点不同。地理学侧重的是地理景观、空间结构和城市体系的变化；经济学主要从产业结构的转变研究城市化，认为在城市化过程中，产业结构由农业转变为非农产业；人口学关注的是人口的迁移，认为人口从农村向城市聚集的过程就是城市化；而人类学对城市化的理解，更多地关注乡村的生活方式如何转变为都市的生活方式。有人类学学者认为，"都市化并非简单地指越来越多的人居住在城市和城镇，而是指城市与非城市之间的往来和联系越来越密切的过程"[1]。在改革开放前，我国的城市化水平较低，发展速度缓慢，甚至曾经处于停滞状态。改革开放后，尤其是 20 世纪 90 年代末期，我国城市化发展迅速，不论是东部沿海城市，还是中西部中小城市，都以惊人的发展速度经历城市化的过程。

（二）乡村都市化：理解珠三角都市化的理论视角

笔者曾在 1995 年就乡村都市化的研究提出以下观点，"从珠江三角洲的乡村都市化实践来看，乡村都市化不是都市化的终结，而是都市化的开始"[2]。借鉴前人的研究，笔者将"城市与乡村相互影响，乡村文化与城市文化接触后产生了一种整合的社会理想，既有农村文明，又有城市文明的成分"的现象称为"乡村都市化"。随着乡村都市化而来的是城乡差别的缩小，农村的生产力结构、生产经营方式、收入水平及结构、生活方式、思维观念等与城市逐渐接近并趋向同一。从人口来看，一方面是居住在都市中的人增加了，另一方面是享有都市化生活方式的人增加了；从空间来看，一方面是原有都市的扩展，另一方面是乡村的就地都市化；从过程来看，经历着村的集镇化、乡镇的市镇化，县城和小城市的大都市化及大中城市的国际化这么几个阶段。[3]

从我国的都市化发展路径来看，都市化主要包括原有城市的扩大、人口向城市集中的都市化和农村的在地都市化。乡村都市化是乡村的在地都市化，是我国都市化发展的重要路径。在珠三角地区，广大乡村凭借自身毗邻港澳的地

---

[1] G. E. Guldin, *Urbanizing China.* Westport: Greenwood Press, 1992.
[2] 周大鸣：《论珠江三角洲的乡村都市化》，载《开放时代》1995 年第 3 期。
[3] 参见周大鸣、郭正林《论中国乡村都市化》，载《社会科学战线》1996 年第 5 期。

理位置，借助国家改革开放的政策，通过多方渠道引进外资，在村内发展工业，创造了乡村都市化的一个又一个奇迹。笔者认为，珠三角近40年的都市化可以分为4大类：一是村的集镇化，二是乡镇的市镇化，三是县城和小城市的大都市化，四是大中城市的国际化。村的集镇化和乡镇的集镇化都可以看作乡村都市化的类型。①

(三) 虎门镇区巨变：从集镇到都市

虎门位于东莞的西南面，在珠江入海口的东面，南面靠海，并与深圳宝安隔海相望，北接东莞厚街镇，面积约为178.5平方千米。虎门与中国近代历史进程紧密相关，境内有林则徐销烟旧址、威远炮台、鸦片战争博物馆等。截至2013年，虎门镇辖30个社区，常住人口为64.42万人，户籍人口为13.06万人，出生人口为5014人，出生率9.59‰。② 2014年，虎门全镇生产总值416亿元，同比增长7.9%，实际利用外资、合同利用外资分别为1.9亿美元、1.3亿美元。③虎门企业和个体工业发达，以2013年为例，全镇新增企业和个体工商户5332户，总量达到50410户，增长11.8%。④

今日的虎门镇区，旧时为太平镇所在地。1983年10月，虎门废除人民公社体制，并于1985年合并太平镇，形成现在的虎门镇辖区的大致范围。1978年，中国发生了具有历史转折意义的变革——党的十一届三中全会召开，之后党和国家的工作的重心开始转移到经济建设工作上来。而在此之前的数月，全国第一家"三来一补"企业——太平手袋厂正式投产，该手袋厂就位于现在虎门镇区的则徐社区。⑤而在1979年3月，中国农村第一家"三来一补"企业——诞生于虎门人民公社管辖的龙眼村，该企业为龙眼村村民张细从香港回乡创办。为了加强对"三来一补"企业的管理并促进虎门经济的发展，虎门公社于1979年设立对外来料加工办公室（即目前虎门有些社区居委会仍保留的社区机构——"加工办"）。该机构负责引进"三来一补"企业，并协助外商办理开办"三来一补"企业的各项事务，直到2008年经济危机前，都在虎

---

① 参见周大鸣《现代都市人类学》，中山大学出版社1997年版，第223页。
② 参见《虎门年鉴》编纂委员会编《虎门年鉴·2014》，广东人民出版社2014年版。
③ 参见曲洪淇《2015年虎门镇政府工作报告》（http://www.humen.gov.cn/html/20150302/42340.shtml，2015年11月25日访问）。
④ 参见《虎门年鉴》编纂委员会编《虎门年鉴·2014》，广东人民出版社2014年版。
⑤ 中共十一届三中全会于1978年12月18—22日召开，而太平手袋厂于1978年9月15日正式投产。

门经济发展过程中充当重要的角色。① 自 1981 年虎门推行家庭联产承包责任制后，各村各生产队分田到户，农村劳动力得到解放，各村的"三来一补"企业、村集体企业等如雨后春笋般出现。笔者曾于 20 世纪 90 年代初期来到虎门，开展乡村都市化的课题研究，走访了虎门多个村落，包括南栅、北栅、大宁等。当时的虎门镇区已经在向小城市的形态发展，与 1979 年笔者第一次来虎门的状况完全不同。1979 年的虎门只有几条破旧的街道，和普通的集镇区别不大。而到了 20 世纪 90 年代，汽车、商铺、饭馆、旅馆、KTV 已经在镇上出现②，所到的这些村落已经具备一般城市生活的基础设施和条件。以虎门大宁村为例，以前大宁村村民需要去虎门镇上购物，现在可以直接在村里的超市买东西，村民都不愿意转为镇上的居民户口了。事实上，从改革开放至 21 世纪初，虎门的都市化发展十分迅猛，归结起来，与"改革""三来一补"密切相关。作为全国"三来一补"企业的诞生地，虎门借助"三来一补"企业的发展累积了工业化和都市化发展的原始资本，并在这个过程中通过不断自我改革，创造出一个有利于企业发展的社会环境，"开放""服务好"等因素成为诸多外商选择在虎门投资的重要原因。③

都市化发展的道路是曲折的，珠三角地区尤其是包括虎门在内的东莞市由于过度依赖"三来一补"企业，产生了不少问题，在最近几年的金融危机中遭受重创。2008 年后，整个珠三角地区开始转型。在"腾笼换鸟"政策下，劳动力成本增加，大量的劳动力密集型企业开始搬向内陆城市或者东南亚各国。因此，虎门也面临产业结构的转型。其中，时尚服装、电商、物流成为新时期产业转型的关键。服装产业是虎门经济发展的支柱产业，自 1996 年举办第一届中国镇级服装交易会（以下简称"服交会"）至今已经连续举办 20 多届，每届服交会都突显虎门服装产业的最新发展动态。以 2015 年 11 月底举办的第 20 届服交会为例，为期 4 天的服交会将时尚融入服交会的全过程，成为虎门服装产业转型的亮点。最近几年，借助便捷的交通区位优势，虎门大力发展物流业，各大物流公司、快递公司都在虎门设立分公司、中转站等，以虎门

---

① 笔者曾向虎门大宁村"加工办"谭主任请教过"加工办"的职能、历史与现状。他认为，"加工办"是旧称，虽然还继续做这方面的工作，但现在都在转型，主要是服务国内民营企业了，包括大宁在内的整个虎门，外资企业都在减少，国内民营企业已经占绝大多数。以大宁村为例，在将近 300 家企业中，外资企业为 44 家。

② 根据《东莞市虎门镇志》的记载，1990 年 6 月龙泉宾馆开设虎门第一家卡拉 OK 歌舞厅，12 月 26 日开业的虎门美佳超级商场为东莞市第一家超市。

③ 时至今日，虎门常年占据全国百强镇前十位，2007 年为全国百强镇第一名，但是虎门镇政府大楼依旧为 20 世纪所建，甚至下面各村的村委（社区）大楼都比它豪华和气派。

大宁村为例,方圆约5平方千米的村域范围内有中国邮政、圆通、亚风等物流、快递公司20多家。物流、服装行业的发展使虎门电商行业走在全国乡镇的前列。①

虎门一方面要进行产业结构转型,另一方面还面临着社会转型。与珠三角其他地区一样,如何解决外来人口的管理问题、增强外来人员的城市归属感成为虎门社会治理创新的重要内容。在此,笔者以新莞人的新型社区为例进行简要说明。自2007年起,"新莞人"成为劳动在东莞各地的数量庞大的城市新移民的新称谓。根据与虎门新莞人新型社区——民泰社区副书记的访谈,2009年,东莞市政府在南城、东城、虎门和樟木头等建有大量商业楼盘的地方试点成立新型社区——新莞人社区,虎门也在同年设立新型社区——民泰社区,负责接收新莞人落户虎门,解决其户籍问题。民泰社区成立6年,目前社区共有3300人左右。以前入户是由楼盘所属的社区进行管辖。社区一般由地方管辖,有经济、政治等功能,如收租,而民泰社区是服务性社区,不用交任何管理费用,其费用全由政府支出,办公室都是租的,没有社区自身的土地和物业。2015年政府拨款40万元给民泰,帮助社区400多个小孩买医疗保险。另外,社区的所有工作人员都是从政府其他部门抽调过来的。②

与此同时,常年实行的镇一级行政管辖权则在一定程度上束缚了虎门向大都市发展的进程。而一直以来,虎门与长安镇都呼吁设立县级市,以顺应都市化发展的趋势。2014年国家发改委发布《国家新型城镇化综合试点方案》,虎门成为撤镇设市设区的试点。从行政管理权限的角度来看,这为虎门迈向新型城市奠定了基础。总之,虎门从乡村到城市的都市化发展之路又有了更进一步的延伸和拓展。

二、村落的终结还是农民的终结?——3个村落的乡村都市化叙事

法国社会学家孟德拉斯以法国农村的现代化道路为背景,分析了欧洲乡村

---

① 根据《虎门服装电子商务调研报告》,目前虎门从事电子商务的企业及个体约5000家,90%以上为服装类企业。在阿里巴巴1688平台上,注册地在虎门的诚信通商家数量有3562家,超过90%为服装类企业。其中,年销售额超过1000万元的有523家,超过10亿元的有两家。同时,根据阿里巴巴提供的增长数据估算,2013年全镇电子商务交易额达219亿元。2014年,虎门建设的中国电商产业园投入使用,并举办了首届虎门国际电商节。可参考新闻报道《第一届虎门国际电商节今开幕 助推服装产业》(http://www.sjfzxm.com/news/difang/20140625/391137.html)。

② 根据2015年7月20日与虎门民泰社区叶书记的访谈内容。

社会在第二次世界大战以后的变迁过程。在他看来,传统意义上的自给自足的农民已经不存在了,传统意义上的农民正走向终结,即所谓的小农走向终结,他将农村从事家庭经营、以营利和参与市场交换为生产目的家庭经营体看作一种"企业"。① 改革开放以来,我国村落数量锐减。② 李培林通过对广州石牌村、冼村等40多个"城中村"的调查研究,把最具有代表性的特征和故事提炼出来,并形成一个"城中村"的理想类型——羊城村,分析了村落走向终结过程中的变迁逻辑。③

(一)龙眼:从中国第一家农村"三来一补"企业的诞生地到城市社区

龙眼村是我国农村第一家"三来一补"企业的诞生地。而今,龙眼社区已成为一个具有都市特征的社区。在3平方千米范围内,生活着将近3000本地居民和超过30000的新莞人。2013年,社区和小组总收入过亿元,纯收入超过7000万元。拥有超过500家的企业,其中外资企业不到30家。龙眼村是一个单姓村④,以张姓村民为最多数。经过30多年的发展,龙眼村经济发生了翻天覆地的变化。工农业总产值从1979年的58.8万元提高到1993年的6500万元。⑤ 在1994年,整个龙眼村的纯利润达到4000万元,是1978年利润的1143倍。⑥

(二)南栅:村庄里的新莞人

在超过8平方千米的南栅村落范围内,生活着超过5万人的新莞人,他们分别在这个村里的6个工业区从事制衣、电子、塑胶、五金等工作。虽然在政府的层面上,"新莞人"称号的提出是为了促进他们与本地人的融合,但在田野调查中,笔者发现这些新莞人与本地村民依旧处于隔离状态,形成了新的

---

① 参见〔法〕H. 孟德拉斯著,李培林译《农民的终结》,社会科学文献出版社2005年版。
② 从1985年到2001年,在这不到20年的时间里,中国村落的个数由于城镇化和村庄兼并等,从940617个锐减到709257个。仅2001年一年,中国那些延续了数千年的村落就比2000年减少了25458个,平均每天减少约70个。参见李培林《村落的终结——羊城村的故事》,商务印书馆2004年版,第1页。
③ 参见李培林《村落的终结——羊城村的故事》,商务印书馆2004年版。
④ 这里所说的单姓村,并不是说只有一个姓氏,而是以一个姓氏为主,比如大宁村,有谭、张、苏、梁、陈等20多个姓氏,但以谭氏人数为最多,占了六成以上,全村2800多人,谭氏村民有1000多人。
⑤ 参见李秀国《龙眼志:中国新型社区的岭南标本》,上海古籍出版社2015年版,第68页。
⑥ 参见李秀国《龙眼志:中国新型社区的岭南标本》,上海古籍出版社2015年版,第251页。

"二元社区"。笔者曾在10多年前基于珠三角农民工的调查结果提出了"二元社区","二元"指的是珠三角外来工与本地居民在城乡二元体制的影响下所形成的职业、收入、居住、地位等的差别。具体来说,即在现有户籍制度下,在同一社区(如一个村落和集镇),外来人与本地人在分配、就业、地位、居住上形成不同的体系,以至在心理上互不认同,构成所谓的"二元社区"。①骆腾以东莞增埗村为例,实证分析了改革开放以来伴随着工业化、都市化而产生的"二元社区"的形成过程。他指出,外来工与本地人的关系从开始的隔离逐渐变成融合,但二元社区没有根本消除,并且在新的历史时期产生了新的问题。②

新的二元社区,更多的区别在于不同群体的文化认同问题。经过几十年的乡村都市化,南栅本地人通过土地等资源累积了大量的资本,他们日益意识到本土资源和自我认同的重要性,从股权固化到修村史,无不突显出本地村民的认同强化与文化焦虑。新莞人与20世纪90年代活跃在珠三角工厂车间的农民工相比,内涵更具有多样性与丰富性。新莞人更具有城市新移民的文化意义,不仅包括体力劳动者,还包括各类投资经营者与智力型移民。另外,从政府和社区的层面来说,大量的公共服务已经开始面向社区所有人群,社区服务中心甚至专门开展针对新莞人及其子女的社工服务。"强制办暂住证"到"免费自愿办理居住证"的转变体现了政府的职能正从管理逐步向服务转变。在南栅的西头旧村等村落旧址,狭窄、破旧的老房子因为百余元甚至更低的月租价格而满足了大量新莞人的居住需求。这些区域已经形成了来自不同省份的新莞人聚居的社区。在这样的新莞人社区里,将会发生怎样的族群互动与文化触碰?在这一过程中,社区再造何以进行?将会形塑何种新的社区文化?在乡村都市化的推进中,这些社区又将面临什么样的转型?这需要进一步的观察与研究。

(三) 大宁:从村落自主到国家主导的都市化

大宁社区位于虎门镇东南方,东面挨着S358省道(原107国道),西北有广深珠高速公路出入口;占地面积5.5平方千米,全村共有3个自然村(大宁、博投、江门),包括6个居民小组,共有常住人口2827人,新莞人2.5万人。大宁社区自20世纪80年代以来,名称发生了多次变化,从"大宁大队"

---

① 参见周大鸣《外来工与"二元社区"——珠江三角洲的考察》,载《中山大学学报》(社会科学版)2000年第2期。
② 参见骆腾《冲突中的调适:城市二元社区新探——基于东莞市增埗村的实证研究》,载《广西民族大学学报》(哲学社会科学版)2009年第2期。

"大宁管理区""大宁村"到"大宁社区"。根据大宁村村史及对原村支书的访谈，大宁村①（当时称为"大宁大队"）在1979年引进了虎门农村第二家"三来一补"企业——大宁毛织厂，开启了乡村工业化和乡村都市化的发展之路。在1985年前后，大宁为了解决农村农田劳动力和工厂用工的矛盾，将2000亩水稻田中的1000多亩改为香蕉种植地，解放了村内大量劳动力；后来又继续开挖鱼塘，发展养殖业。在20世纪90年代初，开始大规模地建设大板地工业区，并将大宁规划成生活区、工业区和农田区等不同区域，大板地工业区主要占用原来村民不愿耕种的、偏远的山坡地。而在1979年前，大宁还是一个温饱问题都难以解决的贫困乡村。经过30多年的发展，大宁已经走在虎门乃至整个东莞地区乡村发展的前列。在乡村都市化的过程中，可以比较清楚地看到国家与村落两股不同的力量作用于大宁的都市化发展。1978年前后，大宁的村干部就开始四处动员香港的大宁人回来投资，村支书趁着组织香港的大宁人回乡看龙船和吃荔枝活动，积极动员这些乡亲回乡投资。在1979年，大宁毛织厂落户大宁。大宁自改革开放到2005年左右的这段乡村都市化进程，可以归结为乡村自主发展阶段。村内所有的规划、决策都与村支书息息相关。当时村干部人数少，村里的道路建设、工业区的建设等都由村干部组织村民开会决定。在这一过程中，国家在一定程度上缺席了，而大宁主要依靠自身的土地资源、社会网络资源、村干部等实现了从乡村到城市社区的工业化和都市化转变。而在2005年，大宁按照上级政府的要求，完成村改居工作，大宁村委会也变成大宁社区居委会。目前，村里有3套领导班子成员，分别是党工委、社区居委会、经济联社理事会。最近几年，虎门各村基本实现党工委书记与社区居委会主任"一肩挑"甚至党工委书记、社区居委会主任、经济联社理事长"一肩挑"的格局，国家的主导作用进一步强化。目前，大宁村设有行政办、宣教办、资产交易办、加工办、城建办、城管办、人民调节办、劳动就业服务办、治保会等职能部门，几乎是"虎门镇有什么部门，我们都有部门和他们对应"②。以城建部门为例，大宁现在大到道路修建，小到村民建房等，都需要严格按照政府的审批流程进行报批，而大宁城建部门没有最终的决定权，只有在取得政府部门的审批后才能开工建设。

---

① 事实上，现在不论是社区干部、普通村民，还是居住在大宁的新莞人，都依旧称呼大宁为"大宁村"。因此，笔者在这里也倾向于使用"大宁村"。

② 与大宁行政办主任访谈时，他如是说。

三、动力与机制：虎门乡村都市化

（一）全球化背景下的外资

改革开放以来，大量的外资涌入珠三角地区，"三来一补"企业成为东莞乃至珠三角地区乡村都市化资本积累的来源。改革开放后，外资的流入改变了政府是城市化的主要推动者的传统模式，外资成为珠三角城市化的新动力，它调动了地方政府发展经济和城镇化的积极性，创建了一种新的城市化模式，即"外向型城市化"。① 外资在虎门镇区及其各村投资办厂，工厂数量曾超过1400家，对虎门的经济社会发展产生了深远的影响。到1990年，虎门镇共引进资金4.2亿港元，引进先进设备3.2万台（套），新建厂房70万平方米，办起"三来一补"企业435家、"三资"企业75家，发展形成食品、服装、工艺、建材、皮革、家具、五金、通信、纺织毛织、电子电器十大支柱行业，产品畅销中国香港地区和欧洲、美洲、东南亚、中东等地。其中，1990年全镇工业品创汇达2606万美元，"来料加工"工缴费收入突破1亿港元。② 不论是引进全国农村第一家"三来一补"企业的虎门龙眼村，还是现在全村经济实力、集体福利最好的大宁村，都曾依靠外资起步。

（二）亲缘与地缘的社会网络

在引进外资的过程中，亲缘与地缘的社会网络关系发挥了重要的作用。不少研究都已经讨论过中国的企业借助宗族等传统组织和社会网络进行开拓市场、维持企业的正常运作的问题。在改革开放初期，珠三角乡村干部借助亲缘与地缘的社会网络，动员远在港澳台等地的乡人回乡投资办厂。翻阅虎门各村的有关历史资料，无不提到了当时村干部是如何通过这些社会网络获得外资的。这些远在香港的大宁籍人士不仅在投资办厂上发挥了关键的作用，还在修建祠堂、捐款、建寺庙等活动中充当了重要的角色。大宁村的谭氏祠堂里供奉着开基祖帷月公。村里老人协会的谭老先生说，在"文化大革命"期间，祠堂遭受破坏，现在所看到的祠堂为20世纪90年代重建的。当时，他远在香港

---

① 参见薛凤旋、杨春《外资：发展中国家城市化的新动力——珠江三角洲个案研究》，载《地理学报》1997年第3期。

② 参见《东莞市虎门镇志》编纂委员会编《东莞市虎门镇志》，广东人民出版社2010年版，第335页。

的兄弟回来捐钱，祠堂前面的两座狮子也是他们捐钱购买回来的。又如20世纪90年代，由村里的老人谭润兴发动在香港的亲戚带头捐钱，重修村里具有几百年历史的关帝庙和医灵宫。

（三）村庄精英

作为村庄精英的村干部在整个乡村都市化过程中的作用不容忽视。自改革开放到2000年这段时间，包括村支书在内的村干部多为同一批核心干部（不少村干部在改革开放初期时30多岁，2000年前后则为60多岁，达到退休年龄）。虽然村的称谓多次变革，但是村支书一直发挥着核心的作用。以虎门某村为例，老书记自20世纪60年代中期成为村干部，70年代开始担任村书记一直到前些年退休（在此期间，村的管理体制多次变化，如革委会、乡、管理区、村委会等）。30年的都市化发展主要是由老书记设想、规划和实施的，正如他所说："当时哪有什么规划、管理部门？那都是村干部商量决定的。不夸张地说，这村里每个厂房建设、每条道路修建都是我一手规划的，甚至道路旁边的树木怎么种都是我规划的。"

（四）传统的发明与资源的动员

虎门镇大部分村落为单姓村，当然并不是说没有其他姓氏，而只是说某个姓氏人口数量占某个村人口的绝大多数。事实上，珠三角地区多为这种类型的单姓村。他们以南雄珠玑巷为发祥地，随后迁移到珠三角各地，他们强调自己与水上居民的不同来源。随着不断的迁移，逐渐形成了珠三角单姓村的历史与现实。在乡村都市化的过程中，村里的老人组织力量修族谱，与其他同祖先的村落共同祭祖，邀请其他分支的人参加村里的公共活动，传统被延续与再发现。大宁村老年联谊会所是20世纪90年代初期成立的民间老人组织，由一批热心村内事务的老人组成。他们负责接待来自不同地方的谭氏宗族的人来参观和拜访，每年还组织谭氏族人祭拜祖先。他们还与香港的谭氏宗亲会、世界谭氏宗亲会、马来西亚谭氏宗亲会、中国谭氏宗亲会等联系，并发动村民捐款，在南雄珠玑镇动工兴建谭氏祖祠。现任会长谭会长准备将原有每3年一次的祖先大拜与公益活动结合起来，出资聘请专业的文化礼仪公司，将大宁谭氏宗族的历史重新挖掘出来，旨在对当下村集体产生社会效益和经济效益。

（五）后集体主义时代的土地与村落共同体

土地资源是珠三角从乡村转变为城市的重要资本。在虎门，不少村落在20世纪八九十年代通过出售土地获取发展集体经济的资金，一边开发，一边

出租或出售土地给前来投资的老板，获取资金后又进一步开发，推进乡村的工业化和都市化。由于土地资源的有限性，这样的发展路径注定是不可持续的。这意味着当发展到一定程度后，需要转型。时至今日，虎门26个村改居社区中，拥有未开发土地资源的社区已经很少，甚至有些社区已经没有可开发利用的土地资源。大宁村是虎门所有村落中土地开发利用较好的一个村落。20世纪90年代，各村都在通过土地换资金，将大片农田开辟为工业区，而大宁村却将整个村落规划为多个功能区——住宅区、工业区、待开发区等，将难以耕种的坡地开辟为大板地工业区，当时并没有出售大量土地，而是选择在出售少量土地换取资金后，由村集体统一建厂房。此后，村集体统一规划和统筹土地使用。村民开始享受村集体统一分红，土地成为后集体化时代将村民凝聚为一个共同体的关键因素。土地的集中统筹促进了一个共同体的延续、强化与更新，村落意识也因此更加强烈。在2013年，大宁村通过土地拍卖，成功拍下30多亿元。① 而今，大宁村还有上千亩可开发利用的土地。土地资源的集体统筹规划和开发让大宁村的乡村都市化道路更可持续。建立在集体土地资源之上的集体物业出租，如集体厂房、集体宿舍等，让村内各项社会福利开支有了持续的保障，也给大宁带来更加长久的发展。"大宁"也成为大宁村民引以为豪的词。

四、从农村到城市：文化转型

自1978年以来，虎门的地理景观、产业结构和社会结构都发生了巨变，正如杨庆堃所说，中国社会正从不变到巨变。② 这与近40年前笔者第一次去虎门所看到的景观千差万别，产生了强烈的"文化震惊"（culture shock）③。40多年的乡村都市化，虎门经历了从乡村到都市的变迁历程，社会转型的过程中也伴随着文化的转型。早在20世纪90年代末期，费孝通先生就已经谈到中国面临文化转型的问题，他认为，"文化转型是当前人类的共同问题，因为现代工业文明已经走上自身毁灭的绝路上，我们对地球上的资源，不惜竭泽而

---

① 结合访谈村干部获取有关信息并参考新闻报道《万科包揽虎门大宁四宗地　总拿地金额高达31.4亿元》（http://dg.house.sina.com.cn/news/2013-09-05/10173544695.shtml）。
② 参见刘创楚、杨庆堃《中国社会——从不变到巨变》，香港中文大学出版社1989年版。
③ 传统的人类学多为对异文化的研究，初次接触往往会产生这种文化震惊。然而，在20世纪五六十年代，人类学已经逐渐转向对本土文化的研究，尤其是对都市文化的研究，受全球化、都市化、互联网技术等的影响，本土文化也发生巨变。从历史性维度来说，也往往会产生文化震惊，这与原本的用法略有不同。

渔地消耗下去，不仅森林已遭难于恢复的破坏，提供能源的煤炭和石油不是已在告急了么？后工业时期势必发生一个文化大转型，人类能否继续生存下去已经是个现实问题了"①。文化机制作为社会转型现象背后的深层次结构性逻辑，深刻影响着社会转型的方式，是社会转型的本质，而文化转型则以社会转型为动因和表征，实践着文明进程意义上的变迁。② 对于中国大部分地区来说，现阶段是一个从乡村社会向都市社会转变的时期，这个转变的过程也成为从农业文明向都市文明转化的文化转型过程。相较于社会转型，文化转型是一个长期、隐蔽的过程。③ 赵旭东认为，在文化自觉观念引导下的中国意识的构建，成为当下中国文化转型的一个动力基础，文化转型首先是人对自然界态度的转变，即从对自然无所畏惧的探索和利用，转变到以对自然的敬畏之心去思考人存在于天地之间的价值和意义。因此，文化转型必然要在人心或心态上做文章。对于文化转型的内涵，他指出："文化转型对于中国而言，首先意味着一种整体性的世界观念上的转变，即从由于追赶先进而定位于自身为后进的姿态中转换角色，从别人影响我们，开始转变为我们去影响别人。……其次，当下中国的文化转型也意味着一种价值观念的转变。……再次，是由社会连接方式的转变所直接带来的一种主体意识的转变。"④

具体来说，可以从生活方式、家庭婚姻、社会网络、多元族群文化共存、社会整合、传统文化与现代公益6个方面来看乡村都市化过程中的文化转型。在生活方式上，衣、食、住、行、休闲娱乐等方面都已经呈现出都市的特点，产品的多样化、消费的便捷性、时空的压缩性、文化活动的丰富多彩等与乡村的生活方式有了很大的区别。在家庭婚姻方面，核心家庭已成为多数家庭的形态，特别是受计划生育30多年的影响，一对夫妻生育一个小孩已成为社会常态，自由恋爱已成为多数人的选择，婚姻对象已不再局限于村落附近或镇区，跨省婚姻甚至跨国婚姻已经不再新鲜。传统乡村存在3套关系，即血缘关系、亲缘关系和地缘关系，分别衍生出3套制度，即家族制度、亲属制度和民间信仰制度。乡村是一个熟人社会，人与人的网络关系以"差序格局"的逻辑不断从"自我"向外推。从乡村转变为都市，面对的是一个陌生社会，业缘、趣缘等新型社会网络日益重要。在这个转变的过程中，也会出现不适应感。当

---

① 费孝通：《反思·对话·文化自觉》，载《北京大学学报》（哲学社会科学版）1997年第3期。
② 参见周大鸣《文化转型：冲突、共存与整合的意义世界》，见安晓平、徐杰舜主编《社会转型与文化转型》，黑龙江人民出版社2013年版，第36～40页。
③ 参见周大鸣《都市化中的文化转型》，载《中山大学学报》（社会科学版）2013年第3期。
④ 赵旭东：《从社会转型到文化转型——当代中国社会的特征及其转化》，载《中山大学学报》（社会科学版）2013年第3期。

前，全国各地都盛行广场舞，即使在虎门的各个村里，每到傍晚，村民、新莞人等都会在广场、公园结群跳广场舞。广场舞成为当下中国老百姓在面对剧烈的社会转型和文化转型时所做出的自我调适。再如，许多村落日益隆重的修族谱、祭祖活动，正是村民在面临社会网络的挑战时所采取的应对策略。另外，多元族群文化共存与共生成为文化转型的一个重要标志。不同地域、国家、民族的人群聚集在都市。人群的流动不仅使社会人口结构发生变化，还带来了都市文化的变迁。多样性、多元性和包容性成为现代都市文化的特质。乡村社会历来有国家和民间两种社会整合机制，国家的整合机制主要是指国家行政体系的管理，民间的整合机制主要包括民间信仰、宗族体系等，也就是"大传统"与"小传统"的问题。在乡村都市化的过程中，国家的力量日益渗透，正如大宁的乡村都市化从村落自主转变为国家主导，村落原有的文化体系在这种张力中复兴与转型，同时也会出现文化断层与文化真空，乡村社区的社会整合可能会出现问题。最后，在剧烈的社会与文化转型过程中，传统文化并没有完全消解，而在某种程度上呈现复兴、强化的趋势，但并不是完全照搬原样，而是与现代生活、商业与公益紧密相连。

第二章 城乡二元与乡村都市化
——广东省佛山市南海区民乐地区社会整合研究

一、问题的提出

有别于西方模式，中国城市化发展路径体现了工业化与城市化"二化异步"的特征。"二化异步"的发展路径与中国国情、政策密切相关。20世纪50年代，新中国成立初期提出工业强国的现代化发展战略。彼时，中国作为农业大国，工业基础薄弱，因此采取农业反哺工业的战略举措，即一方面优先发展工业，尤其是发展城市重化工业；另一方面则制定新中国土地政策和二元户籍制度，将农民束缚在土地上，以保证农业积累支撑城市工业化。20世纪50—70年代，在国家力量的强势介入下，中国工业化发展迅速，但也因此形成了城乡分割的二元结构，城市与农村发展严重不平衡。[①]

改革开放后，国家重新调整土地政策，农民获得土地经营权，不再被强制务农。在致富动机和比较利益的驱动下，许多农民将土地等资源作为资本，投身非农业经济生产。尤其是在经济发达的东南沿海地区，一批以非农产业为经济支柱的村庄崛起，农村工业化开始带动乡村都市化发展。农村对都市化展开自主追求，由此也引发了产业结构、社会格局、生活观念等的剧烈变革。工业化与自然城镇化具有天然的外向型需求，农村经济、社会、文化格局都突破了原有的边界，而这一开放需求与城乡二元体系多有矛盾。在此背景下，非农化村庄的社会整合与转型成为学界关注的重点，其中，村庄边界的界定讨论尤为热烈。

伴随着乡村都市化，传统上完整而封闭的乡村社会被打破。中国乡土研究面临着新考验。村落是否仍然适合作为乡村研究的基本单位？村落共同体的约束条件为何？综观已有的学术成果，学界集中于对社会、文化、行政、自然和经济五大边界的综合研究，这五大边界分别应对社会关系、心理认同、管理体

[①] 参见周大鸣、郭正林等《中国乡村都市化》，广东人民出版社1996年版。

系、土地属权和经济网络5个层面。折晓叶和王颖对东南沿海一带以乡镇企业为经济支柱的非农化村庄开展研究,分别以"超级村庄"①和"新集体主义"②总结其特点。折晓叶提出,"超级村庄具有经济边界开放与社会边界封闭同时并存的特征,并在二者的冲突与共生中得以发展"③。其研究肯定村庄经济结构正逐步放开,经济合作由村内扩展至村外,但强调经济合作是以村集体共同利益为前提。此外,她认为,村庄在社会结构和文化上仍然保留着相当的封闭性,工业化与自然城镇化强化了村落作为基本社会单位的功能。④ 村庄通过强化内向聚合力的自保行为应对城与乡、村与村在城市化进程中产生的差距。王颖则以"新集体主义"经济运行模式总结乡村都市化背景下的村社区再组织。尽管研究强调地方化和世界一体化经济浪潮中的个人利益优先前提,但中国特色的城乡二元体系却迫使个体经济必须仰仗集体经济才能获得发展。集体经济以"泛家族化"的形式呈现,是中国乡村圈子文化与直接利益的结合。⑤ 李培林和蓝宇蕴对珠三角"城中村"做了系列研究。蓝宇蕴认为,非农化村庄是一种缺乏社会延展性的社区,普遍缺乏与更大社会整合的内在素质与结构。她进一步从经济、结构、管理层面指出有碍社会延展的因素,包括封闭性利益、单位化倾向与拟家族化倾向。村社区组织社会延展性的缺乏是原农业社区乡土本性的反映。⑥ 李培林则以羊城村为例,展示了自然城镇化下的乡村边界演变,并做出了村落终结的预言。其研究表明,村庄首先以经济实力冲破

---

① 折晓叶将超级村庄的基本特征归纳为以下6点。第一,已经形成以乡镇企业为主体的非农经济结构,工业产值和非农产值已占村庄全部产值的绝大多数,成为产值过亿乃至过10亿的发达村庄。第二,已经形成稳定的可用于村政和公益事业的"村财"收入,村财政的形成使这类村庄的政权建设和各项公益事业有了财力基础,村政的功能也随之而完善起来,已经具有初步的"准政府"的村政结构和职能。第三,村社区的经济组织开始采用现代集团公司的模式,已经不是一个以本社区为边界的封闭型的经济组织。它们不仅迅速向村庄以外扩展,经济的触角已经伸向城市、海外,甚至以参股的方式渗透到大中型国有企业。第四,村社区的人口成倍增长,聚集有大量的、有的已超过村民人口总数几倍乃至十几倍的外来劳动力。第五,村社区内部已经形成以职业和身份多元化为基本特征的社会分层结构。第六,村政设施和公益事业发展迅速,村民的生活方式和文化价值观念已经发生了变化,新的生活方式和价值观念正在形成。村社区已经发生了自然城镇化,大多已经超过周边乡镇的发展水平,成为地方事实上的经济、文化和社会服务中心。

② 新集体主义是指以个人利益为基础,以共同富裕为目标而建立起来的一种具有合作意识、公私兼顾的关系模式和以群体为单位的社会组织方式。

③ 折晓叶:《村庄的再造——一个"超级村庄"的社会变迁》,中国社会科学出版社1997年版。

④ 折晓叶:《村庄的再造——一个"超级村庄"的社会变迁》,中国社会科学出版社1997年版,第341页。

⑤ 参见王颖《新集体主义:乡村社会的再组织》,经济管理出版社1996年版。

⑥ 参见蓝宇蕴《非农化村庄:一种缺乏社会延展性的社区组织》,载《广东社会科学》2001年第6期。

边界限制,借市场网络实现延伸,紧随其后的是自然边界的变化。经济实力的改变迫使行政权力依附或合并于村落经济组织,行政边界因此产生变化。文化边界和乡土认同则因价值体系的多元化而动摇。最难被突破的是基于血缘和地缘关系的社会边界,其一旦被淡化和消解,则意味着村落的终结。①

以上述为代表的研究普遍认为,工业化与自然城镇化带动了乡村非农化经济的发展。乡村经济卷入全球化经济网络,经济边界成为打破村落封闭体系的最大缺口,并带动其他边界不同程度地开放。但边界开放是有条件的,其开放程度与以土地为载体、以集体利益为核心的村社区整合紧密关联。基于血缘与地缘的社会边界封闭成为城乡二元抵制开放的顽固防线。也就是说,乡村社会差序格局下的传统社会整合方式不仅在一定程度上限制了乡村都市化发展,而且强化了城乡二元结构。在上述研究中,传统与现代的对立俨然是城乡二元与乡村都市化对立的转义。笔者就此提出问题:超越传统乡土社会整合方式是否必然达成城乡二元消解的目标?以融入城市体系为目标的村落终结是否是乡村都市化发展的最终命运?

人类学从文化的视角对乡村都市化的村落命运与乡村文明给予不同的解答。乡村都市化是城市与乡村相互影响,乡村文化与城市文化接触后产生的一种整合的社会理想,即既含有乡村文明成分,又含有城市文明成分的现象②。人类学对乡村都市化的解读,强调乡村文明与城市文明并不对立。这一解读透露出的更为重要的信息是,两种文明的嵌合方式仍需挖掘与研究。周大鸣提出,乡村都市化不仅需要进行社会转型,还需要文化转型。在面临文化转型时,必须正视村落社会整合无法脱离以往长久的历史文化积淀。项飚在对北京"浙江村"的研究中提出,将"传统"视为一种知识策略的说法,运用知识策略并在日常互动中维持稳定的社会结构。③ 本研究遵循人类学的文化视角,意在探讨在城乡二元体系下,非农化村庄如何实现有效的社会整合,并在日常实践中通过经济、政治、社会与文化要素的重组以实现乡村都市化诉求,也许能为推进城乡一体化提供可选择的路径。

本研究以佛山南海区西樵镇北部的民乐地区为田野点。该地区域格局与人口构成具有典型的城乡二元特征,其产业传统与发展路径则表现出强烈的乡村都市化诉求。基于上述特点,该地具有成为本研究"实验地"的条件。依行

---

① 参见李培林《村落的终结——羊城村的故事》,商务印书馆2004年版,第40页。
② 周大鸣、陈世明:《从乡村到城市:文化转型的视角——以广东东莞虎门为例》,载《社会发展研究》2016年第2期,第3页。
③ 参见项飚《跨越边界的社区:北京"浙江村"的生活史》,生活·读书·新知三联书店2000年版。

政规划，民乐地区包括民乐行政村（当地惯称"民乐村"）与樵乐社区（当地惯称"樵乐村"）两大区域。民乐行政村占地5.3平方千米，下辖14个自然村。位处东南部的樵乐社区占地1.5平方千米，被民乐行政村下辖自然村包围。樵乐社区所在地自古为西樵镇商业集散地之一，具有重大区位优势，至中华人民共和国成立后，被设为民乐地区城镇居民社区，与民乐行政村相区隔，因此形成"村中有城"的城乡二元地理格局。除地理格局外，民乐地区的城乡分隔特征亦体现在人口构成上。西樵镇自古为华南丝区重镇，民乐地区则是重中之重，自明清以来形成农工商一体的纺织产业链。中华人民共和国成立后，国家通过行政政策强制推动工业发展，其中包括城乡二元户籍制度。基于民乐地区的纺织业传统，国家以生计方式为标准将当地人划分为城镇居民户口与农业居民户口两类户籍人口①，由此形成城乡二元人口结构。

二、产业结构调整与城乡二元格局

西樵镇因得天独厚的自然生态环境，自明清以来便已形成了蚕桑业、家庭手工丝织业、丝织贸易的贸工农经济体系。民乐地区毗邻北江水网，中华人民共和国成立前为西樵对外贸易的重要流通枢纽。区位优势使民乐成为西樵丝织品原料成品集散地之一，也使之成为西樵手工丝织业最发达的地区之一。至清末，织机遍及民乐家家户户，民乐形成以家庭为基础单位的纺织业农工商体系。适应丝织业商业化的发展要求，当地人自觉分化出农业与手工业从业者的专业化分工，形成亦工亦农的从业划分格局。

1955年，全国开展大规模的产业调整作为实施计划经济的开端，民乐地区也加入了经济整改的大潮。由于国家当时采取重工农轻商的发展路线，民乐地区的产业改造以工农业为主，民间商业发展则被压制。是年，遍布当地的家庭纺织作坊以生产队为单位合并为合作社，以适应计划经济时代的大批量标准化生产要求。1974年，南海丝织二厂、三厂在民乐地区成立，各生产队合作社并入二厂、三厂。至此，民乐地区的集体产业改造完成。

在民乐地区进行产业整改的同时，城乡二元户籍制度也在同步推进。20世纪50年代施行的户籍制度具有浓重的政治命令色彩，以农与非农（即工业）作为简单的二元划分的标准，以此从户籍上决定个人的城乡归属。依民

---

① 中华人民共和国成立后，户籍划分以工/农业从业为划分依据。因此，当地人惯称城镇居民户口为"工人户口"，农村居民户口为"农民户口"。

乐当时的政策规定，人们可在下田务农和带机入社①二者中择其一。在国家政策的号召下，工农被割裂，当地人因选择不同生计模式而被划分为不同的阶级。带着梭机进工厂的当地人成为工人阶级，持城镇居民户口（当地人惯称"工人户口"）；留守土地的当地人则成为农民阶级，持农业户口（当地人惯称"农民户口"）。② 北江渡口附近的民乐圩市在行政规划上被设为民乐社区③，主要负责管辖城镇居民户籍人口。

依工农划分的城乡二元户籍制度为当地人带来的改变不仅仅是持有户籍名称的变更，更深远的影响是针对工农阵营所制定的政策与体制在日常生活中的渗透与体现。工人进入工厂，洗脚上田专注工业生产，在工厂中受到"单位体制"的管理。农民进入生产队，依然面朝黄土背朝天地从事农业生产，接受各村生产队的管理。

工农划分最显而易见的改变体现在工农生产空间的区隔。自明清以来，民乐地区形成了以家庭为单位的纺织链条，可谓家家有织机，户户种桑蚕。尽管为了适应市场化的发展，工农出现专业化分工，但工农的生产生活空间并无明显区隔。土地改革后，农民以生产队为单位在各村进行农业生产。公私合营后，民乐成立纺织工厂与车间，形成了封闭的单位社区。在划分纺织业生产空间的同时，原汇聚纺织生产成果的商业集散地——原民乐圩市被设立为城镇社区，不仅成为工厂的主要承载地，也在行政职责上负责工人户籍管理工作。至此，民乐地区形成了"村中有城"的空间格局。

除空间区隔外，工农分化的另一影响体现在由经济水平导致的生活水平差异上。20世纪50年代至80年代初，工农群体的生活水平差异显著，表现在工作内容、生活物资、工资福利上。各生产队农民一天须参加9个小时的田间劳动。生产队采取记工分制，在每年年中与年尾以累计工分换钱。工分记录标准依劳动力强弱分级。以挑泥工作为例，一级劳动力一天须挑500～600斤泥，可换16个工分；二级劳动力一天须挑300～400斤泥，可换14个工分；三级劳动力一天须挑200斤泥，可换13个工分。挑泥工一天仅能挣得0.4～0.5元。相比男性，女性农民则挣得更少。农民以工分向生产队支取日常所需物资，年中、年尾结算时一次扣清。许多农民在结算时，不仅没有剩余，还常常需要倒贴钱。农民们数着工分过日子。为了能够最大限度地节省开销，多数

---

① 依民乐当时的政策规定，一台梭机可带3人入厂，入厂务工者持城镇居民户口，并享受工厂单位福利。
② 下文中有以工人户口指代城镇居民户口，以农民户口指代农村居民户口处。
③ 民乐社区即为现在的樵乐社区，为与民乐行政村在名称上便于区分，后更名为"樵乐社区"。

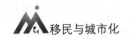

农民都在年初与年中积攒大量可存放的蔬菜瓜豆等，可食用半年之久。为补贴家用，他们常常偷囤物资，在不得已的时候拿到黑市交换日常所需品以支付全家开销。

相比之下，工人的日子则"光鲜"得多。在工厂工作并不轻松，工人们要忍受嘈杂的机器声、一天三班倒的长时间高强度工作，但辛苦的劳动可换来较高的工资，并享受商品粮及副食供应、就业保障、公费医疗、福利住房、子女教育、退休保障等社会福利。20世纪五六十年代，二厂、三厂人均月工资28元。按照当时的物价，1碗白粥2分钱，1斤猪肉1元钱，28元可算是一笔不菲的收入。用当地人的话说，"家里出一个工人，能养活一家子，还能在口袋留点小钱"。至七八十年代，民乐丝织厂发展至鼎盛时期，尤以三厂发展最好。当时盛传"香港第一，三厂第二"的美誉。三厂订单不断，工人需要24小时不间断地工作，工资也水涨船高，人均月收入（基础工资与加班费）高达100元。二厂次之，人均月收入也有80元。中华人民共和国成立后的20年间，两大丝织厂的工资水平基本呈稳定上涨的趋势，相比农业所得收入，工人们的经济状况是非常值得艳羡的。

三、股份合作制与工农对立

改革开放后，在工业快速发展与全球化经济的影响下，中国城市建设进入高速成长期，工业化与城市化以城市为核心辐射波及城镇和乡村地区。在农村直接表现为从业人口和土地使用的变化。大量农民洗脚上田，从事第二、第三产业生产。农业用地骤减，工业用地与城镇基础设施用地急剧增加。为了适应乡村工业化与都市化发展的需求，国家适时调整农村土地政策，解放农业生产力。

1995年，以南海区为代表的广大城乡地区全面推行农业股份合作制，以行政村—自然村为层级单位建立农业股份合作社，自主经营集体土地使用权。各村持农村户口的居民以股份分配形式入社，成为股东村民。各地区按照股东村民人口比例分配土地收益，亦即所谓的分红制度。以民乐地区为例，民乐行政村村委会兼经济联社，下辖各自然村村委会兼经济社。经济联社统管经济社，各经济社自主经营集体土地，并向经济联社提供一定的集体土地收益，用于日常村社管理。其余收益除部分用于公益基金和行政管理外，皆用于各村分红。

土地经营与分红收入直接挂钩，因此土地经营方式尤为重要。南海区的土地集资方式有两种。一是政府征地，通过政府行为征收土地使用权，并给予一定的补偿；二是遵循"三旧"改造政策①，对旧城镇、旧村庄和旧厂房进行改造治理，以节约用地并提升土地价值，便于后续开展符合政策规定的集体土地使用权租赁与转让等土地交易。② 政府征地是大多数南海农村获取"第一桶金"的来源，他们利用这笔资金做后续的土地投资以扩大经营，即转向第二种土地集资方式。

除了土地经营方式，经营单位也对分红收入高低有直接影响。以民乐地区为例，以自然村为单位的经济社是股份合作制的初级单位，也是集体土地经营的直接单位。民乐地区实行村民委员会与经济社"两套班子、一套人马"的方针。按照南海相关政策规定，村中每3年进行一次选举。村民委员会的选举由全村村民（包括常住本村的持城乡户籍的村民）选举产生，经济合作社则由村中股东（即本村持农村居民户口且符合股东标准享受分红的村民）选举产生。换届选举是各自然村村民关注的焦点，而衡量各自然村班子好坏的一个重要标准是年终分红额度的大小。除持农村居民户口的硬性要求外，"有经济头脑"成为入选领导班子的重要标准。按照村民的说法，所谓"经济头脑"，即指家底充实、商业经验丰富、社会人脉广泛。如延陵村是民乐地区集体收入最高的自然村，2014年收益有700万元之多，其领导班子就备受村民称赞。

延陵村现任领导班子9名领导成员都是"村中的豪门大户，有头有脸的人物"。村主任（兼任经济合作社社长）M曾在20世纪七八十年代任民乐工业总厂厂长。因其运营有道，当时民乐工业总厂生意兴旺。80年代末，他离开工厂成为个体户。此后的30年，他经营过化工、旅游等多种生意，在当地人脉资源广。村副主任X自80年代起自营织布厂，现有厂房面积500～600平方米，100多台机器，雇佣工人超过70人，年净收入2000万元。其余领导成员也都来自村中有口皆碑的富裕阶层。

延陵村的领导班子"政绩"颇丰，其中与地方政府"抢"地的"政绩"为村民们津津乐道。延陵村毗邻樵乐社区北部，樵乐社区市场的50亩③土地即为延陵村所有。20世纪90年代初，政府向延陵村征地30亩作为市政设施升级用地，后因规划有变而闲置。余下20亩市场用地则建起24间商铺，每间商铺月租400～500元，一年可收入48万元。现任领导班子早已瞄准了民乐

---

① "三旧"改造最早出现于2007年佛山市政府发出的《佛山市人民政府关于加快推进旧城镇旧厂房旧村居改造的决定》。2009年8月，广东省政府出台《关于推进"三旧"改造促进节约集约用地的若干意见》。自此，"三旧"改造政策在广东省正式施行。

② 参见刘云刚、黄思骐、袁媛《"三旧"改造政策分析——以东莞市为例》，载《城市观察》2011年第2期。

③ 1亩约为667平方米。

这块人流最旺的宝地,新官上任的首个任务便是同政府协商争取闲置的市场用地。启动多方关系并与政府商榷半年后,延陵村获得 50 亩市场用地的完整使用权。市场收归后,延陵村对市场进行大规模的装修整改,安装遮阳棚、铺设水泥地面、疏通下水道,提升原 24 间商铺的使用规格,增设 200 个地下摊位,并配备管理人员。经过整修的延陵村市场,环境面貌焕然一新,市场价值大增,月均铺租为 3000 元至 1 万元,最贵的月铺租可投得 4 万元。市场整改投入使用以来,随着市值的增加,单市场摊位出租收入即可为延陵村带来逾 300 万元的年收入。除市场收入外,村中保留的农业用地出租年收入约 20 万元;另规划闲散土地作为工业区,出租厂房设施,年收入约 400 万元。统共 700 万元的集体年收入让该村成为民乐地区最富裕的自然村。

股份合作社的实施给股东村民所带来的经济利益,让"农村居民户口"翻身成了一块肥肉,因此,当地人中流传着"有楼有车不如有个农民户口"的说法。许多居住在城区商品房的城镇居民户口持有者纷纷保留原属自然村房产,或高价购买新房产,静观政策动向,期待以房产之名获取农村居民户口。为避免分红收益外流,以延陵村为代表的民乐自然村形成以村委会/经济社领导班子为核心,股东村民紧密围绕的股份合作社团体。各自然村设立严苛的村籍制度抵制外来者,形成工农间的城乡对峙。

如果说,在 20 世纪 50 年代至 80 年代中期,民乐地区农民向工人的流动①的阻碍来自城乡二元户籍制度,那么,自 90 年代以来该地工人向农民的流动阻碍则来自农民自发的顽固抵抗。民乐下辖各自然村以经济合作社的形式形成经济共同体,出于对团体共同经济利益的保护,他们筑起多重壁垒,将身份归属不明人群严格抵制于经济共同体之外。

四、亲缘网络与工农合作

民乐地区是一个工农商混杂的地区,传统丝织业以家庭为作业单位,从家庭成员中细分工农商专业分工。20 世纪 50 年代,当地人根据各自家庭的财力与劳动力特点选择户籍,因此出现了大量的"半工半农"家庭,即一个家庭中拥有不同户籍的家庭成员。当地在人口、产业结构上都表现出工农分离的城乡二元特征,但在日常家庭中隐而不显地延续了工农不分家的传统。

民乐虽为城乡地区,但因农工商一体的强大贸易体系而具有强大的聚合力,对内凝聚当地人不外流,对外吸引外地人分一杯羹。民乐地区当地人外流

---

① 在民乐地区,无论是工人向农民的流动,还是农民向工人的流动,都属于城乡流动的范畴。

较少，村民们世代居住于本村。住房紧缺时，则选择在村子附近的物业居住。

由于常住人口急速递增，自20世纪80年代至今，各自然村频繁改建荒废的农业用地为宅基地。以延陵村为例，由1982—1998年便已开发宅基地逾15000平方米。政策规定以户为单位申购宅基地。为了囤积住宅用地，村中男子成婚后即刻分离本家，并在本家附近申购宅基地兴建房屋。房屋多为3～5层带院独体楼，平均占地面积为150～300平方米，建筑面积则为300～1000平方米。因分家分户传统与相关政策的刺激，许多住宅中仅居住2～5人，人均居住面积多达100平方米。农村粗放用地与依靠土地经营为收入来源的集体资产冲突不断。为了缓和矛盾，自2008年起，民乐地区限制申购宅基地，但这似乎并不能打消村民分家分户与囤积住宅用地的热情。2015年，民乐行政村批划11万平方米延陵村土地，兴建当地首个农民公寓社区，创建集约型村居。

问及当地人不离村的缘由，村民以"乡里乡亲平时好照应"回应。以M伯为例。其3个儿子都已成家生子，并购得宅基地建房。M伯与儿子虽分家而居却不分灶，4户人家的距离不过是"一张饭桌"的距离，日常生活中互相照料，并没有明确的家户划分。M伯家的日常在延陵村，乃至整个民乐地区都十分普遍。笔者在该村的抽样调查显示，经过数百年的繁衍与联姻迁徙，平均每户村民可延伸出8～20户有血缘和亲属关系的人家，大家族则可延伸出50户甚至上百户人家。当地人以"邻里乡亲都是兄弟"来形容庞杂的亲属网络。

"乡里乡亲"的照应并不仅限于日常生活，对当地人而言，亲属网络隐而不显却不可忽视的另一重照应则是基于血缘、亲缘与地缘关系而形成的帮扶经济。民乐地区依托亲属网络形成的帮扶经济始于明清时期，至民国时期，该帮扶经济体系则已发展得十分成熟。中华人民共和国成立前，民乐地区纺织生产以家庭为独立生产单位，但涉及销售环节时，各家庭织户则以亲缘与地缘关系为指向组成互助合作小组，共同研发和生产产品，并在产品上标识组织印记集中销售。由于这种基于亲缘、地缘关系的帮扶模式具有投资成本低、效率效益高的特点，因而在民乐地区十分盛行。

但在历史上，这种"照应"曾经出现断层。一方面，中华人民共和国成立初期，延续百年的帮扶经济因阶级划分戛然而止。就阶级划分而言，在民乐地区，中国农村亲缘网络被阶级成分网络所代替。这张在短时间内由国家力量主导编织的网络具有严格的区隔标准与奖惩制度。相同阶级成分之间形成紧密联系，不同的阶级成分之间则依层级关系呈统治与被统治的等级关系。该网络在20世纪70年代发展至顶峰。"即使是同一家族，不同阶级成分之间也互不往来"，"一张被子不能盖两个阶级"，当地人对姻亲关系的描述即是当时划分

标准严格的成分论写照。另一方面,国家力量在中华人民共和国成立后全面覆盖农村地区,以国家为主导设置的管理体制取代了中国农村数千年历史演化形成的民间社会整合体制。

该状况持续至20世纪70年代末80年代初才出现缓和。70年代末,随着"文革"的结束,成分论的阶级划分逐渐弱化,以血缘和亲缘为基础的乡村交际网络悄然复苏。80年代初,生产队带头发展工业副业并吸收农民进厂,少量私人工厂也随之再现。由于私人工厂的复兴,技术工人大受欢迎。许多技术工人在8小时工作外,还到私人工厂中做技术指导赚外快。一个月外快收入少则两三百元,多则上千元,在当时可谓巨款。

改革开放,私人工厂遍地开花,家庭纺织业全面复苏。受私人工厂高额的利润吸引,当地人纷纷"下海"做个体户,工人出走工厂,农民洗脚上田。在改革开放初期,首批"下海"开厂的个体户本钱、技术、人脉不足。为了降低成本、拓宽业务,他们通常会根据资本所长选择合作对象,以入股方式共同经营工厂,而这种合作往往是基于亲缘与血缘关系网络。就资本互补而言,农民、工人、供销合作社社员是最受欢迎的黄金组合。在改革开放初期,农民享有开厂优惠政策,同时,农村有大量土地供给工业用地。工人中的工厂干部和技术工则因在当地政府享有话事权和生产技术而成为必不可少的合作对象。供销合作社因在计划经济时代承担当地商业贸易职责而广结人脉。由于资源优势取长补短,工人与农民产生了共同的经济利益,打破了他们之间不可跨越的界限。

在此基础上,当地人更偏向于选择兄弟亲人合作,因此出现了大量家族企业。用当地人的话来解释,即"开厂成本高,兄弟亲戚好说话拿钱"。以Q伯家族为例。其家中4个兄弟,下海前在不同的工厂工作。其中两个兄弟最早离厂,合股投资两万余元建丝织厂,一天24小时连续工作,换来十数万元的年收入。此后,其余兄弟陆续辞职投股工厂,年底平分收益。在20世纪八九十年代,民乐地区类似Q伯兄弟这样合作开厂,并提携亲戚进厂的事例比比皆是。

改革开放的东风让敢于"吃螃蟹"的人迅速积累资本。"成本过高"不再是开厂的阻碍。国内市场对纺织品的强大需求是20世纪80年代以来民乐地区家庭纺织业复兴的经济大环境,这一时期同时也是全球经济一体化高度发展、制造业产能提升扩大、竞争愈加激烈的时期。[①] 20世纪90年代,伴随国际市

---

① 参见杨小柳、胡敏哲《华南丝区的变迁——广东南海民乐地区的个案研究》,载《广西民族大学学报》(哲学社会科学版)2013年第6期。

场对丝织产业升级换代的需求，民乐当地的丝织厂不得不通过提升设备技术、改进产品工艺等途径适应激烈的竞争。当地资金雄厚、规模庞大、设备技艺优良的大型私人纺织厂吞没了数以千计的小型家庭纺织厂。

除了硬件提升，产业升级换代也要求工厂匹配现代公司的管理模式。艰苦创业时，兄弟亲戚"好说话"；收入丰硕时，兄弟亲戚间却纷争不断。依赖血缘与亲缘关系网络的企业缺乏契约式明确分工，企业管理混乱。因此，当地出现了家族企业分家，兄弟"单飞"的现象，家族合股企业大量减少。除了亲缘网络，当地人开始编织一张更大的网，将潜在的外来经济往来对象纳入其中。宗族与信仰等大型活动的复兴成为他们与外来者互动协作的重要契机和工具。

五、以"传统"之名的旧俗回归与超越区域的开放性整合

中华人民共和国成立前，基于家庭纺织业形成的社会认同基础，宗族、信仰等民间传统力量是民乐地区社会整合的一大主要力量。民国时期，该地被划分为儒林、云滘、藻美（即今延陵自然村）三乡与崇德乡。基于血缘与地缘关系形成的宗族势力是统治民乐三乡的重要民间势力。当时的三乡地区下辖24个自然村，共有24个宗族。各宗族内部以血缘与亲缘关系作为统治基础，形成内部紧密联系的小团体。24个宗族则基于地缘关系展开合作互助，形成区域治理。除宗族势力外，当地民间信仰也是重要的社区整合力量。北帝信仰是民乐三乡的重要信仰，将分散的小家庭与24个宗族相联系。村民不仅在家中供奉北帝，每日还前往24个宗族共建的北帝庙上香祭拜。每年节庆则举办北帝巡游，24个宗族共同承担经费支出并负责活动策划。民国时期，24个宗族共治与北帝信仰圈在民乐三乡产生了广泛的社会认同，这种认同更倾向于血缘与地缘关系，且整合了当地社会分散势力，使之成为紧密团结的村落共同体。

中华人民共和国成立后，国家力量成为乡村治理的主导势力，民间宗族势力退出乡村治理舞台。现代行政规划与阶级成分划分弱化了当地数百年来以血缘与地缘关系作为联结的地方网络。直至20世纪80年代，改革开放政策松动，宗族势力与民间信仰复兴，但其呈现形式和承载功能相较于此前都产生了较大的差异。

就呈现形式而言，宗族与民间信仰复兴都以小范围区域为载体重归再现，这与中华人民共和国成立后的行政体制改革有很大的关系。中华人民共和国成立后，民乐地区经历多次行政改制，至20世纪90年代形成了如今樵乐社区——

民乐行政村并行的行政格局。以族界作为区域划分的三乡格局被现代行政规划格局取代,三乡认同虽在,24个宗族共治之风却无以复兴。80年代,各宗族内部成员恢复交往联系。90年代开始,不少宗族重新启用祠堂,各种宗族联谊活动也随之复兴。然而,这种复兴基本仅存在于同姓宗族内部,宗族与宗族之间的走动远不如此前频繁。民乐的民间信仰亦与宗族复兴面临着相似的境况。改革开放后,民间信仰活动以"家庭—自然村—三乡"为单位逐层展开,且以前两者作为主要的承载单位。民间信仰的日常化集中体现于家户中,而大型信仰活动则集中在各自然村内部,三乡范围内的北帝信仰圈则有式微之势。

除了呈现形式的转变,宗族与民间信仰的承载功能也发生了相应的变化。作为乡土性的延续,宗族与民间信仰的复兴很大程度上得益于广泛的民间认同。乡土性延续是传统再生的基础,实质却是借"传统"之名开放性整合各类经济、政治、社会等资源网络。改革开放后,自然村成为传统复兴的承载单位并非巧合。先于传统复兴,自然村首先是经济与行政的一级共同体。城乡二元结构制约资源流通,市场化、都市化要求资源开放,面对制度结构与社会发展的双重矛盾,民乐地区撷取宗族与信仰等传统文化元素进行重组再造,既不违背体制,又能够使都市化发展需求合法化,此为民乐的应变之道。宗族与民间信仰的复兴不仅有利于促进一村内部的"工农联合",也是整合多方外来资源的切入口,形成以自然村为起点的开放外散型网络。下文将以民乐延陵(自然)村为例,详述建构该网络下的宗族与民间信仰再兴实践。

延陵村以吴姓为大姓。700年前,吴姓始祖仑山祖至民乐开村并繁衍生息至今。至明清时,村民数次翻修扩建并使用吴氏大宗祠至中华人民共和国成立前。中华人民共和国成立后,因阶级划分政策的施行与"破四旧"的提倡,政府征用宗祠做生产之用,宗族活动暂停。改革开放后,族人之间联系日益加强,却因缺乏共聚空间而未见昔日宗族活动复兴。2008年,以"弘扬团结吴氏之光"为名,村委提出重修并启用吴氏大宗祠,得到全村村民与旅居海外和港澳地区乡亲的热烈响应,在极短时间内便筹得足额善款用于修缮工程。2009年8月,祠堂重修工程完成,昔日宏伟光景再现。宗祠竣工两个月后,延陵村举办了盛大的"宗祠重光庆典",广邀吴姓族人和社会各界人士参加。

庆典过后,延陵吴氏成立宗祠管理委员会负责规划执行宗祠的发展运作。理事会的18名成员中,除持农村居民户口的经济社(即村委会)领导班子外,另有与之匹配的相当人数的持城镇居民户口的延陵村人士任职,以及少数长期关怀支持延陵村发展的旅居海外和港澳地区的乡亲。理事会成员都是村民公认的吴氏成功人士,经济实力雄厚,社会资源广泛。

宗祠管理委员会成员同时兼任宗祠基金会委员。宗祠基金的来源有二:一是社会捐助善款，该资金来源不稳定且占比小；二是从延陵市场中划拨 23 家铺租收入作为宗祠运作基金，该部分属于主要来源。宗祠基金主要有 3 种用途：一是用于宗祠日常维护；二是作为宗祠开展节庆活动的经费；三是以宗祠名义成立慈善会基金，用于开展村中公益事业。公益事业面向全村常住人口。目前，开展的公益事业包括：一是设立在读奖学金；二是帮助困难户和孤寡老人；三是为村中 60 岁以上老人发放水果基金；四是组织村民集体出游。

延陵村重修宗祠也在某种程度上打破了工农之间的隔阂，其核心在于宗祠基金的管理和使用。从基金管理来看，基金委员会成员持城乡户口比例均等，共同管理基金的运作分配。基金的主要收入来自村集体出租市场，市场是延陵村持农村居民户籍人口分红的重要来源，也是造成城乡分隔的主要因素。基金会委员对此收益的管理意味着持城镇居民户口的村民变相介入持农村居民户口村民的经济结构核心，并参与农村土地的经营。事实上，村委/经济社在经营土地增加创收时，也急需来自持城镇居民户口村民的资源帮助。另外，从基金的使用来看，其受益对象无分城乡户口，这意味着即使是持城镇户口的村民也能够享受来自农村土地的收益。也就是说，工农户村民在一定程度上共享经济利益和社会福利，迫使两者打破资源区隔，协力共创收益。

伴随着宗族的复兴，延陵村的大型民间信仰活动也一道重现。延陵村信奉天后娘娘，平日村民仅敬香，并未举办过大型活动，村民对天后庙的历史知之甚少。宗祠重光盛典举办后的第二年年初，宗祠管理委员会原班人马组建天后诞筹办委员会，计划在农历三月二十三天后诞辰举办庆典活动，并为此活动冠名"天后文化节"，作为"村庆"活动年年举办。委员会成员各领任务，带领村民有条不紊地开展筹办工作。数月后，"天后文化节"如期举办，村里热闹非凡，庆祝活动持续一月之久。除本村村民外，出席人士还包括基层政府与附属单位代表、民乐各自然村村委会代表、民乐地区各大厂商老板和在此经商的外地人、周边同宗兄弟代表，旅居海外和港澳地区的延陵村人士代表。现场有如联谊会，成为各方人士的交际场。"天后文化节"从 2010 年举办至今，已成为延陵村的一个经典活动，规模一年胜于一年。宴席由 2010 年的 210 席、2011 年的 455 席、2013 年的 699 席增加到 2014 年的 823 席。

这场盛大的庆典能延续多年令人费解，筹办委员会却一句话道破天机："天后娘娘，就是妈祖嘛，全世界都信啊，借机搞大活动，什么人都能招徕、交际，朋友多，做什么都有着数①。"天后诞是延陵村精心策划的一个"局"，"天后文化节"与"村庆"等噱头因此变得合情合理。信仰与宗族相比，拥有

---

① 着数，当地方言，指好处。

更广泛的人群基础，从而囊括更为多元的以人为基础的资源，编织了一张超越血缘、亲缘与地缘关系的交际网络。丰富的开放性资源对延陵村这一类村庄的经济与社会发展的好处不言而喻。

延陵村宗族与民间信仰的复兴带动了其他民间活动的大举回归。宗祠重修与天后诞是延陵村作为自然村的集体行为，延陵村村民作为个人也在各类民间活动中带入类似的日常实践。以婚宴嫁娶、寿宴添丁等红事为典型，村民在宗祠举行各类欢庆仪式，这类仪式的参与人员往往严格局限于有血缘、亲缘关系的亲属宗亲，如今却发生了新的变化。透过筵席来衡量一家势力的大小不仅局限于筵席的席数，随着个人交际网络的发展，能否请到本村以外有影响力的社会人士及人数成为新的衡量标准。尤其是民乐地区因产纺织等工业产品而与广西、湖南等内陆取货商交往甚密，所以家族筵席上不时会以普通话作为交际语言。

六、讨论：基于文化自觉的乡村社会整合

从改革开放至今，由于复杂的社会历史因素，中国乡村都市化的改革之路可谓艰辛动荡。从城乡二元走向城乡一体化，其中不乏各种激进彻底的改革方案，"告别"与"终结"成为昭示非农化村庄未来转型的命运。在学界普遍对乡村未来发展感到忧虑的同时，村落社会却以文化自觉的方式选择非正式途径进行区域整合，以一种温和却不失力度的过渡式改革实现乡村都市化的诉求。

（一）城乡二元与城乡共生

笔者试图通过民乐地区的案例来透视非农化村庄由城乡二元向城乡共生的转变过程，由此探讨在乡村都市化的诉求下，城乡二元与城乡共生之间的联系，及其产生的社会条件和内生需求。

民乐地区"工农分离"具有深刻的时代烙印。中华人民共和国成立后，新中国迫切走上追赶发达国家的现代化工业道路。迫于中国工农业发展不平衡的现实，国家以行政力量推动"以农促工"的实现。经过全国范围的土地、户籍和产业政策的调整后，在中国工业快速发展的同时也造就了城乡二元社会结构。民乐地区自明清已形成农工商一体的纺织产业格局，具备工农业同时发展的现实土壤，当地因此出现了以工农从业选择为依据的城乡户籍分离。20世纪50—70年代，由于资源流动与生计从业的严格限定，城乡二元始终是难以跨越的鸿沟。

以改革开放作为分水岭，城乡二元结构遭受来自政策调整与市场开放的强

烈冲击。以民乐地区为例，城乡二元结构下的两大主体（工人与农民）的势力格局发生了变化。改革开放前，工人受单位制保护，工资高，福利好。改革开放后，农民获利于农业股份合作社的推行，享有土地的自主使用权，发展非农产业经济，并享有相当的优惠政策，因此出现"农优于工"的势力转向。农业股份合作制在为农民创收的同时，也因利益驱使形成封闭社区，城乡二元似有强化之势。许多乡村社会整合研究者都对此表示忧虑。

笔者赞同城乡二元对立是阻碍城市化、现代化发展的一大阻力的观点，但乡村都市化具有天然的开放性需求，在该需求下，城乡二元界限模糊化，两者共生关系日趋紧密。尽管土地依旧是农民的主要生产资料，但农村产业结构的转型决定作为生产资料的土地具有共享性特征。民乐地区的农村集体土地除了用于发展集体企业，更多的则以出租或合作形式与村集体以外的个人或组织共享。生产资料的共享为双方都带来互惠利益，并形成持续的共生依附关系。

许多研究都注意到非农化村庄具有经济边界开放性特征，但这种开放性更偏向于从集体层面讨论，缺乏个体角度的城乡共生探讨。相较于集体，个体的城乡交往更具流动性、渗透性和频繁性。其共生关系不仅局限于经济生产空间，还涉及日常生活空间等，因此，其共享的资源与利益超越经济层面，还涉及社会与文化等多维层面。由个体联结编织的城乡交往网络显然要比集体的外延更为广泛，由家庭、村落至城市等形成递进式扩展。

（二）非正式区域整合与乡村都市化合法化

乡村都市化的开放性与城乡二元的封闭性之间是存在矛盾的，在该矛盾体系下的乡土社会整合方式对弥合这对矛盾体具有现实意义。当社会聚焦于如何以现代化手段突破城乡二元结构，顺利过渡到城乡一体化时，传统却有卷土回归的大热之势。传统乡土社会整合以亲缘与地缘关系为基础，具有较强的排他性与边界意识。作为经济与行政整合的典范，基于土地分红利益的农业股份合作制是学界关注的焦点。许多实证研究不约而同地展示了村落集体是如何巧妙地将国家行政产物经济合作（联）社改造为乡土式的"泛家族化"精英管理体制。我们习惯性地抵制传统，将其视为阻碍乡村都市化的危险信号。笔者认为，应当看到"回归传统"是农民面临乡村都市化的自主选择。所谓"传统"，并非社会停滞不前的产物，而是社会变迁刺激下的新创造。对这一新创造的内涵再生与选择机制的研究，有助于在城乡二元结构下探寻乡村都市化合法化的整合方式。笔者对民乐地区的研究正是对这一想法的践行。

中华人民共和国成立后，民乐地区以户籍区隔的形式体现城乡二元分离，却以半工半农的家庭结构隐秘地延续了城乡之间的联合。改革开放后，多数农民由务农转向与纺织相关的非农产业生产，基于血缘与地缘的家族经营方式因成本低廉、资金易周转等便利因素成为当地人的合作首选。其后，因家庭作坊式的生产无法满足现代企业管理与技术的需求，以家族为基础的个体私营工厂锐减，当地人急需扩大交际合作网络。宗族与信仰的回归则成为个体交际网络扩大化的重要整合力量。村籍制度限制了村落社区的资源流动，当地人就以宗族复兴的形式让工农双方都参与到资源管理、资源共享、利益共创的体系中。大型信仰仪式的再现则成为民乐地区突破本地交往圈的契机，使当地交际网络的触角伸向本地以外的区域，接通外地人网络。

民乐地区的案例展现了由家户—村落网络—区域网络的层级互动整合模式。其整合动力源自民乐地区乡村都市化的开放性诉求，而家族、宗族与信仰等传统整合方式则成为重要的推动力量。民乐地区的新传统的呈现形式、运行机制与核心内涵显然有别于旧传统。贝斯特以"传统主义"① 指代新传统。他直言："传统主义——作为一个活跃的动因，创造和再造了附加于社会形式的想象和意义，人们围绕它们组织他们的生活——不是与一个更大的社会隔离而是与之互动的指标。"②

笔者认为，传统村落社会整合的回归是乡土文化自觉的选择结果。中国城乡二元结构由来已久，短期内无法实现突破性变革，而乡村都市化的快速扩展对开放性的诉求却越来越高。当两者面临矛盾时，类似于民乐地区的传统社会整合方式巧妙地调和了两者之间的冲突。相较于激进强制的"村落终结"式改革，基于文化自觉的社会整合拥有原生文化土壤，民众接受程度高、日常渗透性强，且能够有效减少行政资源的浪费。笔者认为，应该转变非农化村庄治理思维，民乐地区的社会整合方式不失为一种可供探讨的路径。

---

① 西奥多·C. 贝斯特在《邻里东京》一书中对传统主义的定义如下：通过赋予当代的社会现实有价值的历史内涵，对文化模式、文化符号和文化主题进行操纵、创造和重新组合，从而使当代社会获得合法性地位。

② ［美］西奥多·C. 贝斯特著，国云丹译：《邻里东京》，上海译文出版社2008年版。

第三章 没有"村民"的村落:传统村落的转型及其现代性特征

第三章 没有"村民"的村落: 传统村落的转型及其现代性特征

一、问题的提出:村落转型及其争议

村落(village)是与城邑相对应的社会单位概念,源于龙山时代聚落分化中的普通聚落。① 自魏晋南北朝和隋唐逐渐形成以"村"称乡间聚落以来,乡间的大小聚居地通常都可称为"村落"或"村庄"。② 在更深层的意义上,村落表征了以其为基础的传统组织构造和文明形态。社会学视域中的"村落"通常同时具有理论建构上的"参照体"特质和方法论上的"浓缩体"特质。③ 因而,现代性语境下的村落研究常常聚焦于回答传统村落在社会变迁中的存留、适应、演变、再造等问题。

一直以来,乡村被视为传统中国社会的基础和主体,所有文化多半是从乡村而来,又为乡村而设——法制、礼俗、工商业等莫不如是。④ 从某种意义上来说,中国社会变迁史就是一部乡村变迁史。⑤ 而当前学术界对"村落转型"的讨论更像是一个新的现代性设问。随着中国市场化、工业化、新型城镇化及农业转移人口市民化战略的快速推进,传统村落的空间格局、要素结构和组织关系等方面都呈现出加速解构和重构的趋向。正如法国社会学家孟德拉斯(H. Mendras)设问"站在工业文明的入口处"⑥的小农命运一样,"传统村落

---

① 参见马新、齐涛《汉唐村落形态略论》,载《中国史研究》2006年第2期。
② 参见王庆成《晚清华北乡村:历史与规模》,载《历史研究》2007年第2期。
③ "参照体"即将村落视为具有与现代相对的典型初级社会生活共同体和传统文明形态,并以此来对照转型现实;"浓缩体"则与人类学中的小传统(little tradition)相关,即将村落视为能够管窥全景的"小型社会"来进行研究。
④ 参见梁漱溟《乡村建设理论》,上海人民出版社2011年版,第10~11页。
⑤ 早在中国社会学起步和发展时期,晏阳初、梁漱溟、吴文藻、李景汉、言心哲、陈翰笙、杨开道、费孝通、林耀华等社会学家就都对近现代乡村社会的变迁和发展予以关注。
⑥ [法] H. 孟德拉斯著,李培林译:《农民的终结》,社会科学文献出版社2010年版,第1页。

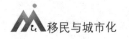

将向何处走、又将如何走"的提问引发了一系列关于村落转型的讨论。①

从很大程度上来说，对村落转型特征的把握主要取决于我们对"村落"属性的基本理解及我们所持有的城乡关系立场。然而，以往的村落转型研究却在整体上将村落置于"无主体""城市中心主义"和"散点论述"等语境之下。首先，村落转型不仅是物理形态的、空间层面的转型，其本质在于人的转型。然而，以往的村落较为倾向于关注有形的村落转型②，却抽离了村落转型中村民的变化，忽视了村落与村民间的相互关系，使之成为"无主体的村落"。其次，村落转型中的文明组合方式和发展载体必然具有多元性。然而，以往嵌于"乡村—城市"理论连续统（continuum）中的村落转型研究，特别是对传统村落"化乡为城"的单向度发展预判，框定了一个以城市为归宿的单线条的发展路径，从而使传统村落在城市中心主义的语境下被建构为一个亟待改造的现代化他者。再次，村落转型是一个多种类型并存、内含差异化时序模式的过程。以往的村落转型研究偏向于以个案的方法散点式地呈现村落转型的多元面貌，从而使村落转型在强调个案独特性的过程中难以形成共性的判断。散点论述的语境也使以类型化的方式整体把握村落转型的全景成为新的挑战。因此，村落转型研究迫切需要找回"村民"的维度，从类型学的视角来重新考察村落转型的现代性特征，并重新审视村落在现代化路途中存在与发展的合理性与可能性。

当我们讨论"村落"的时候，实际上应当同时包含对村落本身及其所属个体或群体的讨论，村落与村民恰恰是村落转型中最重要的一组关系。在此，我们可以借用这组关系重新划分村落的基本类型，并以此来考察其转型特征。如果按照"村落"与"村民"两大维度的变迁（有/无），我们就能够划分出4类村落（如图3-1所示）：一是"有村落—有村民型"的村落，主要是指那些暂未发生转型的传统村落，比如位于中西部地区且距离城市较远的一些村落等；二是"有村落—无村民型"的村落，主要是指村落的基本形态未发生改变，而村民却已经走向现代化、市民化的转型村落，比如村民大量外出造成

---

① 在这里，"传统村落"不是人民公社运动前以土地私有制为基础、以较为分散的传统小农为基础的存在。当然，学界所使用"传统村落"的立场与党和国家重要文件中"传统村落"的侧重点有一些差别：在《中共中央国务院关于加快发展现代农业进一步增强农村发展活力的若干意见》中，"传统村落"是指村落形成较早，拥有较丰富的传统资源，具有一定历史、文化、科学、艺术、社会、经济价值，应予以保护的村落，强调村落传统的延续性；而学界所使用的"传统村落"更多的是一种与现实相对的理想型，潜在地表达了城市化与现代化浪潮中村落所经历的深刻变迁以及它在形态和内涵上与"传统"逐步分道扬镳的趋势。

② "有形的"村落转型是指乡村数量、物理空间、经济指标、基础设施、人口数量等方面可视的变化。

第三章 没有"村民"的村落:传统村落的转型及其现代性特征

的"空心村"、被城市建成区逐步包围且村民大多非农就业的"城中村"、就地市民化的工业强村①等;三是"无村落—有村民型"的村落,主要是指居住形态已经发生变化,但村民在身份、职业及社会文化上仍延续传统或者说市民化进程严重滞后的转型村落,比如城市郊区失地农民集中居住的安置社区;四是"无村落—无村民型"的村落,主要是指那些已经充分融入城市的村落,比如早年撤村建居且村民已经完全融入城市的村落。从村落转型的历时性变化来看,目前村落转型的研究焦点主要集中于中间两类正在发生转型的村落上,即"有村落—无村民型"村落和"无村落—有村民型"村落,而本章将聚焦于讨论前者。

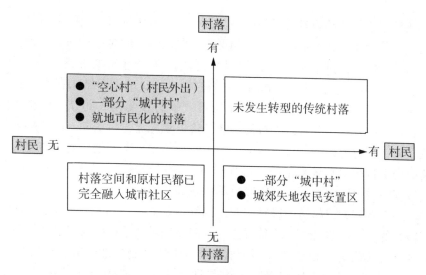

图3-1 村落转型中的4种基本类型

与对村落转型的诸多简单想象不同,使用"村落""村民"两大维度来考察村落转型,实际上会使得村落现代化的图景由于村落与村民之间的张力而变得更为复杂。事实上,以"村落—村民"为线索来讨论的村落转型已经不可

---

① 笔者在调研中关注到一些具有典型意义的就地市民化村落,比如江阴市周庄镇山泉村。相比起学者关注较多的工业强村(比如华西村),山泉村转型发展最大的特点不仅在于村庄的再造、村民集体的非农化,更在于村落转型过程中,村民社会—文化层面的市民化。比如通过村规民约的制定和遵守,重新培育村民的生活习惯;通过在村庄内树立交通标志,增加村民的相关知识;通过倡导民主自治,打破农村社区原有的治理结构,使得村民在村落转型中形成民主化的权利观念和政治参与的意识;等等。

避免地延伸至复杂的现代性议题之中。通过对"有村落—无村民型"村落转型的考察,本章试图探讨的核心问题在于:村落转型是否必然是一个"传统性"和"现代性"之间此消彼长的进程,还是存在"传统性"和"现代性"并存共融的可能?正是在这样的问题意识中,"有村落—无村民型"村落(即本章所称的"没有'村民'的村落")为我们提供了一种理解"传统性"与"现代性"多元共存关系的视角,从而在更大程度上帮助我们更好地重新审视村落转型中村民与市民、乡村与城市、传统与现代的关系。

二、村民与村落的分离:传统村落转型的现代性特征

相较于个体化趋势日益增强的城市社会,中国传统村落实际上就是一个典型的生活共同体,它既指向一个空间形态的共同体,同时也指向一个精神文化形态的共同体。在村落转型中,村落与村民是两个基本的变迁维度。其中,"村落"是外在于村民的、客观的、具有强制性意义的空间结构存在,而"村民"则是村落的主体存在,也是村落不可或缺的重要构成部分,它涉及村民职业、经济收入、生活方式、行为习惯、价值观念、身份认同等群体样态的变化及作为行动者的村民在日常生活中的实践与行动。事实上,要具体设问转型村落的当下特质及其未来走向,必须同时关注到"村落"与"村民"两者在转型过程中的时序模式、转型向度及其相互关系。

一些学者认为,村落的终结与农民的终结是同一个过程。[①] 可是,现实中村落转型的事实逐步打破了这种看法,并使我们看到了村落与村民在转型过程中的分离及其张力,正如费孝通所说:"如果社会变化加快时,会发生位与权、名与实、言与行、话与事、理论与现实,全趋向于分离。"[②] 反观在由"村落"和"村民"两大变迁维度建构的转型村落的4个基本类型中,"有村落—无村民型"和"无村落—有村民型"两种类型的村落皆是这种分离的产物。总的来说,我们可以从两个方面来理解这种分离:一是转型时间上的分离,即村落和村民在变迁时序上产生先后性;二是转型向度上的分离,即村落和村民之间不是同方向上的时间差而是不同方向上的目标差。

如果聚焦于"有村落—无村民型"这一类村落,我们可以看到它在现实中至少涉及3种具体的村落形态,即"空心村""城中村"和"就地市民化"的村落。对于这3种村落来说,共同点在于"村落"完全或主要部分保留,

---

[①] 参见李培林《巨变:村落的终结——都市里的村庄研究》,载《中国社会科学》2002年第1期。
[②] 费孝通:《乡土中国》,人民出版社2008年版,第100~101页。

而"村民"实际上已经发生了现代化转型,即村落的传统化和村民的现代化并存于这类村落的转型之中。①对于"空心村"来说,城镇化、工业化的吸纳及农村资源向城市的集中,造成了中青年农村劳动力的大量外迁,剩下的多半是老弱病残人口,从而使得原有的人口结构和传统的村落秩序面临崩解的风险。然而,由于此类"空心村"往往处于中西部地区或距离城市相对较远的地区,村落在建制调整中仍得到了一定程度的保留,而未被城市吸纳。②对于"城中村"来说,尽管城市的扩张已经使"城中村"被城市建成区包围或半包围,甚至成为与周边城市景观格格不入的异态,然而,城乡二元结构下的户籍制度、土地制度及基于投资回报的市场选择等原因,使得"城中村"在城市建制中部分保留了村落形态,而村民实际上已经融入城市化浪潮之中。③对于就地市民化的村落来说,与"空心村"和"城中村"①逐步走向村落终结的道路不同的是,它主要依靠内生发展来实现村民的就地市民化。在这一过程中,村落不仅得到了较完整的保留,甚至在传统村落的保护和改造中实现了某种程度上的再造和更新。例如,在古村落保护及全球性文化遗产保护运动下,传统村落价值得到了重新确立;近年来发展农家乐、乡村旅游的村落对乡村景观和乡村符号的重新塑造和挖掘;社会组织介入下的村落营造和自然保护;集体土地集约使用下的统一规划和建造的农民别墅;等等。这些使就地市民化的村落展现了一幅具有内在活力的村落转型图景。

然而,与上述作为空间形态的"村落"存留相对的是,"空心村""城中村"和就地市民化村落中的村民以不同的方式与现代性产生了勾连。从完整的意义上来讲,农业转移人口的市民化不仅仅是其职业、身份的转变(非农化)和居住空间的转移(城市化),更是他们社会文化属性与角色内涵的转型过程(市民化)和各种社会关系的重构(结构化)与城市生活的再适应(再社会化)过程②,其本质是在城乡二元结构下传统农民的"去边缘化"过程。当然,不同群体的市民化过程同样具有差异性。但总体来说,这种"有村落—无村民型"村落在转型过程中延续村落的同时,共同突显了主体维度上的现代性面向,使得村民呈现出如下几个方面的现代性特征。

1. 职业结构的非农化

无论"空心村""城中村"还是就地市民化村落中的村民,职业农民的比

---

① "空心村"和"城中村"在城市化、市场化、工业化的侵蚀中仅仅得到了部分的保留。正因如此,对这两类村落的研究往往带有悲情主义式的发展预判和极大的文化遗憾。

② 参见文军《农民市民化:从农民到市民的角色转型》,载《华东师范大学学报》(哲学社会科学版)2004年第3期。

重都在大幅度减少。大部分村民从第一产业中脱离出来，从以耕作和务农为主的经济生产方式转变为以工业制造、商业服务和租售为主的经济模式。这种个人乃至家庭生产方式的转变，"空心村""城中村"和就地市民化村落中的村民，其各自的实现方式不同。"空心村"的村民主要依赖劳动力迁移进入城市就业市场，从而完成职业转变；"城中村"的村民则可能由于土地的部分征用，凭借靠近城市建成区的区位优势，转而以城市就业和房屋收租为主要经济来源；而就地市民化村落的村民则得益于村落内部人才、管理、信息技术、资金、土地等生产要素的重新配置及本土化市场和工业的形成，从而实现职业转变。

2. 行为方式的理性化

尽管学术界对"村（农）民"的属性有很多讨论，比如农民究竟是理性的还是道义的[①]，而中国传统村落中的农民行为可能更多的是两者兼而有之。至少，村民行为的一个突出特点是按照经济理性和市场化原则组织自己的生产经营并调整经济行为的。[②] 对于"有村落—无村民型"的村落来说，无论村民以个体的方式还是集体的方式进入市场，其行为方式都在突出地朝向理性化的方向转变。村民行为的这种理性化转向既出自对市场规则的习得，也是对农业生产的低期望下理性选择的必然结果。在村民逐步迈入市场而带动其行为方式愈发理性化的过程中，村落共同体的内在联结也愈发遵从利益原则，村落秩序也从传统的伦理秩序逐步走向利益秩序。

3. 权利主张的个体化

村落转型不仅给村民带来了职业、收入上的变化，也带来了不断增强的个体权利意识。伴随着村民市民化的进程，村民逐步找回了在传统集体生活中被模糊甚至是被消解的个体权利意识，从而在现代村落生活中产生了具体而明晰的个体权利认知和权利要求。对于"空心村"的村民来说，城市就业经验的直接结果是市场交换中公平意识的萌发及维护自身权利能力的习得；对于"城中村"村民来说，与村落转型相关的利益分配直接促发了村民面向个体和家庭诉求实现的权利主张；而对于就地市民化村落的村民来说，通过村办企业的科层化运作，以及将现代企业管理制度引入农村社区治理，使得村民在村落组织结构调整中重新确立了个体权责意识，并为村民个体化的权利主张实现建

---

① 波普金的"理性小农"（the rational peasant）——追求利益最大化的资本主义企业家；恰亚诺夫——强调小农为自家生计而生产的一面，并不追求最大利润；詹姆斯·斯科特的"道义小农"（the moral peasant）——小农不是追求利益最大化的理性人，其主要动机是避免风险，安全是第一位的，受制于伦理、道义与习俗等传统力量。

② 参见［美］西奥多·W. 舒尔茨著，梁小民译《改造传统农业》，商务印书馆1987年版。

构了新的制度化渠道。① 而村民对个体价值的强调及权利主张的个体化也将在更长远的意义上助益乡村治理结构的开放、民主制度的形成和政治参与的扩大。

4. 文化观念的世俗化

在村落转型的过程中，与村民职业非农化相伴随的另一个现代性转变就是村民文化观念上的更新和世俗化趋势。② 一方面，村民或在城市就业中获得了新的知识结构，或在村落内生的发展中通过知识富村、文化兴村的路径，完成对传统村民知识化的现代改造。村落生活中对科学价值的重视逐渐超越经验和传统信仰，长老治村的传统逐步被能人治村所取代。另一方面，职业非农化的村民在市场中逐步形成了消费主义的文化观念；村民开放性和多元性的文化特点替代地方性和单一性的文化特点；③ 村民的精神边界开始与地域边界分离，价值和意义的外部输入在增加。

5. 社会生活的多元化

尽管传统村落或完全或部分地得到了存留，然而，生产组织与行政组织的分离及意识形态上"集体主义"的退出使村民获得了更多个体选择的自主空间。也正是这种日渐松散的个体选择给村落社会生活带来了多元化的变化趋势。经营活动和社会活动的可选择范围的扩大，以及村落集体性活动的消退也使得建立在家庭关系上的亲缘关系失去活力。除此之外，乡村社会生活在越来越多的日常生活方面，比如生活习惯、交往方式、消费偏好、闲暇安排等，其单一性都在逐步被多元性所替代。

以上论述中，由"空心村""城中村"和就地市民化的村落为主要形态的"有村落—无村民型"村落，其在转型过程中产生了"村落"与"村民"之间的分离——一面是对传统村落的存留，另一面则是村民以自主的逻辑展开与城市化、市场化、现代化的主动勾连。这种传统性与现代性的并存使之蕴含了一种独特的现代性特征。这类村落转型中实际所发生的村民市民化表明，在城

---

① 如笔者曾经调查过的"就地市民化"的典型村落——江苏省江阴市周庄镇山泉村，它在新农村建设中，从重新规划到具体实施皆来自村民的共同参与；村里成立了民主理财小组对山泉村年度财务账目以及相关经济活动事项进行审核和监督，通过村务民主管理方式促进村民有效的政治参与。

② 也有学者用"平面化"来描述村落转型中社会生活的改变。参见吴重庆《无主体熟人社会及社会重建》，社会科学文献出版社 2014 年版，第 124 页。

③ 孟德拉斯曾对建立在农业基础上的文化的地方性和单一性做过论述："农业是'地方性的艺术'，任何技术进步，尽管在别处进行过实验，但仍需要在每个地方经受检验，如果说不是需要在每块地里经受检验的话。"（参见[法]H. 孟德拉斯著，李培林译《农民的终结》，社会科学文献出版社 2005 年版，第 39 页）

乡关系变动过程中产生"都市乡民"[①]的同时，也在不断地产生"乡村市民"，也正是在这个意义上，其越来越成为一种没有"村民"的村落。

三、村落转型中传统与现代的结构性融合动因

黄宗智在谈到改革之后的中国农村时，认为它已经初步形成了具有中国特色的发展途径：在农村而不是在城市发展的工业化，也就是不带城市化的工业化。[②] 然而，20世纪八九十年代以来，随着以集体经济和乡村工业为载体的农村发展方案的衰微，越来越少的人关注村落作为发展载体的合理性和价值。

在"有村落—无村民型"村落转型的现实中，正是村落和村民的分离使得村落的传统性与村民的现代性能够融合在一起，从而出现了一类特殊的转型村落——没有村民的村落。这种传统与现代的结构性融合不仅来自村落转型中传统要素与现代要素的多重勾连，而且也是乡村性和城市性之间不均衡推拉张力的结果。村落转型中这种结构性融合使我们必须重新认识村落在村落转型中的作用和价值，并且思考这种融合背后的可能原因。我们需要进一步回答的问题是：村落转型中由于村落与村民的分离而产生的传统与现代的结构性融合何以能够存在？对于"空心村""城中村"和就地市民化的村落来说，为什么村落存留的同时，村民的现代性得以发育？其中，涉及村落传统性与村民现代性之间相互作用的关系。归纳来说，我们可以从共性和个性两个方面来分析"有村落—无村民型"村落转型中传统与现代的结构性融合动因。

从共性上来看，"有村落—无村民型"村落在村落与村民两大维度上出现的传统与现代的结构性融合，与村落3个方面的功能是紧密相关的。一是集体记忆中的历史惯性。人民公社的退出和农村的经济改革使得意识形态上的"集体"失去了合法性，并使得"去集体化"成为整个中国走向现代化的主流形式。然而，中国村落转型不仅是嵌于城市化、工业化、现代化背景下的，同时也是嵌于传统性和历史性之中的。村民对"集体"的话语、记忆和体验使得"集体"在村民的日常生活中仍然是重要的生产生活依托及价值归属，这无疑会产生强有力的历史和传统惯性。二是社会分化转型中的利益共享。改革开放以来，农民以前所未有的规模突破村落封闭的边界，展开与外部世界的交

[①] 参见王兴周《都市乡民：中国城市化的新难题》，载《中国社会科学报》2015年6月26日，第B01版。

[②] [美]黄宗智：《中国农村的过密化与现代化：规范认识危机及出路》，上海社会科学院出版社1992年版，自序第5页。

往，农村社会本身也在不断地发生流动和分化。通过村落，村民能够直接共享来自集体的经济资源和非经济资源。因此，对于村民而言，村落的存留意味着收益获得的一个有效途径。哪怕是以家庭松散经营为主的村落，同样具有将集体资源私人化的空间。同时，村落本身还具有抑制内部过度分化的能力。村落组织管理功能的增强及村级资源的再分配使得抑制社会分化成为可能，并防止其对共同体造成撕裂。三是个体化社会中风险抵御的庇护来源。当代中国社会正呈现出个体化趋势不断加强的态势。现代社会将人撕裂为碎片，将个人从集体主义的阵营中直接推向了更广阔的社会，成为一个个在社会的海洋中自谋出路的主体①，这种趋势同样出现于"人民公社"的退出及市场经济体制侵入下的农村。村中的能人外出，而留在村里面的村民大多缺乏独立的市场能力，村落的存留因此可被视为既是工具理性亦是价值理性下集体选择的产物。在村落对接和融入现代大工业和市场体系的转型过程中，村落为可能造成的个体风险提供了共同体的庇护。并且，维持传统村落意味着以最大化的稳定性和最小化的撕裂性变动来完成转型，这恰好符合农民所追求的"安全第一"② 的动机。

当然，除了上述共同的动因之外，从个性来看，基于不同的发生机制，"空心村""城中村"和就地市民化的村落在转型中，村落传统性与村民现代性之间也会出现不同类型的结构性融合。

1. "空心村"：被动型的融合

"空心村"转型过程中所出现的村落与村民两大维度上传统与现代的结构性融合，来自村民大量外出及村落本身缺乏变革动力的双重现实下而实现的一种传统与现代要素的被动融合。一方面，城乡之间的经济发展差异持续推动村民自主选择进入城市而实现与现代性的对接。但由于一系列城乡二元的制度安排及市场选择，外出务工的村民大多无法完成城市的完整融入，因此使得村民不得不与传统村落保持连接。另一方面，"空心村"由于距城市较远或地处中西部地区，难以受到城市辐射而缺乏转型的外部动力。同时，由于内部资源的缺损和外流，亦缺乏转型的内部动力，村落由此成了现代化浪潮中被动的存在。因此，"空心村"的转型成为村落的衰败性存续与村民"半市民化"之间被动结合的产物。

2. "城中村"：过渡型的融合

与"空心村"较为相似的是，"城中村"在转型过程中形成的村落传统性

---

① 参见文军《个体化社会的来临与包容性社会政策的建构》，载《社会科学》2012年第1期。
② 参见 [美] 詹姆斯·C.斯科特著，程立显、刘建等译《农民的道义经济学：东南亚的反叛与生存》，译林出版社2001年版。

与村民现代性的结构性融合，同样可被视为"不充分城市化"的后果。① 然而，与"空心村"较为不同的是，"城中村"在转型过程中，村落的传统性与村民的现代性之间的融合带有明显的过渡性。一方面，尽管"城中村"地处城市区划内，但城乡二元制度的阻隔及城市化过程的边缘化使得它在城市建成区的包围中滞后地保留了村落形态。另一方面，"城中村"中居住的本地村民大多已经失地或部分失地，难以依靠农业作为主要生产方式来维系生存。于是，村民在未脱离村落的前提下，开始转向以城市就业和租赁房屋来作为主要收入来源，以此来适应村落向城市转型过渡中带来的个人及家庭境遇的变动。除了本地村民之外，"城中村"中往往由于外来人口的集中居住而呈现出本地与外来人口的倒挂。尽管他们从事着非农产业、被城市文化不断影响，但"城中村"的集中居住方式往往成为其进入城市的过渡空间。居住在"城中村"，不仅能够最大限度地削减进入城市的成本，而且还能够通过异地利用原有社会网络和社会资本，抵抗城市生活对传统社会网络的撕裂、市场关系的波动和个体化风险的入侵。在此意义上，"城中村"还是一个具有缓冲性质的社会空间。因此，"城中村"的转型成为村落城市化转型滞后与村民渐进性城市进入相结合的过渡型产物。

3. "就地市民化"的村落：内源型的融合

如果说"空心村"和"城中村"在转型过程中，村落传统性与村民现代性之间的结构性融合都因不充分的城市化而带有明显的被动性和过渡性，那么，"就地市民化"村落中的这种融合则带有强烈的内源性。对于"就地市民化"的村落来说，其内生资源的密集性使得村落本身成为助推村民市民化的载体。特别是东部和沿海发达地区的农村，都希望传统村落中的人、财、物最大限度地予以保留。村落凭借区位和资源优势使其经济能够有效对接现代性，并且依靠村落的非农化大规模地拉动村民职业的市民化转变。② 同时，依靠村落的基本组织管理体系，可以有效调动和整合村级资源，进行工业化的生产，兴办社会服务事业，推进民主自治的发展，从而使整体推进村民的市民化和现代化成为可能。也正是由于村落转型的内源动力，使得村民倾向于将市民化过程中所获得的积极转变反向归因于村落共同体，并且使得村民的市民化反向巩

---

① 这种不充分的城市化在当前中国城市化过程中表现特别突出，其主要原因在于人口城市化与土地城市化的不一致性。这通常是由人口城市化严重滞后于土地城市化造成的。

② 比如利用家庭经营模式发展起来的淘宝村，根据《中国淘宝村研究报告（2014）》，截至2014年12月，全国已发现淘宝村数量增至212个。以淘宝村为代表的农村电子商务正在深刻地改变中国农村的面貌。

第三章 没有"村民"的村落：传统村落的转型及其现代性特征

固村落边界，进而增强村落的系统团结。①

上述从共性到个性的分析，试图揭示"空心村""城中村"和"就地市民化"的村落在转型过程中村落传统性与村民现代性之间结构性融合的动力来源。在村落转型中，传统村落试图超越传统乡土社会，但又依赖于乡土社会，传统要素与现代要素的组合和粘连形塑了没有村民的村落，也成为村落转型中一种特殊的发展方式。在这一过程中，尽管村民主动或被动地开启了市民化转型，然而，村落反倒因其自身的功能而使得传统具有强有力的韧性，甚至在村落转型中成了一种能够被村民所用的稀缺资源，并且具有与波兰尼提到的共同体的辐辏模式（centricity）相似的效应。②

四、简短的总结："城市中心主义"的反思与村落转型的未来

现代化是一个充满希望又充满荆棘的过程。按照布莱克（Cyril E. Black）的看法，现代化可以看作经济领域的工业化、政治领域的民主化、社会领域的城市化及观念领域的理性化的发展过程③，然而，通往现代性的过程却总令人陷入迷思。在城市化、市场化和工业化浪潮的冲击下，学术界有关"传统村落将向何处走，又将如何走"的提问引发了一系列关于村落转型特征、路径和未来前途的讨论甚至争议。然而，以往的村落转型研究却带有强烈的城市中心主义的理论预设，并且倾向于以"无主体"和"散点式"的方式来叙述村落转型。

改革开放以来，城市化已经成为标志中国社会变迁的主旋律。在对城市的

---

① 分享到集体物质回报的村民往往会增进对村落必要性和价值的认知，也会通过确认成员身份确定共同体边界。笔者在江阴华西村、山泉村等地调研时就发现，村民具有强烈的边界意识，村里的人和外来的人差别非常大。这些村落在经济边界开放的同时，社会边界却是高度封闭的。这在某种程度上复兴了中国传统社会整合的基本模式——地缘。同时，与村民市民化直接相关的职业转变、政治参与等有其明确的村落边界。因此，村民市民化的推进也意味着村落物理边界潜在地被确定，也带来了社会边界和文化边界的重新明确和巩固。比如许多城郊村落在转型都形成了"村规民约"，成为村落忠诚的制度文本。"村规民约"反过来巩固了社会、文化的边界，重新建构了共同体对个人的重要意义及改造能力。

② 波兰尼从人们的行为原则与社会的制度安排两方面分析人类历史上与经济功能相关的方面。他认为，从分析上看，存在过互惠、再分配和家计3种与经济相联系的行为原则，与此对应的分别是对称、辐辏和自给自足3种制度模式。再分配似乎是历史上更常见的经济行为原则，它主要对所有那些在同一个首领支配下的人发挥作用，从而有一种领土的特征。而辐辏型的制度模式正满足了再分配的需要。（参见［英］卡尔·波兰尼著，冯钢、刘阳译《大转型：我们时代的政治与经济起源》，浙江人民出版社2007年版，第42页）

③ 参见［美］西里尔·E.布莱克编，杨豫、陈祖洲译《比较现代化》，上海译文出版社1996年版。

标榜和"贩卖"中，乡村已经在城市中心主义的话语中被假定为经济、政治、文化、社会上封闭、落后、欠合法性的存在。城市中心主义在城优于乡的国家话语体系中不断被生产和固化，并进一步影响社会形态和个体选择。① 城市中心主义的话语和意识形态使我们相信，以村落为载体的传统农业社会逐渐被以城市为载体的现代工业社会取代是社会现代化的一种必然趋势，甚至从某种程度上来说，都市的兴起和乡村的衰落可以被理解为"一件事物的两面"②，现实中村落崩解或消失的命运也似乎正为由城市化主导的现代化进程增添重要的注脚。然而，值得注意的是，城市化并不等同于现代化，也不是走向现代化的唯一路径。在本章中，通过对"有村落—无村民型"村落转型的考察，我们可以看到，"非城市化"的路径以及传统性的存留并非被现代性排斥在外的存在，相反，这是现代性的一种重要构成。

反观基于城市中心主义之上的一些"村落终结"的判断，其在理论上是高度抽象、简化和去特殊性的。它冷酷地剥去了村落在现代化路途中存在的意义和合理性，消解了村落在非农化、工业化、城市化背景下社会转型的内在张力及村落续存的现实性。以单向度的城市化视角裁剪复杂的社会生活及其变革，村落终结在城市中心主义的预设下往往成为一种"自我证实的预言"。客观而言，村落转型研究中隐含的"传统—现代"的对照观及由单向度的城市中心主义垄断的社会进化论可能使我们忽视了当代村落在回应工业文明中自我调适的能力及超越"村落终结"这一悲情主义判断的可能。

如果进一步回应以往村落转型中聚焦的争论——传统村落到底是走向"终结"还是"转型"，笔者认为，正因为在村落转型中我们时刻感受到的这种张力，使得简单地下一个村落到底终结与否的结论并没有太大的意义，因为中国本身地域差异非常大，村落发展的基础、接受城市辐射的情况都不同，这也给村落现代化的路径带来了极大的可变性。显然，对于村落的当下特质及其未来命运的判断必须将其转型的多元路径和复杂进程纳入理解的范畴，并尝试在散点论述的个案研究之上进行类型化的比较研究。③ 一个可能的尝试是将有关村落转型"终结与否"的提问进一步推进到"不同类型的村落将以何种方

---

① 参见文军、沈东《当代中国城乡关系的演变逻辑与城市中心主义的兴起——基于国家、社会与个体的三维透视》，载《探索与争鸣》2015年第7期。
② 费孝通：《乡土中国》，上海人民出版社2007年版。
③ 本文依据"村落"与"村民"两大维度所划分的4类村落类型中，既包含村落与村民在转型向度上的分离，也包含村落与村民在转型时序上的先后。由于篇幅有限，本文的研究只涉及其中一种类型的讨论。

第三章 没有"村民"的村落：传统村落的转型及其现代性特征

式和路径进行转型"的问题上。① 事实上，村落的终结与转型，两者之间并不是截然对立的，只不过两者分别展现了村落转型的不同图景。传统村落的解体也从另一面给村落发展带来了契机，而新型城镇化建设能够为传统村落共同体的现代重构释放出巨大的潜力。为此，我们期盼一种与单纯的行政建制或物理空间形态上的建造所不同的村落再造的努力方向，即新型村落共同体的重建。它既包括新型城镇化战略中处理城乡关系、解决乡村发展问题等方面的新规划与新政策，也能使宗族、血缘、道义、行政等多种因素融为一体，是一种外在空间与内在主体、人文社会和自然环境共生发展的新型共同体。可以说，新型村落共同体的重建既是一种社会意义上的重建，也是一种人的精神和主体意识的重建，更是一种社会—文化系统的全面重建。②

当然，有关村落发展的未来还有一系列问题需要进一步厘清。首先，我们必须重新思考现代化、工业化和城市化的关系问题，如：现代化是否一定要通过城市化的途径来达成？或者说，以城市发展为主导的现代化是否有容纳非城市形态的村落现代化的可能？其次，城市的扩张是否有限度？村落能够在多大程度上保持其自身的独立性和自主性？再次，村落是否可以与城市一样，持续地成为村民现代化的载体和场域？其需要的基本条件和要素又是什么？值得注意的是，对村落未来的预判既不应当是浪漫主义的，也不应当是悲情主义的。对于村落的未来发展，应当从村民现实生活、关系网络、地方习俗、伦理观念等日常生活中的社会要素中去寻找演变的轨迹和可能的答案。总之，尽管现代化被笼统地认为是从传统社会向现代社会的过渡，然而，在实际问题分析的时候坠入两分法的窠臼是可怕的。最值得反思的是，不应该简单地将"农村—城市""农民—市民""农业—工业"置于"传统—现代"的对立意义之中，城镇化建设的最终目的是要让居民"望得见山、看得见水、记得住乡愁"③。在此意义上，合理的城乡关系并不应当以城市中心主义所预设的城市价值去同化乡村。城乡之间应当在相互渗透、相互融合的过程中保留各自的独特属性，并最终实现共生发展。

---

① 这一提问同时要求将村落转型放在更大的国家—社会（农民）、中央—地方、结构—行动的脉络以及历史实践中加以综合考虑。
② 参见文军《重构中国传统村落的社会意义》，载《山东社会科学》2014 年第 9 期。
③ 来源于 2013 年中央城镇化工作会议（2013 年 12 月 12—13 日举办）所提出的城镇化的主要内容。具体参见《2013 年中央城镇化工作会议公报》，见中华人民共和国财政部网站（http://www.mof.gov.cn/pub/nczhggbgs/zhuantilanmu/xcjssd/bf/201401/t20140121_1037854.html）。

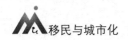

第四章 "城乡连续统"框架下新型城镇化社区样态研究
——以河南省新乡市Z社区为例

一、问题的提出

《国家新型城镇化规划（2014—2020年）》指出，改革开放以来，伴随着工业化进程的加速，我国城镇化经历了一个起点低、速度快的发展过程。① 以农业大省河南省为例，2014年河南省政府出台的《河南省新型城镇化规划（2014—2020年）》显示，2013年全省城镇常住人口为4123万人，比2007年增长22.46%，城镇化率为43.8%，高于2007年9.5个百分点。② 以河南省新乡市为例，作为全国重要的商品粮基地和优质小麦生产基地，该市农业人口达到320万人，占全市人口的56.4%，城镇化压力较大。有学者调查新乡市9区（县）111个行政村的158632人中，劳动力85772人，其城镇迁移意愿高达85.5%③，但该市农村人口生活水平仍然相对较低，农村社区建设缺乏规划，土地集约利用度不高，缺乏道路、饮水、排水、燃气、网络、供配电等基础设施，更缺乏与日常生活相配套的医院、学校、文化娱乐等公共服务基础设施，环境污染状况严峻。因此，如何以新型城镇化为契机有效解决上述问题，尤其是"土地城镇化"快于人口城镇化，土地资源粗放低效利用，城镇空间分布和规模结构不合理，传统村落承载的"乡愁"逐渐消失等一系列问题就成为摆在各级政府和相关学者面前的难题。

笔者认为，既有研究仍然存在一些局限性。第一，由于新型城镇化推进模

---

① 参见中共中央、国务院印发《国家新型城镇化规划（2014—2020年）》（http://www.gov.cn/gongbao/content/2014/content_2644805.htm）。
② 参见耿明斋等《城镇化引领"三化"协调发展——理论思考与实践探索》，社会科学文献出版社2012年版，第11~26页。
③ 参见许宝健《统筹城乡发展——新乡探索与实践》，人民出版社2011年版，第55~57页。

式在国内尚存在多种样态，虽然各学者基于自身的学科背景及实践经验，从不同视角展开了新型城镇化推进模式及实现路径的研究，但仍然缺乏一种基于新型城镇化社区之"整体性社会事实"的研究视野和理论框架。第二，就分析范式而言，目前关于"撤村并居"现象及"村改居"社区研究均将研究对象视作一个"孤岛"，是一个带有浓浓"乡愁"的"亦城亦乡"的特殊人口聚集空间，并具有过渡性、复杂性、可塑性等特征，但这种"孤岛"分析范式切断了"村改居"社区与其所处环境的社会互动，如此，既不能科学诠释社区样态生成的动力机制及社区秩序整合的行动逻辑，也不利于客观阐释"撤村并居"的运作机制及"村落终结"的实践逻辑。第三，在"传统—现代""乡村社区—都市社区"等二分框架下，学者们往往将"村改居"社区视作现代都市社区的过渡形态，并认为此类社区治理结构现代转型及农民市民化是其最终样态。但笔者认为，"村改居"社区是一个特殊的城乡文化"转型区"（zone in transition），其终结之路并非呈现一种传统乡村社区向现代都市社区转型的线性关系，而是两者在特殊时空情境下互相建构的动态过程。第四，就研究方法而言，目前关于"撤村并居"现象及"村改居"社区的研究大多集中于规范研究而非经验研究，尤其缺乏个案式"深描"，这不但不利于我们客观认识"村改居"社区的基本样态，也不利于对"撤村并居"实践逻辑的把握。

因此，为克服既有研究的局限性，笔者将中国新型城镇化推进模式及实现路径置于"城乡连续统"（urban-rural continuum）分析框架下，将新型城镇化社区视作一个"被实践的空间"，并将其社会秩序视作实践主体行为的制度性后果，以河南省新乡市Z社区为个案，采用"生成性视角"（generative perspective）展现作为一种"整体性社会事实"的新型城镇化社区之基本样态，以期与学术界关于新型城镇化的相关研究形成理论对话。

二、Z社区：一种新型的城镇化社区

（一）从村落到社区：生活空间变迁

随着农民收入的不断提高，新乡市出现新一轮的建房热，面对村民日益高涨的建房需求和城镇化生活需求，新乡市通过建设新型城镇化社区，使农村面貌有了根本性改善，农民居住空间发生了彻底转型，摆脱了过去传统农村建设过程中"有新房无新村"的怪圈。以Z社区为例，居住格局变迁主要表现为3个方面。

首先，从村落独户散居到社区集中聚居，打破了传统农村建设"有新房无新村"的怪圈。Z社区中流传这样一句民谣:"好房子,几辈子,再也不用拆房子。"Z社区居民PWL告诉笔者:"20世纪80年代由土坯房改建为半砖半坯房,90年代由半砖半坯房改建为砖瓦房,21世纪初则又由砖瓦房改建为砖混房,现在是三代人住在一代人建的房子里,几十年都不用再翻盖新房了。"(20150124XXZPWL)① 新乡市新型城镇化社区建设引进现代城市社区建设理念,科学编制社区空间布局规划,以Z社区这类新型城镇化社区为载体,实现优势资源集中共享,一方面能摆脱传统农村一辈子翻盖几次新房的怪圈,有效避免了不必要的建房开支,大大节约了生产生活成本;另一方面也能打破过去村与村、组与组、宗族与宗族、家族与家族之间的传统居住格局和生活模式,避免了邻里纠纷,实现了一种新型人际关系模式,部分缓解了学者吴重庆所谓的"无主体熟人社会"(baseless society of acquaintance)运作困境,即农村大量劳动力离土离乡后,传统村落的"熟人社会"运作规则失去其原有的社会基础而面临的困境。②

其次,以Z社区为载体,实现城乡公共服务均等化。正如学者耿明斋所指出的,农民向镇区集中是河南省新型城镇化过程中的必然趋势,也是中原地区"就地城镇化"③ 的一种基本形态,而新型城镇化社区则是实现城乡公共服务均等化的重要载体。④ Z社区居民TMZ告诉笔者:"Z社区和城市社区一样,水、电、路等基础设施非常完善,社区服务中心、幼儿园、小学、卫生室、休闲广场一应俱全。"(20150126XXZTMZ)区域经济学认为,公共基础设施和公共服务的提供需要有一定的人口集聚效应,新乡市在新型城镇化规划过程中充分发挥Z社区人口集聚效应,依托产业集聚区的带动效益及城市交通建设"3010"民生工程行动计划,即"30分钟经济圈"和"10分钟生活圈",并通过中心城市—县城—乡镇—新型城镇化社区一体化统筹发展战略,使得"居住在社区、上班在厂区、消费在市区"成为Z社区居民生活的新常态。正如学者王伟光所指出的,走具有中国特色的新型城镇化道路必须突破传统二元分割思维,把城镇化置于城乡一体化的框架之下,通过一系列体制机制的改革和创新促进城乡要素自由流动、平等交换、均衡配置,最终实现城乡发展一体化。⑤

---

① 括号中为受访者编号,下同。
② 参见吴重庆《无主体熟人社会及社会重建》,社会科学文献出版社2014年版,第169~177页。
③ 参见朱宇、祁新华等《中国的就地城镇化:理论与实证》,科学出版社2012年版,第9~10页。
④ 参见耿明斋等《城镇化引领"三化"协调发展——理论思考与实践探索》,社会科学文献出版社2012年版,第114~116页。
⑤ 参见王伟光、魏后凯等《新型城镇化与城乡发展一体化》,中国工人出版社2014年版,前言第2页。

最后，通过产业集聚区建设实现农民多元化生计模式转型。就业是民生之本，也是实现失地农民职业转换的核心因素。[①] 从 2006 年开始，新乡市就依托县城、重点乡镇和原有产业基地，规划一批新型产业聚集区，并通过"六通一平"实现产业聚集区的辐射带动效应，构建一个城市生产要素向农村流动的载体，一个农民自主创业的载体，促进新型产业的集聚集群集约发展。距离 Z 社区约 2 千米就是 HC 镇新型产业园区，Z 社区大部分年轻劳动力都选择在本镇工业园区务工，这样不但可以节约生活成本，还可以满足家庭日常劳动力需求，实现"就业不出门，务工不进城"。另外，笔者在调研中发现，部分老年人通过自主创业实现非农化转型。Z 社区 72 岁的 SFX 告诉笔者："2014 年 6 月在家门口开了小卖店，主要卖一些日常用品，生意不错，一个月收入平均下来也有 2000 元左右，比农村种那几亩地强多了。"（20150120XXZSFX）新乡市以产业集聚区为平台，大力发展第二、第三产业，积极推动农民非农化转型，一方面通过招商引资实现龙头企业"引进来"，另一方面加快农村土地流转，实现农业规模化经营，积极与农业龙头企业和农村各类合作经济组织开展合作，多维度促进农民增收，为其顺利实现生计转型和职业转换奠定了良好的基础。

（二）从村委会到"四委一中心"：社区治理模式转型

作为一种介于传统农村社区与现代城市社区之间的新型社区形态，Z 社区组织转型也面临着特殊的实践逻辑。一方面，由于传统村落生活空间发生变迁，乡土社会网络正趋于瓦解，由熟人关系向半熟人关系甚至陌生人关系转变，因此，传统村落治理模式失去其必要的社会基础；另一方面，新型城镇化社区的复杂性、过渡性、可塑性等特征[②]使得完全照搬现代城市社区治理模式也不能实现社区基础秩序整合。笔者在调研中发现，新乡市 Z 社区积极探索社区治理模式——"四委一中心"和"4+2"工作法。

首先，"有事还得找村委"是 Z 社区成立之初居民日常生活的真实写照。由于未建立完善的社区治理体系，新社区实行分片管理的模式对原村庄村民实行"分片式就地治理"，即 ZX 村、ZY 村、ZM 村 3 个村委会仍然负责其所属村民的日常事务管理，继续承担村级行政事务管理之责，如农村计划生育、农

---

① 参见谢俊贵《失地农民职业转换及其扶助机制——基于调研数据与风险预估》，社会科学文献出版社 2012 年版，第 233 页。

② 参见田毅鹏、齐苗苗《城郊"村落单位化"的社会管理功能及其限度》，载《社会科学》2014 年第 1 期，第 85 页。

民养老保险、农村新型合作医疗、惠农资金等，仍然承担着村集体资产管理和运营的职责，因此，Z社区成立之初，村委会仍然是"村庄集体利益代理人"①。ZX村村支书LMZ告诉笔者："Z社区刚成立，还没有一套完善的领导体系和管理办法，为了不影响基层工作的正常开展，镇里决定各村委会仍然负责各自片区内村民的日常事务。"（20150127XXZLMZ）

其次，2013年6月，按照新乡市相关部门的决策，Z社区建立了一套新型社区治理模式——"四委一中心"，即社区党总支部委员会、社区管理委员会、社区居民代表委员会、社区监督委员会、社区服务中心。社区"四委"依托社区服务中心进行工作，通过明确职责任务，厘清社区"四委"间权责关系，形成社区党组织"掌舵"、管委会和居委会"划船"、社区监委会当"裁判"的工作机制。其具体架构、职责情况如下。①社区党总支总委员会：由社区所在乡镇（HC镇）主管副职、社区所包含原村庄党支部书记和社区内广大党员代表组成，主要职责是决策领导，统筹社区全局发展。②社区管理委员会：由社区所在乡镇主管副职、社区所包含原村庄村主任和村民代表组成，主要职责是执行落实党支部各项决议、决定，具体履行社区管理职责。③社区居民代表委员会：由全体社区居民选举产生，主要职责是协同社区管委会执行落实社区社会保障、公共卫生、治保工作、人民调解、计划生育等具体工作。④社区监督委员会：由社区群众代表担任成员，主要职责是对区务公开、财务管理、重大事项民主决策、工程建设、资产资源和社区干部廉政勤政等工作进行否决建议、问责建议、监督、纠错。正如Z社区居委会主任CAZ所言："村庄变社区不是简单地换一块牌子，很多事务是原来村委会无法协调的，必须有党委掌舵、监委当裁判，只有创新社区管理组织才能实现村庄变社区的华丽转身。"（20150127XXZCAZ）

再次，Z社区特设了"一站式"行政代办服务，并配有专项资金用于社区服务中心建设，为社区居民提供方便快捷的"一站式"服务。笔者调研发现，服务中心建有"四室四站两所两栏一厅一市"："四室"即社区组织办公室、会议室、计生和卫生室、图书阅览室，"四站"即志愿者服务站、治安民调站、救助站、婚丧事务服务站，"两所"即文化体育活动场所、职业技能培训场所，"两栏"即党务政务公开栏、宣传栏，"一厅"即"一站式"行政服务大厅，"一市"即便民购物超市。

最后，为顺利实现传统村落治理模式向现代社区治理模式的转型，培养社

---

① 贺雪峰：《乡村治理的社会基础——转型期乡村社会性质研究》，中国社会科学出版社2003年版，第17页。

第四章 "城乡连续统"框架下新型城镇化社区样态研究

区居民的公共意识，Z 社区也进行了有益的探索。Z 社区居委会主任 CAZ 告诉笔者："居民利益无小事，社区公共事务采用'4+2 工作法'，走'四议两公开'的民主决策程序，防止在社区管理中出现强迫命令。"（20150127XXZCAZ）"4+2 工作法"即"四议两公开"民主程序："四议"即党支部提议、"两委会"商议、党员大会审议、居民代表会议决议，"两公开"即决议公开、实施结果公开。在 Z 社区建设和发展过程中，审议和公开的主要内容包括社区建设规划，年度工作计划，集体土地承包、流转与经营，公益事业实施与管理，集体经济项目运营与管理，集体资产重组与改制，土地征用及补偿分配，计划生育，农村低保，新型农村合作医疗等政策和制度的落实。作为社区治理模式转型的积极尝试，"4+2 工作法"不仅能够培养居民现代社区公共精神，为建立完善的现代社区治理体系奠定良好的社会基础，也是新型城镇化进程中"国家构建民主合作型基层社会秩序"[1] 的制度创新。

三、新型城镇化社区与既有的城乡迁徙聚落模式的对比分析

目前国内学术界关于人口城乡迁徙聚落模式可分为 3 种，即"城中村型村转居"社区、"集中居住型村转居"社区和"政府安置型村转居"社区。[2] 而作为中原地区新型城镇化推进模式的突破口和实现路径的切入点，新型城镇化社区是指基于城乡连续统一体，由若干行政村自愿组合，并选择多元生计模式，享受均等城乡公共服务的一种新型人口聚落模式。以 Z 社区为例，该社区由 3 个相邻的行政村自愿组建而成，在按照"占 1 亩耕地补 1.05 亩耕地"及宅基地复垦后留作建设用地发展第二、第三产业的原则下，社区居民既可以选择非农就业，也可以继续从事农业生产活动，保留传统农业生计模式；同时，在"30 分钟经济圈"及"10 分钟生活圈"的交通规划理念下，社区居民亦能享受到均等的公共服务，这进一步缩小了城乡差异。因此，"居住在社区、上班在厂区、消费在市区"是 Z 社区居民生活的新常态。笔者认为，此类"新型城镇化社区"的基本特征主要包括 4 个方面。

首先，动力机制市场化。不同于动力机制行政化（即一种政府行政强制主导下的新型城镇化社区建设过程），动力机制市场化是指社区建设的动力机制以市场为主导，即从村庄到社区的人口迁徙是由"推—拉机制"产生的自

---

[1] 喻新安、刘道兴：《新型农村社区建设探析》，社会科学文献出版社 2013 年版，第 310 页。
[2] 参见徐琴《城市化进程中"村转居"社区居民自治的再建构》，载《学海》2013 年第 4 期，第 95～98 页。

愿过程,而非国家行政权力强制作用的结果,因此,市场化机制主导下的新型城镇化社区建设过程往往不会出现强制撤并后的"行政社会"。①

其次,基础设施及公共服务一体化。不同于传统新农村社区建设,新型城镇化社区被纳入"城乡连续统"规划框架内,居民能享受均等化的城乡公共服务和社会治理模式,包括基础设施和公共服务设施、社区"一站式"便民服务、"四委一中心"式管理体系及"四议两公开"民主决策模式等。

再次,生计模式多元化。所谓生计模式多元化,是指社区居民可以自愿选择多元生计方式以提高其家庭收入,这不仅得益于强有力的产业支撑,尤其是劳动力密集型产业实现的"产城一体化",还得益于Z社区在集体资产分配体制改革、集体土地制度创新等方面的积极探索,保障居民的土地权益,使得"社区里的居民"(即一种新型职业农民)的身份形塑成为Z社区生产生活的新常态。

最后,社区基层建设"新型单位化"。虽然Z社区通过一系列制度创新实现自我管理、自我服务、自我监督,建立了一套完善的自治理管理体系,但这些都无法彻底脱离"国家政权建设"(state building)的影响,社区基层秩序出现"新型单位化"现象,包括新型社区庇护主义、社区法团主义、社区父爱情结等"新型单位化"现象。②笔者无意于探讨居民自治与国家政权建设两者的互动机制,故对"新型单位化"现象不做详述。

就人口迁徙与流动的动力机制而言,目前国内出现的各种不同于传统农村社区与现代都市社区的新型社区类型,其动力机制主要包括:市场主导型,如"城中村";政府主导型,如"农民集中居住型"社区,而上述空间聚落模式的生成过程往往伴随着社区治理模式的变迁及社区组织的转型,即村民自治向街居制转型,因此,学术界亦称此类社区为"村转居社区""村改居社区"或"转制社区"。笔者认为,作为一种市场机制主导下的新型城镇化社区,Z社区有其自身的特殊性,与上述社区有所不同,主要表现为3个方面。

首先,从社区生成动力机制角度而言,不同于行政机制主导下强制撤并导致的社区行政化,新型城镇化社区是在充分尊重村民迁移意愿的基础上集体理性选择的结果,正如Z社区居委会主任CAZ所言:"别的地方是政府催着老百姓赶紧搬,我们这里是村民催着干部抓紧建,很多村民要求早日搬进新社区入

---

① 参见王春光《城市化中的"撤并村庄"与行政社会的实践逻辑》,载《社会学研究》2013年第3期,第15页。
② 参见赵定东《新型城镇化进程中城乡一体新社区建设的新单位化现象:基于浙江省嘉兴市的实践分析》,见张翼主编《社会治理:新思维与新实践》,社会科学文献出版社2014年版,第12~16页。

第四章 "城乡连续统"框架下新型城镇化社区样态研究

住,催着政府抓紧工程建设进度。"(20150127XXZCAZ)因此,从社区生成动力机制角度而言,Z社区是一种内生自发型社区。

其次,从社区组织转型角度而言,新型城镇化社区亦不同于行政机制主导下的"村转居社区"。"村转居社区"表现为村委会向居委会的强制性变迁,但新型城镇化社区的权力组织架构并非村委会转居委会的"一刀切",而是构建符合社区自身治理结构的组织模式,如Z社区组建后构建了一种新型的权力架构——"四委一中心",即"社区党总支部委员会+社区管理委员会+社区居民代表委员会+社区监督委员会+社区服务中心",同时配合"4+2工作法"民主决策程序,很好地实现了社区自治功能。正如居民WAZ所言:"有了社区服务中心,办事情比原来方便多了,不仅可以参与社区事务的决策,还能通过社区监督委员会监督社区干部的一言一行。"(20150122XXZWAZ)

最后,从生计模式转型及居民社会生活方式变迁角度而言,新型城镇化社区亦不同于"城中村""失地农民安置区"等类型的社区。如果说"农民失地化"是"失地农民安置区"的重要特征,那么,"农民市民化"则是"城中村"的终结之路,而新型城镇化社区在生计模式转型及社会生活方式等方面尊重居民家庭的个体差异,赋予居民充分的自由选择权。正如65岁的居民ZCW所言:"我儿子和儿媳在县城上班,他们名下的土地则由村集体统一流转了,我和老伴儿当时坚决不同意流转,所以剩下两亩多地由我们继续耕种,现在最起码可以保证口粮。"(20150204XXZZCW)

同时,作为社会主义新农村建设的高级阶段,新型城镇化社区也不同于传统的新农村社区,两者既有区别也有联系。具体而言,两者的关系主要体现在3个方面。

首先,作为一种社会工程,社会主义新农村建设与新型城镇化战略提出的时代背景不同。我国特殊的现代化发展战略和推进模式,形成了城乡之间长期二元分割,甚至对立的局面,因此,2006年在"工业反哺农业"的发展战略下,决定实施社会主义新农村建设,但实践证明,社会主义新农村建设仍然受到农业现代化程度低、农村组织化程度低、农民市场化程度低等因素的制约。同时,僵硬的户籍制度仍然将农民和市民身份进行区分;而十八大提出的新型城镇化战略则是在十七大提出的"走中国特色城镇化道路,按照城乡统筹、布局合理、节约土地、功能完善、以大带小的原则,促进大中小城市和小城镇协调发展"的基础上,对社会主义新农村建设的进一步升华,也是对改革初期小城镇发展的继续和深化。

其次,两种社会工程的推进模式和实现路径有所不同。作为"三农"问题的突破口,社会主义新农村建设的宗旨是"生产发展、生活宽裕、乡风文

明、村容整洁、管理民主",其推进模式和实现路径的着眼点均是新农村(社区)本身,基于"工业反哺农业,城市支持农村"的建设理念,并通过降低农业生产成本、改善农村面貌、提高农民收入等手段,实现"三农"问题的新突破;而新型城镇化(社区)建设的着眼点和推进主体均是人,其实现路径则遵循着不同的逻辑,即将新型城镇化社区置于城乡连续统一体范畴内,通过促进中心城区经济发展带动小城镇发展及"三个聚集"(即人口聚集、产业聚集、资源聚集),实现田园风光下的"乡村复兴",并通过打造"记忆中的乡愁"和社区营造,"让城市融入大自然,让居民望得见山、看得见水、记得住乡愁"。

最后,作为城乡统筹战略下的国家工程,新型城镇化(社区)建设与社会主义新农村建设仍有一定的关联性。作为城乡统筹的启动器和切入点,新型城镇化(社区)是社会主义新农村建设发展战略的纵向延伸,是社会主义新农村建设的高级阶段,也是对社会主义新农村建设瓶颈(如农业现代化程度低、农村组织化程度低、农民市场化程度低及僵硬的户籍制度等)的突破。因此,新型城镇化的主体是农民市民化,基础是主导产业,灵魂是城镇文化,路径是农民就地城镇化和小城镇发展。

四、结论与讨论

通过对河南省新乡市Z社区的"深描",笔者从生活空间变迁及社区治理模式转型两个维度展示了一种新型城镇化社区样态,并将新型城镇化进程中人口聚落模式置于"城乡连续统"框架下,抽象出此类社区的基本特征;同时,将此类新型城镇化社区与学术界既有的城乡迁徙聚落模式做对比性分析。

首先,Z社区居民生活空间变迁主要表现为3个维度,即居住格局从村落独户散居到社区集中聚居,公共服务从城乡二元分割向一体化发展,依托产业集聚区实现多元化生计模式转型;而社区治理模式转型则主要体现在3个维度上,即"四委一中心"、"一站式"行政代办服务和"四议两公开"民主工作程序。

其次,作为中原地区新型城镇化推进模式的突破口和实现路径的切入点,新型城镇化社区是指基于城乡连续统一体,由若干行政村自愿组合,并选择多元生计模式,享受均等化城乡公共服务的一种新型人口聚落模式。笔者将其基本特征概括为"四个化",即动力机制市场化、基础设施及公共服务一体化、生计模式多元化、社区基层建设"新型单位化"。

最后,与学术界既有的城乡迁徙聚落模式相比,以Z社区为例的新型城镇化社区在动力机制、组织转型、生计转型等维度都有其特殊性。从动力机制

第四章 "城乡连续统"框架下新型城镇化社区样态研究

角度而言，不同于行政主导型的强制集中聚居模式，Z社区的动力机制具有明显的市场性和自愿性；从组织转型角度而言，Z社区构建符合其自身治理结构的组织模式和权力架构，不同于行政机制主导下的"村转居社区"，"村转居社区"表现为村委会向居委会的强制性变迁；从居民生计转型角度而言，Z社区在生计模式转型及社会生活方式等方面尊重居民家庭的个体差异，赋予居民充分的自由选择权，不同于"失地农民安置区"中生计转型的单一化。

随着新型城镇化进程的进一步加速，传统村落聚居模式必将发生翻天覆地的变化。而作为中原地区一种特殊的人口聚居模式，Z社区是特定社会历史条件下的产物，面临着"走出个案"式困境[①]，在"城乡连续统"框架视域下，Z社区又可与学术界既有的人口迁徙聚居模式研究形成理论对话。首先，新型城镇化社区的应然样态究竟如何？有学者以苏南地区农民集中居住区为个案，试图以结构功能主义视角概括新型城镇化社区的物质系统结构。[②] 然而，作为传统农区的中原地带社会经济发展水平、产业结构等方面毕竟与苏南地区存在较大差异，因此，在中国社会转型期发展不均衡的基本国情下，作为新型城镇化推进模式及实现路径的新常态，新型城镇化社区是终点还是起点，是否也会面临"社区终结"的困境？其次，地方性知识视角下的本土治理资源究竟如何实现社区治理模式转型？新型城镇化社区治理模式和组织架构究竟呈现何种样态？"四委一中心"、"一站式"行政代办服务和"四议两公开"民主工作程序也只是Z社区基于其本土化的治理资源和特殊的社区整合需求而进行的制度创新，其通则性推论受到一定限制；同时，就现代公共精神培养和社区居民意识教育而言，地方性知识的介入对新型城镇化社区治理结构转型究竟是苦口良药还是饮鸩止渴？最后，在新型城镇化进程浪潮下，谁是农村土地的真正拥有者？[③] 随着农地经营主体的多元化和经营方式的多样化，谁来种地成为农民集中居住后不得不面对的问题。目前，由于土地流转经营而出现的人地关系"异化"，即农户在土地流转后受雇于土地真正经营者而在其土地上劳动的一种现象，有学者称其为"职业农民"或"农民的职业化"。[④] 因此，新型城镇化进程中人地关系如何变迁也是值得学术界进一步探讨的问题。

[①] 参见卢晖临、李雪《如何走出个案——从个案研究到扩展个案研究》，载《中国社会科学》2007年第1期，第118～130页。

[②] 参见叶继红《农民集中居住与移民文化适应：基于江苏农民集中居住区的调查》，社会科学文献出版社2013年版，第35～56页。

[③] 参见[荷]何·皮特著，林韵然译《谁是中国土地的拥有者——制度变迁、产权和社会冲突》，社会科学文献出版社2014年版，第1～25页。

[④] 参见朱启臻《农业社会学》，社会科学文献出版社2009年版，第165页。

第二编

城市新移民与社会适应

第五章 爱尔兰中国移民的现状与趋势

海外华人社区的研究大都着眼于华人人数较多、影响力较大的国家和地区，如东南亚地区及澳大利亚、新西兰、美国、加拿大等国家。在有关欧洲华人的研究中，成果较为突出的国内学者是李明欢教授。她认为，欧洲华人社区与其他大洲的华人社区比较，有以下5个特点：一是占总人口比例较少；二是移民历史较短，不早于20世纪50年代；三是人口受教育水平较低，社会地位不高；四是较少形成社会功能完备的华人社区；五是非法移民比例较高。[1] 就欧洲华人社区而言，还可以继续细分为几个差异明显的社区：英国、法国、西班牙、德国、意大利等国的华人绝对数量较多，受关注程度较高；而爱尔兰、芬兰、瑞典、挪威、丹麦这些国家的华人绝对数量较少，较少受到国内学界的关注。笔者于2013—2014年期间曾于爱尔兰国立梅努斯大学访学，对爱尔兰的华人社区进行了田野考察，也对爱尔兰本地学者有关爱尔兰华人社区的研究成果进行了梳理。爱尔兰本地学者的研究主要是对移民问题的整体研究，其中与华人有关的内容不多，且多集中在中国留学生和中爱商贸往来方面。[2] 爱尔兰对华人社区的研究大多受爱尔兰国家种族与跨文化交流顾问委员会 (National Consultative Committee on Racism and Interculturalism) 的资助。2008年，该机构因国家财政紧张而关闭，有关中国移民的研究也随之中止。

由于爱尔兰华人社区存在一个突然膨胀的现象：从一个仅有数千人的少数民族社群，在2000年前后暴增为超过5万人的第一大少数民族社群。这种突如其来的变化使爱尔兰华人社区的建立、适应和融入具有很高的研究价值。爱尔兰华人社区的这种现象在华人移民历史上是一个独特的范式。在爱尔兰的中国移民中，有将近80%的人居留时间少于10年。这样一个短时间内形成的移民社区，其规模能否延续，或者只是昙花一现？其人口发展趋势如何？这些问题值得进一步关注。

---

[1] 参见李明欢《欧洲华侨华人史》，中国华侨出版社2002年版，第566～590页。
[2] Lu Zhouxiang, Wu Weiyi. Rethinking Integration and Identity: Chinese Migrants in the Republic of Ireland. *International Review of Sociology*, 2017, 27 (3), pp. 475–490.

移民与城市化

一、爱尔兰中国移民的历史与数量估算

(一) 移民爱尔兰的中国移民的历史变迁

中国人移民爱尔兰的历史与爱尔兰和英国的特殊关系密不可分。早在爱尔兰独立以前，已有少数英籍船只的华人船员在爱尔兰的主要港口——贝尔法斯特和都柏林短暂居留。但华人真正成规模地进入爱尔兰定居还要迟至20世纪50年代到70年代，少量来自中国香港地区的移民以英国为跳板进入北爱尔兰定居。由于英、爱两国的陆上边境并无阻隔，其中有一部分人南移到了爱尔兰共和国，以经营中餐馆为主要谋生手段。由于进入爱尔兰的时间较早，他们的子女如今多已成为第二代甚至第三代移民，多数已经不操粤语或者普通话，但对中国仍有情感上的联系。他们特别关注来自香港地区和内地的新闻，并认定自身持有双重身份，少数移民后代认为自己既是爱尔兰人，也是中国人。[1] 从20世纪80年代开始，来自马来西亚的华人学生成为新移民的多数，但这部分学生留在爱尔兰工作的并不多。从20世纪90年代开始，来自中国内地的新移民成为爱尔兰华人社会的主流。较早抵达爱尔兰的新移民多来自福建省，他们同样以经营中餐馆为业，现在居爱尔兰多已超过10年。早期多为男性移民，现在大多已将国内妻儿接来，性别比例已趋平衡，生活和收入比较稳定。

2000年以来，来自辽宁省的劳务移民大量涌入爱尔兰。根据爱尔兰中国商会的调查，现在爱尔兰华人除留学生以外的人口中，数量最多的为辽宁省人。这一方面与中国改革开放后辽宁经济变迁有关，另一方面也与19世纪中期以来爱尔兰长老会在辽宁传教数百年的历史渊源有关。在2007年经济危机之前，爱尔兰一度出现劳工短缺的情况，来自中国的劳务输入主要是为了填补一些当地人不愿意做的低薪、工作环境恶劣的工作空缺，如屠宰场流水线工人。这些移民大多经由"蛇头"组织抵达爱尔兰工作，他们在国内向"蛇头"缴纳数万元人民币的介绍费。到达爱尔兰后，"蛇头"将他们的护照没收，要求他们以工资支付介绍费的利息和本金。这些中国劳工往往受困于不断累加的利息，无力还清债务，从而沦为"蛇头"的赚钱机器。他们在爱尔兰的华人社群中地位最为低下，通常只掌握很少英语或根本不会说英语，无法融入当地社会，生活条件恶劣，有些人甚至居住于10余人一间的隔间中。2008年经济危机

---

[1] Nicola Yau. Celtic Tiger, Hidden Dragon: Exploring Identity Among Second Generation Chinese in Ireland. *The Irish Migration, Race and Social Transformation Review*, 2007, 1 (2).

之后，由于劳动岗位的大幅削减，他们面临着劳工合同过期并不予以续签的问题，很多人就此非法滞留于爱尔兰。由于谋生艰难，有些人甚至参与卖淫交易。

自经济危机以来，爱尔兰已经不再从国外输入劳工，因此，2007年以后到达爱尔兰的中国移民多为留学生，主要来自中国的东部发达地区。现在爱尔兰政府和民间皆对移民持较为保守的态度，预计大部分中国留学生将难以继续留在爱尔兰生活和工作。2009年以来，爱尔兰开放了投资移民渠道，但由于投资金额门槛较高，通过这一渠道移民爱尔兰的中国人并不多。

爱尔兰是一个民族较为单一的国家。由于在20世纪70年代以前经济并不发达，国内生活水平也不甚高，因此，爱尔兰长期以来是一个移民输出国。20世纪70年代以后，随着爱尔兰加入欧盟，与世界各国的贸易往来逐渐增多，经济状况逐渐改善，爱尔兰接纳的移民数量开始缓慢增加。1996—2006年这10年是爱尔兰经济发展的黄金时期。随着"凯尔特之虎"经济的起飞，移民人口开始大幅度增加。2006年，移民人口占总人口的10%左右。此后，移民问题开始进入爱尔兰主流社会的视野。①

（二）中国移民数量统计与估算

自1911年开始，爱尔兰每5年进行一次全国人口普查。1996年的人口普查结果显示，中国移民的人口数量尚不足2000人；在2001年普查时，中国移民人口增加到5842人；到了2006年，登记的中国移民人口达到11161人，翻了近一番，移民人口仅次于波兰。但到了2011年，中国移民人口减少为10896人②，减幅为2.4%；③ 2016年的中国移民人口进一步减少为9575人。④ 从2006年到2011年，爱尔兰总人口增长了7.2%；从2011年到2016年，爱尔兰总人口增长了3.7%，但全部移民人数则减少了2.6%。（如图5-1所示）

---

① Martin Ruhs. *Managing the Immigration and Employment of Mon-EU Nationals in Ireland*. Dublin: The Policy Institute, TCD, 2005, p. 24.

② 特别说明：Stationery Office of Ireland. *Statistical Yearbook of Ireland* 2013. Dublin: Central Statistics Office, 2013, p. 17.（爱尔兰文书局编《2013年爱尔兰数据年鉴》，都柏林：中央统计局2013年版，第17页）将中国移民数据与印度移民数据错置，已经与爱尔兰中央统计局负责人联系并获得证实。

③ Stationery Office of Ireland. *Census 2011 – Migration and Diversity*. Dublin: Central Statistics Office, 2012, p. 7.

④ Stationery Office of Ireland. *Census 2016 – Migration and Diversity*. Dublin: Central Statistics Office, 2017, p. 7.

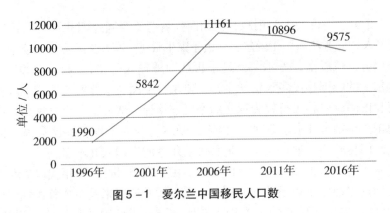

图 5-1 爱尔兰中国移民人口数

结合最近两次的普查数据来看，中国移民人口的比重下降得更多。与 2006 年相比，2016 年，在所有亚洲国家人口当中，中国移民人口由第一位下降到第三位，被印度人和菲律宾人超越。在爱尔兰的所有少数族裔中，中国移民的人口数量目前排在波兰、英国、立陶宛、罗马尼亚、拉脱维亚、巴西、尼日利亚、印度、菲律宾之后。

但在爱尔兰学界，研究中国移民的学者对国家普查局的数据都进行了重新修正。爱尔兰国家普查局统计的移民人数往往较少，这是由于有些移民躲避人口统计造成的。爱尔兰作为一个拥有悠久历史的单一民族国家，对移民一直持比较保守的态度，因而爱尔兰对非欧盟地区的移民手续设置得非常繁复，导致移民很难获得稳定的合法身份，所以很多在爱尔兰的非欧盟移民都没有合法身份。同时，也因为移民时常转移住所，或者与人合租，又或者根本没有固定住所，所以在调查中容易被遗漏。爱尔兰国立梅努斯大学玛丽·吉尔马丁（Mary Gilmartin）博士使用 PPS 号、工作许可、签证记录等资料进行的人口估算显示，2006 年大约有 6 万名中国移民[1]，而中国大使馆的估计是 3 万名左右，但是没有给出数据来源。[2] 有爱尔兰媒体估计，中国移民人数达到 12 万~13 万，主要居住在大都柏林地区。[3] 这一数据应是严重高估了。受经济危机的影响，爱尔兰官方统计的中国移民人口出现了 2.4% 的减幅。笔者认为，无身份移民受到经济危机的影响更大，由于没有社会保障，减幅极有可能大幅度超过官方统计的数据。笔者认为，目前在爱尔兰的中国移民人口应当不超过 5 万，其中一半持学生签证。理由是，根据爱尔兰国家移民局的资料，近 5 年

---

[1] Mary Gilmartin. The Same but Different. *Irish Times*, 2006-5-23, p.3.
[2] 电话采访中国驻爱尔兰大使馆，2013 年 11 月 20 日。
[3] E. Oliver. Tiao Wang Magazine Taps into Chinese Community. *Irish Times*, 2005-12-1, p.4.

来平均每年约有 8000 个学生签证发给了中国学生。① 由于中国学生在爱尔兰留学的平均时长为 3 年，这样大约就有 2.4 万名中国学生在爱尔兰。与抽样数据的比例对比可知，大约一半的中国移民是留学生，那么，中国移民总人口应当不超过 5 万。

2011 年的爱尔兰人口普查结果还显示，有 17800 名受调查者表示自己有中华文化背景，占总人口的 0.4%。② 这是因为除了来自中国大陆（内地）和台湾、香港、澳门地区的移民以外，还有来自马来西亚、新加坡、菲律宾等国的华人移民，其中许多人拥有中华文化的认同意识。

二、中国移民的人口特征与分布特点

（一）爱尔兰中国移民人口的组成与分布

2013 年，爱尔兰中国商贸顾问机构对中国移民在爱尔兰的情况进行了一次抽样调查③，总共统计了 422 个中国移民样本。具体情况如下：爱尔兰中国移民的男女性别比例为 112∶100，对移民群体来说大致平衡；90% 年龄在 35 岁以下，25～34 岁的占 48.9%，是一个年轻的社群；中国移民的来源地以中国北方居多，辽宁省最多，其次为北京、上海、福建、江苏、河南、浙江、河北；90% 以上来自中国的城市，大部分人使用简体中文。30.8% 的中国移民在爱尔兰的居留时间少于 1 年，23% 为 2～4 年，24.9% 为 5～9 年，21.3% 为 10 年以上。中国移民中，有 61% 持学生签证，5.7% 持工作签证，15.4% 拥有永久居留权，4.1% 持配偶签证。中国移民大部分与人合租房屋居住，59.5% 合租，29.1% 单独租房，自有住房者仅占中国移民总数的 11.4%。爱尔兰中国移民的失业率为 4.4%，远低于爱尔兰的平均失业率，28.6% 的人有全职工作，5.3% 的人拥有自己的生意。在爱尔兰，餐饮业是中国移民非常重要的从业领域，接近 50% 的在职中国移民从事餐饮相关行业，同其他欧洲国家的中国移民情况相类似。

爱尔兰中国移民的收入普遍较低，年均收入低于 1 万欧元的占 48.3%，

---

① 电话采访爱尔兰警察部国家移民局（Garda National Immigration Bureau，GNIB）官员，2013 年 11 月 20 日。
② Stationery Office of Ireland. *Statistical Yearbook of Ireland* 2013. Dublin：Central Statistics Office，2013，p. 17.
③ Business in China. *The Dragon's Voice*，*A Survey of Chinese People Living*，*Working & Studying in Ireland*，2013.

这是学生人数较多的缘故，在职中国移民的收入与当地一般收入水平相当。中国移民大部分拥有本科以上学历，本科占33.6%，研究生占45.1%，博士和博士后占8.1%，受教育程度非常高。在爱尔兰的中国留学生中，有28.9%选择计算机和IT专业，19.1%选择会计和金融专业，14.8%选择工程专业，其余学生也以理科和商科为主。中国移民中超过70%是单身的年轻人，比例较其他所有族群都高。与此同时，中国移民的生育率在爱尔兰所有族群中也是最低的。在宗教信仰方面，大约2/3的中国移民无宗教信仰。有宗教信仰的中国移民中，佛教占多数；有3%的中国移民表示信仰天主教，这应该是受到本地信仰影响的缘故。

根据爱尔兰人口普查局的数据，95%的爱尔兰中国移民居住在城市，60%住在都柏林及其周边地区。除了都柏林以外，中国移民在爱尔兰的分布非常零散，大多数的爱尔兰城镇都有中国移民居住。在总计165个城镇中，只有28个城镇没有中国移民居住。根据2011年爱尔兰国家普查局的统计，在爱尔兰的10896名中国移民中，仅有614名在农村居住；超过6000人居住在都柏林，科克大约有500名，利默里克有近400名，高威大约有300名，其余城镇中国移民数量皆在200人以下。①

中国移民的人口地理分布与其就业和留学情况密切相关。招收中国留学生的爱尔兰大学有9所，其中6所集中在都柏林及其附近地区，其余3所分布在科克、利默里克和高威。除了占移民人数一半的学生以外，大约有1/4的中国移民从事餐饮业。根据笔者在爱尔兰的实地考察，在亲身游历的20余个城镇中，几乎每个城镇至少都有一家中餐馆。这也充分说明了大多数爱尔兰城镇都有中国移民居住。以笔者在爱尔兰居住的梅努斯镇为例，镇上有3家中餐馆，一家专营传统中餐盘菜，主要服务中国学生；一家主打中式自助餐，口味与传统中餐大相径庭，主要服务当地人；还有一家专做中餐外卖，接近美国中式快餐的口味，服务对象也非华人。由此可见，中餐馆为了避免互相竞争而采取了各有侧重的经营方式和服务对象。除餐饮业外，华人的就业还集中于IT领域，而这些公司往往都集中于都柏林及其附近地区。

（二）爱尔兰中国移民人口减少的趋势

在2011年的爱尔兰人口普查中，中国移民人口首次出现下降；在2016年的普查中，中国移民人口继续下降。2007年全球经济衰退重创爱尔兰经济，使其失业率一度上升到17%，原本欣欣向荣的"凯尔特之虎"几乎一夜之间

---

① Stationery Office of Ireland. *Profiles of Nationalities*. Dublin: Central Statistics Office, 2013, p.48.

变成"病猫",各行业都大量解雇雇员,而外籍雇员更是首当其冲。由于收入减少,爱尔兰家庭紧缩开支,导致在中国移民经济中扮演重要角色的中餐馆生意惨淡。2011 年,一家位于都柏林名为 Sans 的老牌中餐馆关张,爱尔兰最古老的中餐厅之一的"帝国餐厅"于 2012 年关张,这在一定程度上体现了债务危机对中餐业的影响。① 2013 年以来,爱尔兰经济复苏,就业率缓慢提升,经济危机的影响逐渐消退,但难以恢复到 2002—2007 年间的飞速发展水平。基于此,笔者判断,爱尔兰的中国移民人口数量将保持在 5 万人左右的稳定水平。由于爱尔兰人口出生率高,且其他族群移民进入较多(如波兰、印度、立陶宛、尼日利亚、菲律宾等),人口增长很快,中国移民占当地人口比重将持续下降。预计中国新移民进入爱尔兰的数量将保持平稳,而移出的人数也会同样保持稳定,所以在爱尔兰的中国移民将出现稳步融合的态势。随着中国移民在爱尔兰居留时间的增加,中国移民的第二代将会逐渐与爱尔兰民族融为一体。

与中国移民一样在爱尔兰出现人口下降趋势的移民群体还有来自美国、澳大利亚、新西兰、南非、俄罗斯的移民。这也在一定程度上反映出中国移民的移民模式日趋接近高人类发展指数国家的移民模式,不再以单纯追求改善生存状况为主,而更重视自我价值的实现。

在 1990—1995 年间,中国向外移民约 72 万人;1995—2000 年间,这个数字增至 84 万人;2000—2005 年间,达到最高峰 145 万人;此后则缓慢下降。2005—2010 年间,中国向外移民约 141 万人;2010—2015 年间,只有 103 万人移出中国,由此明显可知,中国对外移民人数呈下降趋势。(如图 5 - 2 所示)②

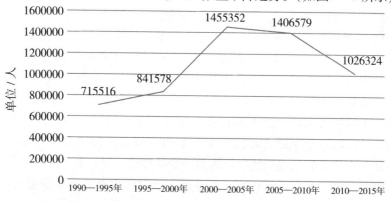

图 5 - 2 中国每 5 年移出人口数

---

① 参见《危机笼罩华人支柱产业 爱尔兰最古老中餐厅歇业》,载中新网(http://www.chinanews.com/2012/10 - 15/4275774.shtml),2012 年 10 月 25 日。

② United Nations. Department of Economic and Social Affairs, Population Division (2017).

由此可见，近年来中国移出人数出现了转折，移民人数正在减少。相较于其他移民大国，中国的移民绝对数量要低于墨西哥、印度和俄罗斯。考虑到本土人口规模，中国的人口迁移率更是远远低于很多国家，在全球222个国家和地区的人口移出率排名中，中国内地的人口移出率仅仅处于第95位。[①] 但是，中国移民在世界各国面临的情况各有不同，在一些国家，如美国、加拿大和澳大利亚等国，持续保持增长的态势，而在欧洲很多国家则出现下降的趋势，在爱尔兰就是如此。

三、中国移民人数减少的原因

爱尔兰中国移民减少的原因主要有3个方面，即生育率低、新移民减少、留学生不愿意长期居留。由于中国移民生育率低，所以移民社区规模的维持主要依赖新移民的补充。中国新移民有两个来源，即留学生与经济移民。留学生留在爱尔兰工作的意愿较低，而经济移民的人数在2011年以来一直呈下降趋势。

（一）爱尔兰中国移民生育率低

在爱尔兰的中国移民中，有54.8%居留爱尔兰的时间少于5年。如果按照中国移民人口总数为5万人估算，则约有22600人在爱尔兰的居留时间超过5年。但从爱尔兰人口普查局提供的人口年龄分布来看，19岁及以下年龄人口仅有1000人左右，其中，5岁以下人口仅有200人左右。[②]

2011年爱尔兰中国移民中，20～29岁年龄段的中国移民占中国移民人口总数的70%以上，而性别比例大致平衡。（如图5-3所示）以官方数据计算，则爱尔兰中国移民5岁以下人口占比为18‰。但是这个数据仍有问题，因为大多数学者认为，爱尔兰的中国移民总人口数要远远多于官方数据，而未被官方统计的中国移民人口中应当不存在0～4岁年龄段的人口，理由有二：其一，爱尔兰政府对于登记在册的5岁以下的儿童发放每周180欧元的育儿补贴，因此不太可能有家庭拒绝这笔为数不少的经济补助；其二，有小孩的家庭大多有稳定的住所和收入，并须定期进行儿童健康检查，难以躲避人口普查。因此，200人左右的5岁以下中国移民人口数是不会有多大出入的。那么，

---

① CIA World Factbook 2013（https://www.cia.gov/library/publications/resources/the-world-factbook/geos/ei.html）.

② Stationery Office of Ireland. *Migration and Diversity*. Dublin：Central Statistics Office, 2013.

按照5万中国移民的总量来计算,中国移民5岁以下人口比例为4‰。以此数据推算,中国移民在爱尔兰的总和生育率约为0.10,远远低于爱尔兰的全国总和生育率1.87和中国的总和生育率1.44。① 也就是说,爱尔兰中国移民女性中每10人仅育有1个孩子。

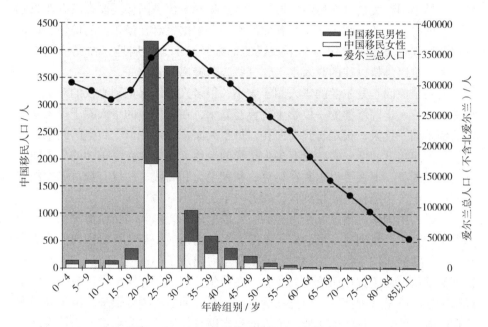

图5-3 2011年爱尔兰中国移民年龄的分布

资料来源:Stationery Office of Ireland. *Profiles of Nationalities*. Dublin:Central Statistics Office,2013,p.49.

根据爱尔兰官方数据,中国移民中71%为单身,其中男性单身为74%,女性单身为67%,已婚占27%,离婚占2%。由于爱尔兰中国移民以30岁以下的年轻学生为主,因此,单身比例较高是很自然的现象。但还有一点值得注意,在爱尔兰已婚的中国移民中,有36%的男性和22%的女性未能与伴侣团聚。统计中未明确指出这部分分居人口中伴侣留在中国的比例,但根据笔者对许多移民家庭的访谈,大部分分居的情况都是伴侣留在中国照顾老人或小孩。在爱尔兰已婚的中国移民中,有2%的男性和7%的女性与当地人结婚,这部分人的生育率受爱尔兰当地社会影响较大,可能会高出双方都是中国移民的家

---

① CIA World Factbook 2013 (https://www.cia.gov/library/publications/resources/the-world-factbook/geos/ei.html).

庭的生育率，但他们的后裔生活在文化较为单一的爱尔兰社会中，双亲中又有一方是本地人士，因此，难以保持显著的中国文化特征。

造成中国移民单身的因素有很多，其中最重要的一点是，中国移民并未将爱尔兰作为永居地，因此不愿在爱尔兰成家立业。从统计数据可以看到，仅有11.4%的中国移民在自有房屋中居住。这意味着多数中国移民要么没有在爱尔兰置业的打算，要么收入达不到置业的水平。根据笔者在爱尔兰的访谈，许多中国移民仅仅将爱尔兰作为一个赚钱的地方，而不是定居地，在经济危机之后，由于难以维持以往的收入水平，有些人选择离开爱尔兰。

另一个原因是爱尔兰的华人圈子太小，很多人难以寻觅到心仪的对象。在都柏林圣三一学院修学的一位学生就曾经表示，在都柏林的华人圈子里来来往往的都是同一批人，很难看到新面孔，每年大家都很期待留学新生的到来，但是如果不想将就的话，实在没有多少选择的余地。如果说在都柏林的华人圈子都是这般景象，那么可以想象在科克、利默里克和高威这些仅有数百名中国移民的城市中，中国移民要找到自己的另一半更加不容易。

已婚的中国移民情况又是怎样的呢？以笔者在爱尔兰的访谈情况来看，中国移民在爱尔兰找到另一半的例子不多，多数已婚人士都选择将国内的伴侣带到爱尔兰共同居住。很多伴侣来到爱尔兰之后出现了不适应的情况，如专业资格不被承认，无法就业而沦为失业者。在爱尔兰国立梅努斯大学任教的一位中国移民教师就是这种情况。他先在爱尔兰定居，嗣后将妻子带来，由于妻子无法在爱尔兰就业，只能依靠他一个人的薪水度日，生活较为艰难。当笔者问起生小孩的意愿时，他们表示暂时没有计划。由于这对夫妇的年龄都已经超过30岁，可以预见他们即使将来有生育的打算，也不会有很多的孩子。

笔者在爱尔兰采访的另一个有小孩的家庭则是来自福建的餐馆经营者，这对夫妻也是丈夫先到爱尔兰定居，随后逐步创业致富并购置了产业，后来将妻子和在中国出生的独生子带到爱尔兰居住。当笔者问起生小孩的意愿时，他们表示已经错过继续生育的年龄，因此不会再冒险。很多在爱尔兰的福建人都忙于创业打拼，当具备稳定的生活状态时，已经很难继续生育，因此，也只好满足于三口一家式的结构。笔者在爱尔兰采访的时候也发现，中国移民对少子或者独子家庭的结构容忍度较高，而爱尔兰当地人则表示，在正常情况下，他们不会选择只生育一个孩子，多数爱尔兰人一旦选择生育，就会养育至少两个孩子。笔者猜测这与中国国内的计划生育政策有相当程度的关联，中国移民因此较能容忍独生子女的家庭组成模式。

（二）中国移民人口依赖新移民补充

中国移民在爱尔兰生育率较低的现实意味着中国移民社群的存续依赖于新移民的补充。综合自有住宅比例、结婚率和配偶签证持有率来看，在爱尔兰的中国移民家庭数不会超过5000个，且生育率极低，不足以实现人口代偿。由于中国移民是一个以20～35岁人群为主的群体，60岁以上的老年人占比不足1%，所以人口死亡率可以忽略不计。但从过去3年的数据来看，爱尔兰移民局维持每年8000个左右的非旅游签证发放，其中大部分是学生签证，中国移民社群也仅仅勉强维持现有人口规模而略有下降。这也说明了中国移民在过去3年中每年因各种原因离开爱尔兰的人数约为8000人。那么，这些人离开爱尔兰的原因又是什么呢？

经济衰退使得部分中国移民离开爱尔兰。2007年的经济衰退使得爱尔兰人均收入锐减，餐饮业受到极大冲击，在外就餐的比例大为减少，严重影响了餐饮行业中国移民的经济收入。在爱尔兰的中国移民论坛和报纸上，也可以见到大量餐厅转让的消息，这也从一个侧面反映了中餐业的艰难处境。在爱尔兰从事餐饮行业的中国移民多来自福建，而2013年的抽样调查显示福建移民所占比例有所下降。目前，占中国移民人口最多的移民来自辽宁省，多为2000年以后输入的低技术劳动力，持短期劳工签证。经济衰退以来，大量的外籍劳工被先行裁减，使得这部分人更加难以在爱尔兰立足。

爱尔兰的各种数据都显现出中国移民大规模的经济移民已经逐步止息，像2000年前后出现的那种中国移民人口成倍增长的形势不会再现。笔者在科克遇到的一位福建籍餐馆老板认为，现在生意不太好做，不过因为已经买断了物业，所以也不需要承担租金，日子还是过得去的，家人都已经接过来了，不会再考虑离开；那些在经济景气好的时候没赚到钱定居下来的中国移民，现在更不可能赚到多少钱了，因此陆续走了很多。

2004年，爱尔兰向中国人发放的学生签证数目达到15933份[①]，此后逐步减少到近3年来的每年8000份左右。2008年，爱尔兰政府针对中国移民利用学生签证居留爱尔兰从事经济活动的问题进行了全国范围的调整，其手段有二：一是审查学校资格，取消了一些滥发入学许可的学校的资格；二是规定每周上课时间，防止滥用学生身份非法就业。这些措施也导致很多中国经济移民无法像以前那样拿学生签证留在爱尔兰，而被迫离开。爱尔兰国立梅努斯大学的一位中国移民教师认为，现在持有学生身份的中国移民大多为真正的学生，

---

① Wang Y. Y, R. K. O' Riain. *Chinese Students in Ireland.* Dublin: NCCRI, 2006.

以往很多中国移民拿着学生签证却非法打工的现象已经一去不复返了。

（三）留学生难以成为移民

在爱尔兰，占中国移民人口数量过半的留学生是中国移民保持现有规模的关键，如果留学生在毕业后选择居留爱尔兰，则爱尔兰的中国移民社群将会扩大；反之，中国移民人口则会减少。2013年年底，笔者针对中国留学生的居留意向，对爱尔兰国立梅努斯大学就读和毕业的学生进行了访谈。几乎所有受访的中国学生都表示不会将爱尔兰作为永居地，但大部分学生表示将会在毕业后尝试在爱尔兰寻找工作机会以积累工作经验。

笔者分析爱尔兰吸引中国学生留下的条件有三。其一为较高的收入。中国移民在爱尔兰的平均收入刚好达到当地的最低收入标准，约为每年1.4万欧元，考虑到中国移民人口中有过半的学生，全职工作的中国移民收入与当地平均收入水平应为持平，即每年3万欧元左右。这一收入水平远远超过了中国国内工资收入最高的深圳市的平均收入水平。即使考虑购买力平价因素，在爱尔兰的中国移民收入也大大超过在国内的同胞。其二为优良的自然环境。很多在爱尔兰留学的学生表示，即使是在放假期间短暂回国，也经常会出现各种呼吸道症状和肠胃不适问题。爱尔兰优良的空气质量和食品质量已经让许多移民感到很难适应国内的生活环境。其三为优良的工作环境。当笔者向在爱尔兰工作的中国移民提起回国就业的问题时，他们都表示了对国内工作环境的担忧，尤其是复杂的人际关系和工作场所存在的等级关系。他们同时也担心回国后的事业发展会因为缺乏必要的人际关系（如师生关系、同学关系）而受到影响。另外，由于爱尔兰的休息时间比较多，工作节奏较慢，一些习惯了爱尔兰式工作环境的中国移民表示，难以适应中国大城市工作中常见的加班和快节奏的工作方式。

中国留学生不愿永居爱尔兰的原因有3个方面。其一为独生子女的身份。很多在爱尔兰工作和学习的中国移民表示，由于自己的独生子女身份，不希望远在中国的父母无人照料，因此选择在毕业后或者工作数年后回国。由于在爱尔兰的中国移民90%来自中国的城市，尤其是经济发达地区，也正是中国实施计划生育政策最为彻底的地区，因此笔者访谈的对象几乎都是独生子女。从中国传统的伦理道德出发，他们很难接受父母在国内孤独终老、无子女照料的情况。中国移民的父母也经常直接或间接地向他们表达希望子女回国陪伴的意愿。在访谈中，30岁以上的中国移民比20多岁的留学生更关注国内父母的生活情况，受到的来自父母和自身的回国压力也随着年龄的增长而越来越大。其二为烦琐且不稳定的移民制度。在采访过程中，几乎所有在职的爱尔兰中国移民都曾向笔者抱怨过爱尔兰的移民制度。爱尔兰政府对非欧盟移民的工作签证极为严格，离职后3个月若无新雇主，则不能合法居留爱尔兰；而中国移民在寻找新工作时，即使雇主同意雇用，也需要进行为期两周的职位公示，确定无本国人申请职位，才能将职位给予移民。如果签证曾经中断，则不能计入申请永久居留权的累积7年年限内。除此以外，还有很多让人望而却步的、烦琐的细节规定和文书程序。而且爱尔兰的移民政策还时常变更，如在2011年，爱尔兰就更改了移民登记制度。爱尔兰是一个较为保守的单一民族国家，一旦本地人感受到来自移民的威胁，很容易使议会通过一些限制移民的新规定，从而使外国移民产生不安定感。爱尔兰是欧盟成员国，由于来自欧盟其他国家的移民不需要进行类似的程序，事实上造成了在就业上以爱尔兰公民为最优先、欧盟国家公民为次优先的情况。因此，中国移民在职业选择自由度上存在极大的劣势，从而在职业竞争中处于不利的地位，很多中国留学生往往需要为了留在爱尔兰而勉强接受不满意的薪资和岗位。其三为较小的移民圈子。如前文所述，中国移民在寻找婚姻伴侣时面临可选择对象较少的困境。同样的原因也影响到了中国移民的社交生活。在访谈中，许多中国移民提到，尽管他们努力与当地人成为朋友，并尽量融入当地的社交圈子，但由于文化背景不同，爱尔兰人朋友很难满足中国人对社交中亲密程度的需求。一位在都柏林从事程序员工作的中国移民告诉笔者，即使是恋人关系，爱尔兰人也会保留很多个人空间，刚开始处于热恋阶段的几个星期可以不分彼此，但在随后的时间里如果想要保持关系，就必须尊重对方的个人空间。在朋友交往中，中国人之间的泛泛之交也比爱尔兰人之间的莫逆之交显得更加亲密。一些"耐不住寂寞"的中国人会选择离开爱尔兰，回归到熟悉的社会环境中去。

虽然接受访谈的中国留学生大多不追求永居爱尔兰，但其中也有超过一半的人不愿意回到中国，他们更倾向于移民第三国，如美国、加拿大、澳大利亚等。第一，这些国家都是英语国家，对于已经适应了爱尔兰英语语言环境的中国留学生来说不存在语言障碍，在爱尔兰的学习和工作经验也能够毫无障碍地被承认。第二，这些国家都有较大的、成熟的华人社区，华人人口相对较多，能够提供易于融入的华人社群文化环境。对中国移民来说，找对象、交朋友都比在爱尔兰有更多的选择。第三，这些国家都有较高的收入水平，自然环境和工作环境也与爱尔兰相差无几，对于不愿轻易放弃发达国家生活水平的中国留学生来说，无疑有极大的吸引力。第四，这些国家都是移民国家，有稳定的移民政策，不像爱尔兰那样存在具有绝对优势的本地民族文化，移民心理上更有安全感，也更容易成为本地社会的一员。因此，一部分中国留学生将爱尔兰视作前往其他国家的跳板。

虽然中国留学生对是否永居爱尔兰存在诸多疑虑,但仍有相当多的毕业生选择在爱尔兰寻找工作机会,这也是中国移民在爱尔兰能够维持现有人口规模的重要原因。当一个中国学生从爱尔兰的高等院校毕业时,他已经基本具备了在爱尔兰获取工作机会的必要条件。这些条件包括必需的语言技能和专业技能、对本地社会的了解,以及在爱尔兰居留的合法身份。如果一个毕业生希望在第三国寻求就业机会,那么,他首先面对的难题就是如何获得进入该国的合法身份。从数据上看,中国移民在爱尔兰的总人数并没有在经济移民浪潮止息后出现锐减。这说明,2008年以后毕业的中国留学生补充了一部分经济移民离开造成的人口减少。但考虑到中国本土不断提高的生活水平和正在改善的工作环境,以及留学生独生子女的身份等因素,笔者估计,最终选择永居爱尔兰的中国留学生比例不会超过1/5。也就是说,在未来10年内,中国移民在爱尔兰的人口规模将会在基本维持平稳的基础上略有减少。

继餐饮业之后,新移民的另一个重要的就业选择是IT行业。这是由中国留学生所选择的专业决定的,也是爱尔兰国家经济战略的发展方向。因此,在爱尔兰的中国移民社群将会逐渐与爱尔兰主流社会融为一体,早期中国移民依赖唐人街生存的状况将不太可能在爱尔兰出现。中国移民的餐饮业在经历经济衰退之后,已经趋于稳定,将会维持现有的规模和从业人数。在爱尔兰,过去不曾有、将来也不太可能出现明显的华人聚居地区。随着配偶签证的发放和许多华人家庭的团聚,中国移民社群现有的低生育率情况将会得到少许改善,但即使维持每年400份的配偶签证额度,中国移民每年的新生儿也不会超过200人,总和生育率也将保持在0.5以下。在爱尔兰的中国移民将会长期保持以年轻学生为主的、出生率极低的、人口数量保持稳定的状态。假如中国赴爱尔兰留学生的人数减少,那么,在爱尔兰的中国移民社群将会出现不可逆转的萎缩。

四、结语

综观爱尔兰中国移民人口的结构和发展变化,笔者发现,自2011年以来,爱尔兰中国移民数量出现了明显减少的趋势,且这一趋势很难逆转。随着移民数量的减少,也可以发现中国向外移民模式的转变。在爱尔兰,中国移民从原来的以无技术劳工移民为主逐渐转向以留学生为主的移民模式;在地理分布上,高度集中于中心城市;中国移民从事的行业从原来的以餐馆行业为主转变为多样化的移民就业模式,其中尤以信息产业和其他服务业的就业为多;中国移民的数量虽然有所减少,但是移民的文化水平和收入都有了显著提升。这也表明，中国向外移民的模式正在逐渐脱离发展中国家的模式，而转为接近于发达国家移民的模式，即以较少数量和较高质量的移民发挥较大的文化影响力和经济纽带作用。虽然爱尔兰的华人社区规模很小，但是从这个微缩的模型中可以看到中国移民模式的变化和趋势。爱尔兰中国移民的例子可以被视为中国移民在较小体量的发达国家的一个典型范例，参照芬兰、挪威、丹麦等欧洲小体量国家的中国移民状况，可以发现类似的情况。因此，观察爱尔兰中国移民的状况和变迁亦有其代表性。

移民与城市化

第六章 英国穆斯林移民及社会融入的困境：历史、现实和展望

历经"二战"后持续的大规模移民潮，英国的社会概貌与人口结构急剧变迁，族群、宗教及文化的多元性和异质性与日俱增。跨入新千禧年后，牵扯到穆斯林的系列族群骚乱和恐怖事件相继发生，对英国国内局势造成巨大的冲击和深远的影响，"穆斯林问题"备受政府重视和社会关注。在此脉络下，如何维持国家凝聚力，管理社会多元性，抗击暴力极端主义，反对族群歧视与排外情绪，促进外来移民和少数族裔的融入，已成为关涉英国当下稳定及未来发展的重大政治议题。本章拟从穆斯林移民面临融入危机、多元文化主义的实践与困境及后"9·11"时期的新融入举措等方面，探讨英国处理穆斯林移民社会融入的因应之道及严峻挑战。

一、穆斯林移民在英国面临融入危机

英国与伊斯兰世界的互动交往源远流长，穆斯林迁徙英伦三岛由来已久，但穆斯林持续大规模移入则是第二次世界大战以后的新现象。经历"后殖民移民"、客工、家庭团聚移民、难民、政治庇护者及非法移民的轮番涌入之后，英国穆斯林人口迅速飙升，规模日趋庞大，由 1951 年的约 2.3 万人、不到总人口的 0.01%，陡升到 1971 年的 36.9 万人、1981 年的 69 万人，1991 年一举突破 100 万人大关。① 据英国国家统计署（ONS）2011 年最新人口普查数据，穆斯林人口已上升到 278 万，占全国人口的 4.8%。其中，英格兰和威尔士为 270 万、苏格兰为 76737、北爱尔兰为 3832。② 在英格兰和威尔士共计 270 万穆斯林人口中，巴基斯坦裔为 102.8 万（38%）、孟加拉国裔 40.2 万

---

① Jorgen Nielsen. *Muslims in Western Europe*. Edinburgh：Edinburgh University Press, 2004, p.42.
② Office for National Statistics. *Ethnicity and National Identity in England and Wales* 2011. http://www.ons.gov.uk/ons/rel/census/2011-census/key-statistics-for-local-authorities-in-england-and-wales/rpt-religion.html. 英国国家统计局的数据仅涵盖英格兰和威尔士，苏格兰和北爱尔兰的数据分别来自苏格兰人口普查局和北爱尔兰统计与研究署的 2011 年人口普查。

第六章 英国穆斯林移民及社会融入的困境：历史、现实和展望

（14.9%）、印度裔19.7万（7.3%）。由此可见，穆斯林人口在英国具有鲜明的南亚色彩。这与法、德两国截然不同，法国穆斯林以北非裔为主，德国穆斯林的主体则为土耳其裔。英国穆斯林人口的年龄结构呈现出年轻化的特征，半数人口的年龄在25岁以下。① 鉴于较高的人口增长率及持续的移民涌入，预计到2020年，英国穆斯林人口将增至420万，占总人口的6.5%；2030年更增至560万，占总人口的8.2%。② 总之，历经半个多世纪的爆炸式增长，穆斯林移民及其后代已是英国国内最大的少数族裔，伊斯兰教已成为仅次于基督教的第二大宗教。

纵观跨国移民史，外来移民初来乍到，人地生疏，语言不通，谋生不易。对教育程度偏低、宗教文化迥异的穆斯林移民而言，面临着既为移民又为穆斯林的"双重弱势"，其融入当地社会的过程格外坎坷艰辛。与其他少数族裔相比，穆斯林移民的融入进程在社会经济、政治和文化等领域皆显得颇为滞后，巴基斯坦裔和孟加拉国裔人口穆斯林是英国最贫穷、最弱势的社会群体。③ 以失业率为例，2001—2010年这10年间，英国全国人口和白人人口的失业率为5%左右，到2008—2010年期间升至7%～8%，而巴基斯坦裔和孟加拉国裔人口的失业率一直在15%～20%之间徘徊，这比全国人口和白人人口的失业率要高出很多。④ 整体上，穆斯林移民深陷社会底层，饱受低家庭收入、低教育程度、低妇女劳动参与率、高犯罪率、高失业率、高辍学率等不利因素的困扰，穆斯林移民与白人群体的居住隔离格外分明，双方形成缺乏交往互动的"平行生活"（parallel lives）。尽管穆斯林的政治代表权无论在国家还是地方层面上均有显著提升，但与其人口数量和规模相比仍然不成比例，因而难以影响公共政策的制定。穆斯林的族群认同和宗教认同并未随着时间的推移与代际的转换而有所减弱。根据2006年皮尤研究中心的调查，伊斯兰教是英国穆斯林身份认同的核心，有多达81%的英国穆斯林首先认为自己是穆斯林，而首先认为自己是英国人的仅为7%。与此同时，83%的穆斯林为自己是一名英国公民而骄傲，高于普通民众的79%，这反映出穆斯林移民有保持穆斯林认同与

---

① Kristin Archick, et al. *Muslims in Europe: Promoting Integration and Countering Extremism.* Washington, DC: Congressional Research Service, 2011, p.32.

② Pew Research Center. *The Future of the Global Muslim Population: Projections for 2010 - 2030.* Washington, DC: Pew Research Center, 2011.

③ Rahsaan Maxwell. *Ethnic Minority Migrants in Britain and France: Integration Trade-offs.* Cambridge: Cambridge University Press, 2012, pp.15 - 16.

④ Rahsaan Maxwell. *Ethnic Minority Migrants in Britain and France: Integration Trade-offs.* Cambridge: Cambridge University Press, 2012, pp.53 - 55.

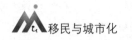

融入英国社会的双重愿望。①

造成穆斯林融入滞后困境的原因错综复杂，绝非仅受单一因素影响，而是多重因素交互作用的结果。鉴于大多数穆斯林移民的受教育程度不高，较低的人力资本导致他们在劳动力市场上缺乏竞争力，而缺乏社会网络、劳务市场信息及语言能力相对较弱等使其就业难上加难。此外，从20世纪80年代起，英国进行经济结构转型并出现"去工业化"现象，大批低端产业迁移海外，蓝领工作大幅削减，穆斯林劳工首当其冲，成为失业人群的重要组成部分。尤为重要的是，英国社会隐藏在形式上平等的公民身份背后的事实上不平等的种族化结构、根深蒂固的族群歧视和社会排斥，以及愈演愈烈的针对穆斯林的污名化和"伊斯兰恐惧症"，均在制度结构和日常生活中阻碍穆斯林正常的融入进程。英国学者理查德·柏素德和莫顿·布雷克森表示，不论他们来自哪个族群，所有穆斯林群体无一例外地皆处于就业弱势，这个异常现象充分表明是宗教而非族群与就业弱势密切关联，穆斯林移民正面临着"宗教惩罚"（religion penalty）的残酷现实。② "穆斯林遭遇的社会经济边缘化，制约其充分、平等地参与社会，歧视则进一步加剧或恶化其边缘化处境，而后者对融入的阻扰格外强烈，因为感知的歧视往往比真实的社会经济地位更为重要。"③ 从另一个角度来看，英国长期奉行的多元文化主义融入政策并未奏效，反而暴露出各种各样的问题。

二、多元文化主义在英国的发展轨迹及当下反思

植根于民族文化和历史传统的差异，西欧国家在如何融入外来移民和少数族裔上历来有着迥异的整合哲学，进而形成了各具特色的治理模式。不同的整合模式都有一套理论预设，并基于此来制定相应的公共政策，继而影响外来移民和少数族裔的融入进程。④ 与法国公民共和模式、德国客工排斥模式形成鲜明的反差，英国奉行"待人宽容如待己"（live and let live）的多元文化主义

---

① The Pew Global Attitudes Project. *Muslims in Europe: Economic Worries Top Concerns about Religious and Cultural Identity*. Washington, DC: Pew Research Center, 2006, p. 3.

② Richard Berthoud, Morten Blekesaune. *Persistent Employment Disadvantage*, Research Report 416. London: Department for Work and Pensions, 2007, p. 72.

③ Rahsaan Maxwell. Muslims, South Asians and the British Mainstream: A National Identity Crisis? *West European Politics*, 2006, 29 (4), pp. 736 – 756.

④ Adian Favell. *Philosophies of Integration: Immigration and the Idea of Citizenship in France and Britain*. New York: Palgrave, 2001, p. 109.

第六章 英国穆斯林移民及社会融入的困境：历史、现实和展望

原则，并以此来处理外来移民和少数族裔事务。这一理论与其传统的自由主义哲学和独特的殖民统治历史一脉相承。"多元文化主义"这一术语固然是一个众说纷纭、莫衷一是的"具有本质上争议的概念"，但不管怎样，万变不离其宗，其核心内涵不外乎是"移民（有时也包括非移民的少数族裔）作为平等的一员能够参与全部的社会领域，无须放弃其自身的文化、宗教和语言，尽管通常亦期望其恪守某些关键性的价值观"①。要言之，多元文化主义指的是在法律、政策、民主话语的公共领域内与遵循共享的公民身份和民族认同的条件下对群体差异的承认和尊重，它可从社会现实、政治哲学及公共政策等不同层面来加以认识和理解。② 斯蒂芬·卡斯特尔等学者将多元文化主义划分为两种形态。第一种以美国为代表。文化多元性和族裔社群的存在得到官方接受，但政府尚未推行多元文化政策。第二种以加拿大、英国、荷兰、澳大利亚为代表。这些国家不仅接受文化差异之现实，而且积极采取官方行动来促进和确保少数族裔的平等权利。③ 就英国而言，早在1966年，时任内政大臣罗伊·詹金斯（Roy Jenkins）就明确表示："融入并不意味着移民丧失其自身的民族特征和文化认同，我们不需要一个'熔炉式'的国家，使每个人成为同一个模子印出来般的整齐划一，类似于碳复本式的错觉丛生、刻板印象的英国人……所以，融入不是一个同化整平过程，而是在相互宽容的氛围中机会平等和文化多元的相得益彰。"④

基于上述观念和主张，英国从20世纪70年代开始实施多元文化主义，随后的历届政府也一脉相承地鼓励不同文化间的对话交流，反对种族歧视，保护少数族裔的权益。据此，政府鼓励文化群体去创建自己的组织结构，捍卫其风俗习惯和宗教实践，在教育系统中培养文化多元意识并颂扬文化多元之现实。1985年，英国政府发表《斯旺报告》（Swann Report），承认在公立学校中需要实施多元文化教育的新理念。在反对种族歧视方面，英国可谓开风气之先。政府于1965年率先颁布《种族关系法》（Race Relations Act）。在之后的年代里，一系列修改版本的《种族关系法》（1965年、1968年、1976年、2000年）相

---

① Stephen Castles, Hein De Haas, Mark J. Miller. *The Age of Migration: International Population Movements in the Modern World*, 5th ed. New York: The Guilford Press, 2014, p. 270.

② Zaynep Yanasmayan. Concepts of Multiculturalism and Assimilation. Michael Emerson, ed. *Interculturalism: Europe and Its Muslims in Search of Sound Societal Models*. Brussels: Centre for European Policy Studies, 2011, pp. 17–27.

③ Stephen Castles, Hein De Haas, Mark J. Miller. *The Age of Migration: International Population Movements in the Modern World*, 5th ed. New York: The Guilford Press, 2014, p. 270.

④ Bhikhu Parekh. National Culture and Multiculturalism. Kenneth Thompson, ed. *Media and Cultural Regulation*. London: Sage, 1997, p. 176.

继出台。1976年,英国创建"种族平等委员会"(the Commission for Racial Equality, CRE)公共机构,旨在反对种族歧视、促进种族平等、鼓励"和谐的种族关系"。比较而言,英国的多元文化政策在很大程度上属于地方政府及各个政府部门的事务,是一种分散的、去集中化的策略,这与同样实施多元文化主义的、带有国家化特点的"荷兰模式"有较大差异。①

但是,英国这种善待移民、鼓励多元的做法并非毫无争议。时任保守党议员伊诺克·鲍威尔(Enoch Powell)就对这种放任自流的移民政策提出警告,认为让大批持有英国护照的有色人种涌入,势必造成类似于美国的种族矛盾和冲突。1968年4月20日,他在题为《血流成河》的演讲中称,"我们一定是疯了,确实是疯了,每年允许5万名移民及家属入境,他们是未来移民的增长源,此举无疑是一个民族在自掘坟墓","当我展望未来,充满恐惧,像罗马人一样似乎看到了鲜血将在苔伯河上冒泡"。鲍威尔呼吁结束非白人移民的涌入,要求政府以经济补偿的方式,鼓励移民自愿返回原籍。一时间,《血流成河》演讲在英国国内引起轩然大波,触犯众怒、违背政治正确的鲍威尔最终不得不被赶出保守党的"影子内阁"。② 可以说,在当时多元文化主义如日中天的岁月里,任何针对"有色人种"、外来移民和多元文化主义的不敬之词不啻与种族主义画等号。"到20世纪80年代中期之际,愈益公开地承认多元文化的现实,已是英国朝野的一个基本共识。"③

寻根溯源,那时候"有色人种"移民的大量涌入,简单地说,与英国殖民统治遗绪不无关联。按照1948年《英国国籍法》(British Nationality Act)的规定,在英联邦出生的人不应被视作外国人,不受移民法的限制。作为大英帝国"女王的臣民",殖民地居民享有与英国本地人相同的民事和法律权利,有资格永久定居或工作于殖民宗主国。④ 最初,英国执行相对宽松的移民政策的本意是为从殖民地返家的白人提供方便,却始料未及地让"有色人种移民"

---

① Christian Joppke. The Retreat of Multiculturalism in the Liberal State: Theory and Policy. *British Journal of Sociology*, 2004, 55 (2), p. 249.

② Christopher Caldwell. *Reflections on the Revolution in Europe: Immigration, Islam, and the West*, 2009, pp. 19 – 20.

③ Adrian Favell. *Philosophy of Integration: Immigration and the Idea of Citizenship in France and Britain*. London: Macmillan, 1998, p. 109. 所谓"共识政治"(consensus politics),是战后英国政治的一个重要特点,至少20世纪90年代以前保守党和工党不论哪个党上台执政,在移民、多元文化主义等事务上皆达成广泛的共识,执行大体一致的政策,以避免社会极化。参见 Anthony M. Messina. *The Logics and Politics of Post-WWII Migration to Western Europe*. Cambridge: Cambridge University Press, 2007.

④ Joel S. Fetzer, J. Christopher Soper. *Muslims and the State in Britain, France, and Germany*. Cambridge: Cambridge University Press, 2005, p. 27.

第六章　英国穆斯林移民及社会融入的困境：历史、现实和展望

钻空子。不同于其他西欧国家，英国并未制订大规模的海外客工招募计划，20世纪五六十年代迁移到英国的外籍人士大都是源自南亚、加勒比海和非洲的"自发移民"和经济移民。① 面对一浪高过一浪的移民潮，英国于1962年颁布《英联邦移民法》（Commonwealth Immigrants Act），由此终结无限制的移民政策。就此而论，英国算得上是"二战"后西欧最早实施移民控制的国家。外来移民的涌入不可避免地诱发主体族群与少数族裔的矛盾和冲突，从20世纪50年代末起，英国爆发过一系列种族骚乱事件，但当时的种族关系主要指白人与黑人的对抗和冲突，穆斯林移民直到80年代末才演变成"问题群体"。

在多元文化主义的指导下，英国承认穆斯林移民的文化和宗教差异，赋予其特殊对待和法律保护，较为宽容地善待穆斯林的宗教信仰和功修。政府不仅为一些伊斯兰学校提供财政支持，也承认穆斯林在公共空间中践履宗教自由。不同于法国颁布强制性的头巾禁令，英国允许女学生穿戴头巾，只需与校服颜色保持一致即可。经过几十年的发展演变，穆斯林和伊斯兰教日渐改变英国的社会风景线，伊斯兰文化符号如服饰、清真食物、街头礼拜、宣礼塔、清真寺在公共空间中日益显现。据统计，清真寺从1945年的10座，增加到1989年的329座和2003年的1493座，平均每1071人一座清真寺或祈祷屋（prayer room），迄今清真寺数量超过1600座；从事宗教教育的伊斯兰私立学校增加到140所，其中的11所学校受到国家拨款的公共资助；截至2011年，白人改信伊斯兰教的"新穆斯林"逾10万人，多数为女性。② 在世俗社会的大环境下，许多穆斯林依然保持着强烈的宗教性，伊斯兰身份认同愈发彰显。③ 尽管如此，英国工党政府和左翼人士仍然矢志不渝地支持多元文化主义。2000年由政治哲学家比库·派瑞克领衔的"未来英国多族群委员会"发表了《多族群英国的未来报告》（简称Parekh Report），该报告对多元文化主义给予充分的肯定。④

与上述情势平行发展的是，从20世纪80年代伊始，英国社会对多元文化主义怀疑和否定的声音趋于强烈。1989年"拉什迪事件"是公众对穆斯林移

---

① James Hampshire. Immigration Policy in the United Kingdom. Sussex Centre for Migration Research, 2009（http://www.migrationeducation.org/49.0.html）.

② Joel S. Fetzer, J. Christopher Soper. *Muslims and the State in Britain, France, and Germany*. Cambridge：Cambridge University Press, 2005, pp. 46 - 47；Innes Bowen. *Medina in Birmingham, Najaf in Brent：Inside British Islam*. London：C Hurst & Co Publishers, 2013.

③ Jocelyne Cesari. *Why the West Fears Islam：An Exploration of Muslims in Liberal Democracies*. New York：Palgrave Macmillan, 2013, p. 100.

④ Bhikhu C. Parekh, Runnymede Trust Commission on the Future of Multi-Ethnic Britain. *The Future of Multi-Ethnic Britain：The Parekh Report*. London：Profile Books, 2000.

民态度急剧改变的分水岭。通过这一事件,主流社会与穆斯林移民的价值对立和文化冲突暴露无遗。此后,越来越多的媒体、学者和政界要人公开质疑多元文化政策,英国社会的"伊斯兰恐惧症"日渐严重。一连串的恐怖事件和种族骚乱使多元文化主义成为众矢之的,遭到社会舆论的猛烈抨击,"多元文化主义失败论"不绝于耳。其实,"9·11"恐怖事件发生后不久,工党布莱尔政府就显露出放弃多元文化主义的种种迹象,"7·7"恐怖事件后更是表露无遗。2011年2月,首相卡梅伦公开指责"国家多元文化主义"造成"我们集体身份认同的弱化",纵容不同文化的"平行生活"和社群隔离,姑息"与我们价值观完全抵牾的思潮肆意蔓延",助长伊斯兰极端主义和恐怖暴力。当前,必须抛弃过去的失败政策,需要倡导一个对所有人开放的、清晰的、共享的国家认同感。① 总的来说,社会各界对多元文化主义的批判可以归纳如下。

第一,制造文化相对主义,削弱国家认同。多元文化主义信奉道德相对论和对西方的自我否定,把多元性、异质性加以浪漫化和理想化,过分地强调族群差别,"对差异的美化凌驾于社群凝聚之上",自欺欺人地不敢正视这一政策削弱国家认同、制造族群分裂的危险,最终损害了英国的核心价值观。英国保守派的智库——"政策交流"(Policy Exchange)2007年的一份题为"Living Apart Together"的报告指出,倡导差异性的多元文化政策,是以牺牲、削弱和掏空共同的国家认同为代价,彻底贬低"英国属性"(Britishness)的正当性,结果导致少数移民的认同危机和忠诚分裂。②

第二,助长社群分裂,制造"平行生活"。多元文化主义消极地容忍文化差异,过分地纵容少数族裔的特殊身份认同,制造文化孤立、自我隔离与"平行生活",致使不同种族、族群、文化的人群缺乏交流互动,难以实现族群融合,造成穆斯林移民既没有能力也没有意愿融入主流社会,进而导致社会凝聚力下降与族群分裂主义盛行。英国人权领袖特雷沃·菲利普斯说,英国"梦游般地陷入隔离"(sleepwalking into segregation),整个社会按照种族和宗教的断层线而分离开来。③ 专栏作家梅拉妮·菲利普斯指出,多元文化主义不仅无益于不同族群之间的沟通与交流,反而变相地美化和助长族群分裂,结果催生出一个个族群飞地的"伦敦斯坦"(Londonistan),"伦敦已经成为欧洲恐

---

① Cameron: Multiculturalism Speech Not Attack on Muslim. BBC, 2011 – 2 – 23 (http://www.bbc.co.uk/news/uk-politics – 12555908).

② Policy Exchange. *Living Apart Together*. London: Policy Exchange, 2007, pp. 6, 90.

③ Robert S. Leiken. *Europe's Angry Muslims: The Revolt of the Second Generation*. New York: Oxford University Press, 2012, p. 142.

第六章 英国穆斯林移民及社会融入的困境：历史、现实和展望

怖网络的枢纽"①。

第三，无助于改善少数族裔的社会经济地位。德国社会学家卢德·库普曼斯对西欧八国的实证研究表明，多元文化政策一旦与慷慨的福利国家制度相结合，以荷兰、瑞典和比利时三国为代表，反而会加重移民和少数族裔的低度劳动力市场参与和高度隔离态势，而采取更具限制性或同化政策的国家（如德国、奥地利、瑞士、法国）或者相对吝啬的福利国家（如英国）却产生了较好的融入结果。所以，"在福利国家背景下，多元文化主义对移民并无益处，它可能产生移民对福利国家制度的依赖，由此进一步加深其社会经济的边缘化"②。

第四，造成极端主义、恐怖主义滋生蔓延。多元文化主义加深了英国穆斯林的疏离和隔阂，反而给伊斯兰极端主义的"圣战"蛊惑以可乘之机，最终导致暴力极端主义的日趋本土化。③ 固然多数穆斯林并未介入极端主义活动，但毋庸讳言，确实有相当部分人默许、同情、支持伊斯兰极端主义，甚至直接参与暴力极端主义。发生在英国的系列恐怖袭击事件中，不乏生于斯、长于斯的"本土恐怖分子"（homegrown terrorist）参与其中。因此，英国面临最重大的直接威胁不是外部而是内部。也正因如此，英国民众和媒体不断怀疑穆斯林移民的政治忠诚，穆斯林移民甚至被看作诋毁自由民主观念、危及国家安全、摧毁西方文明的"第五纵队"或"特洛伊木马"。

第五，刺激本土主义和极右翼政党的强烈反弹。穆斯林问题使原本早已泡沫化的极右翼政党逐渐恢复元气，卷土重来。1982年，以宣扬白人至上主义的英国民族党（British National Party，BNP）成立。该党要求执行限制性的移民政策，特别是限制穆斯林移民，并声称要为备受歧视的本土白人争取利益。2009年，英国民族党在欧洲议会选举中一举赢得了近100万选票（6.2%），收获两个议席。除此之外，另一个以街头政治著称的极右组织——"英国防卫联盟"（English Defence League，EDL）异军突起，备受关注。"英国防卫联盟"宣扬要捍卫英国传统价值观和生活方式，反对"穆斯林极端主义"。2009年该组织成立后不久，就不时在英国各地举行反伊斯兰反穆斯林的示威游行，

---

① Melanie Phillips. *Londonistan*. New York：Encounter Books，2006，pp. x – xxi.

② Ruud Koopmans. Trade-offs between Equality and Difference：Immigrant Integration，Multiculturalism and the Welfare State in Cross-National Perspective. *Journal of Ethnic and Migration Studies*，2010，36（1），pp. 1 – 26.

③ Steven Vertovec，Susanne Wessendorf. Introduction：Assessing the Backlash against Multiculturalism in Europe. Steven Vertovec，Susanne Wessendorf，eds. *The Multiculturalism Backlash*：*European Discourses*，*Policies and Practices*. London and New York：Routledge，2010，p. 10.

并多次演化成暴力示威,蓄意制造族群对立和宗教冲突。

简言之,族群、宗教和文化的多元性改变了过去相对同质性的社会结构,增添了社会的不确定性,特别是"9·11"与"7·7"恐怖事件后,"伊斯兰恐惧症"和"穆斯林威胁论"日益主导和支配着西欧各国的公共话语权,伊斯兰教和穆斯林移民不断被描述和建构为危及西方价值观和生活方式的生存威胁,与之相伴的社会道德恐慌与公众舆论迫切要求政府采取断然措施来因应不断严重、日益恶化的"安全威胁",这样使原本正常的移民和少数族裔的融入事宜一步步陷入高度的政治化和安全化的怪圈之中。① 正是在异常不安全的紧张氛围下,英国政府不得不加快政策调整的步伐,由放弃多元文化主义转向带有同化性质的"管理多元性"(managing diversity)政策,冀望借助"强硬的自由主义"(muscular liberalism)来强化穆斯林移民的融入进程。

三、后"9·11"时期"管理多元性"的融入举措

"9·11"恐怖事件对西方国家造成了巨大的冲击和影响,"7·7"恐怖事件更给英国带来切肤之痛。以这两个重大恐怖事件为契机,英国政府主动放弃多元文化主义,转向颇具同化色彩的"管理多元性"政策。所谓"管理多元性",意指制定和实施一套具有同化色彩又不乏尊重社会多元性的融入政策。② 当前,英国因应穆斯林移民融入的新思路是,以文化融入为切入点,强化国家认同与公民意识;增强社区凝聚力,打破族群藩篱;加强政府与穆斯林移民的沟通对话;反恐去极端化,促进穆斯林融入。主要有以下4个举措。

第一,促进公民融入,强化国家认同。"公民融入"(civic integration)最早源于20世纪90年代后期的荷兰,此举随即得到西欧各国的积极响应和争相效仿。公民融入旨在矫治长久以来形式上公民身份的固有缺陷,缩小跨国移民与接受国之间的文化距离,促成移民尽快理解和掌握接受国的社会规范、价值观和风俗习惯,加快移民和少数族裔的文化融入。③ 英国内政部在2002年发表的白皮书中明确提出,融入应取决于日益显现的"公民融入"和"共同价值观"。2003年,负责设计归化入籍考试的克里克委员会(Crick Commission)

---

① Jocelyne Cesari. Securitization of Islam in Europe. Jocelyne Cesari, ed. *Muslims in the West after 9/11: Religion, Politics, and Law.* New York: Routledge, 2010, pp. 9–25.

② 在欧美语境中,"同化"是一个贬义词,而"融入"和"管理多元性"因其语意上的模糊性,容易为各方人士所接受。上述观点是Jorgen S. Nielsen教授与作者讨论时的概念诠释。

③ Christian Joppke. *The Role of the State in Cultural Integration: Trends, Challenges, and Ways Ahead.* Washington, D.C.: Migration Policy Institute, 2012, pp. 1–2.

第六章 英国穆斯林移民及社会融入的困境：历史、现实和展望

重申文化融入的重要性，认为掌握居住国语言和生活知识是外国移民获取公民身份的先决条件。① 于是，2004 年英国首次引入公民身份仪式，要求获得英国国籍的人士必须宣誓效忠女王，承诺尊重英国的权利和自由。2004 年生效的《国籍、移民及避难法》(Nationality, Immigration and Asylum Act) 明确规定申请入籍者须展示其英语知识，并熟知英国的历史、文化和风俗习惯。2005 年，英国首次举行公民身份和语言考试，申请入籍人士唯有通过考试，方能成为英国公民。公民融入的用意在于突显公民身份不是"给予的"（given）而是"挣来的"（earned）。②

第二，增强社区凝聚力，打破族群藩篱。"社区凝聚"（community cohesion）措施的出台与 2001 年英国北部城市发生的种族骚乱不无关联。负责调查该事件根源的坎特尔委员会（Cantle Commission）认为，种族骚乱肇因于穆斯林社区与白人社区的彼此隔离，由此导致严重的社会问题和族群冲突，有效的解决之道应基于共同价值观，通过政府的相关政策来增强社区凝聚。③ 诚然，社区凝聚的概念缺乏清晰界定，但基本内涵无外乎涉及 "发展共享的归属感、对自由民主价值观的尊重、共同愿景、强大而积极的社群关系"④。2006 年成立的 "融入和凝聚委员会"（CIC）提出，促进不同族群间的相互信任和团结，实现融入和增强凝聚力是 "每个人义不容辞的责任"；社区凝聚与融入相生相成，社区凝聚是实现融入的有效途径。⑤ 按照社区及地方政府管理部（DCGL）的定义，所谓 "社区凝聚"，是指成功发展本土多数群体与移民少数族裔之间的共同归属感，遵守共同的价值观、道德原则和行为规范。⑥ 综合起来，社区凝聚计划包含 4 个基本要素：对于所在社群的共同愿景和归属感；人的多元性得到尊重，人的差异性得到欣赏；不同背景的人皆有近似的生活机会；在工作场所、学校和邻里，不同背景的人构筑强大而积极的相互关系。据此，政府陆续出台一系列的社区凝聚计划，旨在促进族群间的交往互

---

① Crick Commission. *The New and the Old: The Report of the "Life in the United Kingdom" Advisory Group*. London: HMSO, 2003.
② Christian Joppke. *Citizenship and Immigration*. Cambridge: Polity, 2010, p. 59.
③ Ted Cantle. *Community Cohesion: A Report of the Independent Review Team*. London: Home office, 2001, p. 9.
④ Local Government Association (LGA). *Guidance on Community Cohesion*. London: LGA Publications, 2002, p. 6.
⑤ Commission on Integration and Cohesion. *Our Shared Future*. London: Department of Communities and Local Government, 2007, p. 39.
⑥ Department for Communities and Local Government. *The Government's Response to the Commission for Integration and Cohesion*. Wetherby: Communities and Local Government Publications, 2008, p. 10.

动,消除穆斯林移民的自我封闭,打破"平行社会"的藩篱。譬如,举行全国范围内的"社区周"(Community Week),号召不同族群的人们敞开大门,欢迎到对方家里做客;开展邻里联谊、街区派对、社区互助等活动,以此推动多数群体与少数族裔之间的联系,改变彼此间的刻板印象和负面认知,促进公民参与,培育国家认同和共同价值观。

第三,加强政府与穆斯林移民的沟通对话,强化国家对伊斯兰事务的控制。英国政府认为,借由接触、沟通和对话,改善与穆斯林移民的紧张关系,建立伙伴关系,寻求对话伙伴的多元化,既是促进其融入社会的基本条件,也是抗击极端主义的有效手段。为抗击伊斯兰极端主义的意识形态和神学基础,英国政府主张"赋权主流伊斯兰的声音",培育温和的、"英国化"的伊斯兰力量,并且调整先前的做法,亦即从寻求一个代表所有穆斯林的垂直整合的穆斯林实体转向代表性实体的多元化,与众多温和的穆斯林组织展开接触和对话。① 为了排除"跨国圣战"运动对穆斯林的渗透和影响,英国政府要求宗教人士必须承诺支持自由民主的价值观和效忠英国的国家认同,并积极实施伊玛目的本土化举措。2006 年,英国政府创立了一个非政府性质的"全国清真寺、伊玛目咨询董事会"(Mosques and Imams National Advisory Board,MINAB),用以协商和解决宗教自由、伊斯兰基础设施(伊玛目、牧师、清真寺、教育、清真食品)等事务。②

第四,抗击极端主义,推动去极端化工程。2005 年,英国内政部推出"共同抗击极端主义"(Preventing Extremism Together,PET)计划,向各政府机构推荐了 64 项反恐去极端化的建议,涉及穆斯林青年人、教育、妇女问题、伊玛目培训和清真寺作用、社区安全与警务关系等。③ 2007 年,英国政府出台了遏制恐怖主义的"预防计划"(Prevent Program),它成为英国反恐战略(Counter-Terrorism Strategy,CONTEST)的核心要素之一。2011 年 6 月,英国内政部发布最新版本的"预防战略"(Prevent Strategy),该战略包括 5 个中心目标:挑战暴力极端主义背后的意识形态,支持主流声音;挫败鼓吹暴力极端

---

① 长期以来,英国政府把创立于 1997 年的英国穆斯林协会(Muslim Council of Britain,MCB)视为整个穆斯林社群的代言人和对话者。但鉴于英国穆斯林协会深受穆斯林兄弟会的影响,在最近一段时期,英国政府试图削弱该组织的影响力,并寻求对话者的多元化。

② Jonathan Laurence. *The Emancipation of Europe's Muslims: The State's Role in Minority Integration*. Princeton: Princeton University Press, 2012, pp. 11 – 12.

③ UK Home Office. Preventing Extremism Together. *Working Group Reports: August-September* 2005 (http://www.communities.gov.uk/pub/16/PreventingExtremismTogetherworking groupreport Aug Oct 2005_id1502016.pdf).

第六章 英国穆斯林移民及社会融入的困境：历史、现实和展望

主义的煽动者，瓦解其活动场所；挽救被极端分子招募的受害者；增强社区免疫力；洗刷极端化进程中被蒙骗者的冤情。① 为此，英国政府投入大量的人、财、物用以反恐去极端化工程。当前英国国内的反恐形势依然十分严峻。2011年叙利亚危机爆发后，据伦敦大学国王学院"极端化与政治暴力国际研究中心"的最新估计，有多达4000名来自西欧14国的穆斯林"外国战士"潜入叙利亚和伊拉克，加入"圣战"，而英国籍的"外国战士"人数有500～600人。② 倘若这些深受暴力极端主义思想毒害的年轻人返回英国，无疑会对其社会稳定带来重大的安全隐患。尽管"7·7"恐怖事件之后，穆斯林移民的融入问题日益受到高度重视，但迄今为止，英国政府仍未提出一个全面系统的针对穆斯林移民的融入计划。

四、对英国穆斯林社会整合的反思

广泛的跨国流动和持续的跨国移民，使英国在较短时期内从过去一个相对同质性的社会蜕变为多种族群、宗教和文化兼具的异质性社会。按照牛津大学社会学家斯蒂芬·维特维克的观点，当下的英国已进入一个史无前例的"超级多元性"的新时代，社会异质性的规模、程度及复杂关系远远超出世人想象。③ 而"9·11"和"7·7"等恐怖事件的接连发生，以及全球金融危机的接踵而至，使英国社会陷入一个政治紧张、经济动荡的不确定时期。由多元文化主义向管理多元性的转型，既是社会客观形势的要求，也是民意使然。如前所述，多元文化主义将弱化主流文化和主体价值观，不利于培育共同归属感，不益于促进不同族群之间的认同。在此背景下，英国政府清楚地认识到，如果继续漠视穆斯林问题，不尽快因应穆斯林移民的融入危机，那么，势必会导致纷争并起、永无休止的族群分裂和社会动荡。因此，如何推动穆斯林移民的融入、促进族群和睦与社会稳定，业已成为英国政府亟待解决的重大挑战。

历史经验告诉我们，移民群体或少数族裔的融入过程是一个错综复杂而又循序渐进的系统工程：融入不仅涉及经济、政治、社会、文化等不同领域，而

---

① Home Office. *CONTEST*: *The United Kingdom's Strategy for Countering Terrorism*（https://www.gov.uk/government/publications/counter-terrorism-strategy-contest）.

② Peter R. Neumann. Foreign Fighter Total in Syria/Iraq Now Exceeds 20,000; Surpasses Afghanistan Conflict in the 1980s, International Centre for the Study of Radicalisation and Political Violence（ICSR）, King's College London, 2015－1－26.

③ Steven Vertovec. Super-Diversity and Its Implications. *Ethnic and Racial Studies*. 2007, 30（6）, pp. 1024－1054.

且往往需要一代乃至数代人的代际转换方能显效。不同于单向度的、将全部责任和义务皆重压于移民族群的同化，融入是一个相互的、双向的调适过程，不仅需要移民主动积极地融入接受国社会，而且也需要接受国政府和社会为移民族群提供必要的融入路径。正如 2004 年欧盟《移民融入政策的共同基本原则》所主张的，"接受国必须为移民创造充分的经济、社会、文化和政治参与的机会"①。

作为英国社会，有必要认清的是，与那种片面强调融入的某个特定方面不同，必须秉持一种全新的、整体的融入观来处理和解决穆斯林融入危机。政治、经济、文化和社会等方面在融入进程中各司其职，相得益彰，共同推进穆斯林的融入。因此，与融合相关的政治、经济、文化和社会条件，都不能低于某种可容忍的底线，不能使任何一个方面成为明显的短板，否则都会招致融入的低效或失败。显然，英国政府融入政策当下的缺陷就在于过分重视文化、政治融合，而相对忽视经济整合。克里斯蒂安·乔帕克切当地指出，仅靠文化途径来解决融入问题难以奏效。事实上，融入问题的核心根源是社会经济而非宗教。贫穷和排斥助长了文化差异的政治化，它们才是融入政策应该解决的关键，然而，身份认同却成为公共辩论的压倒性议题。② 兰德尔·汉森亦认为，"欧洲移民政策的失败是由于他们没有能力确保移民获得与保留工作"，"是就业而非文化，需要成为欧洲移民政策的基础"③。目前，英国政府的重中之重应该是缩小主体族群与少数族裔之间的社会经济发展差距，或许对穆斯林蓝领产业从业者实行某种经济保护政策，不失为明智之举。

必须从国家、地区及社区等各个层面采取有效措施，妥善解决穆斯林族裔面临的族群歧视和社会排斥问题。当前，欧洲各国针对穆斯林的歧视问题十分严重，"伊斯兰恐惧症"（Islamophobia）盛行。欧洲种族主义和排外监视中心（EMRC）2006 年发布调查报告称，欧洲穆斯林普遍在就业、教育及住房上遭遇歧视，主要是由欧洲人排斥穆斯林的态度、种族偏见及厌恶外国人等因素造成，当然也与近年来穆斯林与恐怖主义的联系有关。④ 西欧社会普遍存在的

---

① European Union. *The Common Basic Principles for Immigrant Integration Policy*. Brussels, 2004, p. 19.

② Christian Joppke. *The Role of the State in Cultural Integration: Trends, Challenges, and Ways Ahead*. Washington, DC: Migration Policy Institute, 2012, p. 2.

③ Randall Hansen. *The Centrality of Employment in Immigrant Integration in Europe*. Washington, DC: Migration Policy Institute, 2012, pp. 4 – 8.

④ European Monitoring Centre on Racism and Xenophobia (EUMC). *Muslims in the European Union: Discrimination and Islamophobia*. Wien, Austria: Fundamental Rights Agency of the European Union, 2006.

第六章 英国穆斯林移民及社会融入的困境：历史、现实和展望

"伊斯兰恐惧症"严重阻碍和伤害了穆斯林族裔参与社会的热情、自尊心和自信心。因此，包括英国在内的西欧国家应该着手解决针对穆斯林移民的宗教歧视和社会排斥问题，促进机会平等和公平对待。

必须在保持国内安全与保障穆斯林尊严、基本人权及平等权利方面找到一个恰如其分的平衡。英国政府一方面强调改善与穆斯林社群的关系，另一方面却强化了对穆斯林社区、清真寺的监视、警务和情报搜集等事务，而针对穆斯林和伊斯兰教的语言暴力、涂鸦、人身攻击、"种族盘查"及污名化更是层出不穷、屡见不鲜。这些行为无疑伤害了穆斯林移民的自尊心，带给他们强烈的屈辱感，损害他们对公共权力的信任。欧洲种族主义和排外监视中心一针见血地指出，"反恐安全措施可能危及欧盟成员国整合穆斯林社群的任务"①。诚然，以伊斯兰为名义的恐怖主义威胁是真实的、毋庸置疑的，但问题的关键是如何在保障人权、保护少数族裔权益与抗击暴力极端主义之间寻求一个恰当的平衡点。从更为现实的角度出发，对穆斯林移民的排斥和污名化只会减少他们成功融入主流社会的机会，不可避免地诱发严重的社会问题和政治极端主义。因此，英国乃至整个西欧国家需要抛弃"伊斯兰恐惧症"的心态来看待伊斯兰教，摒弃"伊斯兰安全化"的立场来对待穆斯林移民。②

必须抛弃西方社会的东方主义思维，反对把穆斯林和伊斯兰认知本质化、同质化、边缘化。西方穆斯林并非一种先天不变的本质，而是一种不断建构、流动和变化的存在。从流变走向整合需要双方意愿达到一致并协调行动。主流社会对异族文化应采取主动、友好、理解和尊重的态度来熟悉穆斯林的生活方式，穆斯林移民应"入乡随俗"，主动适应西欧社会，使双方形成一种良性互动，坦然接受相互并存、杂然共处的社会现实。因此，有必要建立跨文化对话机制（intercultural dialogue），通过这种机制来拓宽主体族群与穆斯林族裔接触、交流、沟通的渠道。融入是一个长期的进程，不能急于求成，以一种短期目光来要求和处理，而应通过一种循序渐进的常态化机制来加以推进。当然，同时也要重视融入过程中因时而异的突出问题，加以特殊应对。

客观地说，穆斯林弱势的社会经济地位和普遍的社会歧视在很大程度上导致了不和谐的族群关系，这给了以伊斯兰为名义的暴力极端主义以可乘之机。如前所述，穆斯林融入英国社会的过程必然是漫长而艰难的。穆斯林移民的融

---

① European Monitoring Centre on Racism and Xenophobia (EUMC). *Muslims in the European Union: Discrimination and Islamophobia*. Wien, Austria: Fundamental Rights Agency of the European Union, 2006, p. 3.

② Jocelyne Cesari. Securitization of Islam in Europe. Jocelyn Cesari, ed. *Muslims in the West after 9/11: Religion, Politics, and Law*. New York: Routledge, 2010, pp. 9–25.

入前景取决于英国能否为穆斯林移民提供更多的就业机会,能否全面提升穆斯林移民的社会经济地位,能否消除弥漫四周的"伊斯兰恐惧症"和反穆斯林情绪,能否建构一个理解与包容的社会氛围,能否在反恐去极端化和创造良好的族群关系两个方面保持恰如其分的平衡等。

致谢

感谢哥本哈根大学欧洲伊斯兰思想中心(Centre for European Islamic Thought, CEIT)Jorgen S. Nielsen 教授的批评和指正。

第七章 融合与区隔：三亚冬季穆斯林移民的社会适应研究

一、引言

（一）消费导向型移民与三亚过冬穆斯林

全球化和城市化进程加快了人口的跨地域流动，当前我国对流动人口的关注以城乡二元背景为主，以经济因素为重点讨论人口流动的方向与动机，从公平性角度去探讨他们在新环境中的社会融入和身份认同。在新时期的经济发展背景下，旅游诱发（tourism-induced）的人口流动也越来越普遍，旅游作为一种新型的人口流动方式，大致分为两类，即旅游劳工型迁移和消费型旅游迁移[1]，部分学者也关注到了亦劳工亦旅游者这种生活方式型移民的现象。[2] 与传统人口流动不同，以第二居所移民、退休移民、季节性旅游移民等为代表的消费导向型旅游迁移具有逆向流动的特点[3]，旅游迁移往往从发达地区向风景优美、气候宜人的欠发达地区流动，迁移者在经济资本、心理认知上具有一定的优越性，部分学者也将其称为"精英式的人口流动"[4]。与传统弱势群体在流入地被主流强势群体所包围不同，在以旅游为地方重要经济支柱的旅游目的地中，旅游移民反而可能成为地方发展的主导群体。其社会适应具有怎样的特征值得探讨，但目前国内学者较少对该类群体进行关注。

消费型旅游移民在迁入地的停留时间要长于一般旅游者，而且重访率高，

---

[1] 参见黎慧、苏勤《国内外旅游移民研究比较与展望》，载《云南地理环境研究》2012 年第 6 期。

[2] 参见吴悦芳、徐红罡《基于流动性视角的第二居所旅游研究综述》，载《地理科学进展》2012 年第 6 期。

[3] Per Gustafson. Tourism and Seasonal Retirement Migration. *Annals of Tourism Research*, 2002 (4), pp. 899–918.

[4] Noel B. Salazar, Yang Zhang. Seasonal Lifestyle Tourism: the Case of Chinese Elites. *Annals of Tourism Research*, 2013, 43, pp. 81–99.

介于旅游者与定居者的身份之间，其在迁入地的社会适应情况不仅影响自身的旅游体验，同时也影响迁入地的社会文化发展。国外学者已经关注到了著名滨海和乡村度假区的季节性旅游移民、退休移民现象①，并研究旅游移民者的迁移动机、影响因素，以及旅游移民者在目的地的生活空间、社会关系和地方认同对其目的地产生的影响。有学者认为，基于旅游住宅和休闲设施的旅游空间造成了当地空间的异化和分化②，旅游移民者占据了旅游资源绝佳的位置如海边，形成了"经济飞地"；移民仅和与自己有相同价值取向的定居者交往，用当地环境和旅游基础设施建立了一个属于他们的"平行社会（parallel society）"③；旅游消费移民者注重纯粹的玩乐和休闲的物质追求，加快了地方少数民族特色和文化丧失的速度④。因此，在同一块土地上，旅游移民者与迁入地的社会融合存在问题，形成社会隔离，两者占据着"共同分享但各自独立"的地理空间，对社区建设产生环境、政治及可持续发展等诸多问题。⑤ 当然，这些研究多以跨国界的迁移群体为研究对象，迁移者与当地居民存在着明显的国籍、民族、宗教等方面的文化差异。⑥

三亚回族社区作为中国海南岛上唯一的回族聚居区，保存有完整的回族文化和穆斯林宗教传统。三亚回族村旅游起步早，已有研究从族群认同、族群间关系和社区的社会空间等多个角度去研究旅游发展对当地的影响。⑦ 近几年，随着海南国际旅游岛的建设推进，凭借着宜人的气候环境和浓厚的宗教氛围，

---

① Dwyer, et al. Is the Migration-tourism Relationship only about VFR?. *Annals of Tourism Research*, 2014 (46), pp. 130 – 143; Stark, Fan. The Analytics of Seasonal Migration. *Economics Letters*, 2007 (94), pp. 304 – 312; Spina, et al. The Relationship Between Place Ties and Moves to Small Regional Retirement Communities on the Canadian Prairies. *Geoforum*, 2013 (45), pp. 230 – 239.

② Mujica. Tourism and Human Mobility in Spanish Archipelagos. *Annals of Tourism Research*, 2011, 38 (2), pp. 586 – 606.

③ Reilly K. A new Trend in European Migration: Contemporary British Migration to Fuengirola, Costa del Sol. *Geographical Viewpoint*, 1995, 23, pp. 25 – 36.

④ Noel B. Salazar, Yang Zhang. Seasonal Lifestyle Tourism: the Case of Chinese Elites. *Annals of Tourism Research*, 2013, 43, pp. 81 – 99.

⑤ Marsden Flynn. Rural Change, Regulation and Sustainability. *Environment and Planning A*, 1995 (27), pp. 1180 – 1192; Rosenberg Halseth. Cottagers in an Urban Field. *Professional Geographer*, 1995 (47), pp. 148 – 159.

⑥ 参见黎慧、苏勤《国内外旅游移民研究比较与展望》，载《云南地理环境研究》2012年第6期。

⑦ 参见孙九霞《现代化背景下的民族认同与民族关系——以海南三亚凤凰镇回族为例》，载《民族研究》2004年第3期；孙九霞、陈浩《旅游对目的地社区族群关系的影响——以海南三亚回族为例》，载《思想战线》2011年第6期；孙九霞、陈浩《旅游对目的地社区族群认同的影响——以三亚回族为例》，载《地理研究》2012年第4期；孙九霞、张士琴《民族旅游社区的社会空间生产研究——以海南三亚回族旅游社区为例》，载《民族研究》2015年第2期。

三亚回族社区每年都吸引大量的北方穆斯林游客过冬。对共同的宗教文化背景下穆斯林移民在当地回族社区社会适应的研究，将为移民的研究补充新的典型案例，从旅游移民的视角丰富旅游发展对目的地社会文化影响的研究。

（二）社会适应和社会融合

社会适应（social adaptation）是指"个体与群体之间的互动协调以及他们对特定的物理与社会环境的反应"①。移民的社会适应包括客观上经济、文化、社会生活等方面，也包括主观方面态度和价值观念上的内部化。② 外来群体在迁入地会采取不同的适应策略，不同的适应策略将会产生不同的结果，如贝瑞（Berry）提出的整合、同化、分离或边缘化。③ 分离和边缘化的适应结果对族群关系充满威胁。④

社会融合理论是学界用来解释移民在迁入地社会适应的最重要理论之一。在运用该理论时，经常可见"融合"（fusion）、"融入"（inclusion）、"整合"（integration）等学术用语。这些术语虽有细微区别，但并未被严格区分，在已有的文献中经常被交替使用。本章无意对此进行辨析，将"统一"以"融合"一词指代。

移民的融合理论是西方国家在工业化和城市化进程中随移民潮的兴起而发展起来的，其最先发源于美国这个多移民国家。在将近一个世纪的研究中，形成了"文化同化论""区隔融合论""新融合论""多元文化论"等多个重要的理论学说。⑤ 在帕克（Park）等人看来，社会融合就是"通过共享历史和经验，相互获得对方的记忆、情感、态度，最终整合于一个共同的文化生活之中"⑥。戈登（Goden）进一步完善融合理论，将融合过程区分为7个阶段。他认为，移民的融合从文化接触和行为适应开始，经过结构性融合、婚姻同化等，移民在心理和态度上实现身份认同，最终被主流族群接纳。⑦ 戈登的社会融合既包括移民的社会适应，也包括主流群体的包容和接纳。帕克和戈登的观

---

① 参见梁波、王海英《国外移民社会融入研究综述》，载《甘肃行政学院学报》2010年第2期。
② 参见梁波、王海英《国外移民社会融入研究综述》，载《甘肃行政学院学报》2010年第2期。
③ John W. Berry. Acculturation: Living Successfully in Two Culture. *International Journal Intercultural Relations*, 2005, 29 (6).
④ 参见周大鸣、杨小柳《浅层融入与深度区隔：广州韩国人的文化适应》，载《民族研究》2014年第2期。
⑤ 参见杨菊华《中国流动人口经济融入》，社会科学文献出版社2013年版。
⑥ Robert Park. Human Migration and the Marginal Man. *American Journal of Society*, 1928, 33, pp. 881–893.
⑦ 转引自杨菊华《中国流动人口经济融入》，社会科学文献出版社2013年版。

点都将社会融合的结果视为移民被主流群体文化同化。新融合理论则认为,移民社会融入是一个双向的过程,移民在适应流入地主流文化的同时,也对主流文化产生了影响。① 社会融合是一个漫长的过程,本章的研究对象迁入时间较短,不适合探讨其融合发展过程,仅用其来考察冬季移民在三亚回族村的社会适应现状,以及他们与当地居民的互相接纳程度。

关于社会融合的类型,学者们提出了多种测量模型。较有影响力的包括戈登的"二维度"模型、杨格-塔斯(J. Junger-Tas)的"三维度"模型和恩泽格尔(H. Entzinger)的"四维度"模型(洪波)。恩泽格尔的"四维度"模型是对前两者的进一步具体化。他从经济融入、社会融入、政治融入和文化融入4个维度考察移民社会的融合情况。② 其中,经济融入包括社会经济融入,主要是指移民在迁入地的收入水平、就业地位和社会福利等,达到更好的经济水平被学者视为移民融入主流社会的基本保障。③ 社会融入指移民在迁入地的社会交往、朋友关系及组织参与。政治融入则涉及移民群体的合法政治身份,是否拥有合法的公民权,尤其是子女接受教育的权利。我国当前农民工群体受二元制度的限制,在流入城市过程中难以实现政治融入成为学者关注的焦点。文化融入则是指移民对当地习俗规范、语言观念的接纳认同。国内对移民社会融合的研究大部分涵盖这4个测量维度,但也普遍关注到了心理维度的重要性。④ 周海旺认为,身份认同(即认为自己与迁入地居民完全一样)是移民社会融入的最深层的内涵,是实现社会融合的最终表现。⑤

消费导向型的旅游移民的目的是选择一个快乐的生活方式,而不是为了逃离失业、贫穷或政治动乱。⑥ 其在流入地扮演的是一个消费者而不是工作者的角色,经济融入表现不明显;同时,三亚回族村的冬季穆斯林移民也没有体现出政治融入。因此,本章将从文化接纳、社会行为适应和身份认知3个维度研究这些穆斯林移民的社会适应情况。

---

① 参见杨菊华《中国流动人口经济融入》,社会科学文献出版社2013年版。
② 参见梁波、王海英《国外移民社会融入研究综述》,载《甘肃行政学院学报》2010年第2期。
③ 参见杨菊华《从隔离、选择融入到融合:流动人口社会融入问题的理论思考》,载《人口研究》2009年第1期。
④ 参见田凯《关于农民工的城市适应性的调查分析与思考》,载《社会科学研究》1995年第5期;杨菊华《从隔离、选择融入到融合:流动人口社会融入问题的理论思考》,载《人口研究》2009年第1期;朱力《论农民工阶层的城市适应》,载《江海学刊》2002年第6期。
⑤ 参见周海旺《城市女性流动人口社会融入问题研究》,上海社会科学院出版社2013年版,第22页。
⑥ Per Gustafson. Tourism and Seasonal Retirement Migration. *Annals of Tourism Research*,2002(4),pp. 899 – 918.

二、研究方法与案例概况

（一）研究方法

研究采用质性研究的方式，研究过程中综合运用了文献研究法、观察法、访谈法等研究方法。笔者于2014年3月和2015年1月两次前往三亚凤凰镇的回辉、回新两个村进行实地调研，共15天。2014年的实地调研对三亚回族村的旅游发展状况、宗教文化及过冬穆斯林的到访做了基本了解。2015年的实地调研中，笔者带着相应的研究问题有针对性地进行资料收集，共访谈了30位穆斯林过冬游客（编号A01～A30），10位当地居民（编号B01～B10），包括普通居民、清真寺的管理人员和地方政府人员，并随机对6位外来经商的穆斯林店主（编号C01～C06）进行了访谈（其中，受访穆斯林移民的基本情况见表7-1）。此外，笔者主要运用观察法对穆斯林移民在清真寺、当地社区的活动和社会交往行为进行观察，并于2月1日在回辉清真古寺举办的圣纪节中，佩戴当地穆斯林妇女戴的头巾进入古寺进行参与式观察。

表7-1 受访穆斯林冬季移民的基本情况

类别		人数
性别	男	22
	女	8
省份（自治区）	甘肃	4
	青海	12
	宁夏	1
	河北	1
	新疆	9
	山西	1
	内蒙古	1
	河南	1

（二）案例概况

1. 三亚回族村

三亚回族社区是指坐落于三亚凤凰镇的回辉和回新两个村庄。截至 2012 年年底，两个村子共有回族村民 7838 人①，是海南仅有的回族聚居村落。历史上，他们的先祖主要是来自唐宋时期经"海上丝绸之路"停留在海南的波斯、阿拉伯人，以及宋元时期从越南占城进入海南的伊斯兰教徒。② 地理上，回辉和回新两村位于三亚市的西北部，毗邻著名的旅游区"天涯海角"，更紧邻三亚凤凰国际机场和三亚火车站，具有十分优越的交通位置。经济上，两个村的村民在改革开放前以捕鱼为主。改革开放后，在旅游经济的带动下，回族村民广泛投入商业活动中。回族两村经济状况是，凤凰镇 2013 年人均收入为 1 万元左右，而回新和回辉两个村子人均收入为 1.2 万～1.3 万元，远高于同镇的其他村子，在三亚市也位列前茅。③ 文化上，两个回族村均信奉伊斯兰教，有稳定的民族宗教风俗传统。目前，两村共有 6 座清真寺，宗教仪式和传统节庆风俗保持完好，当地人交流用的是当地独有的回辉话。

三亚回族村村民的旅游商业活动起步早，早在改革开放后不久，就已经出现了旅游经济下的商业活动，随着三亚旅游的发展，广泛开展了建筑、景区运输及旅游商贸等服务，许多回族妇女在旅游景区售卖水晶珠宝、水果等。2010 年，国务院发布《国务院关于推进海南国际旅游岛建设发展的若干意见》，三亚进入新一轮的旅游发展建设阶段。凤凰镇回族村村民也加快进入房地产、酒店住宿、大型卖场等产业中。2014 年，回辉村的 659 户人家中，就有 400 多户从事旅游商业活动。

2. 冬季穆斯林移民

随着三亚旅游的发展与凤凰镇旅游配套设施的完善，回族村迎来了越来越多的游客，据不完全统计，三亚回族村近三四年来每年接待的外地来旅游和度假的穆斯林达 10 万人次。④ 每年 10 月至次年 3 月是当地的旅游旺季，来自北方的穆斯林过冬人群大量涌入，近两三年数量更是快速上升。2008 年回辉村的过冬穆斯林有几百人，2009 年有两三千人，2011 年有六七千人。2015 年笔者调研时，据访问到的数据，居住在回新、回辉两村及其附近村庄的过冬穆斯

---

① 数据来源：三亚凤凰镇镇政府 2012 年 11 月编写的《美丽凤凰》宣传册。
② 参见王献军《海南回族的历史与文化》，海南出版社、南方出版社 2008 年版。
③ 数据来自三亚凤凰镇人大、政协副主席蒲雪山。
④ 数据来源：国际旅游岛商报 2014 年 3 月 11 日（http://www.abbao.cn/page/5434755739912）。

林有一万多到两万人。这些游客主要来自甘肃、青海、新疆、宁夏、陕西等西北地区，以回新、回辉两村为主要聚居点，少数分散在周边的海坡村、芒果村、西瓜村等几个村子。与三亚其他的过冬游客一样，过冬穆斯林中以60岁以上的退休老年人为多，通常在三亚居住3个月到半年不等，每年往返于原居住地与三亚之间。在春节长假期间，他们的孩子会过来停留十天半个月。在笔者访问的穆斯林过冬移民中，多达93%是50岁以上，有1/3的在回族村过冬已超过3年。可以说，这些游客与当地已经形成了一种较为长期稳定的关系。

三、文化接纳与行为适应：过冬穆斯林移民在当地的融合

（一）文化接纳：不再漠然的"旅居者"

Siu认为，"旅居者"是陌生人异化的一种，其在研究海外华人的社会融入时将"旅居者"定义为"一个在另一个国家度过了很多年却没有被同化的陌生人"，这类人的特点是只关注"内部群体"，对旅居地的文化传统漠不关心。① 这里借用"旅居者"的概念，是因为在已有的研究中，消费型的旅游移民在目的地表现出了"旅居者"的特点，旅游移民者对当地文化缺乏兴趣②，与当地居民存在平行不相交的社会交往空间。③ 在本案例中，回族村的过冬穆斯林不再是漠然的"旅居者"，他们主动了解回族村的地方历史，积极参与当地传统活动，维护地方宗教规范。

1. 了解地方历史

在回族村过冬的穆斯林移民主动通过浏览清真寺上的展板的内容、与当地的阿訇或乡佬交流、参与地方传统活动等方式了解当地的历史文化。该群体的受访对象不仅对回族村两个清真寺的具体位置、建寺历史和村内每年的传统活动有清楚的认识，更对当地的历史文化表现出了认同与赞许："海南的穆斯林是很特别的群体，他们的穿着和习俗来自越南和马来西亚，对宗教的东西（保存）非常完整。"（新疆穆斯林A14）

2. 参与当地传统活动

过冬穆斯林对回族村的传统活动表现出了热情的关注，并积极参与其中。

---

① Paul C. P. Siu. The Sojourner. *American Journal of Sociology*, 1952 (1).

② Noel B. Salazar, Yang Zhang. Seasonal Lifestyle Tourism: the Case of Chinese Elites. *Annals of Tourism Research*, 2013, 43, pp. 81-99.

③ K. O'Reilly A new Trend in European Migration: Contemporary British Migration to Fuengirola, Costa del Sol. *Geographical Viewpoint*, 1995, 23, pp. 25-36.

以圣纪节为例，该节日是当地每年3个主要的宗教节日之一，是纪念先知穆罕默德诞辰的重要日子。圣纪节在《古兰经》中并未记载，而是由后人发起，因此，在我国并不是所有穆斯林地区都有这一节日传统，但几乎所有的过冬穆斯林移民都表现出极大的兴趣。2015年2月1日是三亚回族村的圣纪节暨清真古寺重建两周年纪念日。笔者在2月1日前对过冬穆斯林进行访谈时，90%的受访者都提醒笔者即将有这么一个活动要举办。在活动结束后，受访的穆斯林也都表示当天自己和家人、朋友前去参加了这一节日盛宴。传统的宗教文化活动促进了过冬穆斯林与本地人密切的社会互动。2月1日当天，回新村特意派出两辆大巴接送这些穆斯林。当天早上8点半开始，清真古寺人潮涌动，各个角落里都挤满了来自各地的穆斯林。他们戴着不同样式的盖头或帽子在寺里听《古兰经》的诵读表演，10点左右开始享用由当地清真寺提供的牛肉、米饭等。

过冬穆斯林还积极参与地方的捐款活动。2013年，回辉村的清真古寺重建竣工。在此之前，清真寺的阿訇曾在礼拜上向所有穆斯林发出了捐款的号召，得到了在三亚过冬的穆斯林的积极回应，在古寺重建的捐款名单上，有近1/3的捐款者来自外地的穆斯林。河北穆斯林A01当时也在三亚过冬，捐了1500元。对此，他表示，"天下回族是一家"，只要一方有需要，其他穆斯林都很乐意提供帮助。

3. 维护地方社会规范

伊斯兰教对教徒的服饰有一定的限制，成年男性须着长袍，女性在9岁以后在公共场合必须佩戴盖头。在中国，有些地方穆斯林的着装限制渐渐不那么严格，但是在三亚回族社区，女性戴盖头仍然被视为最具宗教含义的服饰特征。所有当地女性不管老少均严格佩戴盖头，这也成为三亚回族村重要的社会规范。

戴盖头成了穆斯林群体区分"自我"与"他者"的边界。为了表明自我的群内身份，过冬的女性穆斯林严格地遵守这一地方规范："家那边现在年轻的女孩子喜欢时尚的东西，都不怎么戴盖头。来这里就不行了，大家都戴，我们不好不戴。你要是不戴，就有人问你是不是穆斯林，是穆斯林怎么不戴盖头，都不好意思回答。"（河南穆斯林A04）潜移默化中，外来穆斯林与当地居民形成共识，更是自觉主动地规范其他外来穆斯林的行为，"有时看到来旅游的同胞，我们会跟她说要把头巾戴上。这里就做得很好，妇女们都包得严严实实的，你来的人不能破坏这里的氛围"（新疆穆斯林A16）。

三亚回族村的过冬穆斯林在当地的文化接纳是建立在宗教认同基础上的。宗教文化背景提供的同质化的空间使三亚回族的过冬穆斯林表现出了对地方文化的兴趣和尊重，从漠然的旅居者成为积极的参与者；民族宗教习俗，如戴头巾也为这些季节性移民的行为提供了嵌入性的规范。此外，浓厚的宗教文化氛围反过来加强了他们宗教认同感，使其主动担起弘扬地方宗教文化的责任。

（二）行为适应：旅游空间的日常生活化

文化接纳还作用于流动人口在流入地的行为适应。① 三亚穆斯林移民的行为社会适应体现在旅游空间的日常生活化，包含两方面的含义：一方面是移民与当地居民日常生活空间的融合与同化，另一方面是他们在原居住地的日常活动在旅游目的地的延续。

1. 融合的生活空间

三亚穆斯林移民在凤凰镇形成了以回族村、清真寺为中心的聚居特点。过冬穆斯林与回族村穆斯林成了亲近的上下楼或左邻右舍关系，居住在由共同的宗教文化、生活习惯构建起来的生活空间中，两者在共同的清真寺做礼拜，在相同的没有出售回族禁忌食物的市场买菜。穆斯林移民融入当地人的日常生活空间中，打破了 Mujica 提出的由旅游住宅推进的旅游空间常造成移民者与当地人之间高的社会异质性及空间隔离的说法。

融合的生活空间得益于共同的宗教文化信仰。从需求的角度来看，以宗教为内核的共同的生活诉求吸引了穆斯林的聚集。来自河北的一位连续 3 年在回辉村过冬的穆斯林移民（A01）告诉笔者："这里生活很方便，都是清真的食物……大家都是穆斯林，习惯上是一样的，感觉很亲切。"从供给的角度看，以宗教文化构建的社会网络强化了本地人与外来穆斯林的联系。一方面，外来穆斯林投资者与当地人共同投资建设了大量的家庭旅馆、出租房，形成了旅游者与当地人共同居住的融合空间，"我们穆斯林会到各个地方的清真寺去访问。我 2001 年的时候来过这里，觉得很不错，就在当地投资建造了一栋楼，一半用来出租，一半是当地人在经营"（新疆穆斯林 A19）；另一方面，不断扩大的穆斯林社会网络为当地带来了越来越多的季节性移民，"我姐姐她们在这边有房，邀请我们来这边一起过冬"（甘肃穆斯林 A03）。

2. 延续的日常活动

穆斯林冬季移民在旅游迁移过程中依旧延续着其日常的生活行为。Michaela 和 Benson 认为，旅游与日常生活之间交叉着流动性和固着性，旅游

---

① 参见杨菊华《从隔离、选择融入到融合：流动人口社会融入问题的理论思考》，载《人口研究》2009 年第 1 期。

移民者在目的地在追求异质化的旅游休闲体验的同时，也保持着部分日常生活的习惯。①

过冬穆斯林在回族村的日常生活非常简单，大部分时候是由居家生活和宗教的功修性行为构成。A01 描述他在三亚的生活："我每天早上和老伴去菜市场买菜，傍晚会在附近散散步，其他时间不是在清真寺做礼拜，就是在家里休息。"甚至连日常的学习生活也在这里体现，回新村南开清真寺举办的儿童寒假学习班就吸引不少过冬穆斯林带着孩子前来。

三亚的穆斯林移民在三亚延续更为明显的日常生活行为。这一方面与该群体的人口特征有关，"年纪大了，腿脚不方便，我们不喜欢去哪里玩"（河北穆斯林 A01）；另一方面也与该群体对旅游者身份的排斥有关，Gustafson 研究挪威退休移民在西班牙的生活时，就发现此类群体极力避开一般游客的游乐活动和旅游空间，并宣称自己并非游客。② 对于三亚穆斯林移民来说，还有一个重要原因是他们日常生活空间与宗教生活空间在很大程度上是重叠的，旅游目的地在提供进行宗教生活的场所和氛围的同时，也为这些外来穆斯林提供了一种熟悉、安全、亲近的"在家"感，"以前在单位多是汉人，做礼拜就很少，没有地方，也不好意思，只有在家才能做。这里不一样，清真寺就在旁边，大家都是穆斯林，就很亲切，跟在家一样，见面互相说一句'色拉姆'，就像跟朋友和家人一起一样"（A09）。这种"在家"感为流动迁移的穆斯林移民提供了在新环境中的熟悉感和自信，不仅是日常需要，而且也是日常活动的基础。

四、身份认知边界：回族村过冬移民与当地人的心理区隔

（一）过冬移民眼中的"我们"与"他们"

流动人口的融入轨迹和模式因人群而异，最后应体现在身份认同上，即完全将自身视为"本地人"。从研究结果来看，尽管在宗教作用下，三亚穆斯林移民表现出了较高的文化接纳和行为适应，但在身份认知上，依然坚持着"我们"与"他们"的清晰边界。

---

① Haug, et al. Little Norway in Spain From Tourism to Migration. *Annals of Tourism Research*, 2007, 34 (1), pp. 202 - 222.

② Per Gustafson. Tourism and Seasonal Retirement Migration. *Annals of Tourism Research*, 2002 (4), pp. 899 - 918.

第七章 融合与区隔：三亚冬季穆斯林移民的社会适应研究

1．"他们"——粗野的本地人

语言和饮食文化上的差异造成了穆斯林移民与当地居民的分歧。三亚回族人使用的是回辉话，属于南岛语系，与普通话的发音相差较大。对此，外来穆斯林表示根本听不懂，"本地人都讲当地话，有一些讲普通话还能听懂一些，很多就根本没法交流"（山西穆斯林 A08）。在三亚过冬的穆斯林主要来自西北，偏好面食、饼类，在口味上也偏辣、咸，而三亚位于热带地区，喜吃米饭、粥类，偏好甜。对此，不少过冬穆斯林表示了他们的不理解："本地人每天都喝粥，爱吃甜，煮一大锅稀不稀、稠不稠的东西吃一整天，我们可不这样。"（青海穆斯林 A19）饮食的差异限制了旅游移民者与当地人的交往。为满足过冬穆斯林的需求，当地有 2/3 以上的餐厅由来自西北的穆斯林经营。2015 年入冬之后，清真北寺前面的小街新开了 7 家西北餐厅，多了好几家出售西北大馍的小摊。外来的穆斯林表示只会去这些餐厅消费，"我们只吃自己的东西"（青海穆斯林 A09）。

语言和饮食上的差异本身来自地方认同，而穆斯林冬季移民群体却将其视为社会阶层区分的依据。在他们的眼中，操着一口难懂的回辉话，嚼着槟榔，露出黑红牙齿的本地人是粗俗落后的。"当地话太难听了，一开口就跟吵架一样。我才刚开口问价钱，就摆着手让我走。"（甘肃穆斯林 A26）。三亚回族人喜好吃槟榔，大街小巷上随处可见当地居民在咀嚼槟榔，槟榔在当地也被称为"吉果"。而外来穆斯林则表示了强烈的排斥，"那东西吃完后牙齿黑黑的，嘴巴红红的，太恶心了。你看那些牙齿黑黑的都是本地人，我们是不会吃的"（青海穆斯林 A27）。并且当地人嚼槟榔后随地一吐的习惯更被视为缺乏素质的表现，"也不看是哪里，张口就吐，楼梯口到处都是红红的，这一摊、那一摊，跟血似的，有素质的人都不会这么干的"（新疆穆斯林 A06）。

2．"我们"——优越的社会阶层

过冬的穆斯林持有天然的优越感。这种优越感建立在其对自我资本的肯定和休闲生活方式的优越性上，"我们跟本地人当然不一样了，说白了，来这里度假的都是有闲有钱的人"（青海穆斯林 A09）。同时，他们有意识地构建一些区隔当地居民的文化活动。比如，部分过冬穆斯林会自发组织成一个班，出钱邀请外地的老师前来教授阿拉伯语；像宁海大厦的房东专门邀请伊斯兰教方面的老师办了一个星期的演讲，而这些活动都是不对本地居民开放的。对此，这些外来穆斯林的看法是，"本地人没有这个时间来"（甘肃穆斯林 A17），"这个演讲是针对文化程度比较高的人，当地人很多是不懂的"（新疆穆斯林 A16）。在认知层面上，过冬穆斯林通过对特定文化活动的消费，强化了与本地人之间的边界，认识到"自我"与本地人同属于不同的群体，强化自身作为有闲有钱的旅游移民阶层的优越感。

阶层或阶级划分的标准包括经济资本、社会资本、人力资本和文化资本，消费正在成为一种标示生活方式、品位、社会地位等的文化符号。① 为了维护和再生产与自己的社会地位相适应的阶层认同，三亚过冬穆斯林通过对本地人饮食消费文化的排斥和参与具有区隔性的文化活动，构建起属于"我们"的有金钱、有闲情、有内涵和"他们"（本地人）没素质、没闲暇的不同身份符号，保持了"我们"与"他们"（本地人）的身份上的区隔。而这种心理区隔影响了两者的进一步互动和交往。

（二）经济利益引发的本地人对过冬穆斯林的心理排斥

戈登的社会融合理论指出移民的社会适应是双向的，包括移民群体与主流群体双方的互相接纳和心理包容。② 三亚穆斯林移民在构建"我们"与"他们"（本地人）之间的身份区隔的同时，回族村居民也因为经济利益受损而对外来穆斯林产生一定的心理排斥。

对许多普通回族社区居民来说，穆斯林移民的到来挤占了他们的生活资源，更抬高了当地的消费水平，"一到冬天，满大街都是西北人。青菜、水果原来三四块一斤的，都涨到八九块一斤"（B07）。旅游参与收入分配的不均更使当地居民将不满指向穆斯林移民，"他们一来，我们的菜地都建成楼了，开旅馆的老板是赚到钱，我们一分都没分到"（B10）。同时，过冬穆斯移民日常化的消费行为也引发了当地餐馆经营者的排斥。清真北寺附近一家餐馆的老板娘 B05 告诉笔者："我不喜欢他们，很少理他们。他们都不消费的，自己从家里带来那么大的馍和牛肉，自己在家做饭。"过冬穆斯林对当地饮食的排斥也使得他们在当地餐馆经营者眼中远远比不上一般游客："我们的店都是做当地人和游客的生意。他们（指过冬穆斯林）几乎不来吃，就算有，也都去那些西北人开的餐馆。"（B09）

五、结论与讨论

三亚回族社区的过冬穆斯林为研究相同民族宗教文化背景下旅游消费移民者在流入地的社会适应情况补充了案例研究。研究发现，当外来"异质"的

---

① 参见王宁《消费与认同——对消费社会学的一个分析框架的探索》，载《社会学研究》2001 年第 1 期。

② 转引自杨菊华《中国流动人口经济融入》，社会科学文献出版社 2013 年版。

第七章 融合与区隔：三亚冬季穆斯林移民的社会适应研究

旅游移民者处于"同质"的宗教文化社会时，他们在当地社会适应表现出融合与区隔并存的特点。①社会融合体现在以宗教信仰为核心的文化接纳和行为适应方面，宗教文化构建了移民者在旅游目的地的"在家"感。②区隔体现在身份的认知上，"我们"与"本地人"的边界被清晰地认知。地域的习惯与认同是产生区隔的客观因素，但旅游移民者对自身休闲生活方式的优越感是难以跨越的心理因素。

在本案例中，共同的民族宗教文化背景打破了外来移民者与本地人之间的平行社会，使移民者体现出对三亚回族文化的尊重与责任，并推动地方传统的保护。这一点为其他旅游移民地提供了启示。当然，宗教文化信仰是通过怎样的逻辑作用于外来移民者的，这个问题还需要进一步讨论。

消费正在成为一种标示生活方式、品位、社会地位等的符号。消费导向型的旅游移民通常被视为"精英式的流入"，他们与迁入地的居民相比，往往更具有经济资本和文化资本。更为重要的是，区分旅游移民者和本地居民的重要依据在于他们在目的地的生活方式。旅游移民者是纯消费群体，以娱乐休闲为生活导向，突出有闲的特点。在本案例中，三亚过冬穆斯林清晰地意识到自身的优势，将自身所处群体视为比当地居民更为优越的群体，并有意识地构建有区隔的文化活动，造就了与当地居民进一步社会交往的隐性障碍和心理区隔。这种区隔的形成应该成为今后类似旅游移民群体社会适应研究的重点。

需要讨论的是，用社会融入解释三亚过冬穆斯林的社会适应是否是最合适的。与一般的劳工移民的社会适应不同的是，消费型移民者不带工具性需求，不具有融入的动力，他们的社会适应并非一种主动的融入。在本案例中，三亚回族村的穆斯林移民在当地的社会适应状态是基于宗教认同、地方认同和优越的生活方式阶层认同而共同建构起来的，或者借用周大鸣和杨小柳对广州韩国人研究的评论来说，这更应该是外来穆斯林在迁移三亚回族村的情境中"一种自我文化的呈现和表达，包含他们建构自我、他者和地方感的一系列社会实践"①。

---

① 周大鸣、杨小柳：《浅层融入与深度区隔：广州韩国人的文化适应》，载《民族研究》2014年第2期。

移民与城市化

第八章 代际更替、再社会化与非自愿性移民的城市融入

——基于贵州省城镇移民市民化问题的政策评估与研究

一、问题的提出

2000年11月,贵州省乌江洪家渡水电站开工建设,拉开了全国"西电东送"的序幕,贵州也随之进入水电大开发、移民大搬迁的重要历史时期。迄今为止,围绕"西电东送"项目的实施,贵州省共搬迁安置大中型水电工程移民30多万人。其中,安置到城镇、集镇的移民12.3万人,占移民总数的41%。贵州移民城镇化安置主要采取"建新城"和"进老城"两种方式,即一种是以城镇、集镇整体迁建为主导的安置类型,另一种是以依托现有城镇、集镇为主导的安置类型,主要选择有环境容量的县城及集镇,通过规划建设移民集中安置点(小区)的方式,引导移民进城安置。近些年来的实践证明,移民安置效果总体上是城镇好于农村,因势利导地加强和推进移民城镇化安置,有利于推动人口和资源向城镇聚集,实现生产要素的合理流动和有效配置,加快城镇建设步伐。

城镇化安置是指移民进入城市、集镇安置,不调剂或调剂少量土地,依托小城镇的发展及其区位优势谋生,逐步由农业向第二、第三产业转移,实现城镇化转变的安置方式。城镇化移民安置需要解决自身特有的"三个转变"问题,即"从农村到非农村"的生活空间转变,"从农业到非农业"的生计方式转变,以及"从农民到非农民"的社会身份转变。城镇移民的"农村"和"农业"问题更多地表现为物质形态上的问题,它受政策、技术和经济因素的影响较大,当经济与技术发展到一定阶段,而且制度上的条件也可达成的时候,"农村"和"农业"问题相对比较容易解决,这个层面的问题可以视为"物的城镇化";而农民与市民身份的转变问题更多地表现为一种社会文化问题,除了制度和政策上的约束之外,受文化传统和社会价值观的影响较大,这

个层面就是"人的城镇化",即市民化问题。

迄今为止,城镇移民市民化问题还没有引起足够的关注和重视。譬如世界银行对非自愿性移民基本上采取有土安置的方式,反对从本质上改变移民生产和生活方式的办法,这样,移民的市民化问题也就无从谈起。当然,对于一些确实需要迁移到异地安置的移民,尤其是安置在城市社区的移民,为避免他们"被边缘化"而沦落为"城市贫民",世界银行要求"根据移民的选择建立与新环境相适应的社区组织模式。要尽可能保存移民以及安置社区现有的社会和文化体制,尊重移民关于是否愿意迁至现有社区和人群中的意见"①。可见,世界银行关注的是移民的土地权利、表达权利、文化权利等"人权"理念。

中国国内的相关研究主要关注农民市民化作用机制受制于主客体的相互作用。一方面是来自地方政府的在户籍制度、土地制度、公共服务均等化等制度政策设计上的"入口障碍",无法满足移民的要求;另一方面是来自移民本身的经济积累和发展能力弱、文化教育程度低、职业技能无法适应新的工作需求等"出口障碍"。此外,还存在原城镇居民对移民的"社会性歧视"等社会文化因素。公允地说,上述研究观点尽管指出了客观存在的"制度性入口障碍",但把移民市民化进程滞后归因于移民自身素质低的"入口障碍"也有失公允。作为非自愿性移民,他们背井离乡,改变以前的生产生活方式,既是"舍小家顾大家",更是为地方和国家的发展建设做出牺牲和贡献。因此,从政府到整个社会层面应给予移民更多的发展机会和宽松的社会融入氛围。

本章选择贵州城镇移民市民化作为研究对象,从"再社会化"的视角来探讨移民市民化过程中的代际更替和城市融入问题。本章主要讨论两个问题:一是城镇移民市民化"政府何为",二是城镇移民在社会化过程中"自身何为"。文章的基本框架为:首先,从理论层面检讨农民市民化研究存在的问题;其次,介绍和评估贵州省城镇移民市民化的经验教训;再次,通过一个具体的案例,剖析移民市民化过程中政府的"过度作为"与移民的"被动作为",甚至双方的"不作为"带来的现实困境;最后是文章的结论和政策建议。

---

① 参见《世界银行业务手册》业务政策 OP4.12 "非自愿移民之1"、《世界银行业务手册》业务政策 OP4.12——附件A "非自愿移民安置文件之15"。

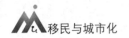

二、农民市民化的理论研究及其实践价值

乡村文明向城市文明的转变研究为农民市民化研究提供了理论基础。市民化是指农民在向市民转变的进程中，获得并运用市民的基本资格和能力，适应城市并具备一个城市市民基本素质的过程。具体而言，农民的市民化有两项基本内容：一是农民群体实现从农民角色向市民角色的全面转型；二是在实现角色转型的同时，通过外部赋能与自身增能，适应城市，成为合格的新市民。从具体内容层面来看，农民实现了自身各个方面的现代性转变。譬如，在身份认同上，实现向城镇户籍身份的转变；在生存方式上，实现从以农业为主和兼业农向依赖非农产业转变；在生活方式上，实现从传统因循式向现代城市生活靠拢；在行为方式上，日益摒弃传统规则，而依照现代规则来行事；在居住方式上，实现从乡村亲缘聚居向现代社区居住转变，从独居制向楼层制转变；在思维方式上，传统性色彩消退，而现代性意蕴日益突出；等等。①

一般来说，市民化的农民主要指3类特定的人群：一是以新生代农民工为主体的城市农民工；二是城市化扩张造成的城郊失地农民；三是因"撤村建居"或因扶贫开发，造成"一夜之间"失去土地、改变社会身份的农民群体和生态移民。那么，何谓农民市民化呢？从狭义的角度来看，农民市民化主要是指失地农民和城市农民工在身份上获得作为城市居民相同的合法身份和社会权利（居留权、选举权、受教育权、劳动与社会保障权等）的过程。从广义的角度来看，农民市民化是指在我国现代化建设过程中，借助于工业化和城市化的推动，使现有的传统农民在身份、地位、价值观、社会权利及生产生活方式等各方面全面向城市市民的转化，以实现城市文明的社会变迁过程。可见，农民市民化的内容不但涵盖了制度设计和社会权利，还应该涉及农民在生产方式、思维方式、生活方式和身份认同等各个方面实现由村民向市民转变的过程。

农民市民化的独特内涵是指作为一种职业的农民（farmer）和作为一种身份的农民（peasant）转变为市民（citizen），在获得市民资格的同时，发展出相应的能力、素质和认同的过程。这个过程既包含农民居住地点、居住方式、社会关系的重组，还标志着社会资源在各阶层的重新配置、社会认同的变化，以及整个社会结构的变动与整合。在具体实践上，当前中国农民的市民化严重滞后于城市化，主要是因为前者贯穿于农业现代化、农民非农化、农村城镇化

---

① 参见王道勇、郏彦辉《农民市民化：内涵、进程与政策》，载《攀登》2008年第6期。

和人口城市化的进程之中,"后三者是形,而市民化是质"①,形变而质不变成为解决农民市民化问题的最大困境。

如何解决农民市民化滞后于城市化的困境成为学界、政府和社会公众普遍关注的课题。目前,学术界认为造成此问题的原因探究概括起来有主观和客观两个方面。他们认为,这客观上是源于政府的制度设计和各种政策的障碍。譬如毛丹认为,城郊农民市民化的主要障碍是农民受到赋权不足与身份缺损、新老市民互动不良、农民特殊认同策略3个方面条件的限制,这些问题表明现行的直接影响城郊农民市民化的政府政策还存有很大的问题。② 主观上则源于农民工和失地农民自身综合素质偏低,无论是专业技能还是心理调适,都无法适应现代化的城市生活方式。那么,如何解决农民市民化滞后的问题呢?学界提出的结论和政策建议,择其要者而言,主要集中在3个方面。

一是设定农民市民化的指标体系。目前至少有两种指标体系可以作为参考。第一种是文军提出的基于农民转变为市民在人口素质、思想观念、行为方式、社会权利、生活质量、社会参与6个方面的转变指标。与此类似的有魏后凯、苏红键提出的社会身份、政治权利、公共服务、经济生活、文化素质、社会认同6项指标。③ 笔者称之为"素质测试量表"。④ 第二种是谢建社提出的"社会系统工程指标体系",即人口城镇化、职业非农化、居住城镇化、观念市民化、生活消费方式城市化、行动参与社区化。⑤ 这些指标看起来"具体而微",但显然存在"无法量化"和在实践中"不具操作性"等现实困境。

二是采取积极的政策干预行为。毛丹以城郊"撤村建居"而形成的新市民为例,建议政府采取积极的政策干预,加快促使农民完成市民化的转变。⑥ 具体来说,一方面,通过建立城乡链接,形成城乡社区衔接带,来促进农民市民化。目前的具体举措就是政府提出的"城乡一体化"或"城乡统筹"。这个路径在本质上是以政府干预市场的方式,提供农民群体角色转变的条件,激发农民内在的转变动力。另一方面,运用政府行政力量,试图快速改变城郊农民

---

① 郑杭生:《农民市民化:当代中国社会学的重要研究主题》,载《甘肃社会科学》2005年第4期。
② 参见毛丹《赋权、互动与认同:角色视角中的城郊农民市民化问题》,载《社会学研究》2009年第4期。
③ 参见魏后凯、苏红键《中国农业转移人口市民化进程研究》,载《中国人口科学》2013年第5期。
④ 参见文军《农民市民化:从农民到市民的角色转型》,载《华东师范大学学报》(哲学社会科学版)2004年第3期。
⑤ 参见谢建社《农民工分层:中国城市化思考》,载《广州大学学报》(社会科学版)2006年第10期。
⑥ 参见毛丹《赋权、互动与认同:角色视角中的城郊农民市民化问题》,载《社会学研究》2009年第4期。

的户籍身份和生活、工作方式（譬如"撤村建居"），但实际上也很难避免扭曲市场的粗放方式。

三是"政府主导，农民主动，社会参与"的联动模式。如赵继颖、周利秋主张建立适合农业转移人口市民化特点的各项社会保障制度，完善农业转移人口社会保障制度的配套措施，积极发挥政府的主导作用。① 还要积极动员全社会力量，为其提供良好的社会和人文环境，农业转移人口自身也要加强学习和培训以适应新生活。② 具体来说，提供平等的社会保障、良好的人居环境、基础和职业教育、充足合适的就业岗位等。

总体来说，在学理性的研究中，不仅存在大量低水平的重复研究和互相抄袭，而且还煞有介事地"模仿"公文式的体例，从思想认识、制度建设、组织框架、产业结构调整、素质建设等角度，提出一些"大而空"的缺乏操作性和实践价值的政策建议。具体来看，这些学理性的研究主要存在三大问题。一是"宏大叙事"，大谈特谈制度建设、法制建设，其实有些问题是目前正处于转型中的中国整个社会都存在的问题，并不是针对诸如"转移的农业人口"这样的特殊人群。二是不加区分地谈论农民市民化问题。当下正处在转移中的农业人口中，已经出现分化、分群的社会特征，我们应该加以区分，然后再讨论不同群体的市民化问题。三是尽管有很多研究关注到市民化问题既涉及物质层面，又涉及社会文化心理层面，但囿于研究对象的特殊性，这些研究很少系统化地进行分析和讨论。

城镇移民的市民化问题可以成为探索农民市民化问题的最佳切入口。一方面，它既可以从制度政策，也可以从具体的实践上来探索解决市民化问题的可行性问题；另一方面，他们属于特殊意义上的"非自愿性移民"，既可以让他们享受国家和地方政府出台的一系列相关的移民安置政策，又可以"因地制宜"地"量身打造"他们新的生产和生活方式。与一般意义上的农民市民化不同的是，城镇移民不但要解决农民市民化存在的问题，还要同时解决基于移民安置造成的城镇移民存在的特殊性问题。这些特殊性问题主要集中体现在：一是制度/政策层面的落实问题，二是移民的城市社区融入问题。前者彰显的是政府有关职能部门、业主单位等组织机构对"硬性"政策和相关法律、法规的执行力，而后者则须从移民自身出发，解决其移民心理、社区认同、自我

---

① 参见赵继颖、周利秋《农业转移人口市民化进程中的社会保障问题研究》，载《学习与探索》2013年第11期。

② 参见赵继颖、李洪亮《农业转移人口市民化的困境与对策研究》，载《东北农业大学学报》（社会科学版）2014年第5期。

发展、文化再造等精神层面的"软性"适应问题。因此,基于此上的行动研究更具有实践意义上的操作性。

三、贵州城镇移民的政策体系及其评估

自2000年以来,贵州开工建设的大中型水电站就有40多个,移民搬迁安置30多万人,其中安置到城镇、集镇的移民12.3万人,占移民总数的41%。这主要得益于采取的3个基本政策。首先,结合移民城镇化安置的特点,选择合适的移民安置方式。在有条件的库区,积极引导移民实行长期补偿,采取长期补偿与城镇化安置相结合的模式,使移民的长远生计得到有效保障。其次,采取少土、无土安置与城镇化安置相结合的方式,通过门面配置、摊位配置、工业园区(产业园区)安置、自主创业等多种形式,引导和扶持移民进镇务工,经商办实体,解决移民的就业增收问题。再次,通过规划的实施,使移民安置后实现"三个一"的目标,即每户移民有一套实用的住房,每户移民有一个良好的居住环境,每户移民有一份长期稳定的收入。

从贵州10多年的实践来看,其在城镇安置的移民发展是最快的,也是最为稳定的。其主要的经验教训体现在4个方面。

第一,城镇移民的突出经验是把城镇移民与"小城镇建设战略"相结合。与其他集镇相比,新迁建的移民安置型城镇建设水平至少提前10年以上。这些新迁建集镇利用水库淹没复建的契机,"一张白纸"重新规划,基础设施及功能布局更加完善,城镇环境和风貌得到显著改善,且成为各地小城镇建设的亮点。以彭水电站沿河县库区洪渡集镇为例。迁建前,该镇环境容量小,基础设施落后。迁建后,占地由原来的17.6公顷增加到30.49公顷,城镇人口由原来的2082人增加到4200人,建筑总体为土家族风貌,特色鲜明。而其他安置移民小城镇也实现了突变扩容。以余庆县敖溪镇为例。该镇依托构皮滩水电站建设,在2002—2007年期间,共安置移民1400多人,投资4700万元,建成了一个移民新村,A、B、C 3条移民大街,并带动了镇河滨大道、汽车站、农贸市场等项目的实施,相当于再造半个敖溪镇。截至2011年,该镇人口已近两万,城镇化率达到59%,较2002年提高20个百分点。实践证明,移民搬迁与小城镇建设相结合,符合省情实际,是实现水库移民稳妥安置和推动库区经济协调发展的科学选择。

第二,采取长期补偿和后期补偿的具体措施,解决人地矛盾,减少移民对土地的依赖。长期补偿通过物化土地的保障功能,按照国家审定的年产值,以实物或现金对征收耕地进行逐年补偿(期限直至水库停止运行,一般在50年

以上。承包人去世后，依据农村土地承包法，子女还可以继承），能有效地保障移民收入持续稳定，不单靠种地为生。目前，贵州全省已有20个水利水电工程项目实施了长期补偿，参加长期补偿的移民有10多万人，年人均补偿为1400元左右，其中一半以上都选择了城镇化安置，移民满意度和稳定系数都比较高；采取后期补偿的方式，解决了移民的后顾之忧。2006年，国家新的移民后期扶持政策实施，农村移民搬迁后每人每年有600元、连续20年的后期扶持。同时，还设立了库区基金，用于支持库区和移民安置区基础设施建设和经济发展，改善移民的生产生活条件，提高移民的自我发展能力。

第三，注重移民自我发展能力建设。一方面帮助移民拓宽收入渠道，过去在农村，移民的收入主要依靠外出打工和种地。到集镇后，财产性收入成为新的收入增长点，增幅远远超过种地的收入。移民到城镇安置，规划建房一般都是两层以上的小楼，楼上住人，楼下多为门面，可经商或出租，资产增值较快，这已成为移民的重要收入来源。如构皮滩库区的移民485户2015人于2005年被安置到瓮安县城雍阳镇，户均建房面积为365平方米，多为独立小楼，按当地市场价格已升值到百万元左右。另一方面，采取与有土安置相结合，移民亦农亦商的"组合安置"方式，既抗风险又保发展。如余庆县的构皮滩电站移民就近被安置在敖溪、大乌江和构皮滩镇，户均配置了1~2间门面，人均在镇周边配置了0.5~1亩①耕地，依托土地保吃饭，依托门面促增收，生活水平稳定提高。

第四，城镇移民方式起到最大限度和最快速度地帮助移民获得城市化生活方式的作用。首先是生活和居住条件明显改善，移民直接享受到了城镇现有的公共服务设施，过去吃水难、用电难、行路难、就医难，以及子女入学难等问题得到根本解决。其次，移民生活方式以及思想观念正在向城市靠近。越来越多的移民开始重视家庭室内装饰装修，空调、冰箱甚至汽车等大宗消费品相继进入移民家庭。更重要的是，新生代移民从小就享受到更为优质的教育和生活方式，缩短了代际间城市融入的"时间差"。

不过，城镇移民的安置方式带来的社会问题也应该引起关注，突出地表现在解决了"物的城镇化"问题，而没有解决"人的城镇化"问题。主要表现在5个方面。

第一，移民面对新的生产方式常常无所适从，处于"不充分就业"状态，抗风险能力差。城镇移民安置无疑会造成生活空间和生产方式的根本性改变。搬迁前，移民主要的就业形态是在农村"以土地为业"，搬迁进城后，移民的

---

① 1亩约为667平方米。

就业形态主要是以第二、第三产业为主。贵州省的小城镇基本属于集贸性城镇，第二、第三产业欠发达，其建设和发展得益于移民搬迁整合的各类资源，但缺乏传统小城镇发展所需的工业积累。工业化相对滞后、城镇综合承载能力较弱、缺少产业支撑、市场商机和就业岗位提供普遍不足成为制约移民型城镇发展的主要因素。如有的移民到城镇安置后，部分门面空置率较高，没有收入或收入较少，短期内看不到效益；有的就业时干时歇，隐性失业也不少；有些就业岗位需要较高的技能和经验积累，移民自身素质无法满足岗位要求，无法达到较高质量的就业，移民可能成为新的城市贫民。

第二，移民的社会身份转变与社会权利保障的失衡。尽管采取了城镇安置的方式，但由于各种原因，移民的城镇身份尚不能完全落实，城镇安置的移民基本还是农业户口，尚未实现身份的完全转变，成为"城市里的农村人"。这就直接造成他们无法享受城镇户籍应有的就业、教育、住房、医疗、社保、土地、计生等社会福利。于是，移民就"转而求其次"，部分移民在选择城镇移民安置的方式后，不愿意落户城镇，意图既能享受到城镇移民的福利政策，又能够保留原有农村的"土地保障"带来的各种权益。如自行安置在贵阳市的洪家渡移民，在贵阳市实行城镇居民户口一体化登记后，仍有几十人经常上访要求按农业户口落户。这就可能埋下社会不稳定的隐患。

第三，移民安置过程中遗留的一些具体问题有可能直接导致形成新的社会矛盾。譬如很多新上的水利工程项目未按征地统一年产值政策进行补偿或补偿标准偏低，移民得到的征地补偿和房屋补偿款难以满足到城镇安置的需求等。具体补偿标准的变化造成新的矛盾主要体现在移民条例与统一年产值政策衔接不上。自2010年1月1日贵州省颁布实施征地统一年产值和区片综合地价政策后，补偿倍数比移民条例（国务院令第471号，2006年9月1日起施行）规定的16倍高出2～12倍不等。很多新上的水利工程项目由于受投资制约，未按新的征地补偿政策执行，移民反应强烈。还有就是由于不同区域不同工程项目带来的移民安置具体政策上的细小差异，受到传统的"不患寡而患不均"的心理影响，往往容易导致移民的攀比心理，从而加大了移民安置的工作难度，也在心理上加大了移民融入城市的难度。

第四，注重城镇移民的物质性补偿，轻视文化和精神生活需求。经验研究表明，离开原来熟悉的生活环境，生产和生活方式发生根本性的改变，造成移民的文化失落感和心理焦虑现象，于是出现"移民综合征"。譬如有的人"东家门出西家门进"，靠打麻将、串门过日子；有的则小钱看不起，大钱又赚不了，整天无所事事；还有的虽然坐地生财，生活无忧，但满足于现状，发展后劲不足；甚至有些移民无法适应新的生产生活环境，走上偷窃、赌博、贩毒等

违法犯罪的道路。尽管如此，我们也不能简单地把这些问题归咎于移民自身素质低，而应该采取积极的行动措施，帮助移民尽快渡过文化和心理危机。

第五，地方政府强势主导下的城镇移民导致社会参与度很低，积累了很多"隐形矛盾"。政府主导下的城镇化方式有助于短时间内集中资源开展建设，在市场机制不健全、潜在推动主体力量弱小的地区有着现实基础。但集中决策过程中的信息不对称也会使决策结果效率低下。如一些迁建集镇在选址、规划时没有充分听取基层移民群众的意见，导致集镇建成后移民不愿进点居住，造成部分安置点空置的情况；还有一些政府确定的后期扶持项目脱离当地移民的需求，得不到移民支持，发展产业的积极性大大降低。

四、案例研究：百兴镇的"土地置换"与移民的市民化

黔中水利枢纽一期工程是贵州省有史以来最大的公益性水利工程，其淹没区主要涉及毕节市纳雍、织金两县。移民安置在县内或者外迁需要采取调剂耕地和有土安置的方式，难度很大，于是采取长期补偿的实施，以解决在各种矛盾交织，特别是贵州省人多地少、移民有土安置日益困难、移民维稳压力大的现实困境。贵州纳雍县百兴镇在安置黔中水利枢纽移民时，通过"耕地置换宅基地"的办法，取得了很好的效果。具体做法主要是"农户出地、移民出资、政府运作"，即镇政府统一进行小区规划，征收城镇农户的土地按被征地面积的25%置换成宅基地补偿给农户，剩余的75%作为市政工程建设和移民安置用地。移民出资则为黔中水利枢纽项目计列的有关人均基础设施费，主要用于水、电、路等基础设施建设。政府实际未增加投入，就解决了征地补偿、移民安置和城镇建设问题，取得了共创多赢的效果。

一是被征地农户的利益得到充分保障，切实享受到土地增值收益。在规划小区建好后，1亩被征收土地按25%的比例可置换宅基地166.5平方米。如无力或不愿建房的，可将宅基地自行转让或由政府按500元/米^{2}的价格回收。近两年，百兴镇周边的宅基地市场价格一般在1000元/米^{2}左右，这意味着一个宅基地的价值就达16.65万元；若交由政府回收，也可获得补偿8.325万元。与常规的征地补偿相比，即使按现行最高的统一年产值标准，1亩土地的补偿费也只有2.76万元，远远低于宅基地置换收益。百兴镇雕边组农户卫祖祥在签订协议时说，他家在小区规划范围内有5.847亩土地，按25%的比例将分得宅基地974.5平方米，可以划分成6个宅基地，打算卖掉3个，变现钱来建房，其他3个留作经营或出租，将来的生活会更好。

二是移民以最少的投入，在城镇获得了政府统一配置的宅基地。移民投入

第八章　代际更替、再社会化与非自愿性移民的城市融入

部分为黔中水利枢纽项目计列的人均基础设施费，每人8891元。按照移民政策，集中安置的移民基础设施费由政府统筹用于基础设施建设，分散安置的则直接发给移民。百兴镇在中心区规划了龙滩、刘家寨两个移民集中安置小区，安置移民3000人，被征地农户5000人，总投资3779.49万元。龙滩小区作为一期工程先行启动，规划用地450亩，其中，移民安置用地174亩，安置移民349户，1466人。按照规划，移民人均宅基地为24平方米，如一个五口之家可分得120平方米，市值10多万，投入仅4万多元。用移民的话说，还是很划算的。如果不是政府行为，这样的价钱在城镇根本买不到宅基地，而且配套设施齐全，生产生活条件比在农村好多了。

三是政府既解决了征地和移民安置难题，又加快推进了小城镇的发展。百兴镇位于纳雍县、织金县、六枝特区和水城县四县（区）接合部，是纳雍县区位、交通和经济条件较好的乡镇，属黔中水利枢纽工程淹没区域。在工程启动之初，由于多数农户对补偿标准不满意，征地工作一直难以推进。在采取耕地置换宅基地的办法后，由于被征地农户和移民的利益都得到了充分保障，局面一下子打开了。从2012年元月实施，仅用了不到一个月时间就完成了450亩土地置换协议手续。目前，已完成了场平、供水、供电和道路骨架工程，移民搬迁安置正有序推进。

百兴镇移民安置已成为贵州省城镇移民安置的典型案例。其本质就是借助移民安置的机遇，实现"土地流转"的最大价值。从移民安置的视角来看，它通过与小城镇建设结合，采取长期补偿的措施，实现了移民安置"移得动、稳得住、能发展"的"物的城镇化"的目标。但从移民市民化的角度来看，与实现"人的城镇化"还存在一定的差距。我们可以发现，百兴镇的案例为实现移民市民化展示了较好的前景，主要体现在：首先，这种"耕地置换宅基地"的方式既促进了原有城镇居民经济状况的改善和发展能力的提升，又解决了城镇新移民的住地和居住条件，有利于移民与原有居民的和睦共处，也有利于新移民尽快地融入城市社区；其次，新移民能够共享城镇的公共文化空间和公共服务基础设施；再次，移民的基本生活设施，从房屋的品质到大环境的共享，从家庭装修到日常生活用品的使用等，基本上与原有的城镇居民无异，能够有效地消除移民与原有居民之间的心理差距；最后，这种方式为移民市民化打下了坚实的物质基础，成为移民市民化发展的基本保障，值得进一步总结推广。

不过，它的局限性也是显而易见的，主要表现在：第一，虽然关注了新移民物质生活的安置，但疏于精神文化生活的建设；第二，对移民原有民族文化的保护缺乏具体的行动方案，尤其是当移民是少数民族时；第三，移民后的职

业培训和就业体系的建立缺乏明确的思路;第四,突显强烈的政府权力导向的态势,移民的参与度很低,甚至处于"无语""沉默"的状态,由此积累下来的隐性矛盾不容忽视;第五,对于移民的社会心理基本上没有关注,尤其是不同代之间心理健康问题没有引起足够的关注。

五、结论和政策建议

本章从农民市民化的学理研究入手,总结和归纳了农民市民化面临的问题、挑战与现实困境,在批判地剖析当前农民市民化研究的实践价值的基础上,提出了城镇移民市民化需要解决的"三个转变"问题,即从"农村到非农村"的生活空间转变,从"农业到非农业"的生计方式转变,以及从"农民到非农民"的社会身份转变。这3个转变对移民的市民化产生直接影响主要体现在"社会身份"的转变上。城镇移民市民化需要经过代际更替的"再社会化"过程才能完成。由于移民内部存在年龄世代、教育背景、社会阅历、现实需求、未来期许等差异性,导致移民市民化过程中出现明显的"代际差异性"。一般来说,老年移民较难顺利完成市民化的过程;中年移民需要经过较长的时间才能适应社会角色和社会身份的转变;年轻人比较容易适应新的生产生活环境,能够主动实现市民化,他们向往城市生活方式,习惯向城市学习,他们应该是市民化的重点人群;至于年幼的移民,则完全处于"被动市民化"的社会适应过程,他们是实现城镇移民市民化代际更替的"过渡角色"。

已有的移民研究和实践经验表明,作为第一代移民,尽管内部存在差异性,但他们都会不同程度地面临市民化过程中带来的"阵痛";第二代移民基本上可以完全融入新社区;第三代则可以完成移民市民化的社会历史过程。因此,在具体的实践中,城镇移民市民化应该以移民的"代际更替"为主位,以保障基本公共服务均等化为重点,确保第一代移民从农民到市民的社会身份的顺利转变;以平等就业为重点,加快第二代移民的社区融入;以平等社会权利的普惠化为重点,实现第三代移民的本地化,直至其完全融入城镇,享受并共创城市化的文明成果。

鉴于城镇移民市民化存在的困境,我们有必要探索建立"半熟人社区"的思路。我们知道,城市社区由于高度的"异质性",常常被称为"陌生人社区",而乡村社区由于血缘和地缘的关系,被视为"熟人社区"。城镇移民面临的最大困境就是突然从"熟人社会"进入"陌生人社会"。我们可以讨论建设"半熟人社区"的过渡形式,这既能帮助城镇移民及时适应"突然脱离"

熟人社会造成的人际交往和社会关系断裂的"社会不适应症",又能避免现代都市社区普遍存在的"熟悉的陌生人社区"的生活方式。这种"半熟人社区"的建构可以帮助城镇移民形成新的社会人际交往方式,实现从传统的亲缘、地缘到业缘、邻里等社会交往模式的转变,完成"代际更替"的社会历史过程。

在具体的实践中,从政府的角度来说,推进城镇移民市民化的基本任务是做好相关制度和政策的顶层设计,如户籍政策、社会保障、医疗保障、教育政策、土地补偿、产业发展、职业技能培训等制度体系。此外,加强和规范社区管理建设,加强社区机构的建设、自治机制的建立、社区公共事务的公众参与、非正式社会制度的运作、社区文化建设等方面。从移民的角度而言,需要自觉地从心理到行动上主动融入和适应城镇的生产生活方式,逐渐消解"移民综合征",最终完全实现其职业市民化、居住环境市民化、教育市民化、身份市民化、素质市民化、权利和义务市民化、公共服务市民化的过程。

致谢

本研究得到贵州省和贵阳市移民局的大力支持,特此表示感谢,但本章的文责自负。

第九章 从"二元"到"融洽"
——以广东省佛山市南海区西樵民乐为例

一、问题的提出

改革开放以来,珠三角、长三角等沿海发达地区工业化、城市化发展速度极快。伴随就地工业化、乡村都市化进程,农村逐步发展为小城镇、城市中心,一股强大的拉力将省内及全国各地农村劳动力转移到这部分地区,由此开始了大范围的人口迁移。城市外来工规模大、影响范围广,其社会融合问题也逐渐成为关注的焦点。

首先,关于"二元社区"问题。学者主要认为,外来工首先遭遇制度性排斥,此外,在分配、居住、消费等方面也存在本地人与外来工之间的"二元社区"。这是因为"不合理的制度安排,使某些社会群体获得更多的牟利机会,更多的福利待遇;而另一些国民却陷入制度性贫困"[①]。周大鸣教授通过对珠三角外来工与本地人的研究,提出了"二元社区"的新概念,认为所谓二元社区即指在现有户籍制度下,在同一社区(如一个村落和集镇)外来人与本地人在分配、就业、地位、居住上形成不同的体系,以至心理上互不认同,并从分配制度、职业分布、消费娱乐、聚居方式和社会心理5个方面进行了分析,将本地人和外来工形成的两个不同系统称为"二元社区",最终提出了"二元社区"形成的原因及可能引发的问题。[②] 骆腾通过在东莞某村的实地调查得出了"二元社区"根深蒂固地存在着的结论。[③]

其次,关于外来工的社会融合问题。学者得出的主要结论倾向于融合困难、浅层融合、存在障碍等问题。周大鸣教授认为,城市新移民的适应与融合

---

① 仲大军:《国民待遇不平等审视——二元结构下的中国》,中国工人出版社2002年版。
② 参见周大鸣《外来工与"二元社区"——珠江三角洲的考察》,载《中山大学学报》(社会科学版)2000年第2期。
③ 参见骆腾《冲突中的调适:城市二元社区新探——基于东莞市增埗村的实证研究》,载《广西民族大学学报》(哲学社会科学版)2009年第2期。

第九章 从"二元"到"融洽"

存在主观困难以及客观困难。① 另外，周教授指出，国际移民中存在浅层融合与深度区隔的社会融合问题。② 学者李培林运用社科院中国社会状况综合数据，描述并分析了老一代农民工和新生代农民工的社会融合问题，重点考察了经济、社会、心理和身份4个层面的融合状况。③ 朱力从经济、社会、心理3个层次对农民工的适应情况进行了分层研究，认为制度和政策是阻碍农民工进一步适应的主因。④ 崔岩主要从心理角度对社会融合及身份认同进行了测量与分析，认为社会歧视、社会排斥是影响融合的重要原因。⑤ 农民工在城市的生活虽然在地域上有着较强的归属感，但在群体上归属感较弱。⑥ 张文宏将心理、文化、身份和经济4个部分进行定量分析，根据数据得出总体社会融合程度低的结论。⑦

最后，关于市民化问题及定居问题。外来工市民化问题很难解决，只能循序渐进地进行，需要经历漫长的过程。张斐对外来工市民化的现状及其影响做了主客观上的分析。⑧ 吴文恒等讲到人口市民化的阶段性特征，认为市民化的过程应当具有渐进性，切忌盲目、虚假。⑨ 此外，诸多学者认为外来工对城市定居的向往与现实之间存在着矛盾。叶鹏飞基于七省（区）调查数据的实证分析，证明了农民工渴望定居城市，却因市场、文化心理、制度因素而望而却步。⑩

综上所述，当前学者对都市外来工融合问题有3个初步判断：第一，在"二元社区"问题上，本地人与外来工之间存在着难以逾越的分配、消费、居住区隔；第二，在外来工社会融合问题上，表现为融合困难、深度区隔、融合障碍等特征；第三，在市民化问题上，外来工市民化着实是一个漫长的过程，须循序渐进。

上述研究的研究载体主要是都市，外来工受到都市政策、文化的影响，有

---

① 参见周大鸣等《城市新移民问题及其对策研究》，经济科学出版社2014年版。
② 参见周大鸣、杨小柳《浅层融入与深度区隔：广州韩国人的文化适应》，载《民族研究》2014年第2期。
③ 参见李培林、田丰《中国农民工社会融入的代际比较》，载《社会》2012年第5期。
④ 参见朱力《论农民工阶层的城市适应》，载《江海学刊》2002年第6期。
⑤ 参见崔岩《流动人口心理层面的社会融入和身份认同问题研究》，载《社会学研究》2012年第5期。
⑥ 参见米庆成《进城农民工的城市归属感问题探析》，载《青年研究》2004年第3期。
⑦ 参见张文宏、雷开春《城市新移民社会融合的结构、现状与影响因素分析》，载《社会学研究》2008年第5期。
⑧ 参见张斐《新生代农民工市民化现状及影响因素分析》，载《人口研究》2011年第6期。
⑨ 参见吴文恒等《中国渐进式人口市民化的政策实践与启示》，载《人口研究》2015年第3期。
⑩ 参见叶鹏飞《农民工的城市定居意愿研究——基于七省（区）调查数据的实证分析》，载《社会》2011年第2期。

其特殊性。笔者注意到改革开放后自发形成的遍地开花、自下而上的城市中心，在几十年的变迁中出现了完全不同的城市化结果。除了上述都市的类型，还存在"村中城格局"，即地处珠三角都市圈各大城市连接地带的被"村"包围的"城"，也即很多村落内或邻近村落间围绕特定市场和产业自发形成"城"，由此构成"村"包围"城"的空间格局①。改革开放后的发展过程中，因社会变迁、制度性安排、城市规划等因素，一些地区从原有的城市中心变为边缘地带。在这样的边缘地带，经过变迁，却出现了稳定的外来工规模及地方化经济网络，并且出现了区别于都市外来工与本地人形成的"二元社区"的融合状态。由此，本章以民乐为例来探讨村中城里外来工从"二元"到"融合"的可能路径。

二、民乐外来工人口迁移过程

本章的田野点是广东南海西樵镇的民乐。西樵镇位于广东省南海区边缘地带西南部，是珠三角腹地之一，东临北江顺德水道，与南庄镇隔江相望；南与沙头、九江镇相接壤；西与高明相连；北与丹灶镇和三水区白坭镇为邻。② 东距佛山27千米，距广州45千米。西樵素有"广纱甲天下，丝绸誉神州"之美誉，是中国面料名镇、中国纺织之乡，是"南海西樵山遗址文化"的发源地。民乐位于南海区西樵镇北部，距离西樵镇官山城区4千米，也属于西樵镇的边缘地带，行政区划上包括樵乐社区和民乐社区。樵乐社区前身是民乐城区、民乐社区，2008年1月，经南海区人民政府批准，更名为樵乐社区居委会，成立中共西樵镇樵乐社区党总支部。樵乐社区位于西樵镇中心地区，周边与民乐社区、联新社区、西樵社区、百东社区相邻，面积2平方千米。截至2015年8月初，社区常住总人口7677人，户籍人口6211人，流动人口1466人，经济以商业为主，社区内有商业店铺近1000家，是邻近社区的商业集散地。民乐社区原名民乐村委会，于2011年3月年实行"村改居"。面积为5.8平方千米，辖下有14条自然村、18个管理小组。民乐社区户籍人口近8000人，流动人口近11000人。综上，在整个民乐，散落着共计12000多名外来工，占民乐总人口的47%。

民乐生活着近半数的外来工，其进入、增长、波动再到稳定的过程与当地

---

① 参见杨小柳《"村中城"：一种乡村都市化类型的研究》，载《思想战线》2017年第3期。
② 参见广东省佛山市南海区西樵镇地方志编纂委员会编《南海市西樵山旅游度假区志》，广东人民出版社2009年版，第1页。

的产业有着密切的关系，主要可以分为3个阶段。

第一阶段是改革开放后至20世纪90年代末期，民乐成为输入地阶段。从产业上看，民乐丝织业有着重要的桑基鱼塘、重工商传统等历史因素，丝织业是当地重要的支柱产业，占当地总产业近90%的份额，比重极大。相比而言，农业却占不到10%。家庭作坊或个体丝织业兴起于20世纪70年代，鼎盛阶段要数20世纪80年代中期至20世纪90年代中期，最多的时候有800多家。从外来工数量上看，十几年来人口剧增，共计涌入12000余人。

民乐于1974年建立国有企业，发展如火如荼。然而在改革开放后，国有企业的弊端暴露无遗，如体制变革、经营管理都存在许多问题，加上市场变化巨大、水运交通优势不再、原材料生产萎缩等因素，生意日渐惨淡。与此同时，私人企业、家庭作坊开始大量兴起。20世纪80年代中期遍地开花的纺织企业、家庭作坊，产生了对外来工的需求，民乐出现了当地人所说的"一车一车的外来工来到民乐"的情景。自此，民乐成为外来工输入地，外来工从无到有，人数剧增。总体来说，20世纪90年代是私人纺织业最为繁荣的时代，是对外来工的需求急剧增加的时代，也是外来工初具规模的年代。

第二阶段是2000年后的10年，是产业调整，外来工数量波动、生计面临转型的阶段。从产业上来看，第二产业占总产业份额于2000年开始逐年减少，工厂数量也骤减；从外来工数量上看，2004年外来工数量达到最高峰，为16000人左右，但随后的五六年中，人数逐渐减少至12000多人。

民乐在20世纪90年代中后期已经成为全国主要的纺织品生产和销售基地。但是，随着国内、国际市场环境的变化，纺织业面临着前所未有的挑战，竞争压力相当大，纺织业的传统优势逐渐减弱，纺织业的发展面临诸多问题，如缺乏自主开发创新能力，国内纺织品低档产品供过于求，以及受到国际市场反倾销影响。在这样的大环境下，民乐纺织业市场占有率不断下降，产量不断减少，大量手工作坊、企业只能通过转产、合并等形式继续存在。由此，民乐开发区应运而生，成为民乐支柱产业重组、发展的转折点。1998年由民乐社区和下辖的7个村小组（隔涌、北塱、伊洛、福地、和平、海边和原望）共同开发了民乐开发区，由民乐社区组织，7个村小组出土地。2000年民乐开发区的建成有着划时代的意义，产业升级后较大的纺织厂都搬迁至此。民乐纺织业经过20世纪90年代末及2000年初的淘汰、更新升级，在大浪淘沙之后剩下的都是颇具规模及有实力的工厂。截至2008年，纺织厂数量从800多家缩减到100多家。同时，民乐外来工数量减少，面临生计转型。

第三阶段是2010年至今，是民乐总产值稳步升高，外来工流动进入稳定的阶段。从产业上看，民乐总产值年年增加，三大产业产值都逐步增加，工厂数量与规模也保持稳定态势。从外来工数量上看，自2010年开始，人口数量稳定在12500人左右，近5年来，流动率相对稳定。

目前，民乐工厂主要以纺织厂为主，兼有家具厂、建材厂等。民乐开发区工厂产值占民乐总产值的90%。现共计有14家标准化厂，另有普通工厂20余家。此外，在民乐开发区之外的14条村中，仍然散布着大大小小近百个工厂。总体来说，开发区的工厂流动率较低，外来工分为工人和小生意者两大群体。

总体来说，民乐外来工的生计生活状况与当地的产业发展是分不开的。我们可以从图9-1和图9-2中直观地看到工厂数量和外来工数量的变化，由此进一步了解两者之间的重要关联。

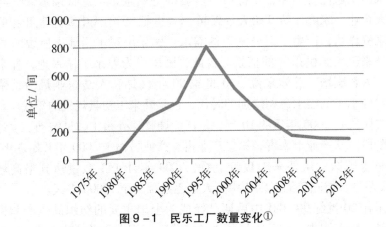

图9-1　民乐工厂数量变化①

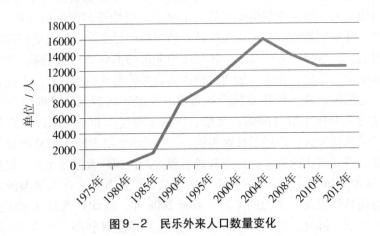

图9-2　民乐外来人口数量变化

---

① 图9-1的数据由民乐村委负责人提供。

三、民乐外来工的经济融合

上文图 9-1 和图 9-2 表明，自 2009 年开始，民乐工厂经过合并、转产形成大规模工厂后，数量趋于稳定，产业的转型只导致外来工的逐渐减少。而近 5 年来，外来工流动率极为稳定。笔者根据调查分析，发现一个值得肯定的事实，即民乐外来工较好的经济融合和文化融合是其相对稳定的重要因素。对于民乐而言，外来工与本地人之间融洽的关系，对当地生产总值的增长、外来工数量的稳定等具有重要的意义；对于外来工而言，能否较好地适应当地关乎他们的切身利益；对于本地人来说，对外来工的接纳及与之良好互动，事关个人和当地的发展。那么，改革开放后的 30 多年里，民乐的外来工是如何在经济与文化上实现逐步融合的？笔者主要从经济融合和文化融合层面着手分析。

经济融合包含诸多指标，在不同研究中，指标的选择需要因地制宜。朱力在谈到经济融合时，认为经济融合应当主要强调农民工在劳动力市场所处的职业地位，以及从事该职业的收入和家庭消费情况。①结合民乐的特殊性，笔者在本次研究中主要探讨外来工生计、定居两个方面的融合情况。

1. 生计

从生计角度来看，30 多年里，外来工经济状况越来越好，并且形成了外来工与本地人口互补的经济网络。一来，外来工从事着本地人逐渐退出的与支柱产业——纺织业相关的工作，从事着满足本地人生活需求的工作；二来，本地人并未干扰外来工的生计与生活。虽然不能说在经济水平、生活条件上完全融入当地，但正在这条路上不断接近。

具体来说，20 世纪八九十年代的外来工主要以纺织工为主，工种包括看纺织机、修机、剪碎布头、验收布、给厂里工人煮饭等。外来工增速极快，人口剧增主要是因为老乡关系网络。90 年代已基本形成了外来工主要输出地，包括广东省内、广西、湖南、湖北、贵州、重庆、四川等。民乐开发区的形成是民乐当地产业调整的转折点，同时也是外来工职业流动的转折点。其直接结果是外来工职业从纺织工人发生的 3 种转变：一是选择继续从事纺织业；二是在其他行业或是相关行业打工；三是自己想出路，或是学着老乡、朋友开始经营小生意。由此，民乐逐渐形成了外来工两大群体，即打工者群体和小生意者群体。

第一，打工者群体。2000 年前，打工者占外来工总数的 96%。自产业转型后，工人数量逐步减少，如今仅占 61%。在产业转型中，丝织业在工业中

---

① 参见朱力《论农民工阶层的城市适应》，载《江海学刊》2002 年第 6 期。

的份额减少,而陶瓷业、家具业、五金业略有提升。如今从事纺织行业的工人基本都是80年代就过来打工的,多数年纪为四五十岁。这些人的共性在于:年岁已大,不愿意转行或因没有其他技能而不能转行;已经习惯纺织工的生活;家乡发展仍然十分缓慢;民乐地区的纺织业老板少有拖欠工资的情况且收入可观,纺织工人每个月最少也能拿到3500元的工资,比较高的可以拿到5000元,而修机工少则6000元,多则上万元。事实上,纺织业12小时工作制加上三班倒,让绝大多数年轻人望而却步。他们往往选择到五金厂、陶瓷厂、家具厂等稍轻松的工厂打工。与此同时,这部分年轻人来民乐地区却不去都市的理由,主要是认为,"我们这些干体力活的只能在这种边缘地方,广州、深圳都需要脑力劳动者"。

第二,小生意者群体。外来工中如今有39%是小生意者,涉及各种行业。20世纪80年代末90年代初,旧圩是本地人的售卖市场,外来工想在这里做生意极为困难。少部分人开始想办法,在旧圩两端空地上摆地摊,而且数量越来越多,薄利多销,生意极好,这也就是民乐地区小生意人的雏形。

1993年,穗丰市场的建立,对于摆街边的外来工来说是个福音。穗丰市场位于下北街和樵乐路的交叉路口。在1993年刚放租的时候,店铺基本上被广东省内的外来人占据着。当时,本地人看不起这种服装生意,100多个店铺,只有两三个是本地人租的。省外的人在这一时期也极少有做生意的。而到了2000年,民乐本地人与广东省外的人逐渐增多,租用比例为二八分,本地人开始做小生意,主要是因为见外来工能够在民乐买地买楼,认为能够赚钱,因此也开始进行尝试。外省的人则是由于20世纪90年代末丝织业更新换代,纺织工人被迫寻找出路。

在民乐还有一类小生意者——街边水果摊贩。20世纪90年代末,樵乐路上的水果摊有近30家,有用卡车或是三轮车装着只卖一两种水果的,也有以摊位形式卖十多种水果的。两夫妻闲时轮流,忙时共同售卖,经营时间长达16个小时。经营者主要来自广西、广东省内,收入总体来说比打工者稍好。

此外,民乐还生活着各类小生意者。纺织业的转型实际上也是外来工重新选择的契机,部分仍然决定留在民乐地区,为谋生而从事其他小生意的外来工就集中在这个时期寻找自己的出路。他们选择的小生意主要有两个特点。其一,小生意行业基本覆盖到民乐地区人们日常生活的方方面面,主要涉及纺织类、餐饮类、装修类、日常生活用品类、运输类等。其二,主要从事某一种生意的往往都来自同一个地方。例如:从事家具生意、理发行业或经营小菜馆的,四川、重庆的外来工比较多;水果摊贩多是广西和广东省内的外来工;开小卖部的主要是湖南人和广东梅州人;收集废油的主要是广东肇庆人;收废纱、重新加工纱、销售纺织原料的主要是广西人。我们可以看到，小生意者之间互通有无、彼此帮助，老乡网络在民乐尽显其地缘性力量。

我们可以略观一下民乐本地人的就业情况。从家庭作坊退出后，本地人较少从事一线纺织工人工作。目前，他们主要做生意、打散工及做各类管理工作人员。30多年的发展使外来工与本地人形成了本地化的经济网络，他们之间互相服务、彼此需要。

2. 定居

从定居角度来看，在民乐，买房落户并非难事。但凡办有居住证且买房者（包括二手房）即可落户，3000元/米²的房价对于收入尚佳的外来工来说，基本能够接受。

居住方面，在整个民乐地区，主要分为3种情况：一是买地或买房，二是租房，三是厂宿舍。关于外来工的定居情况，据流管所的工作人员透露，当前在民乐购房者占一成。早在20世纪90年代，民乐第一批做小生意者赚钱后为了能够定居，便向村民买地建房，那时候3万块钱可以买一块宅基地，继而建楼落户。1998年，穗丰市场附近建了商品房（顺发楼、民安楼、民德楼），基本上都被附近民乐第三小学的老师买下，鲜有外来工买。而到了2000年后，不少做小生意者买下二手房安家落户。此外，也存在外来工向村民买房的情况。近几年来，外来工的收入逐渐增多，想要在民乐定居的想法越来越强烈，买民乐商品房的外来工也越来越多。租房居住一般是小生意者或是一家人都在民乐工作的。租房一般分为两种：一种是租住员工村，另一种是租住村民旧屋。前者性质类似一个工厂，由老板向开发区租地建房，然后出租给外来工，屋内极为简陋，租金便宜。租住村民旧屋，空间较大，比较适合一家人居住，房租略贵些。另外，民乐的工厂一般都有宿舍，住宿是免费的，还会赠送基本够用的水电费，一般宿舍是6人间，上下铺，上铺一般堆东西，下铺用来睡觉；此外还有夫妻房，也可以带小孩子在这里住。

相比而言，民乐本地人除了部分较富裕的村民买商品房、盖新屋外，仍有大量村民居住在老屋。30多年里，1/10的外来工在民乐定居下来，小部分将父母接来居住，其子女在民乐上学、工作。近几年来，定居人数逐年增加。

四、文化融合

文化融合是一个比较宽泛的概念，涉及诸多层面。笔者认为，在民乐可以做进一步探讨的内容包括教育、生活习惯、社区参与和社会保障，以及人际交往情况。

1. 教育的融合情况

从民乐外来工子女教育来看,近几年来,政策因素加之外来工对子女教育的重视,外来工子女教育与本地人子女教育的差距大大缩小。

20世纪80年代,第一批民乐地区的外来工基本没有将小孩带到民乐上学。这主要由于经济条件不允许、对子女受教育的重要性认识不足及政策上的不便。90年代,部分经济条件稍好的小生意者开始将小孩留在身边。到了2000年后,民乐地区外来工子女的教育状况有了翻天覆地的改变。这种改变普遍存在于民乐外来工里。他们会缴纳赞助费等供子女上学。2012年开始,民乐地区出台了"积分入学"的政策,因此,部分固定住址、有合法就业或经营证明的非户籍人士适龄子女可以在当地进行政策性借读。此政策解决了外来工子女入学难的问题,缓解了赞助费给一些家庭带来的巨大压力,在一定程度上解决了外来工子女接受相对公平的教育待遇的问题。

2. 生活习惯的融合情况

从生活习惯上看,外来工较好的适应能力及本地人较好的容纳度都是促使使外来工尽快适应的重要因素。无论在饮食、语言还是生活方式上,外来工都处在不断融合的过程中。部分外来工能够从内心深处认可本地人的某些优秀品质并向其学习,这更难能可贵。

外来工在饮食、语言、生活方式等方面与本地人有较大差异,尤其是部分省外的外来工。本地人饮食偏清淡,很多外来工回忆当初在这里吃饭,几天就需要一瓶辣椒酱,否则食不知味、难以下咽。但外来工基本上在一年内就能完全适应当地的饮食习惯,反而在回家时吃不惯口味过重的食物。在语言方面,工人因无须接触过多的本地人而没有过多方言的困扰,但是对于在民乐上学的子女、做生意的人,学习粤语是极为重要的,因为他们大都有过不会粤语而遭排斥的经历。一般情况下,他们至多一年便能够顺利学会粤语。在生活方式上,绝大部分本地人都保持着低调、节约、勤劳的生活方式,穿着、饮食、谈吐都极少露富。外来工在与本地人的接触中,也逐渐学习本地人优秀的品质,坚信勤劳致富,并保持节约和低调的习惯。

3. 社区参与、社会保障融合情况

民乐近几年来逐渐重视社区建设。2013年,民乐村委成立社工互助社并向某社会工作服务中心租借驻村社工任职,配备专职社工加入工作。该社工互助社从社区实际需求出发,开展形式多样的小组、社区、探访活动,切实服务辖区村民和外来工。社工互助社开展多种针对外来工困难户的探访活动,以及外来工青少年的手工、游园等小组活动和社区活动等,其宣传力度较大,受益外来工家庭颇多。社工工作人员表示愿意继续努力让更多外来工家庭进一步了

解机构并参与进来。此外，社工互助社也致力于促进本地人与外来工共同参与的亲子活动，促成两者之间的交流与互动，活动反响很好。

在社会保障方面，外来工购买社会保险的意识逐渐增强，有的家庭即使生活不太富裕，但也至少会有一个人买社会保险；部分生活条件还不错的家庭，夫妻双方都缴纳社会保险。本地人则基本都缴纳社会保险，并公认其为惠民政策。

4. 人际交往

从人际交往角度出发，外来工以老乡交往为主，而外来工与本地人之间的关系也得到显著改善。本地年轻人对外来工不存在偏见，中老年人过去根深蒂固的偏见也逐渐减少，甚至不复存在；而外来工也不再对本地人产生占据地域优势、不劳而获的偏见。

外来工平日交往的对象主要是老乡。老乡之间会形成类似互助小组的组织，工作、生意、生活上都会相互照应。他们往往愿意租在邻近的地方居住，过节的时候会各家出几个菜，一起简单庆祝一下，喝酒、聊天、打牌等都是他们彼此交往的休闲方式。

生活在民乐的外来工避免不了与本地人接触。在20世纪八九十年代，外来工与本地人交往甚少，唯一有接触的就是自己的老板。如果遇到了好的老板，在伙食、工资、住宿条件上都会好一些，老板也会时常关心一下自己的工人。但那时候，本地人对外来工总体印象是不讲卫生，不懂交通规则，会有偷盗行为等。加之本地人天生的地域、身份、经济上的优越感，略有轻视外来工之嫌，"山仔""外地佬""捞佬"等都是当时对外来人不大尊重的称呼。

2000年以后，民乐的外来工与本地人之间的关系有了极大的改善。本地人之所以改变看法主要有两个原因。其一，过去，本地人一向看不起外来工做服装鞋包等小生意，总觉得这种小生意赚不到钱，也很辛苦。但到了20世纪90年代中期，从事这种小生意的部分人在民乐买地盖楼或是购买了商品房，也有不少人在官山城区也买了商品房。本地人开始逐步了解这个行业，并且开始转变对从事这些行业的外来者的看法，并且加入服装行业。其二，本地人对外来工的依赖极强，外来工是消费者和生产者，为民乐的产业和居民的生活做出了重要的贡献。与此同时，外来工对本地人的看法也产生了一定的变化。过去，外来工认为本地人凭借地域优势，可以生活得不错，普遍比较懒。但近年来，通过与本地人接触，他们也逐渐了解了实情，发现本地人也在为自己的生活而工作、努力，逐步改变了一些偏见。

综上，笔者从教育、生活习惯、社区参与和社会保障、人际交往情况等方面，探讨了民乐外来工的文化融合情况，我们可以看到近几年外来工在文化层面的融合。

五、小结与讨论

基于对民乐的个案分析，我们可以对当地外来工融合的表现及融合的原因进行总结。

1. 融合的表现

第一，外来工能够较好地适应民乐。在经济上，与本地人共同形成本地化的经济网络。本地人与外来工之间形成了彼此需要、互为服务的关系。假使没有外来工，民乐的纺织业支柱、诸多服务行业就会瘫痪；而没有本地人，外来工的生计也无法正常进行。在文化上，30多年来逐渐融合的过程离不开政府政策性导向、本地人的接纳，更离不开外来工的主动融合。这无疑是一个可喜的现象。

第二，外来工从事着与支柱产业——丝织业相关的工作。无论是打工者还是做小生意者，他们中大部分人都从事着与纺织业相关的工作，纺织业虽然略有萎缩，但仍然是民乐的支柱产业。支撑该支柱产业的便是一万多名来自周边省市的外来工，他们更多地扛起纺织业的大旗。相比而言，本地人却逐渐从纺织业中撤退，从事各行各业的工作。

第三，外来工从事着与本地人的生活息息相关的工作，并且职业流动不涉及阶层流动。打工者是民乐第二、第三产业的重要贡献者，小生意者从事着服装售卖、卖水果、开小卖铺、开摩托车、收购废品、卖纺织产品原料、开理发店等满足当地人基本的生产、生活需求的服务工作。"村中城"中的外来工职业转换极为随意，目的性不强，并且职业转换始终处于平移状态，从打工者换至小生意者或是相反。这种角色互换在民乐是极容易与频繁的。这种现象背后的主要因素包括强大的老乡、朋友、工友互助网络，两者进入门槛均较低，互换角色不涉及阶层流动，外来工职业转换的心理需求等。

第四，从代际角度来看，子女在民乐生长、生活无疑是民乐外来工融入当地的重要表现。一方面，政策允许外来工子女在民乐上学，使其教育问题得以解决；另一方面，多数外来工子女在民乐或是民乐周边工作。最早一批来到民乐的外来工的子女无一例外都是在老家长大的。如今，这部分子女也已长大成人。他们选择外出打工，大部分都是在民乐或是民乐周边地区（百西、百东、联新等地），从事各行各业的工作。民乐与民乐周边地区的界限是模糊的。在民乐，常常发生夫妻双方一个在民乐、一个在周边地区的情况，或是今天在民乐做生意，明天在周边地区做生意，或是在民乐工作却住在周边地区，又或是在民乐居住却在其他地方工作。这种情况极为常见。外来工对民乐及其周边是一种无意识的状态，不会感到自己是在不同区域穿梭，而都会认为自己就是在民乐。第二代外来工主要存在如下几种打工方式：父母在民乐打工的，子女或选择打工，或选择在民乐做些小生意。选择打工的一般因纺织业过于辛苦而会选择轻松一些的行业；选择做小生意的话，一般都是用父母打工攒的钱作为最开始的启动资金。如果父母在民乐做生意且需要帮手，子女一般也会选择过来帮忙。如服装行业的小生意者，会多开一间店，由子女经营。生意稍大的，则帮助父母做其中的某一环节。再者，小部分年轻人到其他地方打工，但多半几年后仍然回到民乐工作。此外，极个别子女因在民乐受到不错的教育考上大学，到其他地方工作，不再继续留在民乐。

第五，外来工流动呈现稳定状态。近几年来，稳定的流动率是民乐的福音，是政策、制度、经济因素及多种主观因素共同作用的结果。

2．融合的原因

一是政府政策扶持。政府对民乐外来工的多项优惠政策吸引了外来工来此生活、定居。二是企业老板利用福利及高度诚信留住外来工。企业老板用多元化福利吸引大量外来工前来从业，并且以从不拖欠工人工资的诚信口碑深得外来工的认可。三是熟人网络。最早来民乐的一批人，以及此后不断来到民乐的外来人，在此居住了数十年或数年，形成了自己的社交网络。熟悉而又早已习惯的社交网络，习惯成自然的生计、生活模式，人们普遍受到路径依赖的惯性影响。四是民乐成为外来工子女的家乡。如今，最早一批来到民乐的外来工的子女最大的也到了而立之年。民乐对于多数外来工子女来说，是第一故乡，他们的社交网络、生活习惯都是在民乐形成的。即使第一代外来工想回家乡，但他们为了子女，仍然愿意继续在这里生活。五是面子问题。未成就一番事业不愿回乡的面子因素，迫使外来工尽快融入当地。

综上，民乐外来工研究具有重要的研究意义。今日的中国，人口流动性极强，存在大量新移民，新移民的适应问题值得关注。诸多研究表明，外来工融入当地存在困难，与本地人之间形成明显的"二元社区"。然而，在珠三角乡村都市化过程中，还存在大量处在城市圈连接地带或是边缘地带的区域。这些区域经历了从改革开放后自发形成的遍地开花、自下而上的乡村城镇化到集中规划、自上而下的转变。在这类区域，生活着大量的外来工，并且在经历了30余年的风雨后，其流动呈现稳定状态，并且外来工能够较好地融入当地。从这个角度出发，本章认为，在新移民如何融入当地的问题上，民乐存在一定的研究价值，可以以此为例，进一步思考移民城市从"二元"到"融合"的可能路径。

第三编

城市边缘群体

第十章 中国沿海城市散工的现实状况与学理分析

一、相关文献综述与问题意识

"散工"进入中国国内的学术话语系统始于20世纪90年代初期,学者们从那时起开始注意到散工这一外来工中的特殊组成部分,并进行了初步的研究。① 1994年,周大鸣教授率先在国内对外来散工进行了调查分析,明确阐述了散工的定义,描述了一个散工聚居和村落生活概貌,接着分析问卷调查资料,对散工的性别和年龄构成、婚姻和家庭状况、文化程度、从事的工种、来源和动因、工作和生活情况、非正式组织及社会关系等做了较详尽的描述。最后就散工调查中的一些问题进行了分析,认为外来工其实并不是单一性的人群共同体,他们之间是有分层和区别的。同时认为到20世纪90年代中期,散工作为一个社会实体已经存在。他们是城市经济体系中不可缺少的辅助部分,为城市的发展做出了重要的贡献,并呼吁改变对待散工不公平的态度,妥善处理散工所引起的社会问题。②

此后,国内一些学者的研究也对散工有所涉猎,如李培林关于流动民工的社会网络和社会地位的研究③及甘满堂有关城市街头外来农民工的非正规就业现象的研究④。此外,香港城市大学的黄洪、李剑明等分析了边缘劳工的具体生活处境、职业变动的因素,以及边缘劳工对政府和有关政策的观感,并为香

---

① 参见周大鸣《珠江三角洲外来劳动人口研究》,载《社会学研究》1992年第5期,第71~79页。
② 参见周大鸣《广州"外来散工"的调查与分析》,载《社会学研究》1994年第4期,第47~55页。
③ 参见李培林《流动民工的社会网络和社会地位》,载《社会学研究》1996年第4期,第42~52页。
④ 参见甘满堂《城市外来农民工街头非正规就业现象浅析》,载《中共福建省委党校学报》2001年第8期,第62~65页。

港特区政府提出了一系列可推行的政策措施方面的建议。① 国外方面,有学者主要从社会排斥的角度关注了社会中的弱势群体,但也间有以边缘劳工或散工为主题的研究成果发表。前者如 Bruce S. Harvey 和 Rudolph L. Kagerer 对美国佐治亚州家禽饲养工人的研究,关注了他们选择工作或者辞职领取失业保险和救济的决策背后的驱动因素。② 后者如 Noel Gaston 和 David Timcke 对澳大利亚青年散工的研究,考察了影响他们从散工转变为正式劳工的短期和长期因素。③ 这些成果都具有一定的借鉴和比较研究意义。

2002 年 3 月,受加拿大科瑞澳公司上海代表处的委托,笔者曾对珠江三角洲部分城市的散工的基本状况、工作、生活、社会关系、将来计划进行了分析。研究表明,由于中国沿海地区与内陆地区之间经济差距的进一步扩大,越来越多的外来工将来到珠三角地区。同时,随着珠三角地区产业结构的调整,那些文化程度偏低的外来工很可能被裁减,他们将加入散工的队伍之中。因此,散工队伍将越来越大,如果不加以积极的引导和有效的管理,将会造成一系列的社会问题,给珠三角地区发展造成负面的影响。2003 年,笔者开展了广州外来散工生存模式和社会保障研究,旨在深入认识散工的性质特征、生存模式,检视散工社会保障存在的问题,并在此基础上先后撰写并发表了一些研究成果。④

我们发现,随着散工现象在城市越来越普遍,社会也开始习惯这个群体的存在,但散工研究依然处于起步阶段,例如,对散工的界定、文化特性、群体认同、女性散工、散工的社会保障、散工研究的理论和方法等都还有待进一步深入研究。此外,已有研究成果主要是对某个特定地区的散工的现状描述和特征归纳,并在此基础上给出简单的政策建议。其研究对象为地域较为单一、集中于珠三角地区的散工,研究样本也存在着量小、分散的缺陷,因此,本章有意识地扩大研究对象的分布地域,借鉴相关研究成果,加大理论分析,将研究

---

① 参见黄洪、李剑明《香港"边缘劳工"质性研究:困局、排斥与出路》,香港乐施会 2001 年版,第 2 页。
② Bruce S. Harvey, Rudolph L. Kagerer. Marginal Workers and their Decisions to Work or to Quit. *The American Journal of Economics and Sociology*, 1976, 35 (2), p. 136.
③ Noel Gaston, David Timcke. Do Casual Workers Find Permanent Full-time Employment? Evidence from the Australian Youth Survey. *Economic Record*, 2010, 75 (4), pp. 333 – 347.
④ 参见牟翔《珠江三角洲都市外来散工研究——以广州、东莞和顺德为例》,载《城市问题》2002 年第 6 期,第 44 ~ 48 页;周大鸣、周建新《2002 年广东省外来工现状分析与对策建议》,见《广东社会与文化发展》(广东省社会科学院蓝皮书系列),广东经济出版社 2003 年版;程瑜、周建新《珠江三角洲地区外来散工生存现状与对策研究》,载《中南民族大学学报》(人文社会科学版)2005 年第 1 期,第 53 ~ 56 页。

范围扩大至东南沿海地区，通过大量的个案访谈和问卷资料，从实证和理论两方面对散工进行深入的社会人类学研究，进一步拓展散工研究。

二、散工群体的产生和构成

散工现象的出现始于20世纪80和90年代汹涌而至的"城市打工潮"。从20世纪80年代中期始，中国的改革开放政策经过数年的实践，在广东、福建等沿海经济特区中的一些城市吸引了巨额的外资，创办了大量"三来一补"和"三资企业"等劳动力密集型企业，需要大量的劳动力。与此同时，农村家庭联产承包责任制的广泛推行把中国内地相当数量的农村剩余劳动力从土地上解放出来。他们纷纷南下广东、福建等地区寻找新的就业机会。这种"求过于供"的劳动力市场让南下的外来工常常一到车站、码头就被前来招工的厂家、公司"抢去"了。那时，只要年轻、能识字，要找一份工作实在不是一件难事。

20世纪90年代中期以后，随着这些地区的中心城市对产业结构的调整，加上1998年东南亚金融风波的影响，外来工高度聚集的一些劳动力密集型企业，如制造业、电子厂、玩具厂、鞋厂等，订单大大减少，这些企业的工人被大量辞退。此外，由于正式劳动部门、中介机构发育不充分，涵盖范围有限，外来工找不到工作的现象开始突出。中国农村自90年代中期以来的"发展性衰退"，加上已经形成的"打工潮"的惯性力量，加剧了劳动力市场的供求矛盾。从90年代末期到现在，越来越多的外来工被抛出正规就业市场，游离于正式就业之外。据测算，广州市实际登记在册的外来劳动力约占在穗外来劳动力的一半。没有登记的主要集中于家政行业、建筑行业、城乡接合部没有证照的小工厂及部分有证照而不登记外来工的企业，或从事零散就业的搬运工、家庭装修工等工作。散工等非正规就业形式就成为一个重要的就业途径。

在主观上，许多外来工往往认为自身文化素质低，在城市就业竞争中处于劣势。而且他们对劳务市场和职业中介机构不信任，往往自主谋业，一旦找不到工作便"流落街头"。为了谋生，他们只好有活就干，做起了散工。当然，不可否认的是，一部分外来工认为散工揽活自由、管制较少，而且常常拿的是现钱，心里感到踏实，所以虽然不如正规就业那样稳定和有保障，但他们也愿意为之。因此，众多失业人口、流动人口通过成为散工在城市获得生存空间。散工的规模迅速扩大，成为一个发展中的社会群体。

散工的产生和存在更直接的因素则是出于自身对经济利益的追求。从某种意义上讲，散工具有"经济人"的理性特征，而并非盲目、无序的"盲流"

"无业游民""流民"等。他们中的许多人明明知道来到大城市谋生的艰辛与痛苦，但为了谋生挣钱，受经济利益驱使，只好不情愿而为之。在调查中，许多散工都说："在家里比在城里舒服，但为了挣钱，小孩要读书，没办法，只好出来打工。"挣钱是他们外出打工的主要目的。吕新雨认为，"民工潮"不完全是农民自由意志的体现，而是农业严重凋敝、农民无法生存的被迫选择，出外打工其实是唯一的出路。"民工潮"是城市拉力与农村推力的双重结果，而城市的拉力是建立在前所未有的城乡分化的基础上，建立在农民收入甚至比城市中无稳定职业之人的收入还要低的基础上。在这个意义上，拉与推其实是一种力量，否则就无法解释他们为什么要选择到充满污染和危险的工厂和矿井工作，去忍受可能存在的歧视、伤残与死亡。其实，无论进城与否，他们处于社会最底层的地位都很难改变。①

当前，农民工是构成我国城市外来散工的主体。从某种意义上说，农村剩余劳动力的产生直接催生了散工群体。通常认为，我国外来工的发生机制一方面在于20世纪70年代末80年代初，我国农村实施家庭联产承包责任制，整个农村发生巨大的社会转型和文化变迁。农作物的丰收、农产品的富余，使农民开始到城市卖农副产品，与城市联系密切，并产生大量的剩余劳动力，推动农村劳动人口向外发展，农村改革使人口流动成为可能。另一方面，城市改革增加了就业机会。多种所有制经济的发展，特别是私营、个体等非公有制经济的发展，使城市比农村多了更多的发展机会，一些职业的空缺，如建筑、搬运、环卫、家政服务等留给了进城农民。在这种推力与拉力的共同作用下，大量农村人口涌入城市，外来工成为城市社会、经济、生活中不可或缺的一部分。

散工产生和形成的原因又与20世纪80年代的人口流动有所不同。20世纪90年代以来，我国加大了经济结构调整的力度，主要表现在3个方面。第一，稳定巩固第一产业。农业由新增就业主渠道成为排斥劳动力就业的主要部门，于是农民流向城市。第二，提升第二产业。产业结构的调整和转型，造成大批国有企业职工下岗失业。第三，大力发展第三产业。然而，就业吸纳能力减弱。目前，失业是中国面临的严重不安定因素。散工是解决失业问题的一个非常规方式。当前的失业下岗人员，事实上是社会中的被淘汰者，他们已经成为被甩到社会主流外的一个群体。他们的失业不是因为暂时的原因而失去工作，而是许多人将永远不可能回到社会的主导产业中，甚至无法找到稳定的工作。这样，城市下岗人员日渐成为散工群体的重要组成部分。一部分大中专毕业生因找不到理想的工作而做一些临时性的、短暂性的工作，加入散工队伍。

---

① 参见吕新雨《"民工潮"的问题意识》，载《读书杂志》2003年第10期，第52～61页。

因此，需要在创造边缘性就业机会的同时做一些制度性安排，来保障他们的基本经济和社会需求。

三、散工生存状况的实证分析

为深入调查和掌握散工的生存状况和群体特征，本研究立足于当前中国国内经济最具活力的东南沿海地区，以广州市、杭州市、厦门市等城市的散工为研究对象，着重讨论散工的群体身份、谋生手段、经济收入、生活起居、关系网络、城市体验、社会适应，以及他们的社会支持、救助保障等内容。运用人类学的参与观察、深度访谈和社会学的调查问卷等研究手段，深入散工生活和工作的场所，与他们谈心、交朋友。这次调查不仅扩大了地域广度，从珠江三角洲扩大至长江三角洲和闽南经济区，而且调查的力度和深度也有很大的提升。共发放问卷2110份，回收有效卷1967份，回收率为93.2%。其中，广州市902份、厦门市755份、杭州市310份。访谈个案近500例。其中，广州市300例、南宁市50例、厦门市和杭州市各70多例。

1. 人口学特征

表10－1 散工的人口学特征

人口学特征		城市					
		广州		厦门		杭州	
身份构成	农民	678人	75.2%	746人	98.80%	220人	71.0%
	下岗工人	27人	3.0%	3人	0.03%	36人	11.6%
	毕业学生	—		0人	0	38人	12.3%
	做生意	37人	4.1%	—			
	其他	160人	17.7%	6人	0.09%	16人	5.1%
性别	男	642人	71.2%	494人	65.40%	180人	58.1%
	女	260人	28.8%	261人	34.60%	130人	41.9%
年龄	20岁以下	67人	7.4%	18人	2.40%	26人	8.5%
	20～29岁	312人	34.6%	525人	69.50%	78人	25.2%
	30～39岁	350人	38.8%	160人	21.20%	118人	38.1%
	40～49岁	135人	15.0%	42人	5.60%	58人	18.7%
	50岁以上	38人	4.2%	10人	1.30%	30人	9.5%

续表 10-1

人口学特征		城市					
		广州		厦门		杭州	
籍贯	湖南	255 人	28.3%	23 人	3.0%	4 人	1.3%
	四川	189 人	20.9%	116 人	15.4%	8 人	2.6%
	广西	90 人	10.0%	—	—	2 人	0.6%
	江西	46 人	5.1%	141 人	18.7%	40 人	12.9%
	安徽	64 人	7.1%	49 人	6.5%	69 人	22.0%
	河南	—	—	14 人	1.9%	54 人	17.4%
	贵州	—	—	36 人	4.8%	4 人	1.3%
	本省	—	—	300 人	39.7%	68 人	21.9%
	其他	258 人	28.6%	76 人	10.0%	80 人	25.8%
文化程度	不识字	63 人	7.0%	7 人	0.9%	52 人	16.8%
	小学	196 人	21.7%	43 人	5.7%	76 人	24.5%
	初中	493 人	54.6%	307 人	40.7%	140 人	45.2%
	高中（含中专）	136 人	15.1%	350 人	46.3%	40 人	12.9%
	高中以上	14 人	1.6%	48 人	6.4%	2 人	0.6%
民族	汉族	832 人	92.2%	—	—	—	—
	少数民族 壮族	45 人	5%	未做分类统计		296 人	96.1%
	少数民族 侗族	4 人	0.4%			12 人	3.9%
	少数民族 其他	21 人	2.4%			—	—
婚姻状况	未婚	284 人	31.5%	271 人	35.9%	76 人	24.5%
	已婚	576 人	63.8%	470 人	62.3%	218 人	70.3%
	离婚	29 人	3.2%	10 人	1.3%	8 人	2.6%
	丧偶	8 人	0.9%	2 人	0.3%	6 人	1.9%
	再婚	5 人	0.6%	2 人	0.3%	2 人	0.6%

资料来源：本表根据"中国东南沿海城市外来散工研究"课题组在广州、厦门、杭州三地的调查问卷材料综合而成。

3 个城市的问卷结合表明，东南沿海城市散工的主体是农民。值得注意的是，下岗工人及毕业的大中专学生也加入散工队伍中，成为引人注目的新生力量。散工以男性居多，约占 65.5%，女性为 34.5%。这是传统观念、家庭分工模式和生理等多重原因造成的。散工多来自农村,"男主外,女主内"的传统观念限制了女性外出务工。此外,散工一般从事的是脏活、累活、重活,女性的体力难以承担。散工中的少数民族很少,职业分布也没有呈现集中的趋势。散工的年龄特征呈一种统计学上的正态分布,即集中在 20～29 岁、30～39 岁和 40～49 岁 3 个年龄段。这种年龄分布与农村剩余劳动力的年龄分布、社会特征、散工的工作特点密切相关。散工的籍贯分布呈现出较明显的"空间亲缘性"特征,沿海与内陆地区的经济落差和路途远近是散工选择务工地的重要因素。从婚姻状况来看,已婚散工居多,但也有部分散工面临婚姻方面的困难和选择,尤其是未婚女性散工将婚姻视为改变人生命运的机会而在等待和观望。从文化程度来看,散工以初中文化程度居多,其次是小学,还有相当一部分根本没有上过学,但高中以上文化程度的也占有相当比例。散工群体的受教育程度呈代际上升趋势,但就整体而言,散工文化程度仍偏低。

2. 工作和收入

散工寻找工作的途径主要是等雇主和通过老乡、亲戚或者朋友介绍,另有不少自称是"自己闯来的"散工也直接或间接地受到先期打工者的影响和带动。这其实就是当今国内最主要的外出务工途径。散工主要以出卖体力劳动为主,从事脏、苦、累的工作,普遍劳动时间长、劳动强度大。他们通常早出晚归,每天工作时间多在 10 个小时以上。即便如此,散工在就业上还有着很强的偶发性,工作不稳定,开工率低,常常是今天有事做,明天就可能失业。所以很多散工都是有活就干,利用自己特有的方式来揽活、来生存。

散工揽活的手段多样、灵活方便。第一,写个牌子或纸片摆在路边。很多搬运工都是三五成群地蹬着三轮车或自行车在街头路边等生意,有需要的话可以直接去跟他们谈价钱,或者按照牌子或纸片上留下的电话与他们联系即可。这种揽活方式随意性较大,宣传范围也十分有限。第二,贴广告。批量地印刷小广告贴在路边的围墙或电线杆上,写明服务内容和电话联系方式。第三,在职业介绍所等待雇主,向雇主进行自我推销。保姆采取这种方式揽活的比较多。电话、手机等现代化的通信工具是散工们必不可少的谋生工具。调查中,大多数散工都购置了手机,不少散工还有专门的电话本,上面记载着一些雇主、同行、亲戚、老乡的联系电话等信息。

调查表明,散工们每天的工作时间普遍较长。以杭州市散工为例,每天工作在 8 小时以内的只占 21.3%,工作 8～12 小时的有 45.5%,另有 25.5% 的散工每天要工作 12～15 个小时,更有约 7.7% 的散工的平均工作时间超过 15 个小时。可见,散工们由于一切都靠自己,只要有活干、有钱挣,就会不知疲倦地工作,以获得更多的收入。散工们长时间工作的另一个原因是缺乏打发闲

暇时光的娱乐方式。正如一个受访者所说的:"反正闲着也难过,不如多干一下,多多少少还能挣点钱。"

散工的工钱多数是按照月、天、小时或者是件数来计算的。工钱的价格多由雇主决定,通常很低廉,但散工常常为了揽活而不得不接受,处于极其被动的地位。还有小部分是通过自己和雇主协商或者是中间人及其他方式来确定。在受调查的广州市散工中,年收入3000~5000元的约占总数的31.9%,年收入5000~8000元的占28.8%,年收入8000~10000元的占11.9%,而年收入10000元以上的仅占9.1%。但与在工厂、公司的外来工相比,散工虽然也被克扣工钱,但是其比例要小得多。约有60%的广州市散工认为没有被拖欠过工资,只有3.7%的认为经常拿不到自己应有的劳动报酬。

3. 生活起居

散工的生活非常简单和朴素。由于收入微薄,散工们的日常开支十分节约。对于房租费、水电费、伙食费、生活用品费等必要的开支,他们省之又省。调查显示,半数以上的东南沿海城市散工(家庭)每月开支在500元以内。其中,广州市散工每月开销在100元以内的有97人,占10.9%;每月开销200~300元的散工(家庭)最为多见。为进一步了解散工的日常开支,我们专门对女性散工购买美容护肤品、衣服及美容美发的频率进行了调查。结果表明,58.5%的散工几乎没有买过美容护肤品,41.5%的散工的年服装消费不足50元,低于200元的共占66.2%,而从来没有或很少做美容美发的占87.7%。

为了节省开支,散工在日常生活起居中想尽办法省吃俭用。在居住地点上,他们多居住在比较偏僻或者租金比较便宜的地方。"城中村"是散工们的主要栖息地,还有少数人寄住在亲友家甚至过着流动寄住的生活。在租居模式上,多以家庭、亲戚、老乡合租而形成的联合家庭形式为主,或合租一套,或共居一室,以最大限度地降低生活成本。这既是散工们无奈的选择,也是他们自觉的生存策略。散工们从农村来到城市,不仅是地域空间的跨越,也是文化上的跨越、心理上的跨越。当这种跨越出现衔接断层时,他们很自然会运用乡土社会的经验来修补自己的地位缺失,将"家"及网络关系照搬并推广至城市社区生活中,以"血缘—亲缘—地缘"关系为纽带,在城市边缘地带聚居。

行业和居住方式的多样性也导致散工们饮食方式的多样性。调查发现,散工们解决吃饭问题的方式多种多样:有的自己做;有的和别人合伙做;有的在外面随便吃快餐,如搬运工;有的在雇主家和雇主一起吃,如保姆;还有的是在工地上吃,如建筑工。散工在饮食上既节俭又重视。节俭是为了省钱,寄回家中补贴家用;重视是因为散工从事的多是重体力活,身体的健康和强壮尤为重要。因此，不仅要吃饱，而且还要适当地补充营养。城里人不喜欢吃、价格相对便宜的肥猪肉便成了散工们改善伙食的佳肴。散工饮食另一个显著的特点是一日两餐或一天多餐。一日两餐是散工们一天只吃午餐和晚餐两顿，因为散工们多数较晚起床，所以通常不吃早餐或者在上午10点或11点时早餐和午餐一起吃。一天多餐是散工由于劳动强度大、工作时间长，他们或者在工作过程中吃点东西以补充体力，或者晚上9点或10点回到家后吃些夜宵。

散工的省吃俭用还可以从他们对生病的处理方式中得到反映。据统计，在杭州，有48.7%的散工在患病之后会"自己买药吃"而不会去看医生。更有11.3%的人嫌药贵，连药都舍不得买，不采取任何措施，"自己熬过去"。而在广州，这类人的比例则更高达12.6%。另有一些人会求助于打工者中懂得医药知识的老乡。如果遇到大病，实在没有其他办法可想的时候，他们才会到诊所或正规医院就医，并有不少人会选择回家治疗。之所以如此，一是散工觉得正规医院收费高，看个感冒都要两三百元，以他们的收入承担不了；二是正规医院的医护人员服务态度普遍比较冷漠，对外来务工人员更是流露出鄙夷之情，令许多散工反感；三是有些散工觉得大医院的医疗水平不一定就高，花了钱治不好病的例子比比皆是，因此他们不信任大医院，宁可回家去治病。

散工平时的生活十分单调，在长时间、高强度的工作或是百无聊赖地等待工作之后，睡觉就成了他们最主要的休息方式。在杭州和广州，分别有43.2%和39.1%的散工认为闲暇生活"单调"或者"很单调"，44.2%和48.9%的散工认为"一般"。散工闲暇生活的方式十分有限，主要是看电视、聊天、看报纸、逛街等。男女散工存在一定差异，造成这种差异的因素有性别取向、兴趣爱好、条件限制、家务分工等。

4. 社会关系

从调查问卷数据来看，散工们的社交网络带有十分浓厚的乡土性，具体表现为与他们关系密切、来往最频繁的仍是具有血缘或地缘关系的家人、亲戚、老乡。许多人都是根据传统关系网络提供的信息一同出来务工的。来到沿海城市务工后，与他们来往密切的人基本还是上述的"自己人"。持这种意见的散工在广州、杭州和厦门分别占调查总数的95.6%、94.95%、85.1%。这种情况不但反映了散工的求职对亲友的依赖，也反映了流动劳动力是怎样自我组织和自我服务的。按照社会学家帕金的"社会屏蔽理论"，各种社会集团都会通过一些程序将获得某种资源和机会的可能性限定在具备某种资格的小群体内部。为此，社会选定某种社会的或自然的属性作为排斥他人的正当理由。这些属性包括民族、语言、社会出身、地域、宗教等。① 此外，社会的屏蔽会带来负面影响，造成"社会隔离"，导致社会资本的效用的局限性。如穷人的周围邻居和其他社会网络成员也多是穷人，这不利于他们获得更多更好的信息和资源，由此形成恶性循环的"社会隔离"。

不过，通过业缘结交的"朋友"已在散工们的日常社会互动中扮演了越来越重要的角色。而男女两性在社交网络方面也存有些微的差异，主要表现在男性通过业缘纽带发展的朋友关系要多于女性，显示出更为外向的社交心态。本来，朋友关系常常是指在工作、学习中结交而成的较为现代的关系，但因为普通劳动力无论工作学习圈还是业余交流圈都多限于亲戚、老乡，所以朋友往往产生于亲戚、老乡之中，朋友关系往往与亲戚、老乡关系重叠。因此，可以说，虽然在散工的生活当中，朋友扮演着重要的角色，但这些朋友仍局限在与他们有着相似境遇的散工群体之中，散工社会关系网络仍然以传统的血缘、地缘纽带为主。

散工与外界的交往对象主要是所在城市的市民。他们相互之间的接触主要是工作上的相互来往，以及在所生活的社区与房东、邻居的有限的交往。尽管接触有限，散工们对本地人的评价并非人们猜测的那么糟糕。在问及"与本地人关系"的问题时，广州有 62.2% 的散工回答是"一般"；回答"很好"和"较好"的散工分别占 9.7% 和 19.2%；认为自己与本地人的关系"较差"和"很差"的散工分别仅占 6.3% 和 2.1%。而在杭州，散工们对杭州人的总体评价也是比较正面的，认为"一般"的有 25.8%，认为"比较融洽"的占 30.3%，另有 12.9% 的评价是"非常融洽"。

在组织行为上，散工群体兼具内聚式和开放式团体特点，可以说是"形散而神不散"。他们一般都以地缘和血缘关系结成松散的非正式团体，"抱团"现象显著。他们往往聚居在一起，从事相同或相关的工作，彼此之间相互照应，在存在竞争的情况下也能共同遵守默认的准则，开展良性互动。因此，同行之间的散工有着较融洽的关系，恶性竞争、相互拆台的情况很少发生。此外，由于一些散工往往约定俗成地划分了各自的生意范围，各自为政，因而也有不少散工与同行之间很少交往。

5. 社会保障和救助

中国的非正规劳动市场具有以下特色：容易进入，就业形式多样；就业与

---

① Frank Parkin. *Marxism and Class Theory: A Bourgeois Critique*. New York: Columbia University Press, 1979, pp. 53 – 58.

保障体系没有制度性联系。① 作为非正规劳动力市场主体的散工同样具有上述特点。失业是散工最为担忧的问题。正是由于工作的零散性质，散工往往难有工作稳定的保障，短期失业也就难以避免。由于散工工作性质的零散及工资保障的缺乏，有49.0%的散工说曾有过身无分文的时候，这时就只有求助于身边的老乡或亲友，甚至需要家里接济。散工与雇主的关系很松散，没有很严格的契约、合同关系，往往活一干完，雇佣关系便结束。在对广州的调查中，有778人说他们没有与雇主签订劳动合同，占全部调查人数的87.7%，只有109人签订了劳动合同，仅占12.3%。更值得我们注意的是，散工的医疗和健康也得不到应有的保障，特别是一些危险性较大的职业，如建筑工，他们的工伤出现率比较高，得到赔偿的概率却很低。当问到人身安全问题时，许多散工都显得很无奈，认为出了事也只好自认倒霉。

在统计分析时，我们还对不同性别进行了分类计算，以反映性别群体间的差异。统计结果表明，男性散工最苦恼的五大事项依次为"挣钱太少"（58%）、"怕生病"（21.6%）、"竞争太激烈，工作压力太大"（19.3%）、"子女上学问题"（12.5%）及"生活条件差"（12.5%），女性散工则分别为"挣钱太少"（54%）、"子女上学问题"（17.7%）、"怕生病"（16.1%）、"生活条件差"（14.5%）及"本地人对外来工的歧视"（11.3%）。广州散工最担心的问题分别为"没有工作"（39.8%）、"子女上学"（24.4%）、"身材不好"（21.3%）、"人身安全"（10.2%）和"担心遭到歧视"（4.3%）。两个城市在先后排序及内容上有着一定的差异，但仍表现出很强的一致性。

在遇到这些困难时，散工们又会向谁求助呢？数据显示，散工们对政府救助的信任度较低，因为在散工眼中，国家和政府似乎是很抽象的概念。在杭州，有1/4的被访者表示"不能指望""不敢奢望"政府为他们提供帮助。广州散工则仅有4.8%的散工愿意找政府劳动部门求助，小部分散工干脆选择"不需要帮助"。广州、杭州和厦门三地的散工基本上都主张"自己解决"或"找亲戚、老乡和朋友帮忙"。对于希望政府提供的帮助事项，3个城市的散工的选择也相同，分别为"平等的工作机会""住房、医疗、保险""提供职业技能培训""解决子女上学问题""平等的户口政策"。

---

① 参见周大鸣《渴望生存——农民工流动的人类学考察》，中山大学出版社2005年版，第66~69页。

四、散工的群体性特征

中国东南沿海地区的散工群体具有诸多特征特性。

第一，散工在经济上是贫困的，无论生活水平还是工作酬劳都处于整个城市的底层。而且他们还要尽量把生活开支缩减到最低限度，从菲薄的收入中省下部分用来支持更为贫困的农村老家。很多人即使在城市辛苦打工一辈子，也还是不能从根本上改变个人或家庭贫困的命运。在散工群体中，贫困是普遍现象。

第二，散工在身份地位上是边缘的。在社会转型时期，部分社会成员的角色地位发生转变是正常的，散工就是伴随我国城市改革开放的衍生物，角色的转变使他们暂时处于"身份缺失"的状态，成为现代都市中的边缘人和隐形人。一方面，因为外出务工，散工在某种程度上脱离了既定的农民角色，不再承担以往农业生产的责任和义务，生活方式也发生了相应的变化，但其"农民"的身份并未得到改变。另一方面，他们身在城市而又不是拥有合法居留权的城市居民，这使他们既在精神上得不到认同，又在物质上不能分享现代文明的成果，处于城市社会的底层。散工身份地位的边缘性还使他们丧失了一些应该享有的基本权利，使他们本来就已经相当微弱的对社会的影响力丧失殆尽，也使他们的社会地位得以提升的另一途径被截断。

第三，散工的择业和日常行为具有"自由"性。散工的这种"自由"包含多层意义。一是职业的不固定性。很多散工表示，他们从事过不同职业，甚至什么活都干过，只要能找到一份赖以维生的工作，他们就已经很满足了。频繁的流动使他们显得"自由"，也给他们增添了许多烦恼，其中最令他们头疼的莫过于暂住证的问题。二是生活上的选择弹性。很多散工都提到他们干活比较随意，没有固定的上下班时间，工作还是休息都由自己决定，所以他们中的许多人都表示不愿去工厂，受不了约束，认为做散工更自由。人际交往也自由随便，可以结识更多的人，扩大社会交往网络。三是他们在获取劳动报酬上的"自由"。很多人愿意从事散工，很看重的一个原因就是在完成一件活后，能够马上拿到自己的劳动所得，用他们的行业话语来说，就是"结现"。当然，散工的这种"自由"是相对的。他们的"自由"，准确地说是他们不愿安于现状却又不得不安于现状的形象诠释。这就是本章用打上引号的"自由"一词来形容和概括散工的原因。

第四，散工的社会关系具有同质性和内敛性。这种同质性主要表现在与老乡的紧密关系上。工作上，他们与老乡分工协作，共同进退；生活上，他们与老乡同吃同住，分享家庭式的关怀温暖。地缘上的亲近在远离家乡的异地突显出来。此外，共同的语言和生活习惯等具有同质性的文化特质都会产生强大的凝聚力，把来自同一地区的人们紧紧地吸附在一起。散工的社会关系还具有很强的内敛性。由于他们的社会关系基本上是以血缘和地缘为主，相同的语言、习俗、境遇和追求等使他们即使生活在异地他乡，也会自然地"复制"原有的生活形态，以求生存和发展。与此同时，他们所在的当地社会对他们在身份、就业、社会评价等方面的排斥态度，反过来又强化了散工群体的内敛性。散工有可能成为城市传统文化的最后捍卫者。有学者认为，"城市边缘群体，在社会学研究中特指在城市化过程中，进城后的农民未能完成城市化，未被城市文化所接纳，只得处在城市文化的边缘。他们身在城市，但自身的文化特征却表现为较强的乡村文化色彩"①。从这个角度来说，散工社会关系上的同质性和内敛性可以说是乡村文化、乡土性的直接反映和表现。

第五，散工群体具有一定的潜在危险性，若处理不当，散工很可能成为社会流民，可能违法犯罪，给社会带来不小的威胁。社会学者黄平以云南为例，认为由于市场没有提供机会给穷人，穷人因此容易有走私、贩毒、贩人等违法犯罪行为。② 但调查资料表明，大多数散工都是遵纪守法的公民，靠正当的劳动赚钱谋生。至于黄平的观点，笔者认为不够完善，还应该考虑市场本身的吸纳能量，不能简单归咎于市场没有提供机会给穷人，特别是移民中的穷人。因此，若要圆满解决城市外来散工问题，消除散工群体潜在的威胁性，关键在于政府有关部门给予高度重视并采取行之有效的措施。

综上所述，散工是被排斥在城市主流文化之外、位于城市最底层的外来工群体，他们也成为社会人类学意义上的都市中的边缘群体和弱势族群。

五、结论：散工研究的理论和现实意义

有关散工在城市的生活现状是人们关注的焦点，也是学者们集中探讨的热点问题。散工由于自身所处的边缘位置和拥有的有限的社会资源，生活在社会的底层，为了基本的生存而挣扎。

首先，他们身上显示出"贫困文化"的种种特征，散工研究具备了与底

---

① 甘满堂：《城市外来农民工街头非正规就业现象浅析》，载《中共福建省委党校学报》2001年第8期，第65页。
② 参见黄平《中国大陆农民工研究座谈会纪要》（http://www.usc.cuhk.edu.hk/PaperCollection/Details.aspx?id=2447）。

层社会理论对话的基础。以往的社会学研究对底层贫困问题主要有3种看法，即贫困文化论、社会排斥论和相对剥夺论。前一种理论从底层社会个人角度来解释底层贫困问题，认为底层民众自身应为他们的贫困承担主要责任；后两种看法则从社会结构角度出发来看待底层贫困问题，认为底层贫困由整个社会结构造成。这些观点都为散工研究提供了值得借鉴的理论视角。然而，散工所表现出来这种"贫困文化"并不是全然源于自身的懒惰或者自甘堕落，也并非美国社会学家刘易斯所认为的是生活在贫困状态下的人群所拥有的一套价值观、规范和行为模式的整合体系，而更在于大的政治经济制度和社会习惯性的力量直接剥夺了他们的发展机会，限制了他们的生存空间。也就是说，不是散工选择了贫困，而是贫困选择了散工，他们无法选择。要摆脱贫困就需要有更多外力的"牵引"，并激发散工的"内力"，使之迸发。两股力一同发力，才能解决贫困问题。因此，散工虽然说是"贫困文化"的表征者，但更是社会结构的产物。所以，解决散工问题不能仅仅从散工本身入手，而应着眼于更大层面的社会、政治、经济和文化结构和制度规范。

其次，散工作为外来移民，适应问题也是他们面临的主要问题之一。这一问题既与社会学的传统和现代的讨论相关，也与城市化和族群关系理论相关。多年来的散工研究和翔实的第一手资料说明，由于城乡劳动力二元分割和社会习惯性的力量，散工在居住空间、语言、生活习惯等方面与当地社区隔绝，形成典型的"二元社区"。尽管外来散工在他们的自身结构上已经成为一个社会群体，但他们成为被分割、孤立的一元，处于社会政治经济的边缘，直接影响了他们的发展，限制了他们的生存空间。

再次，散工的社会关系具有很强的同质性和内敛性，国内外学术界对外来移民社区的研究都发现了这一点。散工群体有着明显的社会认同边界，这是因为散工处于体制之外，不能享受国家提供的服务和社会保障，只能靠血缘关系、地缘关系所形成的网络获得在城市边缘的立足之地，这些网络就是散工的"社会资本"。散工的社会关系和社会结构也可纳入国家—社会关系理论的讨论，散工看似"自由"，脱离了国家体制的直接控制，但实际上，国家权力对散工的影响和渗透无所不在，只是国家权力的操作方式变为间接性的，散工也成为"有实无名"的社会群体，"社会性"在散工群体中被突显，非正式关系在散工群体中居于主导地位。散工群体的存在和发展加深了中国的国家和社会之间的分野。

散工既指一个特定的社会人群，也表示一个特别的就业类型。这种社会从业者或就业类型在世界各地历史上都曾不同程度地以不同的形式存在，并非为现今中国所专有，只是称呼不同或没有专称而已。但随着我国工业化、城市化的发展，经济改革的深入，城乡移民的日益增加，城镇职工职业流动的日趋频繁，散工作为一种灵活的就业形式，为流动劳动力、下岗人员、新就业人员提供了巨大的空间。鉴于我国的散工人数众多、影响范围广泛、身份特征模糊而复杂、衍生吸纳的问题突出，将其作为一个特别的社会群体进行研究具有一定的学术价值。

依照新的社会分层理论，我们可以认为散工正是我国一个形成中的阶层，或者可以归属为某一亚阶层。它已具有自己比较独特的特点和形成中的边界。随着我国经济体制改革的深化、对外开放程度的加深、乡村工业化与城市化的发展，以及城市非正规就业形式的拓展，散工的人数在日益增加，并开始具有日益鲜明的群体特征。例如，散工中的主体部分就已开始形成了与农业农民、产业农民工、农民个体工商户等有别的身份认同。

对散工现象进行深入的解读，我们必须由具体而微的分析层次上升到一个具有更为宏大视野的高度。简而言之，我们应当将散工群体置于全球化背景下的城乡二元化、都市二元化以及世界体系的脉络中来理解。城乡二元化形成了移民的推力和拉力，都市二元化则造成了城市就业机会与劳动力市场的割裂和阶层差异，世界体系的核心、半边缘、边缘的架构则是散工群体日益壮大的全球背景。

深入调查和研究城市散工群体，将促成政府有关部门和社会机构建立健全法律法规，对外来散工给予更多的关注和支持，尽快改变散工的边缘地位和贫困状况。建议有关部门积极引导灵活就业人员树立积极的生活观、就业观和人生观，帮助外来散工融入城市社会，促进社会稳定、和谐发展。在此基础上，进一步关注城市管理部门各种不利于"外来散工"生存和适应的政策、法规和习惯做法，针对这些政策、法规和习惯做法提出相应的建议。改变社会，特别是城市政府机构人员和城市居民对散工的刻板印象和不良态度，倡导对散工的人文关怀和经济援助。一言以蔽之，散工是中国社会转型期的特殊产物。积极妥善地解决散工问题是我国实现社会平稳转型、达成社会和谐进步的重要一环。

第十一章 城市个体化新移民与一个教会的跨族界宗教实践
——一项应用并反思"宗教市场论"的教会拓殖过程研究

一、问题、文献与分析视角

在当下中国社会的转型过程中,与大规模的由城市化所带来的人口流动现象同时发生的,是社会人口中宗教信仰者数量急剧增加的巨大信仰转型过程。[①] 已有的研究也初步表明,在人口流入地的城市社会中,宗教信仰与城市新移民之间存在着密切的正向契合关系。对此,有学者提出了为何当代中国各种宗教会对物质驱动型的乡村—城市移民保持影响力,新移民与宗教组织的互动是否会促进宗教创新等一系列问题与假设,思考当下中国社会的移民与城市新移民的社会融入问题。[②] 以这样的理论关怀为背景,本章将呈现并解释一个由朝鲜族教士带领,以汉族城市新移民教友为主体的教会的跨越族群界限的拓殖过程。通过这个过程,本章将讨论当代中国城市社会新移民社会融入的宗教动力问题,并依此经验对宗教市场论进行本土化的反思。为保证事理呈现的整体性,本章第二部分将完全叙述实践过程,相关的理论解释与分析将放到最后部分进行。

"宗教市场论"对宗教信仰与移民的社会融入之间的关系的思考,是与20世纪尤其是20世纪60—70年代以来,亚非拉国家大规模向欧美国家移民的背景相联系的。但在这个过程中,在美国社会促进移民融入当地社会的宗教因

[①] 参见阮荣平、郑风田、刘力《公共文化供给的宗教信仰挤出效应检验:基于河南农村调查数据》,载《中国农村观察》2010年第6期,第72~85页。
[②] 参见范丽珠、陈纳《宗教信仰与城市新移民(乡—城)刍议——社会融入问题的另一个视角》,载《世界宗教文化》2014年第2期,第21~26页。

第十一章 城市个体化新移民与一个教会的跨族界宗教实践

素,在欧洲社会却发挥着相反的作用。① 在美国社会,20 世纪 60 年代之后的移民潮与新的宗教繁荣是共同出现的。因此,学界在继承早期"一元大熔炉理论"的基础上,提出了"三熔炉"② 及"马赛克"理论③,来解释美国社会移民的社会认同、社会融入及美国文化的特质问题。其后,又有大量的工作围绕移民如何通过宗教信仰、宗教组织获得尊重,摆脱难民身份④,建构认同⑤,获得公民技能,实现社会提升⑥等主题展开。以至于有学者认为这一系列突显宗教加强移民与美国社会亲和作用的研究形成了一个表达宗教积极角色的研究范式(a paradigm of the positive of religion)。⑦ 与之比较,欧洲社会的情况却呈现出迥异的面貌。由于伊斯兰教是欧洲外来移民的主要信仰,因此,学界的研究主要关注其与移民社会融入之间的关系。总体上,学界的研究多强调这一宗教在欧洲社会的狂热基要主义特征与男权的偏执压制特点⑧,并认为它是欧洲社会整合的障碍,对整体社会的整合构成了威胁⑨,伴随这一切的是这些移民所遭受的来自主流社会的偏见与歧视⑩。

对此,一般的学理解释主要围绕某种移民宗教在社会中的比重不同、欧美社会世俗化的程度不同,以及宗教所面对的制度差异这几个方面展开⑪。如有研究认为基督教是美国移民的主要信仰,而欧洲移民的主要信仰则是伊斯兰

---

① Nancy Foner, Richard Alba. Immigrant Religion in the U. S. and Western Europe: Bridge or Barrier to Inclusion?. *International Migration Review*, 2008, 42 (2), pp. 360 - 392.

② Will Herberg. *Protestant-Catholic-Jew: An Essay in American Religious Sociology*. Garden City, New York: Anchor Books, 1960.

③ Oscar Handlin. *The Uprooted*. Boston: Little, Brown and Company, 1973.

④ C. Hirschman. The Role of Religion in the Origins and Adaptation of Immigrant Groups in the United States. *International Migration Review*, 2004, 38, pp. 1206 - 1233.

⑤ Karpathakis. Clusion: New York City's Religions. *New York Glory: Religion in the City*. New York: New York University Press, 2001, pp. 388 - 394; H. R, Ebauh, J. S. Chafetz. *Religion and the New Immigrants: Continuities and Adapation in Immigrant Congregation*. Walnut Creek, CA: Altamira, 2000.

⑥ M Zhou. *Growing Up American*. New York: Russell Sage Foundation, 1998.

⑦ Nancy Foner, Richard Alba. Immigrant Religion in the U. S. and Western Europe: Bridge or Barrier to Inclusion?. *International Migration Review*, 2008, 42 (2), pp. 360 - 392.

⑧ D. T. Goldberg. Racial Europeanization. *Ethnic and Racial Studies*, 2006 (29), pp. 331 - 364.

⑨ P. Scheffer. Her Multiculturele Drama. *NRC Handelsbad*, 2000 - 1 - 29.

⑩ N. Foner. *In a New Land: A Comparative View of Immigrantion*. New York: New York University Press, 2005; T. Modood. *Multicultural Politics: Racism Ethnicity and Muslims in Britain*, Minneapolis. MN: University of Minncsoca Press, 2005.

⑪ N. Foner. *In a New Land: A Comparative View of immigrantion*. New York: New York University Press, 2005.

教，这是造成两者在宗教与移民社会融入关系上差别的内部原因。[1] 在世俗化关系的问题上，有研究认为欧洲社会的世俗化程度更高，因而不容易与宗教理念相叠合。[2] 也有思考强调制度层面的因素，认为欧洲社会一般有国家宗教，因而容易压制其他小教会，这其中包括伊斯兰教等。[3] 总结这一类观点，可以看到他们基本上都倾向于认为宗教对于移民融入当地社会的关系模式，是由诸种与宗教有关的世俗化因素所决定的。与之不同，"宗教市场论"的解释则从宗教信仰本身出发，认为宗教信仰是一种为"死亡"提供终极解释，将消费收益定于彼世的产品。在趋利的心理作用下，人们会在理性选择的基础上，寻求消费宗教产品。在这一假设的前提下，外在制度因素被"宗教市场论"作为一个解释宗教市场供求关系变化和自由竞争程度的变量来理解。[4] 也就是说，是宗教产品供给的因素，而非需求因素（因为这一因素是恒定的）决定了宗教市场的繁荣程度。于是，在宗教市场论的视野内，在宏观制度层面，美国宗教市场发达的原因在于国家中立的宗教多元主义的自由竞争宗教市场秩序，而欧洲的不同则根源于宗教市场的不发达状态。[5] 这样，宗教是否发挥促进移民的社会融合作用的问题就被转化为宗教市场是否发达的问题。在这个路线内，诸种如提供社会认同、增加社会技能等促进宗教与移民社会融入正向契合关系的微观策略，均是一个宗教公司（教会）为增强市场竞争能力而维持并增强宗教团体成员依恋程度的宗教资本培育手段。[6] 在移民社会中（如美国），这一类手段将人际依恋关系与移民的民族性相互叠合，增加了教会成员的宗教资本，促进了教会的市场竞争能力。[7] 由此，可以认为，宏观层面的宗

---

[1] J. Cesari. *When Islam and Democracy Meet*：*Muslin in Europe and the United States*. New York：Palgrave Macmillan, 2004. Eumap. *Muslims in the EU*：*Executive Summaries*. Open Society Institut, 2007（http://www.eumap.org/topics/minority/reports/eumuslims）.

[2] N. Foner. *In a New Land*：*A Comparative View of immigrantion*. New York：New York University Press, 2005.

[3] N. Foner. *In a New Land*：*A Comparative View of immigrantion*. New York：New York University Press, 2005；[美] 罗德尼·斯达克、罗杰尔·芬克著，杨凤岗译《信仰的法则：解释宗教之人的方面》，中国人民大学出版社2004年版。

[4] 参见 [美] 罗德尼·斯达克、罗杰尔·芬克著，杨凤岗译《信仰的法则：解释宗教之人的方面》，中国人民大学出版社2004年版，第269～317页。

[5] 参见 [美] 罗德尼·斯达克、罗杰尔·芬克著，杨凤岗译《信仰的法则：解释宗教之人的方面》，中国人民大学出版社2004年版，第269～317页。

[6] 参见 [美] 罗德尼·斯达克、罗杰尔·芬克著，杨凤岗译《信仰的法则：解释宗教之人的方面》，中国人民大学出版社2004年版，第148～156页。

[7] 参见 [美] 罗德尼·斯达克、罗杰尔·芬克著，杨凤岗译《信仰的法则：解释宗教之人的方面》，中国人民大学出版社2004年版，第156页。

第十一章 城市个体化新移民与一个教会的跨族界宗教实践

教市场制度条件决定了中观层面的宗教市场运行规则和微观层面的宗教公司的具体运作策略的总体解释模式,是包含宗教与移民社会融入之间的关系这一问题于其中的。

对于中国社会而言,一段时间以来,"宗教市场论"是否适用的问题一直为学者所讨论。其中,持反思批判立场的学者认为:"宗教市场论"发端于有着制度性宗教占统治地位的传统,当下时段又遭遇此俗化浪潮冲击的西方社会之中,因而屏蔽了人们行为过程中的价值理性,因而不能对情感、意志等非理性因素进行解释;由前两者而导致忽略宗教需求因素,因而不能解释因个体"宗教性"禀赋差异而导致的信仰差异等。[①] 站在继承修正立场上的学者[②]也注意到宗教市场论的某些命题没有关照或不完全适用于中国社会,但更强调"宗教市场论"在研究方法上的可证伪性,以及由此而标示出的科学性。[③] 由此看来,"宗教市场论"确实有诸多不足之处,但不失为一个开放的体系。因此,已有的反思批判应该可以作为校正或修改的标尺,而这有利于社会科学总体共识的达成。在本章中,笔者将通过具体案例的呈现,在考察当下中国城市社会移民与宗教信仰之关系的同时,在宗教市场制度类型、宗教产品供给与教会特征,以及微观的实践策略方面进行本土化的反思。

本章中城市个体化新移民指的是发生于转型期中国社会的脱离原有社会秩序,具有主体意识的由乡镇社会走向中心城市社会的流动人口。与西方社会不同,这样的个体仅能在国家和市场的维度内改善生活境遇,而不能由工作选择来实现自我。[④] 教会拓殖指本土教会在教会数量与皈依人口的拓殖倍增,强调教会在发展过程中的本土性与新教会林立的教会发展状态。[⑤]

---

① 参见范丽珠《现代宗教是理性选择的吗——质疑宗教的理性选择研究范式》,载《社会》2008年第6期,第90~109页;卢云峰《超越基督教宗教社会学:兼论宗教市场理论在华人社会的适用性问题》,载《社会学研究》2008年第5期,第81~97页。

② 参见杨凤岗、杨江华《中国宗教的三色市场》,载《中国农业大学学报》(社会科学版)2008年第4期,第93~112页。

③ 斯达克和芬克认为:"如果一个宗教社会学只能适用于西方国家,就像一个只能应用于美国的物理学,或者一个只适用于韩国的生物学,那同样都是愚蠢可笑的。在这部理论著作中,我们试图系统阐述能够适用于任何地方的命题——就跟它们足以解释加拿大的宗教行为一样,它们足以解释中国的宗教行为。"但同时也表示,中文版的出版"意味着我们的命题现在将被对于中国宗教生活的研究所检验,有些命题很可能会被这些研究所修订。没有比这更令我们愉快的了"。

④ 参见阎云翔著,[挪]贺美德、鲁纳编,许烨芳等译《自相矛盾的个体形象:纷争不已的个体化进程》,见《"自我"中国:现代中国社会中个体的崛起》,上海译文出版社2011年版。

⑤ 参见[美]大卫·葛瑞森著,刘如菁译《教会繁殖运动:完成教会普世扩展的大使命》,天恩出版社2010年版,第11~17页。

二、教会、城市新移民与跨族界宗教实践

（一）从家庭聚会点到"盛京教会"

"盛京基督教教会"① 是本章的研究对象，它位于东北某中心城市，本章将该市称为 S 市。该教会的前身是一个在名义上隶属于圣山教会②、草创于 2009 年的家庭聚会点，到 2014 年，它已从最初只有一名金姓女教士（朝鲜族）和 3 名女性教友（分别姓顾、孙、李，都为汉族）的规模，发展到今天包括原有教士、教友在内的拥有 20 多位教友（其中两位女同工为朝鲜族）的小教会。所以，这个教会是一个由朝鲜族教士带领的，以汉族教友为主体的教会，而这恰恰是吸引笔者对其展开研究的主要原因。带着"是什么样的动力促使这样民族构成的教会出现"的问题，笔者对这个教会进行了近 8 个月的参与式观察，并通过日常交流和正式访谈的方式，厘清了这一问题的来龙去脉。

如前文提及，金教士是盛京教会的本堂教士，她在盛京教会从草创发展到今天的局面中起到至关重要的作用，所以梳理盛京教会的发展过程离不开对金教士信仰历程的呈现。与许多牧师或教士成长于祖辈既有信仰的家庭不同，金教士是因后天的种种机缘走上信仰之路的。在最初向笔者介绍自己的信仰历程的时候，已 46 岁的金教士回忆说："我最初是不信主的。后来去韩国打工后，才蒙主的召唤受洗的。后来回国后，我在家乡的教会（一个朝鲜族教会）里服侍主。后来有机会报考神学院，我就把工作辞掉了，然后开始全身心地学习侍奉。从神学院毕业后，我几经考虑留在了 S 市，开始传播福音的工作。"后来，因与笔者日渐相熟，金教士更多地谈及这个过程中的细节。同时，又因为机缘访问了金教士曾经服侍过的家乡的教会，所以笔者得以详细地了解金教士的信仰历程。在没有信仰基督教之前，金教士是其家乡县城某局机关的公务人员。20 世纪 90 年代末为了经济利益，她和丈夫与很多中国朝鲜族人一样选择到韩国打工，为此他们办理了停薪留职。在韩国期间，她也遇到了没有社会关系的支持的情况，以及资方对中国劳工的盘剥问题。当时，她通过朋友的介绍

---

① 按照学术惯例，本章对相关教会与具体人名进行了处理。
② 圣山教会是 S 市内的一个规模很大的教会，现在包括一个总教会（包括朝鲜族部、汉族部）、7 个已经取得许可的分会，以及若干在名义上与其有归属关系但还未领取执照的小教会（本章所研究的盛京教会就是其中一个）和家庭聚会点。

得知当地有韩国教会所设的"中国传教部",为中国去的劳工讲授《圣经》,并能通过法律渠道维护劳工权益。所以,她开始经常到教会参加活动。参加教会活动不仅给予了金教士相当的社会支持,也化解了她心里沉积多年的一个心结。原来,在金教士还未出国时,她的母亲因不堪癌症的折磨选择了跳楼自杀。这给金教士的内心造成了很大的伤害,用她的话来说就是:"我怎么也不能接受这件事。我妈妈是那么坚毅优秀的人,老天为什么让她发生这样的事情?""归顺主后,我将一切都交托给上帝,经常祷告,慢慢地体味这件事在我生命中的意义。"

2009年金教士从神学院毕业后,留在S市传播福音。因为圣山教会的牧师也是朝鲜族,所以金教士留在这里带领小组团契。最初,这个团契小组的聚会点设置在顾姓教友(顾姨是教会里大家对她的称呼)家中。每周一、三、五,金教士都会引领最初的3位教友学习《圣经》,练习赞美(唱圣歌),集体祈祷。2011年后,随着一些年轻人的加入,团契小组变成了一个小教会。在搬了两次家后,现在的教会坐落在一个商务大厦之中。教会的房间有100平方米左右,进门的地方是厨房。每周的礼拜日都会有轮值的教友在这里做饭,然后大家共餐。在教会里,这被称为"奉献爱宴"。在里面的房间里成排地摆放着桌椅,可以坐30人左右。在桌椅的前方是教士讲课的圣台,在圣台后方的墙上悬挂着红色十字架。在右侧的墙上写着这样的几行字:"盛京教会:福音拯救人;福音拯救家庭;福音传向地极。"每周的一、三、五及周六、周日,教会都会组织开展相关的活动。在解释为何教友多为汉族人时,金教士说:"汉族是中国的主体,牧养汉族教会,才能将上帝的福音传给更多人。"

(二)"城市新移民"与教会

如前所述,2011年后一些年轻人的加入是盛京教会发展到现在规模的关键因素。如果总结这几个年轻人的共同特征的话,S市的"城市新移民"可能是他们的共有特点。现在教会的20多位教友中除了6位出生于S市之外,基本都来自外地,且都为20~30岁的年轻人。由此可以看到现在盛京教会中,非S市户籍的外来移民占据了教友总数量的半壁江山。那么,他们是怎样加入盛京教会的呢?对此,一位代姓教友(文中笔者称之为"小代")在向笔者讲述他的信仰经历的过程中,对相关情况进行了介绍。

小代是2011年来到S市,并于2012年受洗奉教的。这之前,他2009年大学毕业后就一直在苏州市的一个工厂打工。2010年,他大学期间就开始相处的女朋友小玉毕业之后也来到这家工厂打工。与小代是汉族人的情况不同,小玉是个朝鲜族女孩,她在故乡读高中时就已经在家乡的朝鲜族教会受洗了。

那时带领小玉所在的青年团契小组的同工正是还没有读神学院的金教士。在苏州工厂打工期间，异地他乡再加上几乎与社会隔绝的机械的体力劳动，使得小代和小玉都感到严重的不适应，小玉因为过不了宗教生活而更苦恼。恰好也正是在这时，金教士开始在S市开展宣教工作。经过沟通，小玉决定回到S市。当然，为了爱情，小代也做出了相同的选择。其后，在小玉的影响下，小代于2012年在盛京教会受洗成为教会内的同工，并在2013年与小玉结婚。与小玉在若干年前就与金教士相识的情况类似，小丹也是未到S市时就在金教士的团契小组中学习的基督徒。不同的是，小丹是个汉族女孩。提及这个过程，小丹回忆说："我爸妈就有信仰，所以我小时候就受洗了。在家乡读高中的时候，我们学校离教堂很近，所以我经常去。"当我问到她语言的问题时，小丹说："教堂里有专门的青年小组，用汉语而不用朝鲜语讲道。"2012年大学毕业后，小丹也来到S市工作，因为多年以来一直与金教士保持联系，所以她也自然地成了教会的一员。现在每到周末，小丹都会从工作单位赶到教会，参加赞美诗的排练，做宣教的同工工作。情况类似的还有小月，现在她与患有听力障碍的妈妈一起在一个私人超市打工。2013年之前，小月与妈妈在另一个与金教士联系较多的教会过信仰生活。离开家乡来到S市之后，在城市社会举目无亲的母女俩自然而然地来到教会。2014年感恩节，小月在教会受洗成为正式的教友。

　　与此同时，小玉、小代、小丹也通过自己的关系网络，联系那些在S市的同学，邀请他们到教会参加礼拜。通过这样的方式，小代的同学也是大学时期的"哥们"大明来到了教会。笔者于2014年3月第一次拜访金教士的时候，恰逢大明失业住在教会中，直到10月份大明才找到工作，从教会搬出去。小夕是教会的另一个年轻人，中专毕业。笔者见到他时，恰逢他到北京闯荡，因不顺利又回到S市与大明一起客居在教会。据他自己介绍，他来到教会也是通过朋友介绍的，他的朋友与小代认识。

　　与前面几位有所不同，小楠是土生土长的S市女孩，现在在商场化妆品专柜做销售工作。前文提及的顾姓教友是她的姨母。正是通过她，小楠才来到教会。小楠虽然是本地人，但也经历了多年的漂泊生活。2012年之前，身为家中独生女的小楠一直在广州工作，后来因为爸爸病逝，家中只有妈妈一人，所以又选择回到故乡。但在交流中，笔者也明显感到她在广州的生活并不顺利。这从笔者一到教会之后，金教士就托笔者给小楠介绍男朋友的事情就能看出来。小楠已经31岁了，还是单身。笔者问她为何不在广州找一个老公安家时，她经常略带感叹地说："哪有那么容易啊？"现在，教会对于小楠来说，好像是一个家。在笔者去教会的这段时间，基本上都会见到她。2014年的10月，小楠又将认识的一个来自内蒙古的女孩珊珊介绍到了教会。因为珊珊很多年前就接触过基督教,并且她现在工作的地方就在教会所在大厦旁的另一栋大厦内,所以现在珊珊经常到教会参加活动。上述几个教友是经常参加教会活动的,除此之外,在教会附近的大学里也有一些学生在一些特定的节日来到教会,他们当中有的已经毕业离开S市,有的虽在市内但距离教会很远,因此,笔者在教会时并不能经常遇见他们。但在教会的微信群里,都有他们的账号。如果有一天回到S市的话,只要他们愿意,就可以像小夕一样通过这个平台跟大家提前打招呼。

接触教会之初,当被笔者问及来到教会的原因时,像小代、小玉这样已经受洗的教友一般都会给出"受主的召唤"这类答案。与之比较,像大明、小夕这些刚刚来到教会的年轻人回答得比较直接,"好奇""好玩""有朋友在这里"是他们一般会给出的答案。通过这样的回答,可以猜测到的是,他们平日里在教会之外的生活可能并不开心。教会对于他们来说,可能像是一个临时的家。这在后来笔者与他们的接触中被一一印证。

(三) 信仰、灵性与"世俗生活"

1. 信仰生活

教会是教友们的家,这是笔者与他们接触之初就有的一种感觉。在其后的接触中,这种感觉首先在他们的信仰生活中体现出来。

在教会的生活中,学习《圣经》始终是所有活动的中心。用金教士经常向教友讲授的话来说,学习《圣经》的目的是"荣耀主,并以此为乐,直到永远"。同时,她也强调"教会是教友们的信仰之家"的理念。为了做到这一点,盛京教会特别重视《圣经》的学习,这在金教士要求"每个教会的兄弟姊妹都要成为主的精兵"的标准及相关的学习过程中就能看到。

现在盛京教会每周的周一、三、五、六都有活动。对于这些活动,同工小组的教友是必须参加的,其他教友如果有时间且愿意来的话,也会受到欢迎。活动的内容主要包括学习《圣经》、练习赞美诗等。为了学习《圣经》,金教士通过关系购买了名为《小牧者》的教材。这个教材以填空和问答的形式,对应《圣经》的相关篇章。目的是让学习者既能熟练掌握《圣经》的内容,又能确保正确理解《圣经》的基本教义。① 赞美诗是一些宗教歌曲,在宗教生活中,它往往是在正式的《圣经》授课开始之前由同工小组领唱。按照具体

---

① 笔者在教会曾见到这套教材,因没有任何出版信息,所以笔者无从购买。金教士曾说可以帮笔者买一套,但可能是事务繁忙,至今没有下文。

的功能,赞美诗又分为律动和赞美两个部分。律动基本上是边唱边跳,目的是让人情绪高涨,以喜乐的心态学习《圣经》;赞美则没有舞蹈而只伴有简单的双手向上以表虔诚姿势的赞美诗演唱,目的是让心完全打开,然后领受《圣经》。因此,唱歌是同工们必修的一项重要任务。为此,金教士的女儿欣欣(教会同工之一)还设立了乐理知识课,为其他教友讲授五线谱。前文提到的小代也为此开始学习弹奏吉他。现在每周六,他都要到一个归属于另一个教会的教友的音乐器材店内参加学习。当然,他不用像其他人那样交学费。

  周日的礼拜是每周信仰生活的重点。一般,上午的礼拜活动在早晨9点就开始了。这时,教会会专门安排人在门口问候前来做礼拜的教友。其后,在9点半开始赞美,10点开始讲授《圣经》。因为现在教会只有金教士一人受过专门的神学教育,所以《圣经》的讲授一般都由金教士来担当。在讲授《圣经》前,教士会进行祷告,与天主教的祷告有所不同,盛京教会这一新教教会的祷告形式包括公祷告与自己准备的祷告词两个部分。每次的基本情况是,先由牧师口诵自祷词,然后大家起立进行公祷。自祷的形式基本上以"我们的父神"或"我们的主上帝"开头,然后是对神表达感谢。比如可以就今天的礼拜说,"感谢你的引领与看护,让众兄弟姐妹在你的旨意中平安度过一周,并于今日齐聚于你的圣殿之中"。之后就是祈盼神的庇护,如说,"也祈求父神能继续看护,赐圣灵于我等分别为圣。将我们今天的礼拜交托与您的圣手之中,使我等能聆听主的话语,过主所喜悦的生活"。最后,是比较固定格式的结尾:"我等卑微之人实在不配做如此祈求,以上所求奉我主基督耶稣的圣名,阿门。"随后大家起立,集体咏诵主祷词。① 接着,在大家齐声朗读礼拜所要讲授的《圣经》内容后,教士开始宣讲。在来到盛京教会之前,笔者也到过S市的其他一些教会,与这些教会相比较,金教士讲授《圣经》的方式略有不同。具体来说,就是她更强调对古以色列民族的历史、风俗,以及地理条件等《圣经》背景知识的讲授。笔者印象较深的一次是在讲授《圣经》的过程中,她结合中东地区以色列在海拔高度上高于埃及的地理条件,解释了为何《圣经》中经常用"下埃及去"与"上以色列去"的说法。在解释她为何强调圣经背景知识的学习时,金教士说:"现在许多教会在讲授《圣经》时,完全按照宣讲者自己的理解讲经,这容易误入歧途。现在许多邪教就是通过这样的方式来妄称基督的名的。所以,我要严格按照《圣经》的本意来解释《圣经》。这需要了解《圣经》背后的历史知识。这样,学习过的兄弟姐妹将来遇到异端的时候才会有判断力。"当然,在这样的讲授后,金教士也会要求教友们按

---

  ① 主祷词具体内容请参阅《圣经》的《新约·马太福音》6:9-13。

第十一章　城市个体化新移民与一个教会的跨族界宗教实践

照《圣经》的要求来规范自己的言行。在神学方面,为何及如何"称义"、什么是偶像崇拜、什么是得救的信心,都是礼拜的主要学习内容。此外,针对教会里年轻人居多的情况,金教士着重强调了男女两性的生活问题。在批评当今社会里的一些道德败坏的现象后,她要求教友按照《圣经》里的要求过圣洁的生活。所以,与这些要求相关的《圣经》章节的分享,在礼拜日经常出现。中午 11 点左右,在教士引领的自祷告后,所有教友起立集体咏诵《使徒信经》①。紧接着,大家宣告贴在墙上的教会信条:"福音拯救人;福音拯救家庭;福音传向地极。"之后,伴随着固定的赞美诗,在大家的互相祝福中,上午的礼拜活动结束。

中午的时候,教会会准备"爱宴",就是轮值到这天的教友出钱买菜,并负责在教会烹制,然后大家在教会里共同聚餐。教友生日时,金教士会吩咐同工准备生日蛋糕,在爱宴上由过生日的教友与大家一同享用。爱宴之后,经过简短的午休,下午的活动继续进行。一般,为了让大家打起精神,中午会有同工在活动开始前,引领大家进行律动。在进行完律动、唱完赞美诗、做完祷告后,金教士开始下午的讲授。与上午的一般学习不同,下午的活动一般偏重于《圣经》的系统学习。笔者在教会期间,恰逢教师引领大家学习《圣经》中《旧约》的《创世纪》,为了能让大家记住《圣经》的内容。金教士学习其他教会的经验,以线条的形状绘制中东地区的地图,标示事件地点,并将这些事件变成口诀。如"第一章,创造天地;第二章,创造人;第三章,父母堕落;第四章,儿子堕落……索额灭亡"反映的内容是《旧约》里上帝造亚当、夏娃,其后他们被逐出伊甸园,以及其后上帝与他们孩子的立约,直到索多玛、额摩拉灭亡这一系列的内容。每次学习之后,教士会要求每位教友都从头到尾复述一遍。这之后,在金教士的祷告中,这一天的学习才结束。

以上所述是教会的一般性信仰生活。除此之外,每年的暑假,教会还会组织教友到其他教会的堂点内学习灵修。小代说,前几年的夏天,他们都会到山区的一些教会,在那里集中学习《圣经》,当然也会借机邀请一些对基督教感兴趣的大学生一同前往。从 2013 年起,教会每年夏天的活动变成了与乡下教会合作,为教会所在范围内下至幼儿园,上至高中、大学的受洗奉教的学生开展暑期营会。对此,金教士介绍说:"暑假里孩子们都闲在家里。农村的孩子,家里没有钱领他们去旅游,也没什么特长班,再说,那种班要花很多钱,农村根本供不起。所以许多孩子就乱跑,有的进游戏厅、网吧,还有的跑到大

---

① 使徒信经的具体内容请参阅 http://zhidao.baidu.com/link?url＝INdM0bpV-Uzflg0GvMPLMuo-JIHZkqTeDD_BEIBh1JOpPEXTSrlJEcYuG0YDvjrpSdxP7DLRUaXdG-vBu7PCcT_。

河、水库玩水,很危险。所以,我们想不如将他们集合起来,通过学习《圣经》的方式,一方面坚振他们的信仰,另一方面也通过学习防止他们出去淘气。"2014年8月,笔者有机会参加了一次这样的活动。活动的举办地在离S市300多千米外的一个山村内的教堂。前文提到过的小月和她的妈妈,在去S市之前就生活在这个村子里,并在这个教堂过信仰生活。活动的参加者是周边农村教会的6个孩子,他们大部分来自汉族家庭。另外,也有几个来自朝鲜族家庭。活动持续了4天,学习的内容就是主祷文。为了增加学习的趣味性,每句主祷文都要配合相关的舞蹈动作,因此一上午的时间也就只能学习一两句。在每次学习之后,不同年龄阶段小组的孩子还要在教堂里进行展示,由大家评判哪一组做得最好。此外,围绕主祷文,牧师和教士们还设计了相关的卡片活动与手工活动。如针对七八岁的孩子,营会就会针对"主喜悦的是什么?主不喜悦的是什么?"等问题,绘制"上网吧""撒谎""诚实""敬虔主"等卡片,然后由这一小组的带队教师带领孩子游戏活动。晚上,会有牧师、教士带领学习《圣经》。其后,在大人的看护下,孩子们就在教堂凳子拼接的临时床铺上休息。在活动的最后一天,大家要彼此祝福,然后由各个堂点的老师来领回家。①

在这次活动期间,给笔者留下深刻印象的是这样两个场景。其一,由于因为笔者是第一次参加他们的活动,因此对许多乡村教会的人来说,笔者是陌生人。这时,小月的妈妈总是用手语向人这样介绍:"这是我们教会的。"其二是小月姨母家的表弟阳阳(是参加营会的孩子中的一员)对笔者说的一段话:"我中学快毕业了,以后我也想到S市去。"当笔者问他为什么是S市而不是北京、上海等更好的城市时,他说:"那里有教会,有你们。"

2. 灵性与"世俗生活"

教会是教友信仰上的家庭,这在前述的种种信仰活动中就能体现出来。但这种信仰所产生的"灵性"并不仅限于教会的宗教生活,它也影响到教友的世俗生活。对于教会里那些来自异地他乡的年轻人而言,这样的影响在他们的爱情观、家庭观、工作观和是非观中都有明显的表现。

如前所述,小代是为了爱情选择与小玉一同回到S市,之后结婚成家,但这中间也有几多纠结和困苦。2011年回到S市后,小玉和小代遇到了很多当代中国年轻人都会遇到的问题——房子。实际上,小玉并不是一个爱慕虚荣的女孩,但考虑到户口要靠房子才能迁入S市,以及日后家庭生活的稳定性问

---

① 由于营会内容的复杂性,所以相关堂点的准备活动在一两个月之前就开始了。从这一点来看,这些教会的牧师或教士彼此之间是很熟悉的。

题,她向小代提出了结婚要买一套房子的要求。这对家境并不富裕的小代来说是不小的挑战。此外,小玉因为很小的时候父母就到韩国打工,被寄养在叔叔家,所以养成了较为敏感要强的性格。这两者给小代带来了巨大的压力。金教士知道这个问题之后,问小玉这样一个问题:"你是因为房子才选择结婚,还是因为人才选择结婚?"经过一段时间的纠结之后,小玉改变了自己最初的要求。其后,金教士开始对小玉和小代进行婚前辅导,主要内容和要求是没有办正式婚礼,即使领了结婚证也不能同居。金教士的解释是,婚礼是人在上帝前立下的誓约,没有这个誓约,单有结婚证的婚礼是不受神祝福的。此外,两人要按照《圣经》的相关经文来学习女孩子婚后如何当妻子,男孩子婚后如何做丈夫。现在,教会里的年轻人只有小代和小玉组成了家庭,但金教士说,日后再遇有教会的年轻人结婚的话,这样的婚前辅导还要做。当笔者问及如果是教会的年轻人与没有信仰的异性相恋,而对方不喜欢这样的教育该怎么办时,金教士回答说:"所以我希望咱们教会的孩子们也最好找有信仰的。如果没信仰,也要尊重信仰。"①

现在小代和小玉已经结婚,并且解决了房子的问题,户口也迁入了 S 市。如今摆在他们面前的是工作问题,因为毕业于一般高校,所学专业也不是热门专业,所以小代和小玉在 S 市已经换过几份工作了。他们在工作和信仰起冲突的时候做出的辞职的选择让笔者非常吃惊。2012 年,小代所在公司的老总听说 S 市有个由基督徒开办的名为 ABC 的幼儿园,所有保育阿姨都是教友,服务质量非常好,颇受社会欢迎,于是也想出资开办类似的育儿机构。在得知小玉的教友身份后,他想让小玉牵头做这个事情。由于他是完全出资人,因此幼儿园的所有决策最终要由他做决定。这让小玉有些为难,因为她害怕老板完全以经济利益为目标的行为会损害基督教的社会声誉,于是在与金教士和小代商量之后毅然辞掉了工作。

欣欣是金教士的女儿,现在已经读大学二年级了。虽然在读高中的时候就来到 S 市了,但直到上大学她才将户口迁到市内。提及信仰对欣欣的影响,金教士很是自豪。她说,欣欣高中时,班上的同学就有早恋的,也有跑到 KTV 玩通宵并且吃摇头丸的,欣欣却让她很放心。因为有一次欣欣拒绝同学喝酒的邀请时所说的话是,"那是上帝不喜悦的行为,我不干"。每次说到这些时,金教士都会说,自己以前没信主时,出去喝酒、忌妒别人、妄言的事情也做过很多,现在想来很是羞愧。

---

① 实际上,这也不容易实现。因此,S 市内的教会会定期举行基督教青年的联谊活动,希望能在教内组建家庭。但从实际的反馈来看,情况并不乐观。其中的原因有待思考。

按照金教士的设计，教会应该是"教友们的信仰之家"。但对于这些外地来的年轻人来说，这样的信仰之家在一定程度上也是世俗意义上的临时家庭。前文提及的小夕，现在已经找到一份话务员的工作，虽然每月薪水不多，但金教士要求小夕每月将自己的收入与花销记账给她看。她要求小夕进行储蓄，并希望小夕用储蓄的钱继续上学接受教育。在与金教士闲聊时，笔者还听到过一件事，很是感叹。在另一个城市的一所大学里，有一个金教士以前在家乡教会服侍时就认识的女孩子。前段时间，一个有同性恋倾向的女生喜欢上了这个女孩，并且纠缠不放。女孩给金教士打电话说："《圣经》教导我们要爱人，不能骂人。可她成天纠缠我，让我很苦恼，我该怎么办呢?"金教士回答说："你先找学校。如果还不管用，可以骂她。再不行的话，我过去找她与她谈一谈。"虽然事情最后怎样解决笔者并不清楚，但金教士的反应给笔者留下了深刻的印象。

对于外来的年轻人来说，教会提供了陌生城市环境中的临时港湾。而对于那些 S 市本市的教友而言，教会在他们面对生活中的巨变时也发挥了类似的作用。如前文提到过的小楠的姨母顾姨，之前，她在 S 市内一个效益很好的交通部门工作，现在已经退休。2000 年，在收拾单位分的新房的时候，不小心伤到了腰。也是在那时，老公出车祸，虽没有伤及性命，但因为种种原因受到单位处分。后来，在偶然的机会下她遇到邻居教友，便开始到教会参加活动。用她自己的话说，最初就是去排解内心的苦闷。但这之后，老公有外遇这个更大的不幸坚定了顾姨的信仰之路。在与老公离婚之后，顾姨也早早地病退了，现在与自己的老父亲一起生活。每次去教会，笔者都能看到顾姨带着顾爷（年轻人对顾姨父亲的尊称）一起来参加活动。家中遇有困难时，她首先求助的是教会里的教友。

（四）危机的应对与合法性的获得

对于教会来说，吸纳教友传播宗教信仰是它存在的最基本意义。因此，教友对教会的意义尤其重要，虽然《圣经》的教义宣称只有信上帝才能得永生，才能得到真正的幸福，但传播福音（教会用语）的工作并非一帆风顺。除了一般人因对《圣经》神学理论理解的偏差所产生的区隔之外，一些打着基督教、上帝旗号的新兴异端邪教也给教会的传教工作带来了很大的负面影响。如

第十一章 城市个体化新移民与一个教会的跨族界宗教实践

2014年5月28日在山东招远发生的血案①就是一例。在这起案件中，由于全能神邪教也是打着上帝信仰的旗号来组织相关活动的，因此主流媒体对其邪教行为的曝光一方面揭露了邪教的真实面目，另一方面也给真正的基督教会带来了负面的影响。因为，在很多未系统学习过《圣经》的中国人的传统宗教观中，基督教的"弥赛亚"思想与"耶稣救赎理论"是不能被理解的。因此，像全能神一类以基督教为旗号宣称弥赛亚现世降临的新兴宗教，就很容易被当作基督教本身来理解。所以，很多人采取的应对方式是，与其花很多心思去弄明白，还不如完全与有"基督教"字样的组织、行为相隔离。

在笔者的田野观察过程中，最初盛京教会好像并没有对此做出特别的反应。一直到2014年6月初，在笔者与金教士的闲谈中，当笔者问及如何教教友辨识真正的信仰与虚假的信仰时，都会才开始讨论这个话题。在解释最初对案件没有大的反应的原因时，金教士说："其实我平时一直在按照《圣经》的本意来传播福音。我想让大家接受的一个标准是，真正的信仰是神通过《圣经》来表达的。虚假的信仰是以人为中心的，凡是宣称自己是神的，或用自己的意思代替《圣经》的就是异端，所以我想这在我们教会内不是问题。"但这时被大家称为"大阳姐"（最初就在团契小组与金教士一起学习的李姓教友）的教友提到"前两天我在单位就有人说我，你们信上帝的怎么还能杀人呢？我当时想跟他解释说明，他说没时间听"这件事时，金教士才慢慢意识到事情的严重性，尤其是之前曾经来教会的一些大学生很少再来。为此，金教士在礼拜日的学习里通过对《圣经》的学习，着重强调了怎样认识邪教的问题，并且在教会的微信群里（这个群里有很多偶尔来教会的成员）转发了相关的文章。② 同时，金教士也不断地通过讲授《圣经》来强调教友对教会的归属问题。她认为，教友要找到适合自己的教会牧养灵魂，并且对教会保持忠诚，所以她要求教友不要去"赶会"（指一天到几个教堂去参加聚会），因为她认为当下的教会良莠不齐，没有纯正深厚的信仰根基的教友容易受到那些异端的影响。此外，为了强调盛京教会信仰的纯正性和合法性，金教士在招远事件后的一段时间里，对刚来教会的新成员反复介绍自己教会的性质："我们的教会是合法的，我们是圣山教会的一个分堂。"谈及教会的未来，金教士说：

---

① 案件详情请参阅 http://baike.baidu.com/link?url=qByD9TCsrEybFaJZ3UH-6PEzyVS2Mu2lOW6x-Nr8VHrkOjIBH2PUeu_uepVLe8qje1 W8ZuWg20pitdbC90e-fes-WGpQGIjicQVqKHvGbbc-v06B1fejW2lpkbQJi-X9VLQ5Pqhe06pPNWEClGGac67Z9ZBo2jDaxHCS1JcgeITA2KBgy47ZCDiYtC1m6eQKbP。

② 实际上，对于招远血案，S市基督教会的整体反应都是滞后的。在笔者关注的"华夏人以马内利教会"微信群（在S市基督教圈内很有影响的一个微信群）中，直到2014年6月中旬才有相关批评邪教的文章出现。

157

"前段时间圣山教会的本堂牧师还在催促我,让我赶紧准备材料向宗教局申请,等批复了我们就正式有独立的堂点资格了。另外还让我好好准备,好到时一起按立为牧师。"但也是在做这些介绍的时候,金教士略带感叹地说:"我们现在的人还少一些,如果再多十几个兄弟姊妹,我们就能申请了。到时,就可以将教堂搬迁到街道旁边,将十字架立出去了,也不用担心其他的搅扰了。那时应该有更多的人来聆听福音了。"

三、结论

本章中,盛京教会由朝鲜族教士带领而普通教友大部分为汉族的族源构成现象,是笔者对其展开考察的兴趣起始点。在其后的观察中,城市的个体化移民增加了笔者观察教会宗教实践的视角,也帮助笔者解释了盛京教会发展到今天的基本动力原因,梳理展现了相关的实践策略。下文中,笔者将以"宗教市场论"的视角,对盛京教会跨族界宗教实践的过程做相关解释。

按照"宗教市场论"的解释,宗教市场是否发达的体制性原因要在国家行政力量与宗教市场两者关系中寻找。但是对于本章提到的盛京教会而言,这一理论的解释却有局限。因为从外在的制度约束条件来看,中国社会既没有像欧洲一样得到制度性支持的国家教会,也没有像美国一样自由竞争的宗教市场,但自20世纪80年代以来,中国社会的基督教信众却在不断增加,盛京教会即是其中一例。由此来看,在宏观层面,国家行政力量可能对宗教市场是否发达产生影响,但宗教市场这一函数在宏观层面绝不仅仅只有国家行政力量这一个变量。通过那些异乡年轻人来到盛京教会的经历,我们可以看到,正是因为脱离原生性的社会网络,这些年轻人呈现出"漂"于城市社会的个体化状态,并促使他们来到教会。因此,社会个体所属的基本社会结构至少应该是一个与国家行政因素等量的要素条件。

盛京教会是当下中国式宗教市场复兴过程中的一个产物,因此,它带有明显跨族界特征的宗教实践行为、相关的宗教产品的供给,以及由此而表现出的教会特征,需要在这一市场条件下进行解释。按照"宗教市场论"在信仰群体层面的理解,大教会向小教派的转化是较为繁荣的宗教市场结构的基本特点,也是这个宗教市场结构能够繁荣的主要原因,且小教派与大教会之间有竞争性的张力关系。① 由此,"宗教市场论"认为小教派发达的根本原因在于自

---

① 参见[美]罗德尼·斯达克、罗杰尔·芬克著,杨凤岗译《信仰的法则:解释宗教之人的方面》,中国人民大学出版社2004年版,第320~323页。

由竞争的宗教市场制度,所以欧洲社会较少出现小教派。① 但对于盛京教会而言,这种解释并不完全适用,尤其是在它跨族界的宗教实践过程中。总体而言,当下中国社会的少数民族教会如果有可能,都会用本民族语言过宗教生活,朝鲜族也是如此。东北地区是中国朝鲜族的主要分布地区,当地的朝鲜族教会一般都用朝鲜语、朝鲜文版本的《圣经》过宗教生活,因此,朝鲜族教会的教友基本上为本民族成员。一段时间以来,东北地区的基督教神学院还专门开设了针对朝鲜族教士的班级,以培养朝鲜族教会牧师。而且由于朝鲜族人信仰基督教的比例较高,所以在 2000 年之前,很少会出现朝鲜族牧师带领汉族教会的情况。实际上,盛京教会的跨族界情况在 S 市并不是特例,比如文中提到的圣山教会,虽设有汉族部和朝鲜族部,但有朝鲜族教士代领汉族教友的团契小组。为了解释这一族籍混搭的现象,笔者对 S 市几个朝鲜族教会做了一般性的调查,发现教友老龄化是这些教会的普遍特点。进一步的访谈发现,朝鲜族人口的出生率下降与大规模迁移是这一现象产生的根本原因。长期以来,中国朝鲜族因出国(出外)劳务,以及城市化进程所导致的东北地区民族村空村化、城市家庭空巢化,已为学者广泛讨论。② 从宗教信仰的层面来看,这样的社会变迁所带来的一个结果是,东北地区固定居住的朝鲜族人口数量下降。这势必会影响到当地的民族教会。于是,在宗教市场的外在管制有所改善的情况下,对比特定供给人口的减少,民族教会的宗教供给就会过剩,所以进行跨族界宗教拓殖就成为一个相应的选择。因为发展吸纳那些已有教会归属的教友不仅会遇到已有归属习惯的障碍,而且还会破坏与友邻的关系,所以争取那些个体化的缺少社会资源的外来新移民的加入就成为一个较为有效的教会发展方式。并且,从盛京教会目前的教会模式来看,教会强调教友对本教会的忠诚与委身,因此,即使是到圣山教会体系内的其他教堂活动也是不被鼓励的。但在教会合法性的获取方面,教会又必须依附于圣山教会,所以两者保持着若即若离而非否定对立的张力关系。

在"宗教市场论"的理论体系中,宗教市场能够存在的微观基础在于这一理论对宗教信仰所做出的人性趋利与宗教资本最大化的解释。③ 本章不对前

---

① 参见[美]罗德尼·斯达克、罗杰尔·芬克著,杨凤岗译《信仰的法则:解释宗教之人的方面》,中国人民大学出版社 2004 年版。
② 参见孙春日《中朝边境地区人口流失及对策——以延边朝鲜族自治州为例》,载《北方民族大学学报》(哲学社会科学版) 2010 年第 3 期,第 46~50 页;朴美兰《20 世纪 90 年代以来延边朝鲜族人口负增长原因探析》,载《东疆学刊》2010 年第 1 期,第 55~63 页。
③ 参见[美]罗德尼·斯达克、罗杰尔·芬克著,杨凤岗译《信仰的法则:解释宗教之人的方面》,中国人民大学出版社 2004 年版。

者人性趋利假设做深入的讨论，而主要是思考后者——宗教资本最大化假设。在"宗教市场论"中，这一假设的目的在于强调信仰个体宗教委身的组织与文化基础，即宗教组织内部稳固的人际关系网络及具有文化符号特征的较为熟悉的宗教符号、仪轨提供了个体委身的路径依赖前提。与之比较，盛京教会的具体宣教策略对此表现明显，在金教士以教会为"信仰之家"的前提来实现生活中对每个教友个体生活的照看的具体实践中，教友确实建构了对教会的认同与归属感。但由此而形成的最大化的宗教资本并不一定能促成一个教会的发展。如前文所言，现在盛京教会能够稳定参与教会活动的也就十几人，此外还有一些偶尔出现的参与者，他们基本都是处于高人口流动状态的年轻人。对于这些年轻人来说，特定的城市很可能是特定时段人生驻足的一个驿站。因此，即使他们在教会内具有丰厚的宗教资本，但这种资本与世俗的趋利动因相比较能有多大作用，则是需要讨论的。①

---

① 在发达的宗教市场内，宗教机构在供给信仰灵性产品的同时，也在提供世俗的社会服务。这是宗教资本能够产生且起稳定作用的基础条件。因此，宗教资本在本质上是宗教市场的产物，而非相反。在这一点上，"宗教市场论"有本末倒置之嫌。

第十二章 构建"关系":河口镇越南女工的职业流动与社会资本研究

一、引言

中国作为移民输出国,每年都有成千上万的中国人以经商、务工、留学等方式迁移到世界各国。以往学者对海外民族志的研究主要聚焦于海外华人及其社会适应与中国劳工海外务工生存境遇等问题。而现实情况是,越来越多中国与东亚、东南亚接壤的边境地区的外国人选择来华务工。中国不仅是跨国务工群体输出国,也成为接纳国。在资源全球配置驱动下,国与国之间人口流动更加成为当下的主流话题,中国也不例外。中国一直以来都是以跨国劳工输出国身份,向欧洲、亚洲等国家迁移人口;而现今,以境外人口向国内流动居多。特别是在河口地区,跨国务工现象十分突出。随着中国—东盟自由贸易区、大湄公河次区域合作、"两廊一圈"和中越跨境经济合作及国际大通道建设的不断推进,河口作为国家一类口岸城市,其国际化、都市化特征日益突显。河口口岸已成为越南和东盟间最大的进出口货物集散地。

在全球化议题下,跨国移民现象进入人类学研究视角。移民网络理论认为,在持续不断的移民过程中逐渐形成了社会网络,进而推动后来的人口流动。[1] 道格拉斯·梅西根认为,移民同胞间的种种联系,它实然又是一种社会资本,因为它使移民得到其他经济上的好处,如就业机会、较高工资、社会交际面等。[2] 美国人类学家塔玛·戴安娜·威尔森则认为,移民过程一般通过亲

---

[1] Graeme J. Hugo. Village-community Ties, Village Norms, and Ethnic and Social Networks: A Review of Evidence from the Third World. Gordon F. DeJong, Robert W. Gardner, eds. *Migration Decision Making: Multidisciplinary Approaches to Microlevel Studies in Developed and Developing Countries*. New York: Pergammon Press, 1981.

[2] 参见华金·阿朗戈著,黄为葳译《移民研究的评析》,载《国际社会科学杂志(中文版)》2019年第5期。

属网络和社会网络来策划安排，原来居住于同一社区移民在目的地扩散与集聚。① 跨国迁移不是迁移的终点。跨国迁移以后，迁移者迎来了新生活的挑战——新社区生活调适、文化适应、身份认同、民族国家认同等适应问题。"非零和型适应"和"多元适应"② 对迁移者社会适应问题做了很好的理论阐释。国内学者段颖认为，华人运用蕴含在社会空间中的历史记忆来表达其对缅甸社会的融入与认同。除此之外，对于移民群体的讨论——移民如何通过社会网络实现流动成为比较热门的话题。③ 学者通常从社会资本的理论视角关注移民作为求职者的职业流动问题。马克思对"资本"④ 一词进行了较为深刻的解读。林南的社会资本理论则更多地认为拥有更多社会资源的人会获得职位方面的优势，也即"关系人"或地位会有助于求职。⑤ 而莫维却不认同林南的观点，认为"趋同性"可能挑战林南的观点。他本人强调："支持社会资源理论的证据，很大程度上只反映了求职者和关系人之间的同业信息流的效应。"⑥ "莫林之争"根源在于社会学界对内生性问题的关注。⑦ 而陈云松等学者通过"一阶差分"与"赫克曼方法"证实"趋异性选择"往往只是退而求其次的选择，而"趋同性选择"则可能体现在真正的资源和权力之上⑧，让这场"莫林之争"暂时画上一个句号。学者们对跨国迁移现象本身、移民作为求职者如何实现职业流动等问题都进行了比较全面的学理分析。越南女工作为移民群体，在其职业流动过程中也存在着如何通过社会网络实现其诉求的问题。以上对移民群体的讨论对研究河口镇的越南女工具有借鉴意义。本章基于对河口镇越南女工群体的个案调查，运用社会资本理论来探究深受越南传统结构影响的越南女工如何通过社会资本积累实现自身职业流动。

---

① 参见 [美] 塔玛·戴安娜·威尔森著，赵延东译《强关系、弱关系：墨西哥移民中的网络原则》，载《思想战线》2005 年第 1 期，第 46 页。

② Alejandro Portes, Min Zhou. Gaining the Upper Hand: Economic Mobility among Immigrant and Domestic Minorities. *Ethnic and Racial Studies*, 1992, 15 (4).

③ 参见段颖《城市化抑或华人化——曼德勒华人移民、经济发展与族群关系之研究》，载《南洋问题研究》2012 年第 3 期，第 71 页。

④ Karl Mark. *Captial: A New Abridgement.* Oxford: Oxford University Press, 1995, p. 456.

⑤ 参见陈云松、比蒂·沃克尔、亨克·弗莱普《"关系人"没用吗？——社会资本求职效应的论战与新证》，载《社会学研究》2014 年第 3 期，第 101 页。

⑥ 陈云松、比蒂·沃克尔、亨克·弗莱普：《"关系人"没用吗？——社会资本求职效应的论战与新证》，载《社会学研究》2014 年第 3 期，第 103 页。

⑦ 参见陈云松、比蒂·沃克尔、亨克·弗莱普《"关系人"没用吗？——社会资本求职效应的论战与新证》，载《社会学研究》2014 年第 3 期，第 101 页。

⑧ 参见陈云松、比蒂·沃克尔、亨克·弗莱普《"关系人"没用吗？——社会资本求职效应的论战与新证》，载《社会学研究》2014 年第 3 期，第 101 页。

二、河口镇越南女工的基本概况

河口经济快速发展而本地劳动力短缺,因此吸纳了大量越南女工流入河口镇。来河口的越南女工在人数上形成了一定的规模,当地的一则报纸报道称:"截至目前在县辖区内共有越南籍暂住人员1348人,男性196人,女性1152人。"① 根据官方数据统计,我们得知来河口的越南人中,女性人数占85%左右。这些越南女工的主要来源地是老街省的周边县市(老街市、孟康、沙坝)、安沛省、河内、莱州省等地,民族成分多为京族、沙族等。她们多为单身女性,都是正值青春期的女孩。她们的年龄为14～30岁,教育程度是高中及以下学历。越南女工几乎遍布整个河口镇,在河滨路、槟榔路、广龄街、人民路都能看到她们的身影。

(一) 越南女工的工作场所:河口镇

越南女工的工作场所几乎遍布整个河口镇,她们以群体或个人的形式流动到中越两国的商贸街、河滨路、槟榔路、广龄街、人民路等地从事服务行业。其中,口岸附近的中越两国商贸街成为越南女工的主要聚集区。一般,从河口口岸走到商贸街只需要3分钟,而且越南女工从中越两国的口岸进入河口镇必须经过商贸街。基于现实地理因素和其作为传统的劳动力市场的考虑,商贸街已经成为越南女工来河口首选的落脚点。而越南女工人数在河口镇分布的总体趋势是腹地少,口岸附近多。

(二) 越南女工的基本特征

本章是在笔者对河口镇两次田野调查的基础上完成的。笔者通过参与观察、深入访谈等方式,对河口越南女工的基本概况、生存状况有了一定的了解。同时,笔者发现她们呈现以下特征。第一,高度流动性。越南女工每天往返于中越两国之间,工作与生活地点分布在两国。第二,河口镇越南女工的工作类型呈现多元化。第三,劳务报酬与其汉语能力呈现正相关。汉语能力强的越南女工能够选择的职业范围更广,获得的报酬也相对较高。第四,来源多元化趋势。越南女工不仅有来自老街省附近的,而且有来自安沛省、海防、河内等越南南部地区的。第五,越南女工年龄结构年轻化,其年龄段为14～30岁。第六,越南女工家住边境地区口岸附近,流通便利、自学汉语等因素大大降低了劳动力雇佣成本。

---

① 陈宏:《河口中越边境地区涉外民商事件现状分析》,载《河口》2012年第32期,第5页。

三、越南女工的职业流动

(一)职业分层

河口镇越南女工从事的职业以服务行业为主,大多从事烧烤店、米线店服务员,批发部打包工,鞋店、女装店、精品店销售员,酒店、道路清洁工,跨国公司翻译,临时翻译等。越南女工遍布整个河口镇。不管从从业人数上,还是从职业类型上来看,她们俨然成为当地劳动力市场的主力军。笔者发现,这些职业存在着某些相似性,可以对其进行分类。依据越南女工的劳动力强度、语言能力、收入水平这3个标准,对她们的职业进行分层。

(1)餐饮类服务员(米线店、烧烤店、小吃店服务员)。这类越南女工的职业特点是,承受的劳动力强度较大,需要承担更多的体力劳动。可以说,这群女工是河口镇越南女工群体中劳动强度最大、工作时间较长的人群。这类职业被认为是当地劳动力市场进入门槛最低的,不需要任何汉语基础。其收入为1000～1400元/月。

(2)商店零售员(鞋店导购、精品店售货员、超市收银员、女装导购等)。这些越南女工的普遍特征就是为顾客推荐、销售商品。从事零售员工作的越南女工的劳动强度就明显低于餐饮类服务员,但需要一定的汉语技能。其工资计算方式主要是底薪加提成,其提成一般为1%～2%。这样就意味着"多劳多得,少劳少得"。她们一般每个月能够拿到1500～2500元。

(3)企业文职人员。笔者将跨国企业翻译、临时翻译归为文职人员的原因在于,从事企业文职人员的越南女工劳动力强度最低。雇主对文职类越南女工应征者提出了更高的要求,不仅要求她们接受过高等教育,而且要求她们拥有汉语读写能力。从事文职工作的越南女工工资收入是相当可观的。总体来说,其平均工资水平为2000～4000元/月。

从劳动强度、收益水平、职业声望方面来看,越南女工对这3种职业类型给予了不同评价:文职类越南女工的工作具有劳动强度小、工作时长短、工作收益高、职业声望高等特性;而商店零售员的工作具有劳动强度适中、工作时长与餐饮类服务员工作时长持平、工资收益处于中等水平、职业声望一般等特征;餐饮类服务员工作具有劳动强度大、工作时间长、存在职业隐患、工资收益少、职业声望低下等性质。

在对越南女工职业的讨论过程中,笔者发现,越南女工职业类型、汉语能力、收入水平之间存在着正相关联系。汉语能力提升可以促使越南女工职业向上流动,从而获得更高的工资收益。这三者关系也构成了关于越南女工在河口镇劳动力市场的职业等级金字塔(如图 12-1 所示)。底座是由餐饮店服务员、清洁工、打包工等构成,中部是电器手机店、花店、服装店、鞋店、精品店、超市售货员,处在金字塔尖的是跨国企业翻译。

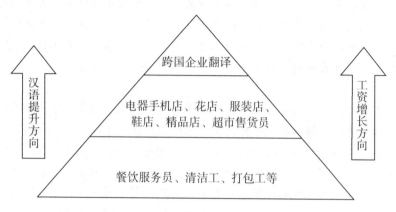

图 12-1 越南女工职业等级金字塔

(二)职业流动

职业流动意味着越南女工从一种职业流动到另一种职业,从一个工作场所转移到另一个工作场所。越南女工的职业流动既有上文职业分层当中的职业类型转换,也有更换雇主的职业场所转移。在她们的职业流动过程中,可能实现职业转型,也可能延续原先的职业。职业流动被认为是社会流动的主要方面。当下学者对职业流动的研究也主要从社会流动这一研究视角进行探究。越南女工的职业流动除了在流动次数上存在初次与再次的差异之外,再次职业流动内部也存在着不同。学者们根据社会流动方向、参照基点和原因 3 个维度,将社会流动相应地划分为 3 种类型,即垂直流动和水平流动、代内流动和代际流动、自由流动和结构性流动①。河口镇越南女工纷繁复杂的职业流动既存在着垂直职业流动,又存在着水平职业流动。

---

① 参见 [英] 安东尼·吉登斯著,赵旭东、齐心、王兵等译《社会学》,北京大学出版社 2003 年版,第 286 页。

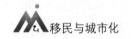

1. 初次职业流动

【个案1】阿姜，21 岁

我是阿姜，是阿水的表姐。阿水来河口上班一年以后，因为店里面缺人手，阿水就把我推荐过来。高中毕业以后，我一直在老家种地。来了以后，觉得在这儿比之前待在家里面好。在老家每天都是那几样事情，不像在河口既可以挣钱，又可以出去玩。我没换过工作，因为阿水也在店里面工作，我们两个平常在河口也能在一起。我觉得这比一个人在外面闯好多了。[①]

大多数越南女工依靠亲属进入河口镇劳动力市场，获得人生当中的第一份工作。她们满怀期待地投入工作之中，希望通过职业生涯奋斗而获得更多改变自己生活的机遇。与过去在越南的生活经历相比，她们普遍认同现在工作所带来的优越性。在河口镇的跨国生活让大多数越南女工从原来的农业生产过渡到现代服务行业。居住在城市给她们的生活方式带来了明显的改变。但是，很少有越南女工找到第一份工作以后，就不再发生流动。更多的越南女工会在之后的职业生涯当中再次发生流动。

2. 再次职业流动

在大多数人的观念里，谋求一份收入稳定、职业发展空间大的工作是最理想的。常常更换工作的人不仅给人以不踏实的感觉，而且收入不稳定。而越南女工很难在初次职业流动过程中就找到自己理想的工作。对河口越南女工而言，再次职业流动才是她们的常态。时常有报道人告诉笔者，这是她在河口的第几份工作，离上一份工作的更换时间不超过一个月。而她们再次职业流动不仅仅是从一个工作场所到另一个工作场所、一种职业到另一种职业那么简单。上文我们提到越南女工的职业流动存在着水平和垂直职业流动。[②] 这两种职业流动的最大区别在于：越南女工在水平职业流动过程中，其职业声望、职业地位并未发生明显的改变，她们倾向于在相似职业类型里面流动；而在垂直职业流动中，越南女工的职业声望、职业地位发生了改变，她们向上流动，从而获取更好的工作机会。

（1）越南女工水平职业流动。越南女工倾向于在相似职业之间来回地发生流动。有部分越南女工在再次职业流动过程中，倾向于在一些相似的职业之间来回流动，如同钟摆一般左右摇摆。

---

① 资料来源：笔者2014年1月10日于河口镇的田野调查所得，报道人阿姜。
② 参见郑杭生主编《民族社会学概论》，中国人民大学出版社2011年版，第86页。

第十二章 构建"关系":河口镇越南女工的职业流动与社会资本研究

【个案2】阿冷,20岁

我是和我孃孃一起来花姐家卖烧烤的,这是我的第一份工作。刚来河口时人生地不熟,工作很辛苦,常常要熬夜,整个人精神都不是很好。春节放假以后,我就没回花姐家做。听好朋友小甜说在她做的那家(饭馆)不像在花姐家那么辛苦,每天晚上9点多就可以下班。她就和那个老板说了我的情况,老板同意让我过去。我就跟着她在那里做了几天。后来,花姐的老板娘打电话请我回去。再后来,我又因为嫌这份工作太辛苦了,我就没来,在家帮我父母做了一段时间的农活。后来,还是觉得不出去打工,在家待着也挣不到几个钱。又到河口的服装店找工作。晚上10点才下班。老板不提供住的地方,我家离老街远,这么晚才回家相当危险。想来想去,后来还是去花姐家。这3年来,我算是换了好几回工作。可能是习惯了这份工作和这里的人,最后还是回这里上班。①

【个案3】秀姐,27岁

来河口以前我都是帮着我妈在市场卖水果,帮着家里做点事情。后来,我表姐回老家探亲的时候,跟我聊起来,(问我)要不要去河口闯闯,出去见见世面。听到这些话,自然是羡慕呀!我原本就不喜欢这个家,能够离开,我自然高兴得不得了。第二天就去了河口,跟着表姐在一家服装店里面上班。表姐十分照顾我,十分感激表姐对我的帮助。后来,因为和老板不合,就离开了那家服装店。表姐就给我介绍了一家鞋店的工作。没做多久,我又换了现在精品店的工作。

个案2中的阿冷向我们展示了越南女工徘徊于几个相似职业之间水平职业流动的真实图景:她的第一份工作是在花姐烧烤店做服务员,第二份工作是饭店服务员,第三份工作又回到花姐烧烤店,第四份工作考虑过到商贸街做售货员,但最终又回到花姐烧烤店。从上面的分析中,我们可以了解到阿冷如此频繁地更换工作,原因在于她对当下生活境遇存在着强烈的不满情绪。流动到河口工作并未改变越南女工原来的生活状态,她们期盼通过再次职业流动来实现改变。

(2)越南女工垂直职业流动。这种类型的越南女工在河口镇劳动力市场内部实现再次职业流动的过程中,职业得以更换:从服务员晋级到零售员,甚至到企业文职工作人员。对于她们来说,再次职业流动不单单是从一个工作地

---

① 资料来源:笔者2014年7月在河口镇的田野调查。

点转移到另一个工作地点，而是得到了工作晋升机会，进而提高她们的收入水平、社会地位和职业声望，达到她们改变自身命运的目标。

【个案4】阿艳，30岁

我的第一份工作是在红河谷（饭店）做服务员。每天都是端茶倒水、洗盘子的工作。后来听一起上班的人说，只要会讲点汉语，就不必整日受这种苦。我就和中国人学起了中国话。我觉得自己学会了一点，就跑去商贸街找卖东西的工作。工资收入比以前强很多，而且也没那么累人。①

不管是水平职业流动，还是垂直职业流动，都体现了越南女工选择再次职业流动的共同特征。首先，越南女工更换工作频率比较高。个案2中阿冷在来河口工作的3年时间里就更换了3次工作：从花姐烧烤店到饭店，再到商贸街零售员，最后回到花姐烧烤店。其次，越南女工在职业流动过程中，倾向于停留在相似或者同类型的工作之间。她们如同钟摆一般，来回地在两个工作地点之间摆动。这就是我们常说的水平职业流动，其职业地位、职业声望并未发生明显改变。这也说明第一份工作对她们未来职业流动产生了比较深远的影响。她们在之后的职业流动过程中，会有意识地考虑之前的职业类型与未来的职业类型之间的差异，以权衡她们进入新工作场所需成本及胜任该职业有多大把握的问题。新职业的不确定性和风险性让她们倾向于选择与之前相类似的职业。再次，越南女工对自己职业的忠诚度比较低。频频发生职业流动的现象也证明了她们对自己职业的忠诚度较低，对当前职业归属感、成就感较弱等问题。

四、越南女工职业流动与社会资本积累

（一）越南女工社会交往圈

1. 越南女工跨国流动之前的社会交往圈

越南女工在流动到河口之前，就有一个属于自己的社会交往圈子。交往对象包括主要的家庭成员、远亲、好友、同村人等。这些交往对象与越南女工之间共享关于村落、祖先、民族的记忆，他们之间有着一定的同质性。笔者根据其与交往对象的亲疏程度，将越南女工的社交圈子区分为家庭成员之间的交往、非家庭成员的交往。

---

① 资料来源：笔者2014年7月在河口镇的田野调查所得。阿艳，30岁，沙族，越南老街人。

第十二章 构建"关系":河口镇越南女工的职业流动与社会资本研究

2. 越南女工跨国流动之后的社会交往圈

发生跨国流动后,越南女工的社会交往圈有所扩张。她们的交往对象不再仅仅局限于上述人群。她们在工作场所结识了新同事(中国人、越南人),外出游玩认识了新朋友。这是越南女工积极地建构"关系"所积累的社会网络。这些新认识的朋友可能发展成为一生挚友,也有可能只是萍水相逢的人。因此,我们根据这些人群与越南女工的亲疏程度将其划分为熟人、一面之交的朋友。

(二) 越南女工职业流动与社会资本积累

"社会资本由嵌入在社会关系和社会结构中的资源组成。"[1] 这是林南对社会资本所下的定义,社会资本被理解为行动者在行动中获取和使用的嵌入社会网络中的资源。塔玛·戴安娜·威尔森也说道:"移民过程是通过亲属网络和社会网络来策划安排的。按照关系强度的大小,(移民的)亲戚、朋友和paisanos(社区成员)可以提供潜在的住所、贷款、帮忙找工作以及帮助移民在迁入目的地社区后适应当地的环境。"[2] 作为行动者的越南女工也存在着通过获取和使用社会资本来达到目的的情况——她们通过扩张自身社会网络来实现进一步的职业流动。在上文个案 3 中,秀姐来河口之前的生活状态是每天早起帮母亲到市场卖水果。表姐在一次回家探亲的过程中,表示想带她一同去河口工作。秀姐原本就不喜欢她现在的家,早有离开老家独自谋生的打算。表姐的提议让她重新燃起了对生活的希望。第二天她就收拾好行李跟着表姐去了河口。表姐将她安置在自己住的地方,把她介绍给了自己的雇主。秀姐和她表姐就在同一家服装店做导购。在服装店做导购时,秀姐遇到什么困难,都是她表姐在一旁帮助她。秀姐的这次跨国流动实然是动员了社会网络实现的。秀姐和她表姐具有血缘关系,这一层天然的纽带把她们联系在一起。这样的血亲关系很少能够通过外力割裂,她们之间的这种联系会通过血缘关系一直延续下去。强烈的家庭责任感和深厚的亲情让秀姐的表姐运用自己的社会资本帮助秀姐来河口谋生。此外,这也是秀姐运用她与表姐的血亲关系实现职业流动的过程。表姐把秀姐安置在自己租的房间里,将其引荐给自己的雇主,给予秀姐感情上的支持,这些都是通过秀姐动员自身社会资本实现的。

---

[1] [美]林南著,张磊译:《社会资本——关于社会结构与行动的理论》,上海人民出版社 2005 年版,第 25 页。

[2] [美]塔玛·戴安娜·威尔森著,赵延东译:《强关系、弱关系:墨西哥移民中的网络原则》,载《思想战线》2005 年第 1 期,第 46 页。

秀姐在第二次职业流动过程中也得到了表姐的帮助。而秀姐想第三次更换工作的时候，表姐表示："能够帮你的就那么多。"秀姐能够成为精品店零售员并不是利益于表姐的帮助。由于表姐认识的人不多，提供给她的社会网络支持有限，不能够进一步支持秀姐实现其流动。所以，有着进一步职业流动愿望的秀姐就积极去建构"关系"，以获取除了表姐之外的新社会关系网络来实现自己的愿望。她与小王的关系是她建构新关系的结果。秀姐进一步说道："和小王认识完全是因为朋友的聚会。我们聊得比较投机，互相留了电话。过后没怎么联系，再联系是因为他听说我在找工作，就打电话来让我去他工作的店试试。"在第三次职业流动过程中，秀姐以积极主动的姿态扩展自己的社会交往圈去获取社会资本以实现流动。她建构了与小王之间的朋友关系。朋友聚会为她进一步结识新朋友提供了平台。秀姐通过主动和别人聊天的方式去认识新朋友。秀姐解释道："人出门在外，多一个朋友是好事，不知道什么时候就需要这些朋友帮忙了。"得知秀姐在找工作的消息之后，小王就主动给秀姐提供了在他们精品店上班的机会。秀姐的这一次职业流动所动员的社会资本与以往的不同之处在于，这是她通过自身行动去获得社会资本而实现的。不去依靠原有的社会资本，而去获取新的社会交往圈的支持，这实然是秀姐建构"关系"而积累自身社会资本的过程。

　　此外，秀姐的每一次职业流动也是其扩张社会网络的过程。在新工作场所中，秀姐自然会认识一些新同事、新朋友。作为在同一个店里上班的人，她与这些新同事朝夕相处，日久情深，很容易建立比较亲密的关系。个案4中的阿艳姐也说："一起工作的人，比较容易成为好朋友。因为每天一起工作的时间比较长，大家都会相互熟悉，又是外出打工的，相处起来像家人。"这些在工作场所中认识的新同事同时也可能是她们未来发生职业流动潜在的工作信息提供者，他们也构成了越南女工在河口所建构的社会关系网络的成员。这些社会网络的成员为其提供社会资本，表现为帮助、提供工作信息和就业安排。[①] 上文个案2中的阿冷也说道："我去商贸街找工作是以前一起在花姐烧烤店的阿里告诉我的。她告诉我他们店招人，我才去试的。"

　　从上文论述中，我们可以明显感知到越南女工职业流动与社会网络之间存在相互促进的作用。越南女工通过获得社会关系网络的支持力量，实现自身职业流动。在越南女工初次职业流动过程中，更多的是亲属、好朋友等所建立的社会网络在发挥作用。这些与越南女工存在紧密联系的人们给越南女工提供了

---

① 参见[美]塔玛·戴安娜·威尔森著，赵延东译《强关系、弱关系：墨西哥移民中的网络原则》，载《思想战线》2005年第1期，第53页。

第十二章 构建"关系":河口镇越南女工的职业流动与社会资本研究

工作信息、适应新社会的情感支持等。而她们再次职业流动则更多地依靠那些在河口认识的新朋友、同事来完成。越南女工与这些人之间的关系是她们积极建构的结果。但是,笔者发现,越南女工所动员和积累的社会关系网络支持其职业流动且真正实现其职业地位、职业声望向上流动的很少。很多越南女工都是在相似的职业之间兜兜转转。她们不能通过职业实现向上的流动,更多的是水平流动。上文个案 3 中的秀姐说道:"感觉找来找去,我就是在那几种工作里面转,想去找翻译的工作也没有什么门路。"我们知道,越南女工来河口谋生的最大动机在于她们希望通过跨国流动改变她们的生活状态。"我们来河口是为了改变命运的。"这是笔者常听越南女工提到的一句话。而在现实社会中,能够实现职业向上流动的毕竟是少数。之所以如此,究其原因在于越南女工扩大的社会关系网络能够为她们提供向上流动机会的很少。发挥作用的更多是"同业信息流"①。该概念认为,随着现代社会市场经济下的分工细化,人们对工作机会信息的掌握越来越碎片化,往往只能为他人提供自己熟悉的行业的就业信息②,即求职者在其职业流动过程中,是性质相同的社会资本在发挥效用。观照到越南女工群体的话,从上文的论述中,我们了解到她们认识的很多新朋友、新同事与她们处于在同样的工作环境之中,所接触的人群、工作信息存在着相似性。工作信息的提供者给她们提供的就业信息与她们之前所从事的职业存在相似性。从事服务性行业的她们得到的新的工作机会也是服务性工作。她们很难获得关于其他职业的信息。由此看来,她们所拥有的社会资本也存在着某种相似性。社会关系网络的相似性让她们很难突破职业界限(从餐饮类服务员转变为零售类销售员),从而也很难获得异质性社会资本。促使越南女工实现晋升的职业流动来自异质性的社会资本,而实际情况是很多越南女工很难通过异质性社会资本实现向上流动的目的。因此,越南女工职业流动倾向于在同类型行业之间兜兜转转。例如,烧烤店的阿冷,与她关系密切的都是一些在米线店、饭店打工的越南女工。这些人能够给阿冷提供的工作信息也就局限在餐饮类行业之内,她们很难突破这些领域而获得其他行业的工作信息。工作信息缺乏和不对称让她们很难实现职业地位、职业声望的提升。

---

① 参见陈云松、比蒂·沃克尔、亨克·弗莱普《"关系人"没用吗?——社会资本求职效应的论战与新证》,载《社会学研究》2014 年第 3 期,第 103 页。
② 参见陈云松、比蒂·沃克尔、亨克·弗莱普《"关系人"没用吗?——社会资本求职效应的论战与新证》,载《社会学研究》2014 年第 3 期,第 104 页。

五、结论

本章以云南河口镇越南女工群体为研究对象，展示了她们在河口镇劳动力市场真实的生活图景：河口越南女工群体主要从事服务行业，职业流动呈现日常化特征。当她们在再次职业流动过程中发现原来的社会网络不足以实现流动目的的时候，在河口所建构的社会资本将会促进其进一步的职业流动。不管是原先的社会资本，还是后来的社会资本，都为越南女工职业流动提供了工作信息、暂时落脚点、情感支持等。虽然越南女工的社会关系网络在职业流动过程中得以扩展，她们认识了更多新朋友、新同事，但是真正实现职业声望、职业地位提升的毕竟是少数。这些新朋友、新同事能够给她们带来的工作信息与她们之前掌握的信息存在同质性，而这些信息不足以支持她们实现向上的职业流动。因此，大多数越南女工都是在同类型行业之间兜兜转转，无法实现向上流动的目的。越南女工作为求职者，实现职业流动发挥作用的不是"趋异性"社会资本，而是"趋同性"社会资本。换句话说，越南女工职业流动过程中发挥作用的是"同业信息流"[1]。从上文对越南女工职业流动的个案研究反观林南对社会资本的研究。林南认为，社会资本的趋异性促进了求职者的职业流动。[2] 而实际上，越南女工实现职业流动中发挥作用的更多是"同业信息流"。她们很难获得其他类型的社会资本以实现其目的。在这样的职业流动过程中，她们的职业声望、职业地位并未得到明显改观。因此，促使越南女工职业流动的不仅仅限于林南所描述的异质性社会资本，同质性社会资本也发挥了作用。只是越南女工在通过同质性社会资本实现职业流动的过程中，其职业地位、职业声望并未得到提升。这样一来，对越南女工的关注丰富了林南对社会资本内涵的定义。河口镇越南女工通过社会资本积累以实现频繁的职业流动是她们的主体性选择。但是，很少有越南女工通过社会关系网络的扩张来实现她们向上流动的诉求。很多越南女工向上流动会遇到阻碍，更多表现为同类型行业之间的兜兜转转。这也是我们当下对跨国移民进行研究时需要进一步探讨的问题：跨国移民者作为行动主体如何通过自身社会资本的积累来实现其诉求？

---

[1] 参见陈云松、比蒂·沃克尔、亨克·弗莱普《"关系人"没用吗？——社会资本求职效应的论战与新证》，载《社会学研究》2014年第3期，第103页。

[2] 参见陈云松、比蒂·沃克尔、亨克·弗莱普《"关系人"没用吗？——社会资本求职效应的论战与新证》，载《社会学研究》2014年第3期，第101页。

第四编

空间、社会网络与传统复兴

第十三章 新农村建设：农村发展类型与劳动力人口流动

一、问题的提出

伴随着改革开放的不断深入，我国流动人口的规模不断扩大，其中最重要的体现就是在城乡二元结构背景下，农村劳动力向城市非农业部门的转移。这种大规模的人口转移在为城市快速发展提供充足劳动力的同时，也给农村发展带来了建设主体缺位等巨大挑战。① 有学者甚至提出村落作为一种社会形态将走向终结。② 在转型过程中农村大面积衰落的情况下，近年来，国家运用自身的财政力量，通过向农村定向投入建设资金等方式开展了新农村建设，试图扭转农村发展局面。

新农村建设政策至今已有10余年，本章将探究新农村建设对农村发展的效应，以及该效应在不同农村类型之间的差异；农村的发展必然影响农村劳动力的流动，因此，本章还将探究农村发展的差异对农村劳动力流动的影响，从而较为完整地分析新农村建设的社会效果。

二、研究综述

1. 关于农村人口流动的研究

农村人口流动规模大、变动快、情况复杂，关系着中国城镇化的进度及农村发展的未来，一直是学术界关注的焦点问题。早期，随着中国改革开放的推进，城市规模及人口吸纳能力不断增强，农村劳动力开始大规模流向城市，因

---

① 参见周祝平《中国农村人口空心化及其挑战》，载《人口研究》2008年第2期，第45~52页。
② 参见李培林《巨变：村落的终结——都市里的村庄研究》，载《中国社会科学》2002年第1期，第168~179页；田毅鹏、韩丹《城市化与"村落终结"》，载《吉林大学社会科学学报》2011年第2期，第11~17页。

此，研究多聚焦于农村劳动力向城市转移的发展趋势及成因分析。① 而在 2008 年金融危机之后，随着农民工在城市工作和生活的日益艰难，以及新农村建设背景下农村经济发展和基础设施建设的提升②，大量进城务工人员选择从大城市回到自己的家乡，"用工荒"与"回乡潮"现象的出现及其成因成为学界研究的重点。③

学界关于农村人口流出影响因素的研究，主要依据古典迁移理论、新迁移经济理论和推拉理论。其中，古典迁移理论强调劳动力流动决策的做出，是个人效用最大化的结果，因此，收入水平或者预期收入水平等是决定农村劳动力外流的主要因素，代表性的理论解释包括刘易斯的二元经济发展理论及托达罗的预期收入理论；④ 新迁移经济理论则与古典迁移理论有所不同，强调家庭作为决策主体的重要性，认为家庭根据预期收入最大化和风险最小化的原则，决定其成员的迁移；⑤ 推拉理论则认为宏观层面的劳动力流入地及流出地的不同特征及发展情况意味着不同的推力和拉力，同样会对人们的流动决策产生影响。⑥

针对中国农村劳动力流动的实证研究表明，绝对收入和相对收入较低、受教育水平较高的家庭，其劳动力外出打工率较高，同时，村庄社会网络对家庭劳动力流动具有显著的促进效应。⑦ 朱传耿等利用 1996 年流动人口统计数据，从城市角度分析中国流动人口的拉力要素，认为城市流动人口规模与城市经济增长要素、投资要素有着显著的关联。而李强则进一步研究了推拉理论对解释中国农村人口向城市流动现象的适用性，指出与国外不同的是，中国的户籍制

---

① Zai Liang, Michael J. White Market transition, government policies, and interprovincial migration in China: 1983 – 1988. *Economic Development and Cultural Change*, 1997, 45 (2); 段成荣、杨舸、张斐、卢雪和《改革开放以来我国流动人口变动的九大趋势》，载《人口研究》2008 年第 6 期，第 30 ~ 43 页。

② 参见张术环、张文萃《农民工回流问题研究综述》，载《经济纵横》2009 年第 2 期，第 116 ~ 119 页。

③ 参见章铮《民工荒：现状与未来》，载《人口与发展》2008 年第 3 期，第 19 ~ 21 页。

④ M. P. Todaro. A Model of Labor Migration and Urban Unemployment in Less Developed Countries. *The American Economic Review*, 1969, 59 (2).

⑤ O. Stark, J. E. Taylor. Migration Incentives, Migration Types: The Role of Relative Deprivation. *The Economic Journal*, 1991, 101.

⑥ R. Murphy. *How Migrant Labor is Changing Rural China*. Cambridge: Cambridge University Press, 2002.

⑦ 参见潘静、陈广汉《家庭决策、社会互动与劳动力流动》，载《经济评论》2014 年第 3 期，第 40 ~ 50 页。

度的存在可能会使推力或拉力失去作用。①

学界关于农村人口返回迁移的研究，使用的理论依然是托达罗的预期收入理论、新迁移经济理论及推拉理论等。② 针对中国的返乡农民工实证研究则多是从农民工城市生活、工作条件、权益保障、社会融入情况、家庭因素及与家乡的联系等多个角度对农民工的"回乡潮"的具体成因进行分析。③

总之，关于农村人口流动影响因素的研究，无论是农村人口外流还是回流，学者多从个体社会经济地位、个体预期、家庭因素等视角进行分析。虽然推拉理论关注宏观层面的流入地或流出地特征对人们迁移选择的影响，但因为受数据限制，研究主要集中在对农村劳动力的城市拉力和农村推力的讨论上，而较少讨论农村的拉力。

实际上，2005 年以来，中央政府的惠农、扶农政策使得粮食价格大幅度上涨，农民出售农产品的收入有大幅度增长，因此，农民工的回流逐渐增加④，农村对农村流动人口的拉力在不断增加。因此，对农村拉力的讨论越来越成为一个严重的学术空白。

2. 新农村建设与农村拉力

随着改革开放的深入，我国城市化进程不断加速，伴随着城市化进程而来的是农村人口大量向城市集中。⑤ 我国长期偏好规模经济，着力发展大、中城市，不断吸纳农村剩余劳动力向城市转移。这种发展取向造成的后果是我国城乡二元结构进一步突显，我国大部分农村在 20 世纪 90 年代后期陷入普遍的经济不景气甚至凋敝之中。⑥ 基于农村经济发展的不景气及大城市建设中种种负面效应的产生⑦，政府开始重视对农村和小城镇的建设，最为典型的是自 2005 年以来，国家重点提倡并推行的新农村建设。

---

① 参见李强《影响中国城乡流动人口的推力与拉力因素分析》，载《中国社会科学》2003 年第 1 期，第 125～136 页。

② 参见余运江、孙斌栋、孙旭《基于 ESDA 的城市外来人口社会融合水平空间差异研究——以上海为例》，载《人文地理》2014 年第 2 期，第 123～128 页。

③ 参见白南生、何宇鹏《回乡，还是外出？——安徽四川二省农村外出劳动力回流研究》，载《社会学研究》2002 年第 3 期，第 64～78 页；章铮《民工荒：现状与未来》，载《人口与发展》2008 年第 3 期，第 19～21 页。

④ 参见王翌、刘维佳《西部农民工回流与回归现象浅析》，载《技术与市场》2007 年第 4 期，第 89～91 页。

⑤ 参见丁守海《中国城镇发展中的就业问题》，载《中国社会科学》2014 年第 1 期，第 30～47 页。

⑥ 参见温铁军、温厉《中国的"城镇化"与发展中国家城市化的教训》，载《中国软科学》2007 年第 7 期，第 23～29 页。

⑦ 参见赵新平、周一星《改革以来中国城市化道路及城市化理论研究述评》，载《中国社会科学》2002 年第 2 期，第 132～138 页。

新农村建设要求的重点是从发展农村经济、建设农村基础设施、发展农村社会事业、推进农村体制改革、建设农村现代文明、增加农民收入等几个方面不断建设社会主义新农村。① 政府提出从多个方面建设社会主义新农村，但基于农村发展的现实情况，必然会有所侧重。如林毅夫认为，新农村建设的核心是通过国家投资农村基础设施，拉动农村的内需，进而促进经济发展。② 这一思路在一定程度上成为中国新农村建设的主要方向。遗憾的是，学术界对新农村建设对农村发展的具体影响效应、新农村建设实施力度可能存在的差异及由此导致的农村不同发展类型缺乏基于农村本身数据进行的实证分析。

本章将通过实证数据，验证新农村建设对农村发展的建设效应；进而根据农村发展的主要指标，尝试划分农村的发展类型。最后，不同于以往研究仅从个体及家庭视角研究农村人口流动，本研究运用基于流出地（农村）调查法得到的农村社区具有代表性的数据，从村的层面出发，验证不同的农村发展类型与发展现状对村庄人口流动的具体影响，从总体上对新农村建设的效果和前景做出科学的评判。

三、数据

本研究所使用的数据来自中山大学社会科学调查中心的"中国劳动力动态调查（CLDS）"数据，该调查涉及除港澳台地区、西藏、海南之外的全国29个省市自治区（文中简称"全国"）。CLDS采用分层抽样的方式抽取社区、家庭、个体3个层次的样本，并分别采用社区问卷、家庭问卷、个体问卷对不同类型的样本进行问卷调查。2012年成功获得303个社区样本、10612个家庭样本和16253个个体样本的调查数据；2014年成功获得401个社区样本、14226个家庭样本和23594个个体样本的调查数据。

与以往绝大多数关于农村流动人口的调查不同，CLDS采用的是农村流动人口的流出地调查法。相较于农村流动人口流入地调查法存在的难以克服的抽样框问题、样本选择性问题、追踪调查难的问题和系统误差问题，农村流动人口的流出地调查法在减少调查系统误差、提高样本代表性、更具操作性及可追

---

① 参见李炳坤《扎实稳步推进社会主义新农村建设》，载《中国农村经济》2005年第11期，第4～9页。

② 参见林毅夫《新农村运动与启动内需》，载《小城镇建设》2005年第8期，第8～12页。

踪性等几个重要的方面具有巨大的优势。① 更为关键的是，基于流出地调查法收集到的农村人口数据不仅包括农村未流动劳动力、返乡劳动力，还通过家人代答的方式收集了村庄流动人口的基本信息，因此，可以对各种类型的农村劳动力进行全面的对比和分析，从而可以对农村劳动力的情况进行全面的分析。

四、新农村建设与农村发展

1. 新农村建设的基础设施效益

在过去，国家长期推行工业化、城市化发展战略，使得国家财政基本建设投资的绝大部分都投向了城市，造成了农村基础设施建设的严重滞后。2006年，国务院发展研究院针对全国17个省份的调查数据显示，大部分农民对修路、医疗、卫生服务、垃圾回收、厕所改造等基础设施建设需求非常大。2005年10月，党的十六届五中全会提出了建设社会主义新农村的重大历史任务，要求各级政府加强农村基础设施建设，改善社会主义新农村建设的物质条件。除了农民的迫切需求和政策的推进，在政策的实践上，基础设施建设投入效果立竿见影，是政府看得见摸得着的政绩。基于以上3点原因，我们将农村基础设施建设作为测量新农村建设的指标。

我们参考李立清等人所建构的新农村建设评价指标体系，选取了村居层次关于基础设施建设的11个指标，即村庄是否有卫生站、医院、银行、信用社、运动设施、图书馆、幼儿园、矿场，是否通自来水，是否有公交车站，是否有环卫设施。其中的一部分指标是基础性指标，还有一部分指标是促进性指标，CLDS数据询问了村里是否有这些设施，同时询问了村里最早出现这些设施的时间。我们依据这些设施出现的时间，每个指标均生成2000—2014年每年基本发展情况的变量，将这些指标按照年份的不同进行汇总，从而形成总体的各村庄2000—2014年基础设施建设指标。例如A村，2000年该村在11项基础设施中拥有卫生站、幼儿园、公交站和矿场4项，那么，该年份该村基础设置指标的数值为4；2001年有了图书馆，基础设置变为5项，相应的数值也变为5。

从上文可以看到，当我们要研究新农村建设是否促进了农村基础设施的发展的时候，最理想的情况是分别分析新农村建设政策设施前后的一段时间内农

---

① 各种农民工调查方法及其对比，以及CLDS的农村流动人口的流出地调查法的具体细节，请参考梁玉成、周文等的《流出地调查法：农村流动人口调查的理论与实践》[载《华中科技大学学报》（社会科学版）2015年第4期，第113～123页]。

村发展速度的变化。即如果自 2005 年新农村建设实施以来，前后年份的基础设置发展速度发生明显的变化，则我们可以认为这是新农村建设带来的。两阶段潜变量增长模型（2-stage latent growth curve model）为我们进行此分析提供了可能。

利用一般的潜变量增长（latent growth curve, LGC）模型，我们将个体某个指标增长曲线的截距和斜率作为潜变量，通过估计某个指标随着时间增长曲线的起始值（截距）和变动趋势（斜率）来分析其随着时间的变化特征。但是，这种一般的潜变量增长模型假定某个指标的增长是稳定的线性增长。然而，就如我们要研究的问题一样，新农村建设政策推行之后，农村基础设施建设的速度与推行前很有可能是不一致的。因此，我们采用多阶段的潜变量增长模型（piecewise latent growth curve model）。这种模型允许我们使用分段（piecewise），将整个时间段划分为不同的时间段，进而估计每个时间段变化的起点和斜率。① 我们将 2000—2014 年分为新农村建设实施前（2000—2005 年）以及新农村建设实施后（2006—2014 年）两个时间段，具体分析新农村建设对农村基础设施建设的影响。②

关于不同时间段村庄基础设施随时间发展的公式如下：

$$Y_{it} = \alpha_i + \beta_{1i}\lambda_{1t} + \beta_{2i}\lambda_{2t} + \varepsilon_{it}$$

其中，Y_{it} 表示第 i 个村庄在 t 年的村庄基础设施情况，α_i 代表第 i 个村庄基础设施建设的起点情况，而 β_{1i} 则代表新农村建设实施前第 i 个村庄发展的斜率，β_{2i} 则代表新农村建设实施后第 i 个村庄发展的斜率，λ_{1t} 和 λ_{2t} 代表为得到两个时间段的函数关系而进行的常数调整，ε_{it} 则代表误差项。β_{1i} 和 β_{2i} 为不可直接观察到的潜变量。因此，上述模型也被称为"两阶段潜变量线性增长模型"，使用该模型获得两个不同发展时间阶段的斜率，以便比较两者差异的显著性，当第二阶段增长的斜率显著高于第一阶段时，我们即能验证新农村建设是否对农村基础设施有显著的增长效应。

我们使用 Mplus 6.0 软件，对前面整理的 2000—2014 年农村基础设施两个阶段的数据进行分析，得出结果如表 13-1 所示。由表 13-1 可见，在新农村建设政策实施前后两个时间段，我国村庄基础设施建设有着完全不同的发展速

---

① Hughes, M. Melanie, Lisa D. Brush. The Price of Protection: A Trajectory Analysis of Civil Remedies for Abuse and Women's Earnings. *American Sociological Review*, 2015, 80 (1).
② 此处两阶段线性增长模型的处理方法来自周文博士的建议，特此感谢。

度，新农村建设实施后这一阶段，农村基础设施建设的增长速度（即斜率）显著高于新农村建设前（双尾 P 值显著）。

表 13 - 1　新农村建设实施前后农村基础设施增长模型结果

时间段	基本情况	均值 mean	变异 variance
新农村建设实施前 （2000—2005 年）	截距（发展起点）	1.850***	2.444***
	斜率（发展速度）	0.082***	0.024***
新农村建设实施后 （2006—2014 年）	截距（发展起点）	2.26***	3.71***
	斜率（发展速度）	0.179***	0.037***

注：*** $p<0.01$，** $p<0.05$，* $p<0.1$。

通过两阶段增长曲线图（图 13 - 1）则可以更为直观地看到，对我们观测到的全部农村的村庄样本而言，其基础设施建设均在不断增长（斜率均为正）。同时，以 2005 年为界，我国农村基础设施建设在这以后增长迅速。由此我们可以断言，在农村基础设施建设方面，新农村建设的实施确实发挥了重要的作用。

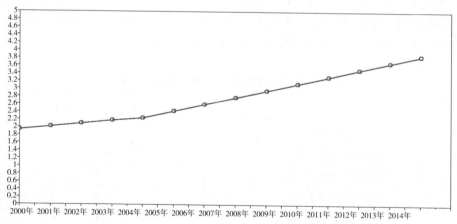

图 13 - 1　新农村建设实施前后农村基础设施变化情况

2. 实践导向的农村发展类型

以贺雪峰为代表的一批学者反对西方理论导向的中国研究，提出实践导向的中国农村研究。他认为，许多关于中国农村的研究注意力都集中于与西方社

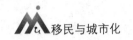

会科学的对话，或是集中于少数农村的局部经验。这两种研究都倾向于将中国农村视为未加区分的整体，不关注农村间的非均衡情况，从而难以洞察不同政策对不同发展类型农村的真正影响。①

贺雪峰等学者的观点无疑具有方法论上的正确性，但他们并没有提出一个实践导向的分类方法。在本研究中，我们尝试以大型实证调查数据为基础，对农村发展类型进行实证导向的发展类型划分，我们要求该类型的区分既能反映新农村建设的影响，也能有效地传递出不同农村类型的组间差异。

我们仍然使用中国劳动力动态调查（CLDS）2014 年全国调查数据中"村居问卷"部分，其中包含"人口""土地与经济""基层组织""社区环境与设施""社区安全与和谐"5 个主题的村庄资料。2014 年调查共成功获得了226 个村庄的资料，按照抽样设计，该样本对全国农村具有总体代表性。

我们参考上文提及的李立清等人建构的新农村建设评价指标体系，重点选取关于农村经济发展和农村基础设施建设部分的指标，进而构建农村发展类型。我们从 CLDS 2014 村庄数据中的农村非农人口比例、农村土地情况、农村经济发展以及社区基础设施等维度中选取 9 个变量进行重点分析（见表 13 -2）。表 13 -2 中村庄外来流动人口占比、村庄非农业人口占比、村庄征地面积对数（亩）、行政区域内企业数量及户籍人口人均年收入对数是反映村庄经济发展程度和土地利用情况的重要指标，而社区生活及生产基础设施情况则用该村是否有卫生室（站）或医院、是否有信用合作社或银行、是否有公交车站及是否有运动场所/健身设施等指标进行测量。②

表 13 -2　农村城镇化因子分析选取的变量

变量	有效回答的村居数量
村庄外来流动人口占比	217
村庄非农业人口占比	218
村庄征地面积对数（亩）	225
行政区域内企业数量	219
户籍人口人均年收入对数	214

---

① 参见贺雪峰《论农村政策基础研究——对当前中国农村研究的反思及建议》，载《学习与探索》2004 年第 5 期，第 23～27 页。

② 该村是否有卫生室（站）或医院及该村是否有信用合作社或银行这两个指标均由两个变量合成。以该村是否有卫生室或医院这一变量为例，如该村同时有卫生室或医院，或二者有其一，则赋值为 1；两者都没有，则赋值为 0。是否有信用合作社及银行这一变量的生成采取同样的方式。

续表 13-2

变 量	有效回答的村居数量
是否有卫生室（站）或医院	224
是否有信用合作社或银行	224
是否有公交车站	225
是否有运动场所/健身设施	224

为更为深入地了解这些变量间的关系及内部结构，我们采用主成分分析法，对测量农村城镇化的 9 个指标①进行因子分析（因子分析具体结果见表 13-3），经过正交旋转，得出两个特征值大于 1 的农村城镇化发展因子。其中，第一个因子与村庄外来流动人口占比、村庄非农业人口占比、征地面积对数（亩）、行政区域内企业数量，以及户籍人口人均年收入对数这 5 个变量密切相关（因子负载分别为 0.7571、0.6637、0.5721、0.5223 和 0.4984），反映了农村经济方面的发展程度，我们称之为"经济发展程度因子"；第二个因子与该村是否有卫生室（站）或医院、是否有信用合作社或银行、是否有公交车站，以及是否有运动场所/健身设施等变量密切相关，反映了各村基础设施建设及发展情况，我们称之为"基础设施建设因子"。两个因子均是因子得分越高，意味着相应的农村发展程度越好。因此，通过以上分析，我们得出评价农村发展程度的两个重要因素，是"农村经济发展程度因子"和"农村基础设施建设因子"。（见表 13-3）

表 13-3 正交旋转后因子分析结果

因子命名	变量	正交旋转后的因子负载量	
经济发展程度因子	村庄外来流动人口占比	0.5223	0.1922
	村庄非农业人口占比	0.6637	0.1625
	村庄征地面积对数（亩）	0.4984	0.2547
	行政区域内企业数量	0.5721	0.2268
	户籍人口人均年收入对数	0.7571	-0.2005

① 为了保证各个变量之间量纲统一，在因子分析之前，首先对这 9 个变量进行了标准化。

续表 13-3

因子命名	变量	正交旋转后的因子负载量	
基础设施建设因子	是否有卫生室（站）或医院	-0.0679	0.7291
	是否有信用合作社或银行	0.0891	0.3833
	是否有公交车站	0.2847	0.4178
	是否有运动场所/健身设施	0.139	0.5792
特征值		1.8931	1.21211
变异比（%）		0.2704	0.1732

至此，我们通过对大量村庄经济发展和基础设施发展数据的具体指标进行降维处理，获得了每个村庄在这两个维度上的具体综合得分。从理论上讲，村庄经济发展和基础设施发展构成的二维分类会有 4 种类型：村庄经济发展和基础设施发展均很好的双重发展型、村庄经济发展良好而基础设施发展不好的不均衡发展型、村庄经济发展不好而基础设施发展良好的不均衡发展型，以及村庄经济发展和基础设施发展均不理想的双重滞后类型。

对于这 4 种类型，我们有如下的判断。首先，村庄经济发展良好而基础设施发展不好的不均衡发展型应该很少。胡洪曙认为，农村公共产品大都直接关系到农村居民的生产生活，都是农民所急需的，而且农村又是一个熟人社会，因而农民不愿或较少隐瞒其偏好，这使得建立在良好的公共选择机制上的村民自治模式较好地解决了农村社区公共产品的自我供给问题。[①] 从 1982 年开始的村民自治制度已经实施了 30 多年，存在的公共选择偏差有将近 10 轮次的纠偏机会。因此，作为公共物品的基础设施落后于村庄经济水平，应该很少被观测到。其次，村庄经济发展不好而基础设施发展良好的不均衡发展型之所以存在，恰恰就是新农村建设所期望的政策效果，因此，这个类型的数量应该是最多的。只有这样，新农村建设才有可能取得效果。

为了使在此基础上的基于实证数据的村庄类型分类更加稳健，我们同时使用了聚类分析和散点图分析，而非简单的散点图。在因子分析的基础上，我们使用平均连接法（average linkage）[②] 对两个公因子的因子得分（标准值）进

---

① 参见胡洪曙《农村社区的村民自治与公共选择——兼论农村公共产品供给的决策机制》，载《财政研究》2007 年第 2 期。

② 平均连接法使用两个组之间观测案例的平均值，产生的属性居于最短连接法（single linkage）和最长连接法（compete linkage）之间。模拟研究报告表明，这一方法在很多情况下都表现很好，并且合理、稳健。

行聚类,并根据不同聚类类型在两个公因子上的得分对聚类分析结果进行判断,得出3种类型的村庄,每种类型分别包括15个、171个和24个村庄。我们在图13-2上将聚类判断获得的3种类型的村庄的类别及在两个因子上的散点图分布呈现出来。

诚如我们理论预期的,我们没有观察到经济发展好但基础设施差的村庄类型出现。同时,我们还如预期地看到了新农村建设对农村发展的形塑——村庄经济发展不好而基础设施发展良好的不均衡发展型大量存在。新农村建设就是为了克服农村普遍落后,通过对基础设施建设的投入来拉动农村的经济发展,其数量为171个,占总数的82%。

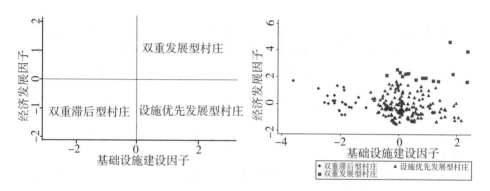

图13-2 村庄类型分布

注:左图为理论类型,右图为实证观察到的类型情况。

双重发展类型和双重滞后类型的数量均较少,分别占7%和11%。其中,双重滞后类型的存在很可能体现了国家在新农村建设上的理性。当一个村庄没有任何发展前景的时候,放弃可能恰恰是理性的。

3. 各种发展类型的新农村建设效应

在评估新农村建设对农村发展的整体影响并对农村发展类型进行分类之后,我们用实证数据,进一步验证新农村建设政策对农村基础设施建设的影响在不同类型农村的差异。结果显示,3类不同发展情况的村庄类型在新农村建设的起点有所不同,2005年新农村建设政策实施后,3类村庄的发展速度也存在较大的差异。以下是2005年新农村建设实施后,3类村庄基础设施建设发展的函数(见表13-4)。

表13-4 3种类型村庄基础设施增长模型结果

农村发展类型	发展起点（2005年）	发展速度（2005—2014年）
	截距（intercept）	斜率（slope）
双重发展型	3.726***	0.093
不均衡的设施优先发展型	1.783	0.176***
双重滞后型	1.804***	0.151***

模型拟合：$df = 136$，$p = .000$；$RMSEA = .000$。

***$p<0.01$，**$p<0.05$，*$p<0.1$。

本章对表13-4中3类不同村庄发展函数的斜率与截距进行了检验，发现双重发展型和双重滞后型的斜率差异并不显著，而双重滞后型与不均衡的设施优先发展型两类村庄，其截距的差异并不显著，其余都有明显差异。通过这3个函数我们可以发现，相比双重滞后型村庄，设施优先发展型村庄尽管发展起点与双重滞后型村庄并无显著差异，但其新农村建设实施后的发展速度显著高于双重滞后型村庄。同时，双重发展型与双重滞后型相比，发展起点很高，发展速度则无太大差异。

国家新农村建设使得82%经济状况不太好的村庄达到了经济状况好的村庄的公共设施发展速度，这显然是对市场机制的马太效益的抑制。同时，我们也观察到，11%发展很糟糕的村庄，其设施改善较小。这在一定程度上体现了国家的理性，即各类村庄都有投入，但投入和支持的力度则根据发展起点等方面的不同而有所差异。这与贺雪峰提出的不同阶段、不同政策可能对不同发展类型的农村有不同的具体影响的看法是一致的。

4. 各种发展类型下的农村人口流动

不同政策可能对不同发展类型的农村有不同的具体影响。我们下面就具体分析新农村建设对不同类型村庄的人口的影响。CLDS在农村地区，对本地居住的劳动力人口采用了通常的入户调查，对于流出的劳动力人口，则采取了流出地家人代答的流入地调查法。因此，可以获得全部农村劳动力人口（未流动劳动力人口、短期返乡的劳动力人口、长期返乡的劳动力人口与流出的劳动力人口）的信息。由于短期返乡人口未来是否在农村定居，存在较大程度的不确定性，因此本研究未将短期返乡的人群列入回流人群的范畴。

我们在表13-5中列出3个发展类型的村庄各类劳动力的基本特征。对比可见，越发达的农村类型，农村本地劳动力人口（未流动劳动力人口，以及长期返乡的劳动力人口）的平均年龄越小。教育程度的方向则刚好相反，越发达的农村类型，平均教育年限越高。

表13-5 不同类型农村3类劳动力基本情况描述

村庄类型	变量	未流动	长期返乡	流出人口
双重发展型	平均年龄（岁）	43.9	40.7	33.5
	教育年限（年）	8.8	8.9	10.4
	人口数量占比	69.42%	13.83%	16.75%
不均衡的设施优先发展型	平均年龄（岁）	47.4	42.3	31.9
	教育年限（年）	7.7	8	9.3
	人口数量占比	52.36%	9.29%	38.35%
双重滞后型	平均年龄（岁）	49.7	44.8	33.1
	教育年限（年）	7.2	7.9	9
	人口数量占比	50.82%	8.79%	40.39%

同时，从3类村庄劳动力流动与保留的描述来看，双重滞后型的村庄劳动力流失最多，流出人口占40.39%；不均衡的设施优先发展型次之，流出人口比例为38.35%；双重发展型村庄劳动力的保留情况最好，流出人口的比例仅为16.75%，同时，长期返乡的人口比例也最高，占13.83%。通过以上的描述分析，我们可以发现，农村不同的发展程度与发展现状确实对劳动力的流动有着重要的影响，发展越好的村庄，越有利于其本地劳动力的保留。无论哪种农村类型，流出劳动力的平均教育程度均高于本地劳动力人口，显示出城市对农村精英的吸纳逻辑。基于上述描述，我们提出新农村建设所致的村庄类型对农村劳动力流动的影响假设。①农村推力假设。对于农村外出人口而言，在控制个人和家庭层面的影响的基础上，所在村庄经济发展和基础设施建设越差，人们越容易选择外出打工。②农村拉力假设。在控制个人和家庭层面因素的基础上，人们是否选择回流受到所在村庄经济发展和基础设施建设的影响，村庄发展越好，人们越容易选择回流。

五、不同村庄类型中的劳动力流动状况分析

为了严谨地验证新农村建设所致的村庄类型对农村人口的推拉假设，我们将分两个部分进行研究：在第一部分，我们通过传统的定类logistic回归，分

析村庄类型对人口流动的影响效应；在第二部分，我们将可能存在的内生性问题加以克服，运用增强反概率加权多类处理效应模型（treatment effects based on augmented inverse-probability weighting）进一步评估农村发展类型对村庄劳动力流动的真实影响。

1. logistic 回归分析

我们使用 CLDS 2014 的流出地调查法获得的全部农村劳动力人口数据研究农村的整体劳动力变化情况。我们使用 logistic 模型来获得村居类型对农村劳动力流动决策的净效应，结果见表 13-6。模型一验证了不同类型的村庄对人们是否选择外流的影响。分析的结论是，相对于女性，男性更倾向于外出打工；而年龄对是否选择外出打工的影响则是倒 U 形。在受教育程度方面，以小学为参照项，可以看出受教育程度越高，人们越倾向于外出打工。而家庭人数越多，家庭外出人口越多，都会使人们更倾向于外出打工。在控制以上这些个体和家庭方面的影响之后，我们发现，村庄发展类型对农村人口是否选择外出流动有显著影响。具体而言，不均衡的设施优先发展型村庄的劳动力人口比双滞后型村庄的劳动力人口更倾向于选择留在本地；而双重发展型村庄的劳动力又比不均衡的设施优先发展型村庄的劳动力更倾向于选择留在本地。由此验证了农村推力假设：在控制个人和家庭层面的影响的基础上，所在村庄经济发展和基础设施建设越差，人们越容易选择外出打工。

模型二则对村庄发展类型对农村人口是否选择回流的影响进行了验证。在控制变量中，对不同性别的人而言，女性更倾向于选择回流。从受教育程度来看，以小学作为参照项，相比而言，初中与高中学历对是否选择回流的影响并不大，而大专以上的人更倾向于选择留在外地。家庭人口越多的人，越倾向于选择留在外地。同样，家庭中外出人口比例越大的，也越倾向于留在外地。进一步看不同村庄类型的影响。以经济发展和基础设施均较差的双重滞后型作为参照项，不均衡的设施优先发展型村庄的劳动力则更容易选择回流，但这种影响并不显著。而双重发展型村庄的劳动力则更倾向选择回流。也就是说，经济发展与基础设施均较好的村庄，其人口更倾向于选择回流。这基本验证了农村拉力假设，即在控制个人和家庭层面因素的基础上，人们是否选择回流受所在村庄经济发展和基础设施建设的影响，村庄发展越好，人们越容易选择回流。

表13-6 不同农村人口流动类型的 logistic 回归模型

变量		模型一 外出（1）和留在本地（0）	模型二 回流（1）和留在外地（0）
性别（男=0）		-0.950***	0.955***
年龄		0.105***	-0.0168
年龄平方		-0.00340***	0.00203***
受教育程度（小学=0）	初中	0.184***	0.0182
	高中	0.292***	-0.145
	大专以上	0.885***	-1.167***
家庭人数		0.101***	-0.0463**
家庭外出人口比例		8.309***	-8.833***
村庄类型（双重滞后型村庄=0）	设施优先发展型村庄	-0.307***	0.141
	双重发展型村庄	-1.096***	0.868***
常数项		-2.374***	-0.608
Pseudo R^2		0.5721	0.5049
样本量		14407	6233

注：*** $p<0.01$，** $p<0.05$，* $p<0.1$。

以上我们从农村发展类型的角度出发，验证农村层面的因素对农村人口流动的影响，基本上我们可以发现农村发展越好，越有利于农村劳动力的保留；而农村发展程度越差，其劳动力越容易流失。新农村建设确实在客观上减缓了农村劳动力的流失，增加了农村劳动力的回流。

2. 针对内生性的增强逆概率加权多类处理效应模型

根据上面的讨论，我们验证了村居层面即不同发展类型的农村对农村人口流动的影响。但需要注意的是，我们必须考虑到表13-3所显示的，不同类型的村庄天然就存在着人口结构、人口数量及区位因素的差异，这本身也可能会导致人口流动，因此需要在研究中加以控制。

为解决上述可能存在的偏误,我们尝试使用增强逆概率加权模型(augmented inverse-probability weighting,AIPW),通过计算逆概率权重来矫正这种偏差。① 增强逆概率加权处理效应模型是对逆概率加权(IPW)模型的扩展,逆概率加权模型的核心原理是利用倾向值得分对观测数据进行加权,以使得处理组和对照组达到平衡,而增强逆概率加权模型则是在此基础上,综合利用加权倾向值方法和回归方法,得出广义倾向值估计量(AIPW),从而在 IPW 模型结果可能有偏的情况下对其结果进行矫正。公式如下:

$$\hat{T}_{aipw} \frac{1}{n} \sum_{n=1}^{n} \left\{ \left[\frac{r_i t_i y_i}{\hat{e}(x_i)\pi(x_i)} - \frac{r_i(1-t_i)y_i}{(1-\hat{e}(x_i)\pi(x_i))} \right] - \frac{t_i - \hat{e}(x_i)}{\hat{e}(x_i)(1-\hat{e}(x_i))} \left[\frac{1-\hat{e}(x_i)}{\pi x_i} \hat{E}(r_i y_i \mid t_i = 1, x_i) + \frac{\hat{e}(x_i)}{\pi x_i} \hat{E}(r_i y_i \mid t_i = 0, x_i) \right] \right\}$$

其中,t_i 表示个体 i 是否属于控制组或对照组,$t_i = 0$ 时,表示 i 处于对照组,$t_i = 1$ 时,表示 i 处于控制组。$y_i(0)$ 表示 i 在对照组的情况,$y_i(1)$ 表示 i 在控制组的情况。$r_i = 0$ 时,表示个体 i 时观察不到因变量,$\hat{e}(x_i)$ 为倾向值,$\pi(x_i)$ 为缺失概率。由公式可知,当 $\hat{e}(x_i)$ 即倾向值接近 0 时,公式如 $\frac{t_i t_i y_i}{\hat{e}(x_i)\pi(x_i)}$ 部分会变大,使得处理组和对照组达到更为稳健的平衡。

值得注意的是,以往的模型多基于二元干预,Cattaneo 及 Imbens 等发展了解决多值干预的模型。② 运用这一模型,我们可以评估多类不同发展类型的村庄对农村人口流动的真实的无偏影响。

表 13-7 中的模型一显示,与表 13-6 模型一结果一致,相对于双重滞后型村庄,不均衡的设施优先发展型村庄及双重发展型村庄的劳动力均有更大的概率留在本地。同时,通过对比系数可以发现,在 logistic 回归中,不均衡的设施优先发展型村庄的农村劳动力人口外流的影响被高估了,而双重发展型村庄的效应则被低估了。

模型二则显示,当克服了内生性问题后,不均衡的设施优先发展型村庄,

---

① M. D. Cattaneo. Efficient Semiparametric Estimation of Multi-Valued Treatment Effects under Ignorability. *Journal of Econometrics*, 2010, 155 (2).
② G. W. Imbens. The Role of the Propensity Score in Estimating Dose-Response Functions. *Biometrika*, 2000, 87 (3); M. D. Cattaneo. Efficient Semiparametric Estimation of Multi-Valued Treatment Effects under Ignorability. *Journal of Econometrics*, 2010, 155 (2).

即新农村建设政策所造成的基础设施建设对农村劳动力回流选择的真实效应[①]开始显现,相比于双重滞后型村庄,不均衡的设施优先发展型村庄的劳动力人口有更大的概率回流,而对比系数可以看到双重发展型村庄对劳动力回流的效应在普通 logistic 回归中被高估了。

表 13-7　tteffectsaipw 模型分析结果

村庄类型		模型一 外出和留在本地 Coef.	模型二 回流和留在外地 Coef.
平均处理效益（ATE）			
村庄类型	不均衡的设施优先发展型 和双重滞后型	-0.04205***	0.0245093*
	双重发展型和双重滞后型	-0.23390***	0.1876972***
基准的处理效益			
村庄类型	双重滞后型	0.37346***	0.18866***

注：***$p<0.01$，**$p<0.05$，*$p<0.1$。

六、不同村庄发展维度对劳动力流动的影响分析

新农村建设先从农村基础设施着手,最终的目的还是要促使农村经济发展。因此,我们不仅需要了解农村基础设施供给增加之后对农村劳动力流动的影响,还应该了解经济发展对农村劳动力流动的影响。因此,我们使用前文所提取的,代表农村社会发展的两个维度——经济发展维度和基础设施建设维度来分析不同维度的农村发展对农村劳动力流动的具体影响。由于因子得分进行过正交旋转,所以两个因子之间的相关为 0,其系数代表各自对因变量的影响；且由于因子得分是标准分,因此其系数可以直接对比。

[①] 不均衡的设施优先发展型和双重滞后型两类农村的真实效应之所以在使用增强逆概率加权模型时才开始显现,与双重滞后型农村数量较少而造成的偏差有关。在普通 logistic 回归中,由于双重滞后型村庄数量较少,因此有较大的可能其预测概率接近 0,从而导致难以稳定估计其真实效应。增强逆概率加权模型通过利用加权倾向值方法和回归方法,有效地解决了这一问题。

表13-8 不同农村发展维度对劳动力流动影响的 logistic 回归

变量		模型一 外出(1) 和留在本地(0)	模型二 回流(1) 和留在外地(0)
性别(男=0)		-0.953***	0.948***
年龄		0.112***	-0.0175
年龄平方		-0.00349***	0.00203***
受教育程度 (小学=0)	初中	0.220***	0.00988
	高中	0.346***	-0.133
	大专以上	0.954***	-1.164***
家庭人数		0.0949***	-0.0463**
家庭外出人口比例		8.337***	-8.868***
经济发展程度因子		-0.334***	0.219***
基础设施建设因子		-0.240***	0.110**
常数项		-2.939***	-0.323
Pseudo R²		0.5746	0.5037
样本量		14407	6233

注:***p<0.01,**p<0.05,*p<0.1。

模型一中,控制变量对农村人口是否选择流动的影响与模型二基本类似,这里不赘述。从经济发展程度来看,在控制其他变量的情况下,经济发展越好的村庄,其人口更倾向于选择留在本地。同样,基础设施越好的村庄,其人口越倾向于留在本地。这验证了农村推力假设:在控制个人和家庭层面的影响的基础上,所在村庄经济发展和基础设施建设越差,人们越容易选择外出打工。

模型二显示在控制其他变量的情况下,经济发展越好的村庄,其已流动的人口越倾向于选择回流。同样,基础设施建设越好的村庄,其已流动的人口越倾向于选择回流。反之,经济发展与基础设施建设越差的村庄,其已外流的人口越倾向于留在外地。这又一次验证了农村拉力假设。

这里尤其值得注意的是,无论是推力还是拉力,经济发展的效用均大于基础设施发展的效用。这表明,如果新农村建设不能最终切实提高农村的经济发展水平,而仅仅保障基础设施的供给,那么其作用会很快被经济的持续落后所稀释,农村依然会陷入劳动力流失的陷阱之中。

七、小结

总体而言，农村基础设施及经济发展情况越好，其劳动力越容易维持，从而更有利于这些村庄未来的持续发展。而那些基础设施及经济发展情况较差的村庄，其劳动力则更加容易外流，这可能会对这些村庄的未来发展带来不利的影响，造成村庄凋敝。在单纯的市场逻辑之下，农村发展与劳动力变化之间存在着马太效应，好者更好，坏者更坏。

市场的逻辑未必符合国家的需要。在市场机制不能有效地实现国家治理目标的情况下，国家推行新农村建设，在国家层面对农村实施强有力的调节。其特征是以投资农村基础设施来拉动农村经济发展。

我们运用（农村）流出地调查法收集数据，以此检验新农村建设对农村发展的真实效应。我们发现，新农村建设的确实现了其政策目标。对于大部分农村社区而言，在新农村建设政策实施后，基础设施建设的速度有了一定幅度的提升。同时，我们观察到，由于国家治理理性的存在，不同农村基础设施建设的速度也存在较大的差异，正是这种建设速度上的差异，形塑了当今农村的不同发展类型。

我们也看到了隐忧：如果以基础设施投入为核心的新农村建设最终不能切实带动农村经济的发展，其拉力所带回来的农村劳动力仍将最终被不断走低的农村经济发展现状用更大的推力推走。一方面，10年以来的新农村建设成效巨大；另一方面，新农村建设的道路仍然漫长，挑战依然艰巨。

第十四章 关于"村中城"地方经济网络的探讨
——以广东省佛山市南海区民乐地区为例

一、问题的提出

改革开放以来,珠三角经济开放区的设立使珠三角率先成为中国最早开始迅速城市化的地区,中国第一波工业化浪潮来临。"三来一补""两头在外"等中小型加工制造企业大量涌入,使得工业区迅速取代了珠三角传统的桑基鱼塘地区。同时,工业区产生的大量就业机会也吸引了一大批来自中西部的自发性迁移人口。① 而珠三角的乡村地区则承担了绝大多数外来人口的生活、生产、服务空间,但由于受到建设经验、资金短缺等因素的制约,"粗放增量景观"迅速扩张,客观上形成了早期珠三角高密度"城中村"的雏形。② 20 世纪 90 年代后,珠三角地区大、中城市扩张速度突飞猛进,与附带"城中村"雏形的小城镇相互交接并将其包围,由此形成的相当密集的"握手楼""一线天""烟囱楼""贴面楼"等异化的"城中村"景观,引起了地理学、城市规划、人类学和社会学等学科的关注,许多学者从经济层面对珠三角乡村都市化的动力及特征、"城中村"的经济结构及形成、"城中村"问题治理及改造等方面进行了大量研究。

关于珠三角乡村都市化的动力及特征,多数学者强调外部经济因素的重要性。折晓叶认为,外来企业使"超级村庄"的命运牵系于国际市场,打破封闭性经济而向外扩展,特别是跨越行政镇、区而向国内大市场扩展。③ 薛凤旋

---

① 参见薛凤旋、杨春《外资:发展中国家城市化的新动力——珠江三角洲个案研究》,载《地理学报》1997 年第 3 期。
② 参见许学强、周春山《论珠江三角洲大都会区的形成》,载《城市问题》1994 年第 3 期。
③ 参见折晓叶《村庄的再造:一个"超级村庄"的社会变迁》,中国社会科学出版社 1997 年版,第 116~118 页。

第十四章 关于"村中城"地方经济网络的探讨

等人提出,珠三角城市化的动力源于全球化背景下的外资驱动。① 而其经济动力并非来自内部城市的经济发展,属"外向型的城市化"。② 宋栋提出,珠三角城镇化的主要拉动力是香港。③ 总的来说,珠三角毗邻港澳地区的地理位置是其城镇化的基础前提;乡村劳动力非农化和乡镇工业的发展是其城镇化发生的重要内在动力;对外开放政策是其城镇化的外部推动力量。④ 但周大鸣认为,珠三角的城市化发展特征已然发生转变:珠三角大城市的中心带动作用越发明显;单一的劳动密集型向劳动密集型、技术密集型、资金密集型并举发展;资金流入呈多元化;农村城市化地区与大城市间的经济关系越发密切;出口市场更多元化;低档次、小规模的制造业逐步升级;高素质优秀人才不断增加;城市化动力从依靠外部因素转向依靠机制和体制的内涵因素。⑤

关于"城中村"经济特征及形成缘由,城市规划、地理学更关注土地利用规划管理及建设景观等物质性问题,社会学、人类学者则将焦点集中在社区、人口的文化观念、生存状态等问题,如本地人与移民的二元社区及融合。⑥ 阎小培等人认为,"城中村"是被城建用地所包围或纳入其范围的原有农村聚落⑦,房产出租、经营性劳动和分红成为村民的主要经济来源,由于村集体有大量的土地、房产、厂房等租金收入,因此,一般都会实行股份制经济社,而大量的出租加分红收入又衍生了一批游手好闲的"二世祖"和"食利阶层"。⑧ 由于缺乏农业用地,经济以第二、第三产业为主,城市建设征地的补偿也成为"城中村"集体经济收益的一个重要来源。⑨ 双重特性明显,以出

---

① 参见薛凤旋、杨春《外资:发展中国家城市化的新动力——珠江三角洲个案研究》,载《地理学报》1997 年第 3 期。
② 参见李胜兰《外向型城市化发展模式研究——珠江三角洲个案研究》,载《中山大学学报》(社会科学版) 2004 年第 5 期。
③ 参见宋栋《中国区域经济转型发展的实证研究:以珠江三角洲为例》,经济科学出版社 2000 年版,第 211 页。
④ 参见阎小培、刘筱《珠江三角洲乡村城市化的形成机制与调控措施》,载《热带地理》1998 年第 1 期。
⑤ 参见周大鸣《泛都市区与珠江三角洲城市化未来发展方向》,载《广西民族学院学报》(哲学社会科学版) 2004 年第 2 期。
⑥ 参见周大鸣《外来工与"二元社区"——珠江三角洲的考察》,载《中山大学学报》(社会科学版) 2000 年第 2 期。
⑦ 参见阎小培、魏立华、周锐波《快速城市化地区城乡关系协调研究——以广州市"城中村"改造为例》,载《城市规划》2004 年第 3 期。
⑧ 参见刘伟文《"城中村"的城市化特征及其问题分析——以广州市为例》,载《南方人口》2003 年第 3 期。
⑨ 参见郭艳华《论改造城中村的现实途径》,载《探求》2002 年第 4 期。

租经济及集体物业为支撑的原住村落和以外来人口为主体的低收入聚居社区①，呈现出正式经济的高端服务业（生产性服务业）和非正式经济的低端服务业（生活性服务业）并存的景象。②对于"城中村"的形成机制，张建明等人认为，在农村集体土地征用过程中，将征用土地中的一定比例划为村镇经济发展用地和自留地的普遍做法，促使"城中村"形成。③顾朝林等人认为，城市功能结构从传统制造业经济向服务业和高技术经济转变是"城中村"形成的动力源泉，服务业和经济国际化是两个基本要素。④而李培林等人则指出，村民在房屋租金和土地快速增值的情况下，追求土地和房屋收益最大化及村落共同体的利益内聚是"城中村"形成的关键。⑤

关于"城中村"问题的治理及改造，李津逵认为，"城中村"建设发展的自发性和盲目性是由于缺乏行之有效的城市整体规划设计。⑥阎小培等人认为，外来人口的高密度聚居是形成出租屋市场并引发其他社会问题的根源所在。⑦蓝宇蕴认为，物业出租经济带来尽可能外移的市场风险，简化的经营管理带来无法回避的高失业率。⑧受政府财政约束，居委会（村）干部往往兼任公司董事长，"三驾马车，一套人马"（股份合作经济组织、农村社区党委与居委会）的传统村社管理模式为村庄精英的谋利行为创造了机会。⑨李培林指出，村民作为强大的村集体经济的股东，在经济地位上和一般市民及外来房屋租客有极大的差别，因此，他们更愿意做村民而非市民。⑩而魏立华、阎小培则提出，"城中村"是一个非常活跃的"社会经济实体"，作为低收入外来人

---

① 参见魏立华、阎小培《中国经济发达地区城市非正式移民聚居区——"城中村"的形成与演进——以珠江三角洲诸城市为例》，载《管理世界》2005年第8期。
② 参见蔡禾主编《城市社会学：理论与视野》，中山大学出版社2003年版。
③ 参见张建明《广州都市村庄形成演变机制分析——以天河区、海珠区为例》，中山大学1998年博士学位论文；房庆方、马向明、宋劲松《城中村：我国城市化进程中遇到的政策问题》，载《城市发展研究》1999年第4期。
④ 参见顾朝林、[比利时] C. 克斯特洛德《北京社会极化与空间分异研究》，载《地理学报》1997年第5期。
⑤ 参见李培林《巨变：村落的终结》，载《中国社会科学》2002年第1期；蓝宇蕴《都市里的村庄》，中国社会科学院研究生院2003年博士论文。
⑥ 参见李津逵《城中村的真问题》，载《开放导报》2005年第3期。
⑦ 参见阎小培、魏立华、周锐波《快速城市化地区城乡关系协调研究——以广州市"城中村"改造为例》，载《城市规划》2004年第3期。
⑧ 参见蓝宇蕴《都市里的村庄：一个"新村社共同体"的实地研究》，生活·读书·新知三联书店2005年版，第156页。
⑨ 参见蓝宇蕴《城市化中一座"土"的"桥"——关于城中村的一种阐释》，载《开放时代》2006年第3期。
⑩ 参见李培林《村落的终结——羊城村的故事》，商务印书馆2004年版。

第十四章 关于"村中城"地方经济网络的探讨

口聚居区的"城中村"在功能上是合理和长期的,是目前最合适的城市低收入人口居住模式,建议在存续前提下进行转型,提出原位改造低收入廉租房社区的改造思路①,构建"政府—村民—开发商"的利益均衡机制,有步骤、分阶段地进行"城中村"改造。②

综上所述,从珠三角乡村都市化的发展背景及"城中村"地方经济的研究来看,"城中村"的经济特征表现为:①不稳定性。高失业率和人口高流动性是导致经济不稳定的主要原因。②依赖性。对外来投资流入、世界经济体系影响及物业出租、寄生型村民对土地经济的依赖。③扩散性。外来人口缺乏与城市融合的强烈愿望,流入城市是手段,最终目的是挣钱返乡,本地人靠着颇丰的租金收入也倾向于在村外消费。④二元性,基于血缘、宗族关系的利益共同体形成的股份分红与外来人口形成明显的二元社区。⑤受中心城市辐射影响大,从过去的自发型的自下而上发展变为政府主导型的自上而下的发展。

基于上述观点,研究对象主要是广州、深圳、佛山等经济发达地区的"城中村"。这些"城中村"地处中心城市的辐射范围内,受市场、产业和政策的影响极大,较改革开放初期遍地开花的小城镇来说,这类地区是特殊的。以珠三角为例,改革开放初期就地城镇化的地区除了演变为被城包围的村和城市边缘的"城中村"外,还有一大批地处珠三角都市圈各大城市连接地带的被村包围的城,也即很多村落内或邻近村落间围绕特定市场和产业自发形成的城,由此构成村包围城的空间格局。③ 这些区域在改革开放初期的发展与"城中村"一同起步,经济、社会、文化结构颇为相似,但随着城市化特征的转变,受城市发展模式、地理区位、政府政策、产业升级等因素影响,其呈现出的地方经济特征与"城中村"越来越不同,而目前学界对此类区域的地方经济网络关注较少。本章试图通过个案分析,阐释"村中城"地方经济网络的发展背景及特征,并思考此类区域的地方经济网络对"村中城"空间格局的延续所具有的作用和意义。

---

① 参见魏立华、阎小培《中国经济发达地区城市非正式移民聚居区——"城中村"的形成与演进——以珠江三角洲诸城市为例》,载《管理世界》2005 年第 8 期。
② 参见阎小培、魏立华、周锐波《快速城市化地区城乡关系协调研究——以广州市"城中村"改造为例》,载《城市规划》2004 年第 3 期。
③ 参见杨小柳《村中城:一种半城市化类型的研究》(暂未发表)。

二、地方经济网络结构

本章研究个案为广东佛山南海西樵镇的民乐地区。民乐位于佛山南海西樵的西北部,由民乐社区和樵乐社区组成(如图14-1所示)。民乐社区由民乐村委会2011年"村改居"而来,面积约5.8平方千米,辖14个自然村和18个村民小组,现农业常住人口2100多户、7100多人,流动人口约4200人。樵乐社区前身是民乐城区,其面积约2平方千米,有3个居民小区,居民住宅楼24栋,住户2575户,常住人口约6700人,流动人口约1100人。① 中华人民共和国成立前,民乐凭借发达的水运系统成为华南丝业的集散中心,改革开放后则凭借纺织业发展走上乡村都市化的道路。

图14-1 民乐的地理区位

(一)民乐地方经济形成的背景

20世纪90年代,随着民乐纺织业的升级转型及南海城市化特征的转变,一大批当地人退出纺织业而选择另谋生路,民乐地区形成了与"城中村"经

---

① 资料来源:民乐居委会、樵乐居委会公示栏。

济截然不同的地方经济网络。

从1992年开始,当地掀起设备升级、更新的浪潮,陈旧的机器被国外进口机器淘汰,当地数以千计的家庭纺织作坊由于产品低端、设备陈旧、资金不足等而被淘汰。① 加上江苏、浙江、福建等地纺织工业区相继建立,国内纺织业竞争加剧,民乐纺织业结构单一、技术含量低、纺织产业链不完整的问题开始突显。如民乐纺织业主要以织造中间环节的纺织面料为主,面料包括家居产品用料、服装用料及工业用料,而上游的纺织机械制造业、面料原料和染色助剂生产业,还有下游的服装、家居制造业的缺失也直接导致了其工业竞争力的下降。虽然目前工业仍是当地经济的支柱,如2014年民乐地区生产总值是22.6亿元,第二产业占生产总值的80%以上②,但自2004年以来,民乐第一产业和第二产业的发展均呈整体下滑的趋势,如第一产业的产业占有率从2004年的4.27%下降到2014年的3.54%,第二产业的产业占有率从2004年的83.9%下降到2014年的81.93%。③

与此同时,改革开放后,珠三角地区"村村点火,户户冒烟"的自下而上、自发式发展的乡村都市化模式变成了国家政策主导下的自上而下的、规划式发展的"新城市中心"的都市化。例如广州,20世纪90年代老城区是荔湾、越秀等,1997年东进开拓天河、番禺、清远、从化等,可清楚地看到政府在有意识地运用国土、产业、政策构建新的城市中心,因此,城市化是可以被规划的。南海的城市化发展模式也发生了同样的转变。民乐作为曾经西樵纺织工业化发展的核心区域,随着西樵轻纺城、工业园的相继建立,其贸易、工业受到较大冲击,西樵的人力、物力、财力无不向镇政府所在地官山倾斜,官山也成为西樵纺织发展和城镇建设的新中心,民乐的区域角色和功能随之发生转变。④

(二) 生计与地方经济网络的变迁

本章将民乐隔涌村作为主要调查点,辅以其他村配合调查。隔涌村的经济模式和地理位置在民乐颇具典型性。民乐社区下辖14个自然村的经济模式大致可分为3类:一是依托市场型的延陵村;二是依托开发区型的北塱、福地、伊洛等村;三是传统型村庄,如依靠鱼塘、厂房收租的隔涌、祖仁、豫章等

---

① 参见杨小柳、胡敏哲《华南丝区的变迁——广东南海民乐地区的个案研究》,载《广西民族大学学报》(哲学社会科学版),2013年第6期。
② 数据来源:民乐居委会。
③ 数据来源:中山大学2006年佛山田野实习报告和民乐居委会。
④ 参见杨小柳《村中城:一种半城市化类型的研究》(暂未发表)。

村。(见表14-1)一方面,传统型村庄的数量占70%以上,更能反映民乐经济的普遍现状,而隔涌属传统型村庄之一。另一方面,隔涌较其他村更靠近经济繁华的城区,其距原南海丝织二厂、民乐集市均不足百米。国营丝厂、民乐集市作为地方经济不同时期的发展载体,是最能直接反映城市化转变及产业转型的地方,其所在的城区也一直是民乐经济最活跃的区域。因此,毗邻城区的村民的生计方式也是紧随地方经济网络的转变而不断变迁的。

表14-1 民乐下辖自然村的主要经济模式

经济模式	村庄	主要经济来源	说明
依托市场型	延陵村	延陵村市场出租	2014年总收入760万元,市场出租收益400万元,占总收入一半以上
依托开发区型	北塱、福地、伊洛等村	开发区土地出租	三村出地最多。如第三的伊洛村出地100亩,2014年总收入100余万,开发区收益40余万,占总收入近五成
传统型	隔涌、祖仁、南塱、敦伦、南塱新村、多墩、新地、大地塱、豫章、海边等村	鱼塘、厂房出租	2014年鱼塘、厂房收益收入均占总收入一半以上

数据来源:民乐村委会。

在隔涌村民最集中的生活区,几乎所有家庭中均有成员从事过与纺织业相关的工作,如开纺织厂、家庭作坊,做一线工人、工厂中层管理者,回收纺织废料,运输工业材料等,过去以纺织业作为主要生计的村民以40岁以上村民和女性村民居多。目前村民职业主要为:第一产业以养鱼者居多,种植蔬菜多为家用;第二产业以工厂中层管理者居多,如行政管理、生产线监管、仓库货物管理、会计出纳、原料运输等,少数人经营家庭作坊、承包建筑、从事五金加工、回收工业废料、销售纺织原料等;第三产业中以个体经营户、打工者居多,如会计、货运司机、理发师、酒店清洁员、保安、摩的司机、餐饮服务员、超市导购、收银员、保险销售等;其他则是靠土地股权分红、企业退休金生活的老年人,无业人员较少。

1. 生计转型趋向本地化

20世纪90年代后，随着当地纺织业的转型升级，村民们的生计转型趋向本地化，形成了本地化的就业网络。村集体对鱼塘、土地资源的牢牢把控，客观上为本地化就业网络创造了条件。而本地人对就业的理性考量，在主观上也更倾向在本地就业。

首先，鱼塘只对本地人出租，外地人没有承包权，养鱼是当地农业从业者的主要经济来源，从业者多以中老年男性为主。民乐耕地极少，总面积不足2000亩①，农业用地几乎都是鱼塘。2014年，民乐农业产值7998万元，只占经济总产值的3%。② 可见，民乐的非农化经济趋势十分明显，从事农业的人数也较少。以民乐隔涌村为例，2014年隔涌村鱼塘28个，总面积169.92亩，年承包款近14万元③，年承包均价为823元/亩，承包价由水质、区位等因素决定，一般鱼塘年承包价为1100～1200元/亩。当地承包鱼塘主要有两种方式：一种是家族式承包模式，如同姓兄弟一起承包，隔涌村大部分鱼塘基本被潘家、梁家、刘家和罗家4家所包，4家承包面积占总面积的一半以上；另一种是大户式承包模式，即一个人承包的鱼塘面积要远超人均承包面积，如隔涌村梁某承包22亩鱼塘，而村人均承包面积为3亩，其承包面积为人均承包面积的7倍。

由于养殖传统的四大家鱼利润很低，因此，当地已很少人再饲养四大家鱼，取而代之的是利润更高的生鱼、鸭嘴鱼、黄骨鱼和长吻鱼等鱼种。以当地养鱼户吴师傅为例，他20世纪90年代经营纺织厂，倒闭后开始养鱼。他承包鱼塘20亩，2014年养殖投入（不包括人工费）在80万元以上，平均每亩鱼塘年投入至少4万元：其中每天饲料费为50～60元/亩，每亩鱼塘饲料一年投入至少18000元；每周鱼塘消毒和药物费为300～500元/亩，每亩鱼塘药物费一年投入至少16000元；还有幼苗成本、鱼塘承包款、设备费、电费等。如遇到鱼苗疫情、水污染、停电等意外情况，其每亩的经济损失均以万元计算。在收入方面，吴师傅20亩鱼塘按照每斤市场收购价减去每斤鱼的投入成本计算利润，至少要保证6000元/亩以上的年利润才可能维持基本的人工开销并实现基本的盈利（见表14-2）。因此，养鱼在当地算是投入和风险都比较高的行业，有一定资金实力和养殖技术的村民才能胜任，养殖户人数也较少。

---

① 数据来源：2014年《南海县志》。
② 数据来源：民乐居委会公示栏。
③ 数据来源：隔涌村村委会。

表14-2 2014年养鱼户的每亩收入情况

鱼种	每亩年产值（斤）	每斤纯利润（元/斤）	每亩年利润（元）
生鱼	13000	0.5	6500
黄骨鱼	8000	1.0	8000
鸭嘴鱼	5000	2.0	10000
长吻鱼	10000	0.7	7000
其他鱼种	5000	0.5	2500

数据来源：笔者访谈所得。

其次，民乐的村集体土地资源如厂房、店铺更倾向租给本地人经营，形成了一个以本地居民为主要对象的本地化租赁市场。土地是民乐各村收入的主要来源，因此，在土地流转过程中，村集体牢牢控制着对土地的支配权，保证了土地收益权。在全国其他农村的土地流转市场中，在城市资本介入下，往往会出现村集体不仅丧失了土地支配权，而且也转让了土地使用权的情况。而当地村集体则通过两个策略，最大限度地控制了土地的支配权。一是土地投包人大都局限于本村人或邻村种养大户，对外来资本介入，村民和村集体本能地排斥；二是制定短期的土地投包期限，当地的投包期限只有3～5年，其缘由就在于，村民及村集体对农用地转为非农用地存在强烈的预期，只有将土地支配权牢牢控制住，土地"农转非"的情况才不会出现，其土地收益才有保障。[①]以民乐延陵村为例，在延陵村入口处有一间面积约3亩的厂房，厂房土地产权目前属于南海公有资产办公室。据村主任介绍，20世纪80年代，厂房所在地还是一片荒地，属延陵村集体土地，南海供销社以建食品加工站为由向延陵村借地建厂房，建起厂房后又瞒着村里人办了国土证，私自改变了土地性质。此事发生后，民乐所有村集体都本能地排斥将土地、店铺租给外人使用。

再次，当地人就业选择也倾向本地化。一方面，当地人如果去了佛山、广州、深圳等地打工，月平均工资为5000元左右，除去房租和日常消费便所剩无几，还不如在当地就业；另一方面受自身条件限制，20世纪90年代从纺织业退出的本地人年龄多在40岁以上，几乎未受过正规的教育和技能培训，加上年龄、体能上的劣势，即便外出务工，也极可能被淘汰。并且，自20世纪

---

① 参见刘宪法《"南海模式"的形成、演变与结局》，见张曙光主编《中国制度变迁的案例研究（土地卷）》，中国财政经济出版社2011年版，第74页。

80年代以来,民乐地区的外来务工人员不断增多,在当地扎根生活10年以上的外地人比比皆是。这无形中也加深了当地人对民乐的认同感,即使面临经济衰退的风险,当地人仍坚信民乐是一片充满就业机会的"乐土"。

2. 市场交易网络趋向本地化

与生计转型的本地化趋势相对应,民乐的市场交易网络也趋向本地化,市场交易网络逐渐转变为以满足当地人需求为主的社区。例如,过去以布匹外销交易为主的民乐工业品市场的衰落和现在以满足居民日常需求的农贸、杂货、生鲜交易为主的民乐综合市场的繁荣,就能说明这一点。

民乐集市由4个主要的市场组成,分别为民乐旧圩、工业品市场、穗丰市场和民乐市场。4个市场均位于城区民乐内涌与官山涌的交汇处,呈"之"字形分布,各市场的间距均不足百米。民乐旧圩是民乐历史最久的集市,基本已荒废,只有少数本地人在经营杂货铺;工业品市场建于20世纪90年代,主要用来给本地人经营布匹生意,目前已被闲置;穗丰市场主要以经营服装鞋帽生意为主,外地经营者居多,占80%以上;民乐市场由延陵村市场、西樵市场和综合市场3部分组成,主要经营农贸、杂货、餐饮、服装等,本地经营者居多。

民乐工业品市场20世纪90年代是西樵的布匹交易中心和纺织业的象征,据说最繁盛时期"订单应接不暇,钞票要用麻袋装"。但由于西樵轻纺城1997年在官山建成后,工业品市场大部分门店迁往官山,市场人气开始急速衰败,目前已处于"人去楼空"的状态。这也突显出政府主导下的经济区域规划对地方经济造成的巨大影响。工业品市场门面约200个,目前正在营业的仅剩8家(一家布行、一家裁缝店,其余为服装店),门面空置率超过90%,尤其是与民乐纺织业的兴衰息息相关的布行生意,更是从当年的"遍地开花"变成现在的"仅存一家"。

【案例】民乐最后一家布行

2015年7月16日

走进偌大的工业品市场,家家户户的门面紧锁,空无一人。拐进一个狭窄幽暗的小巷子,突然一个面积百来平方米的布行映入眼帘,各色的绸子布料堆满大堂,里面不时传来妇女的讨价还价声,竖耳细听,有普通话、粤语、四川话……这就是民乐地区最后一家布行——祥隆布行。

布行正门紧锁,只开了一个侧门对着巷口。经营布行的是40多岁的陈姐。1989年,她从南海丝织二厂辞工后,1991年搬进工业品市场开布行,一晃就是27年。店中布料有100余种,以服装布料、窗帘布料、工业布料为主,搭着出售一些服装配件和裁剪熨烫工具。

陈姐说:"1989 年,整个民乐的门店都是卖布的。那时,黑龙江、新疆的人都跑来买布,那时装钱要用大麻布袋……现在这个市场基本没人做了。一是市场里很多人都搬到了西樵轻纺城,二是这些年布不好卖,很多人都搞其他生意去了。"

在聊天中,偶尔会有一些中年妇女来购买服装配件。陈姐说,每天营业额基本维持在两三百元,就靠着布行收入维持着整个家庭的生活。她很茫然,不知道布行还能经营多久,笑笑说:"过一天算一天。"在笔者离开时,陈姐骄傲地说:"儿子也在广州念大学,学的是动植物检疫专业,将来毕业好找工作,不用像我们这代人一样跟纺织打交道了。"

与工业品市场的冷清形成鲜明对比的是马路对面的民乐综合市场的繁荣。民乐综合市场始建于 20 世纪 90 年代,营业面积 8600 平方米,摊位数量 88 个,本地经营者约 55 户,一半以上是国营丝织厂下岗的纺工。市场从早晨开始便人来人往,集市除了满足民乐本地人、外来人、工厂工人等的日常需求外,周边许多村落,如百东、联新等,其村民也会来这里购买商品,终日热闹非凡。据统计,综合市场是目前民乐成交额最多、人流量最大、本地经营者最多的集市,2014 年成交额达 2423 万元。①

3. 就业多元化和普遍化

就业多元化和普遍化主要体现在两方面:一是大量从纺织业退出的本地居民职业选择更加多元化;二是在民乐集市中,多年来形成了外地人和本地人的两套市场经营体系,均以满足民乐地区居民的消费需求为主。

民乐的农业生产主要是水产养殖,如前文所述,由于养鱼风险较大,从业者以当地养殖技术、资金实力较好的中老年男性为主,从业人数较少。民乐的农业产值占总产值的比例在逐年降低,耕地面积不足 2000 亩,农业用地几乎都是鱼塘,且不断有村庄通过"填塘造房"的方式来发展非农经济,地方经济的非农化趋向十分明显。

工业上,本地人主要从事较轻松的行政管理、财务管理、生产仓库监管等工作,再没有本地人愿意从事一线工作。一方面是因为过去的本地纺织工人年龄偏大,身体素质和反应速度均不如年轻的外来打工者;另一方面是因为外来人口的劳动力成本更低,比本地人更勤奋和便于管理。同时,随着工业设备的日益精良化,不仅在生产线上难觅本地人的身影,外来工人的数量也在减少。

---

① 数据来源:樵乐社区居委会。

据某厂管理者介绍:"以前10个人操作一台机器,现在一个人管理10台机器。"民乐企业以家族式经营为主,本地从业者多为通过亲戚、熟人关系就业的中老年人,劳动强度低、收入较高,从业人数较少。(见表14-3)

表14-3 民乐某厂中层管理者就业基本情况

访谈者	性别	年龄	职业	月工资	工作形式	工作时间	工作职责	就业途径
陈某	女	48岁	会计	5000元	全职	不固定	负责工厂做账、交税等	老板表妹
陈某	男	55岁	仓库管理	4000元	全职	9:00—18:00	负责仓库货物安全和清点工作	老板哥哥
潘某	女	32岁	行政管理	3000元	全职	9:00—17:00	负责工人信息管理、宣传资料、工作接待	老板娘侄女
赵某	女	60岁	食堂管理	5000元	全职	早、中、晚餐前	负责工厂食堂买菜、做饭	老板娘表姐
潘某	男	40岁	工厂监督	4000元	全职	8:00—17:30	负责对一线工人和生产线安全进行监管	行政人员潘某表哥
赵某	女	53岁	质量检测	3000元	全职	9:00—17:00	负责对生产布料质量进行检验	熟人介绍
张某	男	45岁	货车司机	6000元	全职	不固定	负责将货物运到佛山、广州等地	熟人介绍

除各工厂为本地人提供了少数就业岗位外,民乐各村中仍零星分散着少数勉强生存下来的家庭作坊,其经营断断续续,主要靠承接大中型工厂分流出来的订单生存,特点更像是"寄生式"经营:经营者一方面要面临大厂的打压和竞争,另一方面又不得不依赖大厂分流出来的零散订单,始终处于"夹缝中求生存"的尴尬境地。

相比第一、第二产业的本地就业人数，第三产业在民乐纺织业转型升级后，则承担起了转移绝大多数本地人就业压力的担子。相较第一、第二产业，第三产业发展也更迅速。据统计，自2004年开始，民乐第一产业和第二产业的发展均呈整体下滑的趋势，唯独第三产业增长率整体高于总产值增长率，产业占有率也从2004年的11.84%上升到了2014年的14.56%。①

目前，从事第三产业的当地人主要分3类。一是过去离开国营丝织厂属城市户口的从业者，很多人都拿失业补贴在当地集市租铺做起了小生意，年纪较大的则靠退休金维持生活。二是部分离开纺织业属农村户口的村民，虽然每年能领到土地股权分红，但靠鱼塘、厂房收租的传统村庄，每年人均股权分红仅5000～6000元，如隔涌村2014年人均分红为5639元，无法满足村民日常消费需求，因此，大多数村民都在民乐集市附近或西樵镇上以打散工为主，如商店导购、服务员、清洁工、超市销售、摩的司机等。年纪较大的女性主要从事烦琐且工资较低的工作，如清洁工、服务员；年纪较小的女性主要从事劳动强度、技术含量较低的工作，如办事员、理发师、商品销售、保险、超市导购等；男性则以个体户、跑运输为主。三是年纪较轻、学历较高的本地人，他们更乐意从事如会计、出纳、办事员、公务员等白领性质的工作。此外，虽然部分村民还将房屋出租给外来务工人员，但民乐的房屋出租率及租金普遍不高，普通民宅的月租金在300元左右，当地工厂也会为外来工人免费提供宿舍，因此，在民乐并不存在像"城中村"一样火爆的房屋租赁市场。

同时，多年来，在民乐集市中也形成了外地人与本地人经营的两种市场体系，人口就业更加普遍化。一方面，从纺织业退出的本地人很多从企业主变成了小生意人，他们经营着农贸、杂货、超市等并形成垄断。如当地人经营的杂货铺是连片经营，杂货铺老板会经常一起出资租车去佛山、顺德进货，通过统一和规模化的进货渠道和进货价格来平衡市场价格，规避市场竞争，形成本地垄断。另一方面，当地经营流动摊贩的基本是外地人，每天民乐集市前的大路旁都摆满了外地人的摊位，以经营水果、服装、蔬菜、烧烤等居多。他们一部分来自从工厂分流出来的外省人，另一部分则是高要、湛江、罗定等地的本省人。这些外来经营者大多在民乐生活了10年以上的时间，在当地的生活十分稳定。

从民乐居民生计与市场网络的变迁可以看到一种相对稳定的、本地化的"村中城"经济网络的存在。这是一个本质上非农化的经济网络，商业以满足本地居民需求为主，居民就业的本地化趋势明显。同时，这个网络具有一定的

---

① 数据来源：中山大学2006年佛山田野实习报告和民乐居委会。

多元性，一定数量的外来人口聚集于此，但又并未构成一个完全陌生性的社区。这一经济网络的存在，证明从经济生活来看，民乐已经转变成一个非农业占据绝对主导地位的"城"。①

三、结语

通过民乐的个案分析，我们可以对其地方经济网络的特点进行总结。

一是地方经济不排斥外地人，外地人和本地人在经济上是相互促进、共同融合的。一方面，虽然民乐近年来工业经济出现衰退，但工业仍是地方支柱产业，如2014年工业产值占总产值的80%以上，而民乐工业的生存和发展完全依赖于工厂中人数占绝对优势的外来务工人员。另一方面，外地人在民乐无论打工、经商还是生活，当地都给予了较大的包容与支持，并未遭受排斥。如民乐集市中穗丰市场的店铺和大量的流动摊贩基本都是由外地人在经营，他们大部分都在当地生活了10年以上的时间，把民乐当成了"第二故乡"。因此，在地方经济中，本地人与外地人的发展是相辅相成的。

二是在地方经济网络里，与外地人相比，本地人已远离纺织业。当地的纺织厂大多已迁往西樵科技工业园，本地人也不再愿意从事与纺织业相关的工作。他们的经济角色定位已由过去参与外向型经济，转向了就业、消费以满足本地日常需求为主的内向型经济，他们的就业、消费及生活都倾向于在本地社区进行。年人均5000~6000元的土地股权分红根本无法满足人们的日常消费需求，他们并未像"城中村"居民那样可以依靠丰厚的土地分红和租金收入来安稳度日，因此也呈现出本地就业多元化、普遍化的倾向，尤其是从事第三产业的本地从业者数量急剧增加，也无形中促进了经济网络本地化的形成。

三是地方经济网络的出现进一步促进了民乐"村中城"格局的形成。"村中城"的形成与早期珠三角城市化特征的转变密切相关。南海城市化由自下而上、自发式转变为自上而下、规划式，西樵的小城镇中心也由民乐转移到了官山，民乐的城市化失去了政府主导下的外部动力。与此同时，随着当地纺织业的升级转型，工厂、贸易向西樵新中心靠拢，大量当地人退出纺织业后形成了内聚性的、以满足日常需求为主的地方性经济网络，这使民乐的城市化失去了自发性发展的内部动力而变得日趋稳定。因此，内部相对稳定的地方经济网络对"村中城"空间格局的形成起到了重要的作用。

四是形成了相对独立、稳定的"村中城"格局。在民乐，经常可以看到

---

① 参见杨小柳《村中城：一种半城市化类型的研究》（暂未发表）。

混乱的、缺乏规划的城乡混合空间，社区内房屋外形多样，一片片低矮的民居中散布着大大小小的厂房、店铺。各种建筑景观毫无规划地、零散地聚集在一起，并非"城中村"所展现出的"握手楼""一线天"的景观特征，而是形成了一种集生产、生活、消费于一体的，在经济上相对稳定的，具有独立性的社区格局。

基于民乐地方经济的个案分析，我们研究"村中城"地方经济网络的意义在于：改革开放初期的珠三角地区是遍地开花、分散性、自下而上的都市化，随后在遍地开花的都市化基础上出现了城市中心，出现了以中心带动周边发展的都市化特征。出现大批处在城市边缘地带或城市圈交接地带的区域是非常普遍的现象。在早期都市化过程中，这些区域的工商业已经十分发达，且改革开放后，这种非农化经济发展具有不可逆的特征，它并不像亦农亦工的传统社区一样，当工业退步后还可以重新回去继续进行农业生产，而已经成为非农化特征十分明显的"城"了。那么，这种区域该怎么去发展？该怎么定位？其变迁的方向是什么？这些问题都突显出这些区域的研究价值。同时，目前学术界大多将目光集中于对"城中村"的研究，在珠三角都市化特征已经发生转变的大背景下，珠三角大多数边缘区域并未受到学术界应有的重视，因此，关注"村中城"问题无疑也是对先前研究的补充，是具有现实意义的。

第十五章 经济、网络与公共空间
——城市新移民的生存图景

一、作为社会现实与学术话语的城市新移民

改革开放 30 多年来，我国城市化水平日益提升。尤其是 2011 年年底，更是一个历史性转折点。在这一年，我国城镇人口首次超过农村人口。① 在东部沿海地区，大量的乡村经历了从农村到城市社区的乡村都市化历程。"十二五"期间，我国流动人口年均增长约 800 万人，2014 年年末达到 2.53 亿人。根据城镇化、工业化进程和城乡人口变动趋势预测，到 2020 年，我国流动迁移人口（含预测期在城镇落户的人口）将逐步增长到 2.91 亿，年均增长 600 万人左右。其中，农业转移人口约 2.2 亿人，城城之间流动人口约 7000 万人。② 2013 年全国农民工总量达到 26894 万人，比上年增加 633 万人，其中外出农民工 16610 万人。③ 2014 年全国农民工总量达到 27395 万人，比上年增加 501 万人，其中外出农民工 16821 万人。④

从 20 世纪 50 年代到改革开放前，城乡二元户籍制度严格控制城乡之间的人口流动，尤其是农村人口向城市流动，当时主要的流动途径是考大学、当兵、成为干部等。在 20 世纪 50 年代，"农民工"一词被"盲流"所替代。从 20 世纪 80 年代末开始，东部沿海城市的城市化发展带动了农村人口的流动。

---

① 2011 年年末，中国大陆总人口为 134735 万人，城镇人口数量首次超过农村。参见《2011 年中国大陆城镇人口数量首超农村》（http://news.xinhuanet.com/fortune/2012-01/17/c_111445280.htm。2015 年 11 月 1 日访问）。

② 参见《11 月例行发布会材料〈中国流动人口发展报告 2015〉有关情况》（http://www.nhfpc.gov.cn/xcs/s3574/201511/07b8efe0246e4a59bd45d1fd7f4e3354.shtml。2015 年 11 月 24 日访问）。

③ 参见《2013 年度人力资源和社会保障事业发展统计公报》（http://www.mohrss.gov.cn/SYrlzyhshbzb/zwgk/szrs/ndtjsj/tjgb/201405/t20140529_131147.htm。2015 年 11 月 1 日访问）。

④ 参见《2014 年度人力资源和社会保障事业发展统计公报》（http://www.mohrss.gov.cn/SYrlzyhshbzb/dongtaixinwen/buneiyaowen/201505/t20150528_162040.htm。2015 年 11 月 1 日访问）。

此时,"打工妹""打工仔"① 成为本地人对他们的称呼,这意味着本地人将他们看作来城市里打工的人,通过打工挣钱寄回给农村的家人使用,他们并不会长久居住在城市,城市只是他们挣钱的驿站。自 20 世纪 90 年代以来,"农民工"一词逐渐成为学界、社会媒体对那些来自农村并且在城市里从事体力活的人的一个称呼,因为户籍制度,他们即使在工厂打工,也依旧无法摆脱"农民"的身份。最近几年,"农民工"的称呼越来越受到批评,不少地方政府都提出取消"农民工"的称呼。② 顺应时代的发展与我国城市化进程的需要,"城市新移民"的提出成为社会的共识。不少城市根据实际情况,赋予这些流动人口以不同的名称。广州将非广州户籍的人称为"来穗人员",并且在 2014 年成立了广州来穗人员服务管理局,是全国副省级省会城市中首个设立外来人员服务管理局的城市。③ 而早在 2008 年,东莞成立新莞人服务管理局,成为全国首个地级市流动人口专职服务管理机构。在 2007 年东莞市"两会"期间,"外来工政协委员"房智平提交了《建议东莞市政府公文取消"外来工"这一称谓》的提案。同年 4 月,东莞市从 46 种备选称谓中,确定"新莞人"为东莞 1000 多万非户籍工作人员的称谓。此后,东莞市各级政府部门和公共机构发布的正式公文中用"新莞人"指称广大外来人口,不再出现"外来工"字眼。④ 在 2010 年,东莞市开始实施新莞人积分入户政策。⑤ 从这些机构的设立和名称的改变,可以明显地看到政府对外来人口的态度逐步由管理到服务的转变,也越来越接受"城市新移民"的内涵与意义。

学界对农民工的研究成果已经比较丰富,而从城市新移民的角度来分析的则相对薄弱。以"城市新移民"为题名,在中国知网上的搜索结果为 158 条,其中包括核心期刊论文、硕博士研究生论文和报纸文章;以"城市新移民"为关键词进行搜索,共有 70 条搜索结果;而以"农民工"为题名进行搜索,

---

① 当时主要形容那些未结婚的农村男女青年,多为 18~25 岁。
② 参见《中国有意取消"农民工"称谓 广东河南率先提出》(http://news.sohu.com/20120104/n331156616.shtml。2015 年 11 月 1 日访问)。
③ 参见《广州设来穗人员服务管理局》(http://m.dayoo.com/127909/127913/201403/07/127913_35361502.htm);《广州成立来穗人员服务管理局》(http://gd.people.com.cn/n/2014/0129/c123932-20496064.html。2015 年 11 月 1 日访问)。
④ 新莞人服务管理局的主要职能有 6 项,分别是:统筹全市新莞人和出租房屋服务管理工作;规划和建立健全新莞人服务、培训体系,协调督促有关部门做好新莞人的服务、培训和维权工作;收集、登记、统计和分析全市新莞人的有关信息;协助有关职能部门做好房屋租赁登记备案、出租房屋税收征管、暂住证发放等。参见《新莞人服务管理局昨晚挂牌》(http://news.sina.com.cn/c/2008-11-07/024714690772s.shtml。2015 年 11 月 1 日访问)。
⑤ 参见《东莞启动新莞人入户积分制度》(http://www.sun0769.com/subject/2010/e_conference/5/t20101230_964923.shtml。2015 年 11 月 1 日访问)。

则有 73000 多条搜索结果，仅 2015 年就超过 3000 条。①

在反思 20 多年来农民工研究的经验和路径后，不少学者开始提出"城市新移民"的研究视角，将城市新移民视为一个整体的、多样化的移民群体。我国移民研究的新思路在于以城市新移民概念为核心，摆脱城市—农村二元对立的思维，将移民作为一种社会发展方式来看待，重点关注城市新移民通过社会融合所引发的城市社会重构，从而带来城乡二元结构消解，最终实现城乡和谐社会的过程。②朱力指出，随着社会流动的加快，我国城市社会群体的分层化已成明显趋势，以 1 亿进城务工人员为主体的城市新移民群体面临着许多亟待解决的问题，要给予城市新移民平等发展的机会。③景志铮、郭虹以社会排斥理论作为概念工具，从经济排斥、社会关系排斥和文化排斥 3 个方面进行分析，认为社会排斥是新移民社区融入的壁垒所在，缓解消除社会排斥，实现社区参与、社会交往的"破冰"，是形成社区内社会关系"互构共变"的基础，是城市新移民真正融入社区的前提。④另外，张文宏和雷开春对城市新移民社会融合的结构及其现状进行研究，指出城市新移民的社会融合包含文化融合、心理融合、身份融合和经济融合。⑤除此之外，还有学者从其他方面进行研究，如对城市新移民社会网络与空间的研究⑥，对城市新移民社会权利保障的研究⑦。

关于外来人口如何在城市社区生存并建立经济与社会网络，已有不少学者进行讨论。农民工虽然流动到了城市里，但其以血缘和地缘关系为基础的社会关系网络在农民工的社会流动、社会支持、融入城市等方面仍然发挥着重要的作用，社会关系网络的存在无疑降低了他们的流动风险和成本；农民工在进入城市的过程中逐步建立起以业缘关系为基础的新的社会关系纽带，并使之成为

---

① 截至 2015 年 11 月 1 日数据，不排除有一些是重复出现的。
② 参见周大鸣、杨小柳《从农民工到城市新移民：一个概念、一种思路》，载《中山大学学报》（社会科学版）2014 年第 5 期。
③ 参见朱力《赋予城市新移民平等发展机会》，载《南京日报》2006 年 1 月 26 日。
④ 参见景志铮、郭虹《城市新移民的社区融入与社会排斥——成都市社区个案研究》，载《西北人口》2007 年第 2 期。
⑤ 参见张文宏、雷开春《城市新移民社会融合的结构、现状与影响因素分析》，载《社会学研究》2008 年第 5 期。
⑥ 参见李志刚、刘晔《中国城市"新移民"社会网络与空间分异》，载《地理学报》2011 年第 6 期。
⑦ 参见苏昕《新型城镇化背景下的城市新移民社会权利保障》，载《马克思主义研究》2014 年第 2 期。

其社会网络的重要组成部分和获得社会支持的重要来源。①李志刚等人通过对广州8个"城中村"的问卷调查与实证研究,发现新移民的社会网络表现为成分多样化、关系现代化和空间分散化三大特征。②张鹂以北京浙江村的企业主为研究对象,探讨农村流动人口怎样结成新的社会网络并塑造属于他们的社会空间和民间领导层。她认为,流动人口群体中出现一种新型的权力和领导权,主要通过外地人社区的空间、社会关系的建构得以实现,产生一种非正式的庇护关系。③社区的公共空间与社区参与密切相关,阿兰纳·伯兰德和朱健刚基于对广州两个社区的研究,指出绿色社区建设不仅带来社区环境的变化,而且其整个创制过程帮助重组了社区的公共空间。④

基于已有的研究,本章试图从经济(生计)、社会网络、公共空间3个维度来描述与分析城市新移民的生存状况,以东莞大宁社区的劳力型移民为例,描述其生计、社会网络与公共空间,试图从这3个维度探讨城市新移民的生存景观。本章基于珠三角乡村都市化与人口流动的宏观背景,通过个案的形式呈现城市新移民社区的形成与日常生活。围绕城市新移民的社区空间——小店,以小见大,将其看作经济、网络与公共空间的复合体,从居住在出租屋里的城市新移民的日常生活——消费、娱乐、社会互动等方面进行来描述与分析,试图理解出租屋社区的形塑过程。

二、乡村都市化视域下的新莞人社区

改革开放后,广东省对外经济呈现迅猛发展的态势,尤其是以广州、深圳、佛山、东莞等为核心的珠三角地区。经济的发展带动了劳动力需求的增加,特别是以制造业等劳动力密集型产业为主的城市,吸引了大量省内外农村劳动力的流入。从1982年的11.5万到1988年形成第一次"民工潮"时的300万;到2000年,全省流动人口总规模已经超过3000万。1990年,珠三角有流动人口273.10万,占全省流动人口的82.39%,2000年已经增至1929.34

---

① 参见周大鸣、刘玉萍《社会关系网络与农民工投资型输出——以佛山"攸县人"挖机经济为例》,载《广西民族大学学报》(哲学社会科学版)2011年第1期。
② 参见李志刚、刘晔《中国城市"新移民"社会网络与空间分异》,载《地理学报》2011年第6期。
③ 参见[美]张鹂著,袁长庚译《城市里的陌生人:中国流动人口的空间、权力与社会网络的重构》,江苏人民出版社2014年版。
④ 参见阿兰纳·伯兰德、朱健刚《公众参与与社区公共空间的生产——对绿色社区建设的个案研究》,载《社会学研究》2007年第4期。

万，占91.64%。其中，东莞的外来人口排在第二，为501万。① 在1986年，东莞外来暂住人口156222人，占11.27%；1990年，外来暂住人口655902人，占33.22%；2000年，外来暂住人口占到76.37%，与1990年相比，增长了10.19倍。② 2013年，东莞市常住人口831.66万人，其中，户籍人口188.93万人；城镇常住人口738.10万人，人口城镇化率为88.75%，是广东省第三大人口城市。③

正如前文所说，东莞在2007年取消"农民工"的称谓，将其统称为"新莞人"，在2008年成立新莞人服务管理局，并且在2010年开始实施积分入户政策。另外，在2009年左右，在虎门等镇街试点新莞人新型社区建设，解决新莞人的落户服务管理问题。以虎门的民泰社区为例。2009年6月成立的民泰社区是新莞人聚集的新型社区，该社区负责办理符合政策规定的新莞人入户工作，协助有关部门服务管理入户居民的户籍、计划生育、社会保障、医疗卫生、子女就学、就业培训、义务兵役、民兵组织等。2013年，民泰社区有户籍人口2719人。④

本章所要描述的新莞人群体生活在虎门大宁——位于虎门经济社会发展前列的一个社区⑤。位于虎门镇东南部，紧邻S358省道（原107国道）和广深珠高速公路的大宁村，在其约5平方千米范围内，有3个自然村，即大宁、博投和江门村，分成6个村民小组，即北坊、西坊、南坊、南门、博投和江门。本村村民约为2800人，城市新移民约有2.5万。这两万多的外来人口主要在大宁村200多家企业工作，其中包括44家外资企业。大宁村经济发展名列虎门乃至东莞前列，2013年全村总收入超亿元，人均年收入接近3万元。在1979年引进虎门第二家"三来一补"企业——大宁毛织厂后，大宁开始了乡村都市化的快速发展之道。根据村干部和村民的回忆，在20世纪80年代初，大宁工厂内打工的多为本村村民，农闲时在工厂打工，农忙时则请假在田里干农活。当时，大宁主要种植水草、水稻和蔬菜等。为了解决农田和工厂争劳动力的问题，当时的村支书带领村干部，将全村的大部分田地改种香蕉，后来又

---

① 参见《广东省志》编纂委员会编《广东省志（1979—2000）·第1卷》，方志出版社2014年版，第24页。
② 参见东莞市地方志编纂委员会编《东莞市志（1979—2000）》，广东人民出版社2013年版，第106页。事实上，笔者查阅了《广东省志》等资料，发现具体的数据略有差异。
③ 参见《东莞市统计年鉴2014》（http://www.gd-info.gov.cn/books/dtree/showbook.jsp?stype=v&paths=20291&siteid=dg&sitename=东莞市地情网。2015年11月2日访问）。
④ 参见《虎门年鉴》编纂委员会编《虎门年鉴2014》，广东人民出版社2014年版，第255页。
⑤ 虽然政府的文件已经称之为"社区"，但是政府工作人员、村干部、村民、新移民等都多称呼大宁为"大宁村"，因此后文也以"村"称呼。

开挖鱼塘，承包给本村村民或者浙江人养鱼和放鸭子。① 自1979年至今，大宁村的地理范围基本保持原状，村集体管理体制经历多次变革，包括大队②、大宁乡③、管理区④、大宁村委会⑤、大宁社区居委会⑥等形式。时至今日，大宁村设立了多个职能部门，包括行政办、宣教办、集体资产交易办、财务办、城建办、加工办、城管办、安全办、治保会、劳动调解办等。其中，劳动调解办和治保会与新莞人的关系最为密切，尤其是治保会，成为许多新莞人常提到的一个机构。治保会除了维持村内治安与日常秩序外，还对居住在村内出租房内的所有新莞人进行登记管理。不少在大宁居住了20来年的新莞人还经常提起在20世纪90年代的治保会。⑦ 在当时，治保会的人基本是本村人。进入治保会是一种权力的象征，在地位上高于外来人口。⑧ 虽然治保会的职责是负责维持村内治安，但是一旦本地人与外地人发生矛盾纠纷，治保会往往会偏袒本村村民。⑨ 目前，大宁治保会设有户管组等机构，负责新莞人的服务和管理工作。虽然按照政府和村里的要求，需要对出租屋的租客进行登记管理，但是由于数量庞大、人口流动性强等原因，该项工作难以完全落到实处。时至今日，

---

① 当时，浙江人在大宁主要从事鱼塘养殖，在鱼塘放养鸭子。很多人由此累积了创业的资金，后来自己开工厂等。
② 1968年开始称为"虎门公社大宁大队贫下中农文化革命委员会"。
③ 1984年称为"虎门区大宁乡人民政府"。
④ 1986年称为"虎门镇大宁管理区"。
⑤ 1998年称为"虎门镇大宁村民委员会"。
⑥ 2005年称为"虎门镇大宁社区居民委员会"和"虎门镇大宁股份经济联合社"，党组织、社区自治组织、经济联合社三位一体。
⑦ 一天晚上，笔者在大宁江门村的一户新莞人开的小店门口和他们聊天。其中，有个30多岁的四川人说到当时他和同伴从外面来大宁玩，因为已是半夜，结果在路上被治保会的人抓去审问，最后还是亲戚交钱才放回去。开小店的黄叔说起那时候的情况：那时候，治保会的人经常查暂住证，没有暂停证的要抓去治保会，让熟人来交钱。黄叔曾在20世纪90年代被抓过一次，在治保会过了一晚，同乡交了50元给治保会，才被放出来。治保会的人常常半夜三点到五点查房。他们直接敲门，十分粗暴。那时黄叔的儿子还小，不过很懂事。他们让他别哭，不然治保会就来查房了，他就不哭。他们夫妇之前没有办结婚证，2003年才办理结婚证。有一次，他们锁着门，刚好黄叔需要外出做事，只好从窗子爬出去，怕从大门出被治保会的人查到没有暂住证。当时已是12月份，他们不想用一年的钱来办一个月的暂住证。
⑧ 在笔者所认识的新莞人中，有不少人是在大宁结婚并且一直居住到现在的，将近20年。和他们聊天的时候，他们潜意识里还对当时外来人口所处的弱势地位感到胆战心惊。
⑨ 这种情况在最近几年已经好转，一方面与整个社会环境有关，另一方面，珠三角地区"用工荒"成为严峻的社会现实，"留住新莞人"成为令村内诸多工厂企业头疼的大事。

还经常看到治保会的辅警、治安员、便衣等在村里巡逻。①

事实上，具体从哪一年开始有外地人进入大宁打工，村民都说记不清楚了。不过，从村里的历史资料和村民的回忆来看，大约在20世纪80年代中后期到90年代初期。80年代末，大宁的外地人主要来自广东省山区农村和广西地区。② 在90年代中后期，大宁的外来人口已经达到了几万人的规模，特别是大宁开发了大板地工业区后，整个大板地工业区十分热闹。大宁南坊村村民潘叔在90年代开过一段时间摩托载客，从大板地载客到大宁村③，当时一个晚上可以挣几十块钱。在90年代末，大宁已经在工业区建成了大宁广场，内有大宁剧院、图书馆、舞台等，生活在大宁的外来人口有了娱乐休闲的好去处。根据笔者的了解，目前居住在大宁的新莞人数量并没有10年前的多，在2005年左右是高峰期。居住在大宁20多年的人告诉笔者："以前到处都可以看到人，特别是周末，市场都挤满了人，超市购物结账都要排很长的队伍。现在你去看华东购物超市，周末人都很少。"但是，根据大宁村提供的数据和村干部的整体判断，2万～3万的新莞人是比较准确的。

目前，居住在大宁的新莞人除了一些相对短时间停留的年轻人外，还有大量整家人住在大宁的新莞人，他们大多数在大宁生活长达20年。在本章中，笔者所要关注的是体力型劳动者。从工作类型来看，他们多数在大宁村内各大小工厂打工，或者从事手工、清洁、保安、开小店、管理出租屋等工作。从居住地来看，他们分布在大宁3个自然村6个村民小组，主要集中在大宁旧村和江门村。江门村原来是比较偏僻的村落，近几年治安秩序得到了改善。④ 村民将宅基地都建成了新房子，每家每户都有好几栋房子用来出租。整个大宁，江门村的房租最便宜，因此，近年来吸引了大量的新莞人入住江门村。居住的房屋类型主要包括村民的旧房子、2000年左右建的楼房和这几年新建的高层出

---

① 时至今日，一些居住在大宁的新移民还对治保会的治安员持有不好的评价。2015年10月的一个晚上，笔者与治保会的杨哥聊天。后来，他带着笔者在大宁村界四周逛逛，回来的时候他送笔者到江门村。当时与笔者交流甚多的黄叔、刘叔都表示惊讶。等杨哥走后，他们就说："这些人就会欺负人，我们都怕他。"
② 按照村民的说法，是因为当时这些地方能够用粤语交流。
③ 当时大板地工业区基本是工厂，超市、饭馆等消费场所很少。工人多到大宁旧村处购买生活用品、看电影等。
④ 居住在江门村的新莞人和笔者提起2000年左右，江门村没有路灯，社会治安差，村里的道路也不好，经常有人偷东西，就连挂在屋外的衣服、放在屋外的鞋子都会被人偷走。

租房。① 出租屋的租金根据房屋的新旧、面积大小及地理位置等因素而不同。以江门村为例，江门旧村5层以下的旧房子，单间月租为130元左右。根据一些房东的说法，房屋出租率为七到八成。② 相比大宁其他村小组，江门村所建厂房较少，因而剩下的地皮较多用来自建出租屋。在笔者认识的江门村村民中，每户至少都有3栋楼房用来出租。本章所要研究的城市新移民，主要是在江门村居住的普通体力型劳动者（即劳力型移民）。

三、小店经济——生计来源与社会互动

在本章中，笔者将关注点聚焦到江门村的小店，以个案的形式呈现小店里的日常生活和公共空间。这里所说的小店，是指分布在江门村不同出租屋一楼的小型商店。根据笔者的调查，几乎每条巷子都有一家小店。在20平方米左右的小店空间，各种日常用品陈列其中，晚上店主一家则在后面隔出来的地方休息。店内的商品主要是水、香烟、啤酒和各种零食。小店内少不了的硬件设施是一台电视机，哪怕是一部陈旧的电视机，也会伴随着小店开门就一直播放。为了节省空间，小店老板一般都会购买体积小的电视机，放在货架的上方或者挂在墙壁上。而在小店门口，则摆放了一两张小桌子和若干塑料小凳子。店内空间虽小，但是往往门口都会有一个较大的空间，可以容纳10来个人同时驻足观看。有些小店会选择在店门口摆放一张麻将桌或者在小店旁边的屋子安置麻将桌，也有的在店内隔出单独的空间用来给人打麻将，这与小店自身的空间面积有关系。

小店，顾名思义就是空间不大、为顾客提供日常用品的地方。事实上，从商品种类来说，与大型超市相比，小店的确无法与之相提并论，但其具有"虽小却便捷"的优势，可满足周边出租楼栋租客的日常生活需求。居住在江门村新区前排的余阿姨来自湖北，已经在江门村生活了20多年。江门新区的这些房子都比较新，并且规划得较好，各栋房子之间的间距较大，采光好。余阿姨的老公姓李，老公、儿子、女儿都在大宁工厂打工。她开了一间小店，卖

---

① 比如，在大宁麒麟中路拔地而起的中鹏公寓，十几层高，占地面积大，全封闭式管理，楼下有门禁和保安看守，不是居住在里面的人无法进入。另外，各村民小组内都有村民自己花几百万元建的10层左右的出租公寓，配有电梯等设施，出租价格约是普通出租房的1.5倍。

② 近年来，大宁出租屋出租率有所下降，主要原因是出租屋增多、工厂倒闭后工人离开大宁等。近几年，房屋出租价格上浮很小，甚至有下降的现象。新建的十几层的出租公寓吸引了一些工资较高的新移民。

烟、水、饮料等①，还负责照看两个3岁的小女孩，是她的孙女和外甥女。白天老公和儿女上班后，她就一边看店，一边照看小孩，还帮房东管理楼上的出租房。②她的家人晚上下班后回家里住。屋里放着做手工的材料，她在空余时间还做点手工。她说："做一袋才4毛钱，一天做不了多少，顶多几十袋，小孩子到处跑，一个人要看着这两个小孩，还要给她们喂饭。"他们家在一楼开店，二楼住人。据她说，房东是江门村村主任，房东的有七八栋楼。她住在这栋房子里有10多年了。由于靠近江门村村口有一些大型超市，如爱心生活超市、艺龙超市等和各种百货商店，她家小店的顾客并不多，基本上都是她所负责管理的出租房的租客。这些租客一般会下来买水或者啤酒、香烟。店内摆放着一张麻将桌，但是平时很少有人来打麻将。虽然每天的销售量很少，但是已经足够每月的房租和补贴一家的生活费。

而笔者接下来要重点描述的则是在江门旧村的一家小店。小店的老板是来自梅州大埔县的客家人黄叔。这间小店大约25平方米，黄叔一家在旁边隔开的房间作息，厨具则放在小店背后用货架所隔开的狭窄空间内。③黄叔和妻子何阿姨在江门村已经生活了20来年，在目前这栋房子都已经住了10多年了。他们育有一子，刚考上广州的重点大学。小孩在大宁度过童年时光，读完小学后再回老家梅州大埔县继续读初中。正如前文所描述的一样，货架上除了摆放商品外，还放着一部陈旧的电视机，一些商品没有地方放，都摆到门口的空地上。旁边的小屋则专门租来给居住在周边的外地人聚在一起打麻将。④在小店的门口，则用铁皮盖住上方，以防下雨或者太阳暴晒，与小店内部空间连接起来，下面则摆放一张塑料桌子和七八张塑料椅子及小矮凳。每天早上9点，何阿姨起来开门，开始一天的营业。从早上一直到晚上12点，何阿姨都负责在家里看店。而黄叔则到大宁村及其附近的村里接工作，主要是做一些电工、维

---

① 该店位于江门新区一巷。当时，笔者通过购买水，和老板娘聊起来。到这种小店聊天，如果一直坐在那里不买东西，是过意不去的，毕竟多少会打扰别人。同时，买东西也可以拉近双方的关系。

② 在大宁，不少村民出租房屋，自己却不管理，而是由居住在这栋楼房的人兼职管理。村民通过免费提供一间租房或者优惠租房的形式，由所挑选的新移民负责管理，每月收取房租、水电费及处理租客的日常问题等。

③ 这栋房子的房东的儿子在镇上工作，一家人就到那里买房子，家里的房子出租出去，由黄叔家帮忙收租。作为回报，就将中间的小平房免费提供给黄叔家住。当时，他们来江门村帮房东家装修。房东觉得他人还比较可靠，就将前后这两栋楼房交给他们来管理，平时每个月房东会从镇上回来一次。因此，他们在这里住了10来年了，一夫妻也没有固定的工作，就是经营这间小店和做维修工，同时帮忙收房租。一共两栋房子，上下各一栋，上面一栋是单间，下面一栋则是套间，有两三家人在里面住。

④ 笔者在这里，并没有严格区分小店的地理空间，而是将小店内部、外部及旁边的麻将屋作为小店的一个整体。原因有二：一是它们之间没有明显的界线，同时都是由黄叔老婆一人看管；二是店内的商品几乎与麻将连成一体，店内的饮料、香烟一大部分是靠打麻将的时候消耗的。

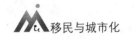

修的零活。

根据笔者的观察和统计,每天来店里买东西的人主要有两类:一类是居住在黄叔家所管理的出租屋楼上的3层租客,共40个房间,住了50人左右;另一类是在周边的3栋楼房的租客。一些在工厂打工的年轻人或者中年男子,下午或者晚上下班后会进店里买一瓶啤酒拿回出租房里喝。晚上看电视的时候,有些人则下来边看电视边喝啤酒或者买零食吃。与笔者相识结为好友的袁叔是贵州毕节人,来大宁好几年了,平时喜欢喝啤酒,下班后与朋友或一起在厂里打工的人到外面喝啤酒,或者一个人回到小店里买啤酒喝。好几次,他还请笔者和他一起在门口喝啤酒,他说他喜欢各个年龄段的朋友。

> 他在大宁换了几次工作。开始在一家电子厂做,因为与主管发生矛盾,就离开了。在圆通做过几个月的临时工,后来去了一家生产包装纸箱(如蛋糕盒)的厂,做了差不多两年。他老婆比他早出来两年,在大宁丽声钟工厂做了七八年,今年带着两个儿子回家里了,一方面是为了让小儿子好好读书,另一方面是要回去建房子。他们家在镇上有一栋一层的房子出租了,现在回去都没有地方住,就在上面加两层,把原来的老房子拆了建3层需要50多万。他大儿子18岁,没怎么读书,到处玩。他们一家之前在旁边的两层旧楼租房子住,230元一个月,可以放3张床。现在只剩下他一个人在这里,就退了房子,到何阿姨管理的出租房租了一个单间,130元一个月。(田野笔记:20150815)

在小店商品的销售量中,打麻将的人贡献了很大一部分。因为工厂上班时间不同,有些人是周末休息,有些人是周一到周五轮休,有些人上白班,而有些人则上夜班,所以基本上每天都有人过来打麻将。打麻将以4小时为一个计费单位,需要交60元左右。小店则需要给每人免费提供一瓶水。事实上,在打麻将的过程中,打麻将的人会不断地向小店购买红牛、零食等,这也是何阿姨这么热衷于邀请大家来打麻将的主要原因之一。有一次,有两个在何阿姨管理的出租房租房的20多岁的小伙子在门口坐着吃面条,老板娘叫他们一起开台打麻将。"高个子"① 说没钱了,吃完面就走了。后来又来了一人,也不够人,于是老板娘打电话叫人,但叫了几个都来不了,她又上楼叫被称为"胖

---

① 在这个社区,人的全名是不重要的。虽然何阿姨负责管理整栋楼,平时天天见面说话,但她记不住这些人的全名。他们之间或者知道姓氏,或者把外形特点作为一个人的识别特征,比如"高个子"表示这个人身高在这里属于较高的。

子"的刘军①。大约 10 分钟后，他下来了，说要去开工，可是老板娘怂恿一下，他们就开台了。刘军进去打麻将时，还从店里买了一包香烟。何阿姨的儿子曾说，这小店就得靠打麻将，除了台费，重要的还是打麻将的人买东西，如购买烟酒，"不打麻将，这个小店能卖多少东西？你看附近，很多人都在打麻将"。

从小店的日常运作过程来看，居住在这里的新移民购买小店商品，使得小店能够维持下去。除了销售商品，满足新移民的生活所需外，小店还以"台费"等形式提供麻将桌，供新移民工作之余消遣用。对于何阿姨一家来说，成天花在看店、服务来打麻将的新移民等的时间成本换来售卖商品的利润和新移民提供的"台费"，意味着商品的售卖和"台费"收入成为一家人生活开支等费用的来源。从这一点来看，这种经济来源是维系小店作为一种网络、公共空间的基础。

在小店里，不仅只有商品的销售及麻将活动，一起看电视成为小店周围几栋楼房租客的共同活动。黄叔家小店的电视机自早上 9 点小店开门就开始播放，一直到晚上 12 点小店关门才关闭。② 在这期间，有不同的人群在不同的时间段过来看电视。白天主要是妇女带着小孩过来，有些是年轻妈妈带着小孩，有些则是中年妇女带着自己的孙子或者孙女。人多的时候，聚集了 10 来个妇女在这里看电视。在隔壁楼栋住的彭姐，35 岁左右，来自陕西，没有工作，在家照看小孩，丈夫则自己接单做小生意，请了一个工人帮忙。而住在旁边一栋两层旧楼房的河南阿姨则每天带她的孙女过来。她一家人都在大宁工作，儿子和儿媳在工厂打工，丈夫则做环卫工，每天负责打扫江门村的卫生。她们一坐在小店门口，就开始边看电视，边说自己家的事情。她们对别家的事情了如指掌，家人做什么工作、在这里居住多久了、谁家生了小孩、谁又换了工作等，都清清楚楚。除了聊各自家里的事情，她们还会聊起以前刚到大宁江门村时的情形。③ 另外，买菜则成为她们谈论的一个重要话题。何阿姨去大宁果粒来市场看到廉价、实惠的菜，回来便会和其他人分享。哪家超市在晚上打折清货，她们也会相互告知。

---

① 四川人，很小就在东莞生活，他的父亲在大宁做环卫工。
② 即使晚上没有人打麻将，他们家也会坚持到晚上 12 点才关门，主要是因为考虑到有些在工厂打工的人很晚下班回来，要买东西的话没有地方可去，外面的超市一般都早早关门了。另外，也是看管出租房的需要。有时候，因为打麻将的人超时了，他们也不会去说，也会"等到他们玩到不想玩了才关门"。
③ 笔者饭后或者不出去访谈时，大部分时间都在她们旁边听她们谈论。从一开始的"陌生人"到变成她们的"熟人"，笔者的出现成为自然而然的事情。

到了晚上，小店门口主要聚集男人。他们会选择看一些武打电视剧、抗日电视剧等。此时，黄叔一般都已经从外面做零工回来了，他经常会坐在门口，泡一壶茶，和来看电视的男人们喝茶聊天。聊天内容包括正在播放的电视剧剧情、白天出去遇到的一些有趣的事情等。而何阿姨则主要和其他人一起打麻将或者在一旁观看，给他们提供水、零食等服务。黄叔经常叫笔者过去一起喝茶，给笔者讲述他20世纪90年代初作为一个年轻小伙子从梅州出来打工"闯世界"的辛酸史。每天晚上，来自河源客家地区的刘叔都会在晚饭后过来看电视。刘叔40多岁，在大宁开摩托车载客，白天都出去，只有晚上才有时间过来看电视。他一个人在隔壁的一栋出租房租了一个单间，已经在这里住了好些年了。

正如前文所说，小店也是一个新移民社区互动的场所。不论是打麻将的人，还是过来看电视的人，都会互相分享各自家里的事情、工作的情况及电视剧的内容。在这种分享过程中，城市里的"陌生人"转变为"熟人"。因此，作为经济场域的小店也成为新移民社会互动的公共场所。讨论、分享、互动在这里发生，新的社区关系悄然生成。

四、从亲缘到业缘——社会网络的拓展

不少研究从社会网络的角度切入，探讨亲缘、地缘等社会网络如何在移民过程中发挥作用。① 具有乡土性的农村社会，血缘、地缘和亲缘的网络维系着生活在农村社区的个体及家庭的延续与发展。来自全国各地的劳力型新移民，不论是20世纪90年代初刚来大宁打工，还是经过20多年以后的工作及社区生活，亲缘、地缘等社会网络都发挥着重要的作用。下文将以个案的形式探讨亲缘、地缘是如何带动新移民的打工生活的，并指出随着亲缘、地缘关系的拓

---

① 如李培林的研究指出，中国的乡土社会是特别重视以家庭为纽带的亲缘和地缘关系的，这种对亲缘、地缘关系的重视影响了人们的生活方式和社会交往方式，成为一种"习性"，并具有很大的惯性。这种"习性"没有因生活地点从农村到城市的变动或职业由农民到工人的变动而改变，也没有因拥有了一定的工商业生产资本，成了雇用他人的业主而改变。流动民工这种"亲缘关系网络"的作用贯穿于民工的流动、生活和交往的整个过程。（参见李培林《流动民工的社会网络和社会地位》，载《社会学研究》1996年第4期）又如项飚等人对浙江村的研究指出，浙江农村工商业者以经营为目的的流动，通常都结成小群体。这种群体依托于传统的人际网络，像在单纯的劳动力流动中一样，这种小群体发挥着保障安全、降低流动中的心理成本、在生活上互助的功能，小群体不仅是出于安全和生活上相互帮助的需要，而且也是生产经营上协作、分工的需要，这种情况在早期的小规模流动中就已出现了。（参见王汉生、刘世定、孙立平、项飚《"浙江村"：中国农民进入城市的一种独特方式》，载《社会学研究》1997年第1期）

展，对新移民的认同则促进了社会网络的延伸与社区共同体认同的强化。

笔者所接触的体力型新移民来自不同省份，在大宁从事不同的工作，其中有一部分人在大宁居住已超过20年。他们向笔者谈起20世纪90年代刚来大宁打工的情形，当问及"为什么会来大宁打工"的问题时，他们几乎都说是亲人或者是村里人的带动，如"那时候，我有亲戚在大宁这里打工，回去叫我出来的"。前面提及的小店店主何阿姨便是由亲戚带到大宁来的。

> 她1974年出生，小她老公五六岁。1990年左右，初二没读完就跟着村里的堂姐出来打工。当时到南海，那里的条件十分艰苦，水土不服，吃得也差，做不到一个月，没拿到工资就回家去了。当时坐车到广州，开始以为5毛钱坐火车去南海很近，就走路，结果走了很久。第二年，她又跟着堂姐他们跑到大宁，在富士高打工两年，要工作两年才退押金100多块钱。两年后，到其他地方打工，后来又到富士高打了两年工，认识了同一车间的工友，就是后来的老公。两年后，又出来了，跟着老公去了深圳等地。当时她老公搞装修，她就在工厂打工。1996年，生了孩子，1998年左右，回到大宁，在一家快餐店做到2004年，直到快餐店倒闭。当时很挣钱，一天可以营业一万多元，店里有5个员工，就在现在华东超市附近。以前那里都是大排档，现在都变成卖手机的地方了。（田野笔记：20151102）

何阿姨的丈夫黄叔在不到20岁的时候，就跟着家里的亲戚出来打工，去过潮汕地区、东莞、深圳等地。按照他们的说法，当时条件十分艰苦，要办暂住证，担心被抢劫等。黄叔在大宁富士高工厂做时，一个月只拿到一两百块钱，刚开始的一个月，都要向先出来的亲戚借钱。"那时候自己不熟悉，哪儿都不敢去。工厂放假的时候，都是跑去找亲戚玩。"[1]

当这些新移民进入城市，打工往往成为他们主要的选择。离开熟悉的村庄，进入陌生的环境，他们往往借助地缘关系来重构新的生活秩序。"老乡"

---

[1] 类似的个案很多。比如，在大宁居委会工作的广西人陈姐，20世纪90年代初中毕业才15岁就出来打工了。妈妈重男轻女，让她不要读书了。她有一个哥哥和一个弟弟。在1990年七八月，她就从家里跟着村里隔壁家的同学的哥哥跑出来打工，没有向父母要钱，偷偷跑出来的。没有活干时，就跑去找她姐姐。开始在北栅手袋厂打工，4块5毛钱一天。因为厂里有人骚扰，就辞职了。后来在大宁的一家电子厂打了三四个月工，从生产线员工做到办公室文员。大约在1992年的时候，因为大宁社区搞运动会，她为厂里负责举牌的领队。当时的大宁书记陈书记刚好需要招人接电话，就和厂里说需要招她过去。从那时一直到现在，陈姐已经在大宁社区工作了23年。

一词与"家"类似,具有较强的伸缩性。对于来自广东以外省份的新移民来说,"同省""同市""同县"都可以成为老乡;而来自广东的新移民则比较看重同一个方言系统的人,将他们视为老乡,如来自梅州的黄叔会将来自河源的刘叔视为老乡,因为他们都是属于客家方言区的客家人。前文提到的袁哥,他喜欢喝啤酒,从工厂下班后,都会约上几个贵州老乡去喝啤酒。他在工厂打工,玩得最好的工友还是他的贵州老乡。黄叔没有去工厂打工,他白天出去做零工,除了有人直接请他去修水管或者装电线外,主要是跟着他同镇的名叫辉龙的老乡一起干活。这个老乡负责接活,然后请他去帮忙。

不可否认的是,在这种新移民社区中,亲缘、地缘关系仍旧深深地影响着他们的工作和日常生活。大宁不像"浙江村"①和"新疆村"②等,并没有形成某一地域群体聚居地,而是形成了多元群体混居的格局。小店作为一个社区空间,新移民的社会互动、共享与交流在这里形成。在这里,大家都共有一个身份——"我们都是打工的人",成为他们聚居在同一个地方的共同身份认同。以前面提及的黄叔家开的小店为例,周边几栋出租房居住的新移民抱着小孩来小店门口看电视,黄叔的老婆何阿姨会经常关心小孩子的情况,有时候他们没有时间带小孩,都会把小孩放在小店门口,让何阿姨帮忙看着。有时候年轻的妈妈比较缺乏带小孩的经验,何阿姨和其他年纪大的中年妇女就会告诉这些年轻妈妈要注意的事情。③ 除了互相关心小孩,还关心年轻的新移民。有一对刚来这边租住的小情侣,"男的是云南的,平时在工厂打工,也不怎么认真,经常去上网,还与别的女人开房。女孩来自茂名,今年18岁,这几个月没有工作,为了省钱,经常不吃饭"④。后来,在何阿姨的建议下,女孩买了电饭锅、面、米等,自己煲粥喝。每到吃饭时间,这个女孩经过小店门口,何阿姨都会邀请她一起吃饭。另外,根据笔者的观察,在这个以小店为核心的新移民社区,新型的"熟人社会"正在酝酿。来小店买东西,有时候没带钱,何阿姨就让他们下次再给,打麻将的人没有钱打牌或者交不起房租,则向何阿

---

① 参见项飚《跨越边界的社区——北京"浙江村"的生活史》,生活·读书·新知三联书店2000年版。

② 杨圣敏和王汉生对北京新疆村的系列调查,参见杨圣敏、王汉生《北京"新疆村"的变迁——北京"新疆村"调查之一》(载《西北民族研究》2008年第2期)、《大城市中少数民族流动人口聚居区的形成与演变——北京新疆村调查之二》(载《西北民族研究》2008年第3期)。

③ 有一次,笔者在现场,来自四川的20岁出头的年轻妈妈抱着发烧感冒的儿子向何阿姨等人了解经验。何阿姨告诉她,天气热不能给小孩穿太多,否则出汗就会让小孩子着凉感冒了。

④ 何阿姨和笔者说起这样的情况,十分心疼这个女孩,觉得她这么傻,家里人肯定担心得很。

第十五章　经济、网络与公共空间

姨借钱。甚至何阿姨不在店里，他们也可以直接进去拿了东西，下次再告诉她。① 从这些情况来看，来自不同地方的新移民在大宁村构建了新的社区关系，新的"熟人关系"逐渐生成并且成为维系新移民群体日常生活的纽带。

五、门口议事——作为公共空间的小店

公共空间不仅是地理学、建筑学的重要概念，还是社会科学所关注的重点。社会空间问题，正成为当今学术研究的一个新的热点，成为研究社会的一种新的理论视角。② 张静采用 J. Habermas 的用法（the public sphere）——公共空间首先指社会生活中的一个领域，在该领域中，人们能够形成某种类似于公共舆论的东西，凡是公民都享有参与该领域之活动的充分保障。她以上海社区纠纷案为例，对城市公共空间的社会基础进行了探讨分析。③ 项飚在对"浙江村"的研究过程中发现流动人口形成了"新社会空间"。④ 实际上，小店还是劳力型新移民生活的公共空间。下文将以社区里发生的一件事为例进行阐述。

2015 年 7 月的某天，笔者路过莱得利工厂前面，见工厂门口站着一群人，保安、治保会的治安员都在旁边，工厂大门紧闭，顿感好奇。回到江门村，见到何阿姨在小店门口，还有五六个人在门口坐着讲话。不一会儿，就听到他们谈起莱得利工厂刚刚发生的跳楼事件。⑤ 跳楼的妇女50来岁，已经在莱得利工作了10多年。工厂近期搬迁到别的地方，这个妇女与其他工友一样，不愿意跟着工厂过去，但又听说没有补偿。在前段时间，因为有亲戚去世，她请假回去，返回工厂后，表现失常，工厂安排保安看管。后来趁着保安不注意，她跑到楼顶，突然从上面摔下来身亡。这两天她的家人过来，要求工厂赔偿。一起在小店门口谈论此事的有两位是同在莱得利打工的湖南老乡。一个男性老乡

---

① 笔者在的大宁谭氏祠堂旁边的一个小店也注意到类似的情况。来自湖南的小店老板在大宁小学旧址（村里将旧址拆了，改建成楼房出租，里面住了几十户外地人）开了一家小店。他在店里面的房间打麻将时，住在这里的人进来直接拿了饮料就走，有些则直接和老板喊一声就走了。
② 参见潘泽泉《当代社会学理论的社会空间转向》，载《江苏社会科学》2009 年第 1 期。
③ 参见张静《培育城市公共空间的社会基础——以一起上海社区纠纷案为例》，载《上海政法学院学报：法治论丛》2006 年第 2 期。
④ 项飚认为，形成"新社会空间"的原因有二：一是不能为宏观体制所接纳的流动人口，在体制外积极进行微观层次上的规则创新；二是"传统网络的市场化"。参见项飚《传统与新社会空间的生成——一个中国流动人口聚居区的历史》，载《战略与管理》1996 年第 6 期。
⑤ 地方媒体有相关的报道，虎门镇政府也对该事件进行了通报确认。参见《虎门一女工从宿舍楼顶坠亡　事发前刚奔丧返回工厂》（http://news.timedg.com/2015-07/23/20181225.shtml。2015 年 11 月 3 日访问）。

越说越气愤，坚持说要工厂赔偿 100 万，而旁边的另一个女性老乡则说："肯定不会给 100 万，能赔个 10 多万都差不多了。虽然我和她是一个厂的，也是老乡，但是是她自己跑上去掉下来的。"旁边的其他几人也开始议论起来。这两天，整个厂已经停工，在厂里打工的人都放假。在接下来的一个星期，小店门口都会谈论起这件事情，这件事也成了这段时间社区的公共事件。虽然很难凝聚成完全一致的利益共同体向工厂表达他们的利益诉求，但是关注、谈论等已经表明，小店作为一个公共空间，促使社区不同的人聚在一起交流、讨论，甚至达成共识。在 2015 年 10 月底，党的十八届五中全会公报发布，提出全面实施一对夫妇可生育两个孩子的政策。① 小店的电视新闻成为这一消息的传递者，大家看到电视新闻播放了这条消息后，开始讨论起来。有的人说到了 2000 年前后的计划生育政策，有的人则说："现在给自己生，也养不起，在这里读书太贵了。"

社区公共意识是社会群体及个人对"社区"这一与人们生活关系日益密切的事物在心理上的自觉感受与认同。② 吴毅在对白鹤村村民公共参与和公共意识的分析中指出，村庄精英和普通村民是两个基本的观照面相。③ 而当不同文化背景的人群聚在一起生活，原有的社区无论社会结构还是社会文化，都会发生变化。在这新移民形成的社区里，将会形成怎样的公共意识？笔者认为，小店在这一过程中起了关键的作用。首先，它给租住在周边出租房的新移民提供了公共的活动场所。出租屋，尤其是价格低廉的出租屋空间狭小，环境较差，每栋出租房里一般都没有给居住人提供共同的活动空间。而小店的空间正好弥补了这一不足。其次，小店提供的电视成为大家工作之余获取外界信息的重要来源。不少在这里租房住的人没有购买电视，有些人即使购买了电视，也乐意到小店与大家一起观看。再次，不同的人聚在小店，或是打麻将，或是看电视，或是谈论社区或国家的事情，关注个人之外的世界与社会。因此，在这样的一个公共空间内，城市新移民的公共意识的产生与发展并不是遥不可及的事。

---

① 参见《中共十八届五中全会公报（全文）》（http://www.caixin.com/2015-10-29/100867990_all.html#page2。2015 年 11 月 3 日访问）。

② 参见刘厚金《社区公共意识的培育及路径选择——以上海某社区为例》，载《理论探索》2007 年第 1 期。

③ 参见吴毅《村治中的政治人——一个村庄村民公共参与和公共意识的分析》，载《战略与管理》1998 年第 1 期。

六、讨论与结语：迈向移民城市

自改革开放以来，大宁从一个普通的珠三角村落发展为一个具有城市社区特点的都市村落。① 尽管大宁自身的历史便是一部移民史，在盐场、码头等地，历来就有诸多族群的人在这里聚集、繁衍生息。原本几大姓氏从大宁迁出，而谭氏族人从江西经粤北进入大宁，并经过不断地繁衍生息，成为当下大宁第一大姓氏。② 根据村民的说法，在中华人民共和国成立前，大宁种植大量水草，其中有一些陈姓的人从厚街过来教大宁人编制水草，是今日大宁一些陈氏村民的来源。③ 尽管如此，大量的外地人涌入大宁，进入工厂打工，形成了今日新移民10倍于本地村民的现状，还是最近30多年的事情。经过30多年的乡村都市化发展，从某种意义上说，我国正进入移民社会。虎门历来具有多元族群共生、共存与共融的文化根基，广府人、客家人、水上居民等生活在这里，多元族群共存的历史使虎门具有很强的社会包容性的文化、历史根基。

在大宁，乡村都市化的发展带来了大量的、不同文化背景的城市新移民，大宁从一个相对封闭、单一、固定的乡村社区转变为一个开放的、多元的、流动的移民社区。那么，这类社区是怎样得以再造的？笔者认为，社区再造不是传统的回归，而是传统与现代、多元族群共存的新型社区建设。小店作为一个平台或者媒介空间，通过老乡、外地人、同楼栋的租客等社会符号将大家联系起来，这种社会网络借助麻将、购买小店商品等，维持了小店的运转，而小店老板也以热情的服务对待各位租客，并提供了休闲、谈话的公共空间，如电视、无线网络等。虽然这是非正式的关系，但成了这些外地人在移民社区构建过程中发挥重要作用的关键节点。另外，小店老板也因为通过帮忙管理出租房，如代收房租、登记出租等，获得了房东的免费住房和小店空间。不论本地

---

① 这样的村落与一般的乡村不同，其具有发达的工业、便捷的交通与完善的基础设施，又具有都市的生活方式特点。但它又与大都市里的"城中村"不同，"城中村"一般处在大都市的包围圈中，社会环境较差，与周边的城市建设不协调，并且可能将会随着城市的进一步发展而消失。笔者在这里称之为"村"，是因为考虑到大宁人、新移民都依旧称之为"大宁村"。

② 大宁现有20多个姓氏，各个姓氏来源复杂。其中，人数较多的姓氏包括谭、张、梁、苏等。

③ 事实上，北坊村有几家陈氏村民就是这种情况，如大宁原村支书家。

人还是新移民,都生活在这个互相作用的社区网络中。① 从前面所描述的来看,以小店为中心的移民社区正逐渐形成一个社区共同体,这可能是我国从地域性社会向移民性社会转型的一种形式。

从笔者所了解到的情况来看,大宁村有不少新移民在大宁的居住时间长达20年,他们从10多岁来到大宁打工,到结婚成家、生子,再到小孩长大甚至结婚成家,一个家庭的延续与人口再生产都在大宁完成。按照现有的制度体系,他们依旧无法与本村人一样享受社区的福利。② 从这一点上来说,能否真正扎根社区,还有待进一步的观察与研究。"社会融合"是指在相同的条件(如制度环境、经济环境等)下,相同背景(如教育)的城市新移民与本地居民有同等的机会,获得同一待遇水平的职业,进入同一层次的社会结构;社会融合包括经济融合和结构融合。③ 对照大宁的现实情况,尽管小店发挥了经济、网络与公共空间的作用,劳力型新移民正形成新型的移民社区,但是真正、完全的社会融合还任重而道远。从大宁的个案来看,出租屋社区的小店不仅是一种生计来源,还是社区的公共空间,在这里,社区互动得以发生,社区网络得到延伸,社区共同体得以形成。城市新移民的社会网络不再局限于亲缘关系,不同地域群体在这一公共空间互动与生存。随着新型城市化的不断推进,迈向移民城市已成为一种必然的发展趋势,城市新移民社区将会进一步形成、延续和发展。

---

① 一个无法忽略的事实是,时至今日,外地人与本地人的关系还是比较微妙的。从以下的一个事例可以了解。在2015年9月,来自贵州的袁叔想让他的老乡从隔壁另一个房东的出租房搬到何阿姨管理的出租房。当时这里刚好有一间空出来的房间,但是何阿姨就严肃地对他说:"千万不能搬过来,否则就得罪了之前的房东。我们是外地人,要在这里常住开小店的,到时候自找麻烦了,就没法过日子了,还不如像现在一样,双方不得罪,安安静静地过日子。"

② 包括每年的村、小组两级分红、医疗保险、养老保险、老人生果金等。以一个60岁以上的老人为例,不算他个人物业等收入,普通老人每个月可以从居委会拿到300元补贴;加上农村养老金,每个月有1500元左右;再加上每年的分红,每个老人一个月可以拿到3000元。(与大宁集体资产交易办谭志雄访谈笔记,2015年10月29日)

③ 参见周大鸣、杨小柳《从农民工到城市新移民:一个概念、一种思路》,载《中山大学学报》(社会科学版),2014年第5期。

第十六章　快速城镇化背景下中国外来移民空间分异研究
——以广东省广州市为例

一、引言

2014年，中国城市化水平达到54.77%，进入"城市社会"时代。在结构化要素（经济转型、全球化、乡城移民、旧城改造）、制度（户口、单位、住房制度）、个人行为（住房消费、迁居）等多种因素的复合作用下，单位制解体，新的社会空间单元发展成型。社会转型（个体化）、空间重构（居住隔离）和环境问题下的不稳定因素增加，现代"城市性"的多元性、异质性和匿名性给城市居民的日常生活带来诸多压力。在此背景下，本章以广州为例，聚焦城市外来移民的居住空间分异问题，探讨转型期中国大城市外来移民居住空间的整体格局与特征，测算其空间分异度，探析其分异机制，并以此实证中国城市社会空间转型理论。

关于社会空间分异，国外分别从结构主义、行为主义和制度主义的视角进行研究：① 结构主义研究以人类生态学、社会区和因子生态学为代表；行为主义研究以行为研究、种族—文化研究为代表；制度主义视角则关注政府行为和制度。结构主义研究将居住格局视为侵入和演替的过程，形成特定社会群体聚居，呈现一种"马赛克"式的空间状态；② 行为主义视角则认为，基于家庭偏好，居住空间的选择和决定取决于家庭生命周期，包括家庭成员的数量、年龄构成及住房类型，住房所有权（租住或自有住房）和住房价格等因素；③ 制度

---

① M. Pacione. *Urban Geography: A Global Perspective*. New York: Routledge, 2005.
② E. W. Burgess, R. D. McKenzie, R. E. Park. *The City*. Chicago: University of Chicago Press, 1984.
③ W. A. V. Clark. Changing Residential Preferences across Income, Education, and Age: Findings from the Multi-City Study of Urban Inequality. *Urban Affairs Review*, 2008, 44 (3), pp. 334 – 355.

主义视角将国家或政府行为（及相关制度）作为居住隔离的主要原因。① 其中，种族居住隔离和少数族裔聚居区都是西方居住分异研究的核心对象，有"同化论""多元论"和"族裔经济聚居区理论"等主要观点。② Andrew L. Spivak 等人研究了美国 36 个城市黑人集聚区和白人集聚区的隔离情况，研究发现高收入的黑人家庭与低收入的黑人家庭隔离较弱；③ John Iceland 研究美国的种族隔离模型，使用 2000 年的人口普查数据，结果发现有小孩的婚姻家庭与非裔、西班牙裔等种族隔离明显；④ Iceland 和 Scopilliti 研究了美国城市不同种族移民的空间同化度，发现外国出生的西班牙裔、亚洲人和黑人比本地出生的群体成员具有更高的居住隔离度。⑤

国内学者关于社会空间分异的研究，一般采用社会区分析、因子生态分析、区位熵等方法对城市居住分异的现状与变化进行分析，学者们大多聚焦于大城市（如"北上广"等），进行了诸多实证研究。⑥ 李志刚等在广州研究了由湖北籍外来人口聚居而成的"湖北村"，将其视为一种"乡缘社区"；⑦ 同时，对"北上广"新移民聚居区的居住满意度进行研究，发现地方归属感是影响新移民居住满意度的核心因素；⑧ 采用 2000 年第五次全国人口普查数据库中居民委员会尺度的数据，对转型期上海城市空间重构与分异展开研究。⑨ 冯健等利用第五次全国人口普查的数据，采用因子分析和聚类分析，研究了北京的社会

---

① Eva Van Kempen. T. The Dual City and the Poor: Social Polarisation, Social Segregation and Life Chances. *Urban Studies*, 1994, 7 (31), pp. 995 - 1015.

② Min Zhou. Revisiting ethnic entrepreneurship: convergencies, controversies, and conceptual Advancements. *International migration review*, 2004, 38 (3), pp. 1040 - 1074.

③ Andrew L. Spivak, Loretta E. Bass, St. John Craig. Reconsidering Race, Class, and Residential Segregation in American Cities. *Urban Geography*, 2013, 32 (4), pp. 531 - 567.

④ Andrew L. Spivak, Loretta E. Bass, St. John Craig. Reconsidering Race, Class, and Residential Segregation in American Cities. *Urban Geography*, 2013, 32 (4), pp. 531 - 567.

⑤ IMMIGRANT RESIDENTIAL SEGREGATION IN U. S. METROPOLITAN AREAS, 1990 - 2000.

⑥ 参见项飚《跨越边界的社区：北京"浙江村"的生活史》，生活·读书·新知三联书店 2000 年版；付磊、唐子来《上海市外来人口社会空间结构演化的特征与趋势》，载《城市规划学刊》2008 年第 1 期；兰宗敏、冯健《城中村流动人口的时间利用以及生活活动时空结构——对北京 5 个城中村的调查》，载《地理研究》2010 年第 6 期，第 1092～1104 页；吴晓《城市中的"农村社区"——流动人口聚居区的现状与整合研究》，载《城市规划》2001 年第 12 期，第 25～29 页。

⑦ 参见李志刚、刘晔、陈宏胜《中国城市新移民的"乡缘社区"：特征、机制与空间性——以广州"湖北村"为例》，载《地理研究》2011 年第 10 期，第 1910～1920 页。

⑧ 参见李志刚《中国城市"新移民"聚居区居住满意度研究——以北京、上海、广州为例》，载《城市规划》2011 年第 12 期，第 75～82 页。

⑨ 参见李志刚、吴缚龙《转型期上海社会空间分异研究》，载《地理学报》2006 年第 2 期，第 199～211 页。

空间结构及演变特征，发现社会空间结构趋于复杂，空间异质性日趋突出。①林李月等采用第六次全国人口普查的数据分析流动人口住房的空间格局，发现其居住空间不仅存在集聚现象，而且具有明显的集聚中心。②袁媛等认为，户籍的属地差别是产生外来人口居住隔离的根本原因。③总体上，目前关于中国城市新移民居住空间的研究多注重对新移民的社会空间结构及空间分布特征的描述，以类型划分、空间分布为主，而对外来移民居住空间分异的系统研究较少。④因此，本章旨在探讨广州外来移民居住空间分布的整体格局和特征，研究外来移民居住空间分异程度。已有研究表明，社会经济地位、种族和生活方式是影响西方特别是北美城市移民居住分异的重要维度；⑤而制度因素对城市居住空间结构也有影响，但其对特定群体，如新移民影响如何则缺乏系统实证。多数研究均完成于第六次全国人口普查数据发布的2000年左右，新的格局也不清晰。为此，后文围绕广州展开实证研究，力图揭示外来移民的居住空间分异格局。

二、广州市社会空间结构

因子生态分析是社会空间结构研究的传统手法。根据这一传统方法的一般步骤，采用SPSS软件，通过数据压缩得到社会空间结构的主因子，再根据各因子得分运用聚类方法划分社会区，在此基础上提取社会空间的结构。研究区域为2010年的广州10区（越秀区、荔湾区、海珠区、天河区、白云区、黄埔区、萝岗区、番禺区、花都区、南沙区）和下辖的增城和从化两市（今增城区和从化区）。采用第六次全国人口普查数据展开分析。该数据由国家统计局在2010年11月1日零时采集，普查登记对象为普查标准时点在中华人民共和国境内的自然人及在中华人民共和国境外但未定居的中国公民，不包括在中华人民共和国境内短期停留的港澳台地区居民和外籍人员。2010年人口普查表明，研究区总面积为7263平方千米，人口总数为1270.1948万人，外来移民

---

① 参见冯健、周一星《转型期北京社会空间分异重构》，载《地理学报》2008年第8期，第829～844页。

② 参见林李月、朱宇、梁鹏飞等《基于六普数据的中国流动人口住房状况的空间格局》，载《地理研究》2014年第5期，第887～898页。

③ 参见袁媛、许学强《广州市外来人口居住隔离及影响因素研究》，载《人文地理》2008年第5期，第61～66页。

④ Housing Tenure Choice in Transitional Urban China: A Multilevel Analysis.

⑤ Douglas S. Massey, Nancy A. Denton The Dimensions of Residential Segregation. *Social Forces*, 1988, 67 (2), pp. 281 - 315.

总数为475.9798万人,占全市人口总量的37.5%。研究区范围内有166个街道(镇),2644个居民委员会(村民委员会)。

1. 主因子提取

2010年的第六次全国人口普查问卷共提取了家庭人口结构、社会经济地位、住房条件等指标。我们选取其中56个主要指标进行因子分析。需要指出,多数已有的因子分析研究采用百分比类数据,而我们使用的数据以绝对值类数据为主。这主要是由于本章研究的目的在于突出空间分异的程度,绝对值数据有利于直接考察不同居委会在各项指标上的差异。首先,我们进行试验确定因子数量。随着指标选取量的变化,系统自动选取因子数在10~14之间,其解释方差累计百分比在69%~73%之间。这表明指标之间具有高度相关性,不易压缩。综合考虑多种可能性,决定选取56个指标,并根据碎石图指定系统选取4个主因子,其他城市的实证研究也多选取4个因子。[①] 为取得均匀的因子分布,指定系统进行Varimax正交旋转,得到较为清晰的因子结构。4个因子的方差贡献分布均匀,解释方差累计55.6%(见表16-1),因子荷载矩阵参见表16-2。一般来说,对于空间单元数量在1000左右的因子分析而言,荷载在0.162以上的指标即可视为具有重要性。本章中居委会数量在2000以上,考虑多数地理学角度的因子分析采用0.400为选取标准,我们界定荷载在0.400以上的指标为具有重要性的指标,并用将0.400以上荷载在表16-2中加粗标出。根据荷载矩阵中各指标的特征,我们将4个主因子界定为外来人口、离退休和下岗人员、工薪阶层、本地村镇人口。(见表16-2):

表16-1 广州社会空间结构的特征根及方差贡献

成分	初始特征值			提取平方和载入			旋转平方和载入		
	合计	方差的%	累积%	合计	方差的%	累积%	合计	方差的%	累积%
1	16.671	29.770	29.770	16.671	29.770	29.770	13.256	23.671	23.671
2	6.463	11.542	41.312	6.463	11.542	41.312	8.284	14.794	38.465
3	4.530	8.089	49.401	4.530	8.089	49.401	5.073	9.060	47.524
4	3.466	6.190	55.591	3.466	6.190	55.591	4.517	8.067	55.591

提取方法:主成分分析法。

---

① 参见李志刚、吴缚龙《转型期上海社会空间分异研究》,载《地理学报》2006年第2期,第199~211页。

第十六章 快速城镇化背景下中国外来移民空间分异研究

表 16-2 广州社会空间结构主因子的载荷矩阵

旋转成分矩阵ª					
具体指标		主因子			
		1	2	3	4
人口特征	家庭平均每户人数（人/户）	-0.425	-0.222	**0.505**	-0.124
	18 岁以下人口	**0.478**	**0.585**	**0.440**	0.062
	18～64 岁人口	**0.782**	**0.460**	0.253	0.148
	65 岁以上人口	0.061	**0.577**	0.217	**0.696**
	15 岁及以上未婚人口	**0.783**	0.296	0.107	0.115
	有配偶	**0.745**	**0.479**	0.275	0.147
	离婚	0.145	**0.634**	-0.025	**0.482**
	丧偶	0.144	0.342	0.378	**0.655**
户口	本地常住人口	0.142	**0.566**	**0.481**	**0.453**
	外来人口户口在本市	0.135	**0.773**	0.042	0.026
	外来人口户口在本省其他县市	**0.728**	0.337	0.005	-0.014
	外来人口户口登记为省外	**0.917**	0.054	0.157	-0.031
	集体户比例	**0.469**	0.032	0.000	-0.063
	非农业人口比例	-0.130	**0.626**	-0.390	0.354
受教育水平	文盲	0.341	0.033	**0.598**	0.300
	小学	**0.595**	0.218	**0.592**	0.221
	初中	**0.842**	0.035	0.346	0.111
	高中	**0.679**	**0.462**	0.057	0.226
	大学专科	0.285	**0.641**	-0.011	0.014
	大学本科	0.100	**0.490**	0.053	0.052
	硕士研究生及以上	0.038	**0.403**	0.035	0.160
职业	不在业人口	0.295	**0.549**	0.057	-0.213
	专业技术人员	0.250	**0.839**	0.002	0.080
	办事人员和有关人员	**0.498**	**0.639**	0.062	0.101
	商业服务业人员	**0.753**	0.262	-0.054	0.125
	农林牧渔业人员	-0.090	-0.351	**0.556**	-0.011
	生产运输设备操作及有关人员	**0.803**	-0.073	0.223	0.001

231

续表 16-2

具体指标		旋转成分矩阵[a]			
		主因子			
		1	2	3	4
住房类型	租赁廉租住房	**0.475**	0.023	0.087	0.094
	租赁其他住房	**0.941**	0.038	-0.086	0.047
	自建住房	0.328	-0.317	**0.775**	0.069
	购买商品房	-0.059	**0.793**	0.057	-0.189
	购买二手房	-0.069	**0.667**	-0.066	0.056
	购买经济适用房	-0.003	0.256	-0.026	0.059
	购买原公有住房	-0.115	0.390	-0.214	**0.624**
	其他	0.328	0.210	0.001	0.105
房屋质量	平均每户住房间数（间/户）	-0.205	-0.223	0.617	-0.339
	人均住房建筑面积（平方米/人）	-0.322	0.100	**0.436**	-0.427
	月租房费用 100 元以下	0.138	0.050	-0.010	0.319
	月租房费用 100～200 元	**0.653**	-0.092	0.154	0.035
	月租房费用 200～500 元	**0.854**	-0.007	-0.067	-0.024
	月租房费用 500～1000 元	**0.586**	0.091	-0.224	0.113
	月租房费用 1000～1500 元	0.325	0.328	-0.204	0.129
	月租房费用 1500～2000 元	0.217	**0.450**	-0.229	0.046
	月租房费用 2000～3000 元	0.066	**0.469**	-0.149	-0.043
	月租房费用 3000 元以上	0.151	0.275	-0.043	-0.038
	住房建成时间在 1949 年以前的户数	-0.014	-0.083	-0.097	0.370
	1950—1959 年的户数	-0.016	-0.044	-0.061	**0.519**
	1960—1969 年的户数	0.026	-0.048	-0.027	**0.611**
	1970—1979 年的户数	0.088	0.010	0.022	**0.667**

续表 16-2

具体指标		旋转成分矩阵a			
		主因子			
		1	2	3	4
房屋质量	1980—1989 年的户数	0.200	0.203	0.004	**0.624**
	1990—2000 年的户数	**0.707**	0.320	-0.036	0.039
	2000 年以后的户数	**0.765**	0.290	0.158	-0.155
	住房面积 50 平方米以下的户数	**0.927**	0.037	-0.102	0.178
	住房面积 150 平方米以上的户数	0.130	0.108	**0.808**	-0.130
	住房面积 50 平方米以下的人数	**0.893**	0.102	-0.096	0.248
	住房面积 150 平方米以上的人数	0.160	0.112	0.719	-0.096

提取方法：主成分分析法。

旋转法：具有 Kaiser 标准化的正交旋转法。

a. 旋转在 5 次迭代后收敛。

第一主因子为外来人口。其方差贡献率为 23.671%（见表 16-1），主要反映 22 个指标的信息，且均为正相关。如表 16-2 所示，这一因子与 18 岁以下人口数量（0.478）、18～64 岁人口数量（0.782）、15 岁及以上未婚人口数量（0.783）均具有较强的正向相关性。这一因子与外来人口数量具有很强的正相关性，外来人口户口在本省其他县市（0.728）、外来人口户口登记为省外（0.917）。同时，与集体户口人口比率（0.469）具有很强的正相关性。可以看出，该群体受教育水平不高，该因子与小学水平人口（0.595）、初中水平人口（0.842）和高中水平人口（0.679）有较强的正向相关性。这一群体的就业部门地位不高，与商业服务业人员数量（0.753），以及生产运输设备操作及有关人员数量（0.803）强正相关。就住房条件而言，与该因子相关的指标表现了较低的住房条件，与租赁廉租住房（0.475）和租赁其他住房（0.941）具有强正相关性，所以以租住房屋为主，且月租水平较低，与月租房费用为 100～200 元（0.653）、月租房费用为 200～500 元（0.854）、月租房费用为 500～1000 元（0.586）有强正相关性。这类群体大多居住在"城中村"等离市区较近而廉价的地段，与房屋建成时间在 1990—2000 年的住户数量（0.707）、2000 年以后的住户数量（0.765）有强正相关性；居住面积较小，与住房面积 50 平方米以下的户数（0.927）和人数（0.893）有强正相关性。图 16-1 显示了这类因子的空间分布，这一因子的高分区主要在近郊地段，组成环形地带围绕广州城市中心区段。

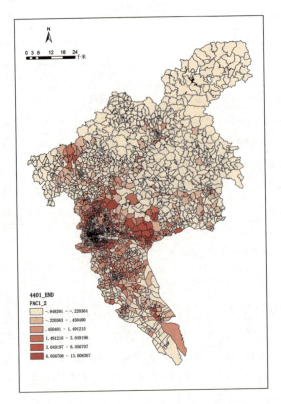

图16-1　广州空间结构因子1得分

第二主因子为工薪阶层。其方差贡献率为14.794%，反映了19个指标的信息（见表16-1、表16-2）。由表16-2可知，这一因子与18岁以下人口数量（0.585）、18～64岁人口数量（0.460）、65岁以上人口数量（0.577）、有配偶人口（0.479），均具有较强的正向相关性。这一因子与本地常住人口（0.566）、外来人口户口在本市（0.773）具有很强的正相关性，同时，与非农人口比率（0.626）具有强的正相关性。该群体受教育水平较高，该因子与大学专科水平人口（0.641）、大学本科水平人口（0.490）和硕士研究生及以上水平人口（0.403）有较强的正向相关性。这一群体的就业部门地位也较高，与专业技术人员（0.839）、办事人员和有关人员（0.639）呈强正相关。就住房条件而言，与该因子相关的指标表现了较好的住房条件，与购买商品房（0.793）和购买二手房（0.667）具有强正相关性；在租住房屋方面，月租水平较高，与月租费用为1500～2000元（0.450）、月租费用为2000～3000元

（0.469）具有强正相关性。图 16-2 显示了这类因子的空间分布，因子得分的分布表现为向心模式，最高得分出现在天河、越秀、海珠等中心区域。随着与中心区距离的增加，因子得分递减。同时，近郊区同样有因子得分较高的居委会出现，如黄埔区和白云区。

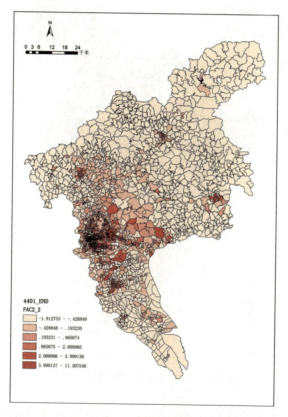

图 16-2　广州空间结构因子 2 得分

第三主因子为本地村镇人口。其方差贡献率为 9.060%，反映了 11 个指标的情况（见表 16-1、表 16-2）。该因子与 18 岁以下人口数量（0.440）呈正相关性，与常住户籍人口数量（0.481）有强正相关性。受教育水平和职业指标方面，这一因子与较低受教育水平的指标呈正相关，文盲人口荷载为 0.598，小学文化水平人口荷载为 0.592；与职业指标中的农林牧渔业人员（0.556）呈正相关。在住房条件上，这类人群住房类型以自建住房（0.775）为主，体现出较高的住房质量，如他们的住房面积大于 150 平方米的人口指标呈现强正相关性（0.808）。图 16-3 显示了这类因子的空间分布，远郊地区呈现较高得分，基本上在白云区、花都区和增城、从化的一些边远镇，属于城市的远郊区。

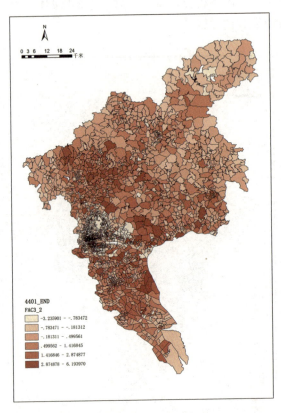

图 16-3　广州空间结构因子 3 得分

第四主因子为离退休和下岗人员。这一因子与 10 个指标相关，其方差贡献率 8.067%（见表 16-1、表 16-2）。与之相关的人口特征和户口指标较多，与 65 岁以上人口数量（0.696）、离婚（0.482）、丧偶（0.655）、本地常住人口（0.453）均具有较强的正向相关性；就住房条件而言，与该因子相关的指标为购买原公有住房（0.624），1950—1959 年的户数（0.519）、1960—1969 年的户数（0.611）、1970—1979 年的户数（0.667）和 1980—1989 年的户数（0.624）。可以看出，与之相关的都是年代比较久远的公有住房。图 16-4 显示了这类因子的空间分布，主要集中在黄埔、花都等老工业区，市中心区也得分较高。

第十六章 快速城镇化背景下中国外来移民空间分异研究

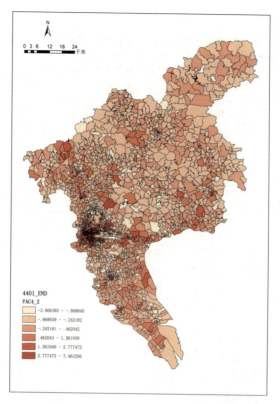

图16-4 广州空间结构因子4得分

2. 社会空间结构

我们得到了可以反映这56个社会经济和住房指标的4个主因子。根据因子生态学的一般手法,我们进一步利用4个因子的得分,采用聚类分析方法来划分社会区。① 首先,我们尝试采用 SPSS 软件中的系统聚类法,由于数据量巨大(2644个空间单元),所以采用常用的 K 平均数聚类分析法,该方法多用于处理大数据量的情况。② 试验表明,由于有较大的极值,少数居委会(8个)须排除在分析外。这样,总计2636个空间单元的因子得分被输入 SPSS 进行聚类(见表16-3),得到6类社会区。根据各个社会区与主因子的相关性,分别命名。

---

① R. J. Johnston. *Residential Segregation, the State and Constitutional Conflict in American Urban Areas.* London: Academic Press Inc, 1984.

② A. Field. *Discovering Statistics Using SPSS for Windows.* London: SAGE, 2000.

表 16-3　广州社会空间结构聚类分析结果及各主因子平均值

聚类	居委会数量	主因子 1	主因子 2	主因子 3	主因子 4
1	157	2.959902	-0.21656	-0.58141	-0.29684
2	612	-0.09485	0.119396	-0.76876	-0.26399
3	966	-0.32151	-0.66434	0.273973	-0.42329
4	440	-0.24934	0.295879	-0.49105	1.651488
5	250	-0.23835	2.136115	0.146542	-0.76736
6	211	0.347012	-0.29162	2.258455	0.389817

第一类为外来人口聚居区。它主要分布于近郊区。仅有 157 个居委会被划入此类，居委会数量是所有社会区的类型中最少的。除了主因子 1 以外，其他 3 个因子均为负值，说明这一社区与其他社区分离明显。这一社区主要分布在番禺区、黄埔区、白云区、天河区、花都区的部分地区和海珠区的边缘地带。通过进一步分析，这类社会区又可以划分为两小类：一小类是外来人口在出租屋集中地与当地人口混居，如天河区的洗村街、猎德街这些有名的"城中村"地区；另一小类是外来人口以集体户的形式在他们工作的企业中集体居住，形成一种当地人口与外来人口分隔居住的"二元社区"，主要集中在番禺区这些劳动力密集型企业。（如图 16-5 所示）

第二类为白领阶层聚居区，有 612 个居委会被划入此

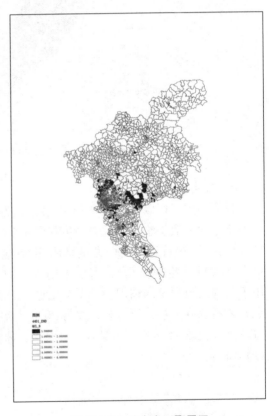

图 16-5　外来人口聚居区

类，因子2得分最高，并且其他3个因子得分都为负数。可以看出，这类社区的隔离程度比较高。它主要分布在中心老城区，从地理位置上来看主要分布在东风路和天河CBD沿线，主要街道有黄花岗街道、华乐街道、农林街道、六榕街道。（如图16-6所示）

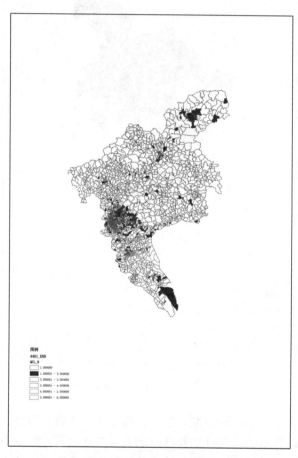

图16-6 白领阶层聚居区

第三类为远郊城镇区，有966个居委会被划入此类。它环绕在远郊地区，基本上以当地人口为主，有少量外来人口的地区，基本上在白云区、花都区和增城、从化的一些边远镇，属于城市的远郊区。这类社会区依然保留着相对浓厚的乡村色彩，工业和服务业都不太发达，当地人口中大多数以务农为主。（如图16-7所示）

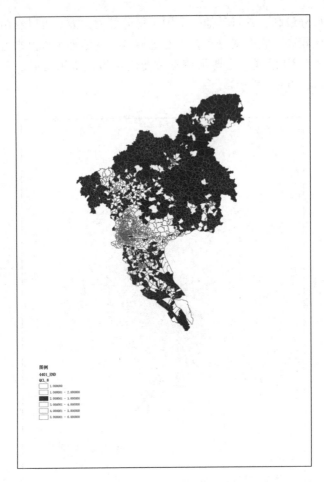

图 16-7　远郊城镇区

第四类为离退休人员聚居区。这类社区主因子 4 得分最高，有 440 个居委会。这类社区的住房大多是计划经济时期的公有住宅，主要分布在人口密度较大且社区年龄结构偏高的老城区，包括荔湾区、越秀区、海珠区北部的老城区部分等。（如图 16-8 所示）

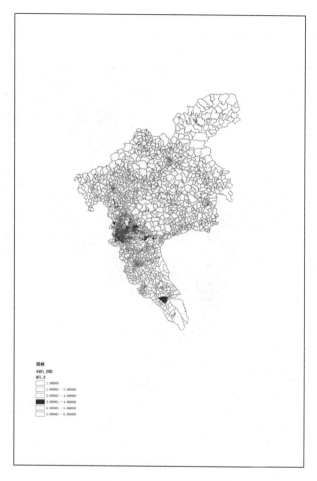

图 16-8　离退休人员聚居区

第五类为新建普通住宅居住区。它主要与主因子 2 相关（约为 2.14），共计有 250 个居委会划入这一类型。该社区主要分布在中心区边缘地带，包括天河区、越秀区、海珠区和番禺区等新建住宅区域，这类社区的特点是住房以购买商品房和二手房为主，建房年代较新。（如图 16-9 所示）

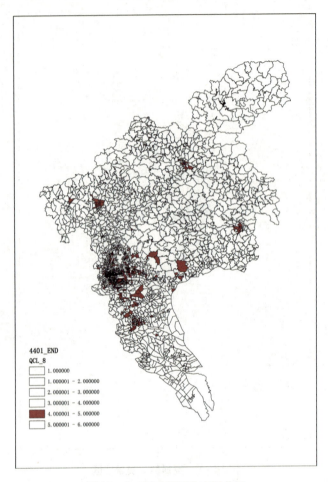

图 16-9 新建普通住宅居住区

第六类为本地村镇人口聚居区。这类社区主要与因子 3 相关（约为 2.26），共计有 211 个居委会属于此类。主因子 3 得分最高，该区人口密度相对小，其余各因子平方和平均值得分大致相当，主要分布于城区的外围，如芳村、海珠和黄埔等地。（如图 16-10 所示）

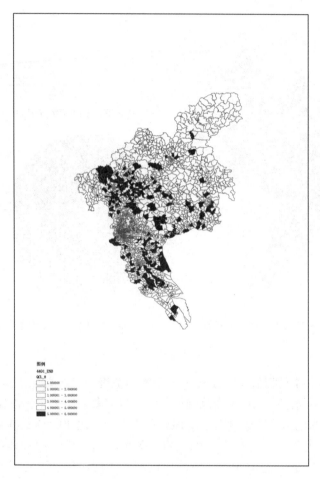

图16-10　本地村镇人口聚居区

3. 圈层分析

以居委会为基本单元，通过计算各个居委会的因子得分，并利用 ArcGIS 进行空间分析，绘制相应因子格局图。(如图 16-11、图 16-12 所示)

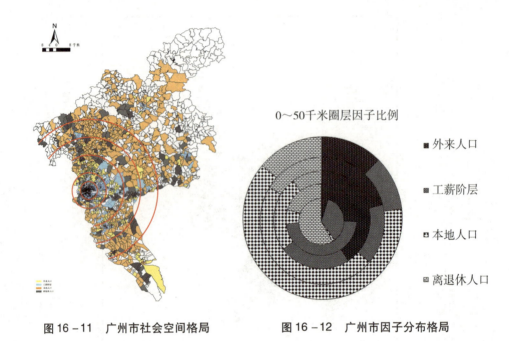

图 16-11　广州市社会空间格局　　　图 16-12　广州市因子分布格局

从表 16-4 可以看出,在 0～5 千米的范围内,主要以离退休人口为主,占比 58.9%;在 5～10 千米范围内,主要以工薪阶层为主,占比 47.1%;在 10～20 千米的范围内,主要以本地人口为主,占比 40.8%;在 20～30 千米的范围内,主要以本地人口为主,占比 47.5%;在 30～40 千米的范围内,本地人口比例更是高达 63.0%。由此可以看出不同圈层、不同类型人群的分布情况:离退休人口和工薪阶层主要分布在市中心,外来人口围绕在市中心边缘地带,本地村镇居民主要在远郊区。

表 16-4　广州市各因子分布比例

范围	外来人口	工薪阶层	本地人口	离退休人口
0～5 千米	4.9%	35.3%	1.8%	58.9%
5～10 千米	26.0%	47.1%	6.4%	20.5%
10～20 千米	40.8%	24.1%	24.8%	10.3%
20～30 千米	21.0%	15.4%	47.5%	16.1%
30～40 千米	12.4%	10.9%	63.0%	13.7%

以居委会为基本单元，通过计算各个居委会的因子得分，并利用ArcGIS进行空间分析，绘制相应的聚居区格局图。(如图16-13、图16-14所示)

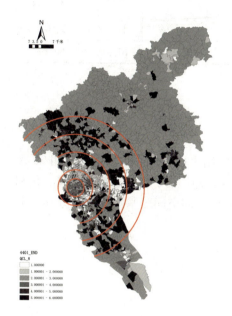

图16-13 广州市社会区空间格局

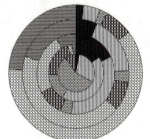

图16-14 广州市社会区分布格局

由表16-5可以看出，在0～5千米的范围内，离退休人口聚居区占比57.0%；在5～10千米范围内，白领聚居区占比42.5%；在10～20千米的范围内，白领聚居区占比33.9%；在20～30千米的范围内，主要以城郊区为主，占比44%；在30～40千米的范围内，城郊区比例高达61.2%。由此可以看出不同圈层、不同社会区的分布情况：离退休人口聚居区和工薪阶层聚居区主要分布在市中心，而远郊区和本地村镇人口聚居区分布在较为边远的地带。

表16-5 广州市社会区分布比例

范围	外来人口集聚区	白领集聚区	离退休人口集聚区	新建住宅区	城郊区	村镇人口集聚区
0～5千米	2.6%	30.0%	57.0%	10.1%	0.3%	0.0%
5～10千米	15.6%	42.5%	15.6%	21.3%	2.4%	2.6%
10～20千米	17.8%	33.9%	4.6%	10.8%	24.7%	8.2%

续表 16-5

范围	外来人口集聚区	白领集聚区	离退休人口集聚区	新建住宅区	城郊区	村镇人口集聚区
20～30 千米	6.4%	17.5%	3.5%	8.6%	44.0%	20.0%
30～40 千米	1.8%	4.1%	1.8%	6.9%	61.2%	24.2%

三、广州外来移民空间分异度

空间指数是用来测度空间分异程度的常用手段。梅斯和邓腾曾选用 20 多个社会经济指标来表征空间分异的 5 个维度，即均衡、接触、集中、向心化和簇状。① 其中，最为常用的是第一维面的测度，即空间公平。其中，分异指数 ID（index of dissimilarity）的公式为：

$$ID = 0.5 \times \left[\frac{x_i}{x_{all}} - \frac{T_i}{y_{all}} \right]$$

x_i 为空间单元 i 中类别为 X 的人数；x_{all} 为类别 X 的总人数；T_i 为空间单元 i 中类别为 Y 的人数；y_{all} 为类别 Y 的总人数。分异指数 ID 用于测算不同群体之间的隔离程度，其分布区间为 [0, 1]，ID 小于 0.30 则隔离程度低，ID 大于 0.60 则隔离程度高。分异指数将用于测算广州市各区的外来人口分异情况。

集中指数 II（the index of isolation）的公式为：

$$II = \sum \left[\left(\frac{x_i}{x_{all}} \right) \times \left(\frac{x_i}{T_i} \right) \right]$$

x_i 为空间单元 i 中类别为 X 的人数；x_{all} 为区域内类别 X 的总人数；T_i 为空间单元 i 的总人口数。集中指数 II 用于衡量绝对集中程度，II 的分布空间为 [0, 1]，II 小于 0.30 则集中程度低，II 大于 0.60 则集中程度高。集中指数将用于测算广州市各区的外来人口集中情况。

---

① Douglas S. Massey, Nancy A. Denton. The Dimensions of Residential Segregation. *Social Forces*, 1988, 67 (2), pp. 281–315.

隔离指数 IS（the index of segregation）和分异指数 ID 类似，区别在于为空间单元 i 中除了类别为 Y 以外的人数；总人数中除了类别 Y 的人数。

就户口指标而言，空间分异度基本都在 0.45 以上，只有外来人口户口登记在广东省其他县市和外来人口户口登记在省外的分异度为 0.3315，本地常住人口与外来人口户口在本市的分异度为 0.4595、与外来人口户口在本省其他县市的分异度为 0.5138、与外来人口户口登记为省外的分异度高达 0.5502；外来人口户口在本市与外来人口户口在本省其他县市的分异度为 0.4733，而与外来人口户口登记为省外的分异度高达 0.6067。（见表 16-6）由于 ID 小于 0.30 表示隔离程度低，ID 大于 0.60 则隔离程度高，因此可以看出，户口不在本市的广州外来移民，与户口在本市的本地居民和外来移民的空间分异度较高。

表 16-6　外来人口的分异指数

	本地常住	外来人口户口在本市	外来人口户口在本省其他县市	外来人口户口登记为省外
本地常住人口				
外来人口户口在本市	0.4595			
外来人口户口在本省其他县市	0.5138	0.4733		
外来人口户口登记为省外	0.5502	0.6067	0.3315	

就人口特征指标而言，18～64 岁人口指标集中指数较高，其余指标均小于 0.30，集中程度较低；就户口指标而言，非农人口指标具有较高的集中指数（0.741）与隔离指数（0.618），说明非农人口的集中程度较高；就受教育水平指标而言，硕士研究生及以上水平指标的隔离指数高达 0.653，区域主要包括流花街道（为众多省级、市级单位所在地）、新港（有中山大学）、五山（有华南理工大学、广东工业大学等高校），这一指标与其他教育水平的人群隔离程度较高；就职业指标而言，农林牧渔业人员类人员的隔离程度高（0.704），主要分布在远郊区；就住房类型指标而言，购买商品房（0.601）、购买经济适用房（0.836）和购买原公有住房（0.652）的隔离指数较高，这与实际情况是吻合的，以金沙洲为代表的保障性住房社区和计划经济时期的公有住房，与其他类型的社区隔离程度高；就房屋质量指标而言，月租房费用 100 元以下（0.638）、月租房费用 100～200 元（0.589）、月租房费用 200～500 元（0.591）等的隔离指数都大于 0.5，由此可以看出，月租房费用偏低

的这类低档住宅与其他类型的住宅隔离程度比较高,而月租房费用2000~3000元(0.675)、月租房费用3000元以上(0.771)和住房面积150平方米以上的人数(0.607)的高档住宅也与其他住宅有较大的隔离程度;住房建成时间在1949年以前的户数(0.747)、住房建成时间为1950—1959年(0.727)和住房建成时间为1960—1969年(0.642)这类指标的隔离指数都在0.6以上,这类住房以计划经济时期的公有住宅为主,主要分布在人口密度较大且社区年龄结构偏高的老城区。

表16-7 各指标的集中指数与隔离指数

	指标	集中指数 II	隔离指数 IS
人口特征	18岁以下人口	0.174	0.177
	18~64岁人口	0.789	0.184
	65岁以上人口	0.094	0.283
	15岁及以上未婚人口	0.036	0.204
	有配偶	0.058	0.107
	离婚	0.002	0.341
	丧偶	0.004	0.292
户口	本地常住人口	0.643	0.449
	外来人口户口在本市	0.233	0.442
	外来人口户口在本省其他县市	0.236	0.378
	外来人口户口登记为省外	0.411	0.482
	非农户口人数	0.741	0.618
受教育水平	文盲	0.023	0.308
	小学	0.191	0.210
	初中	0.435	0.305
	高中	0.278	0.238
	大学专科	0.179	0.360
	大学本科	0.300	0.539
	硕士研究生及以上	0.102	0.653

续表 16-7

	指标	集中指数 II	隔离指数 IS
职业	不在业人口	0.008	0.492
	专业技术人员	0.011	0.326
	办事人员和有关人员	0.009	0.263
	商业服务业人员	0.026	0.271
	农林牧渔业人员	0.030	0.740
	生产运输设备操作及有关人员	0.041	0.423
住房类型	租赁廉租住房	0.007	0.592
	租赁其他住房	0.031	0.443
	自建住房	0.017	0.501
	购买商品房	0.020	0.601
	购买二手房	0.004	0.576
	购买经济适用房	0.009	0.836
	购买原公有住房	0.012	0.652
	其他	0.007	0.503
房屋质量	月租房费用 100 元以下	0.006	0.638
	月租房费用 100~200 元	0.014	0.589
	月租房费用 200~500 元	0.026	0.591
	月租房费用 500~1000 元	0.011	0.528
	月租房费用 1000~1500 元	0.003	0.539
	月租房费用 1500~2000 元	0.002	0.591
	月租房费用 2000~3000 元	0.002	0.675
	月租房费用 3000 元以上	0.001	0.771
	住房建成时间在 1949 年以前的户数	0.006	0.747
	1950—1959 年的户数	0.003	0.727
	1960—1969 年的户数	0.004	0.642
	1970—1979 年的户数	0.005	0.538
	1980—1989 年的户数	0.011	0.409
	1990—2000 年的户数	0.021	0.295
	2000 年以后的户数	0.024	0.379

续表 16-7

	指标	集中指数 II	隔离指数 IS
房屋质量	住房面积 50 平方米以下的户数	0.266	0.417
	住房面积 150 平方米以上的户数	0.071	0.539
	住房面积 50 平方米以下的人数	0.545	0.500
	住房面积 150 平方米以上的人数	0.353	0.607

四、结论与讨论

利用 2010 年第六次人口普查在居委会层次的数据，首先采用因子生态方法，发现广州的社会空间存在外来人口、离退休和下岗人员、工薪阶层和本地村镇人口 4 个因子；通过聚类分析界定了外来人口集中居住区、白领集中居住区、远郊城镇区、新建普通住宅居住区、离退休人员集中分布区和本地村镇人口集中居住区这 6 类社会空间。由此建立了广州社会空间的结构模型：离退休人员、白领阶层主要聚居在内城，新建普通居住区和外来人口集聚区主要分布在市中心外围边缘地段。白领集中居住区主要呈扇形分布在东风路和天河 CBD 沿线；同时，在南沙、从化等地，由于房价较为便宜，也呈点状分布着白领集中居住区。外来人口集中居住区主要以环状分布在市中心外围。而远郊城镇区和本地村镇人口主要分布在远离市中心的城郊地带。

在快速城镇化时期，外来移民问题仍将长期是社会关注的焦点。外来移民的社会空间分异状况和居住状况对阶层认同和生活质量有着很大的影响。在全国各地城市房价居高不下的背景下，拥有一套住房对于外来移民阶层而言将越来越困难，因房权分异而产生的社会阶层分化也将更为突显，大城市外来移民的社会空间分异也将受到更多的关注。未来须对多种不同类型的外来移民社区进行对比研究，以丰富该研究领域的内容。

第十七章 城镇化进程中的民俗复兴与地方再造
——以广东省中山市小榄镇菊花会研究为例

当前，学界有关城镇化和民俗的关系讨论主要从 3 条路径展开。一是现代—传统路径。遵循这一研究路径的学者往往强调现代化、城镇化对民俗文化的消极影响，认为城镇化所引起的生产方式、生活方式、社会组织结构和价值观念等方面的变迁将严重侵蚀传统乡村民俗的生存土壤，导致民俗衰落甚至消亡。① 二是国家—市场路径。相当一部分学者认识到，市场化在社会生活中的全面渗透带来的后果之一，就是文化商品化和资本化，文化所蕴含的巨大经济价值，促使"文化搭台，经济唱戏"和发展文化旅游产业成为各级政府普遍采取的发展策略。为了推动城镇经济尤其是旅游业的发展，各地政府大力发掘、复兴甚至"制造"民俗文化。诸多研究表明，地方政府已经成为推动传统复兴最重要的一股力量。毋庸置疑，政府主导下的文化商品化为城镇经济发展注入了活力，特别是在文化资源十分丰富的西部少数民族地区，一批以旅游为主要动力机制的城镇蓬勃发展。而城镇旅游业中的民俗展示将会对民俗带来何种影响，不同学者则褒贬不一。有人认为经济价值将有利于民俗保护和传承，而另外一些人则担心商业化将加剧民俗的衰亡。② 三是冲击—回应路径。

---

① 参见叶春生《活化民俗遗产 使其永保于民间》，载《民间文化论坛》2004 年第 5 期；孙家正《总序》，见王文章主编《人类口头与非物质文化遗产丛书》，浙江人民出版社 2005 年版；高永久、刘庸《城市化背景下西北少数民族文化的保护与开发利用》，载《西北民族大学学报》（哲学社会科学版）2005 年第 6 期。

② 参见邱云志《少数民族区域旅游城镇化研究》，载《西南民族大学学报》（人文社会科学版）2005 年第 10 期；杨建翠《民族地区旅游推动城镇化发展研究——九寨沟县旅游城镇形成机制分析》，载《西南民族大学学报》（人文社会科学版）2012 年第 4 期；宗晓莲《布迪厄文化再生产理论对文化变迁研究的意义——以旅游开发背景下的民族文化变迁研究为例》，载《广西民族大学学报》（哲学社会科学版）2002 年第 2 期；刘晓春《民俗旅游的文化政治》，载《民俗研究》2001 年第 4 期；王霄冰《民俗文化的遗产化、本真性和传承主体问题——以浙江衢州"九华立春祭"为中心的考察》，载《民俗研究》2012 年第 6 期。

这一派学者主张，城镇化的冲击可能带来传统文化的反弹，部分民俗文化不但不会在城镇化过程中消亡，反而会更加充满活力。一方面，现代化、城镇化的推进会彰显传统乡村民俗的价值，激发当地民众的"乡愁"和怀旧情感，从而积极追寻、保护传统文化；另一方面，具有一定自主性的民俗文化并非只是被动地接受城镇化冲击，而是具有应对外部变迁的能力。在城镇化过程中，这些民俗的内容和形式也会发生变化，从而将新的政治、经济因素吸纳到既有文化架构中来，充当剧烈社会变迁的减震器和润滑剂。①

以上梳理显示，学界对城镇化与民俗文化变迁之间的关系的认识理解正在逐步走向深入。大部分学者已经认识到，城镇化与民俗复兴之间存在非常复杂的关联，上述讨论中所提及的3种研究路径在大多数情况下都会不同程度地交织在一起，传统、国家、市场、认同、现代化、全球化等因素都对城镇化背景下的民俗文化变迁产生了影响。不过，如果仔细检视，就会发现这些研究大多侧重于讨论城镇化对民俗的影响，而对民俗在城镇化过程中扮演的角色的分析则相对薄弱，仅停留在带动城镇经济发展层面。不仅如此，这些研究关注的重点往往在于民俗文化的发展变化，而对城镇化的内容和历程缺乏必要的分析说明。换言之，城镇化只是作为文化变迁的一个空洞而静态的背景而存在。

事实上，城镇化是一个以地方政治、经济、社会发展变迁为支撑的过程，在不同的发展阶段有着不同的特点和目标，这些特点和目标在很大程度上塑造着民俗的形式和功能。反过来，包括民俗在内的地方文化也在城镇化发展进程中发挥着重要的作用，不论是城镇发展道路的选择、城镇形象的建构、城镇文化特色的营造，还是城镇认同的形成，其落脚点都不可避免地要回到地方文化，而这又将促进地方政府和民众深化对民俗的认知，从而使民俗复兴成为当地居民的一种自觉的文化实践。因此，要正确认识理解城镇化与民俗复兴的辩证关系，就有必要赋予城镇化切实的内容，在动态的社会发展变迁过程中对两者的互动进行考察。本章将通过对中山市小榄镇菊花会的民族志的个案研究，从地方形象再造、地方认同再造和地方文化再造3个方面具体分析民俗复兴与城镇化如何实现相互建构。

---

① 参见麻国庆《全球化：文化的生产与文化认同——族群、地方社会与跨国文化圈》，载《北京大学学报》（哲学社会科学版）2000年第4期；[日]菅丰著，陈志勤译《城市化·现代化所带来的都市民俗文化的扩大与发展——以中国蟋蟀文化为素材》，载《文化遗产》2008年第4期；[美] Mayfair Yang著，何宏光译《"温州模式"中的礼仪经济》，载《学海》2009年第3期；李翠玲《社神崇拜与社区重构——对中山市小榄镇永宁社区的个案考察》，载《民俗研究》2011年第1期。

第十七章　城镇化进程中的民俗复兴与地方再造

一、小榄菊花会源流

小榄菊花会最初由地方文人发起，是封建时代流行于地主士绅阶层的小团体活动。其后，这种围绕菊花栽培、欣赏的聚会参与人员的范围逐渐扩大，不再局限于文人士大夫之间，而是所有的菊花爱好者都可以自行组成社团，共同集资，在菊花盛开的时节，将各自栽种的菊花摆放到一起，进行品评欣赏。这样，宗族、庙宇、坊社都有机会结成"菊社"，参与到种菊、赏菊活动中来。乾隆四十七年（1782），小榄的各菊社首次联合行动，乡内陈列花台6处，演戏10余台，"乡人一改以前各社自定会期之习，全乡各菊社相约同期活动，同治《香山县志》称此为'初会'"①。嘉庆十九年甲戌（1814），为纪念先祖南迁，小榄的何、李、麦三大宗族及当地的一些庙宇、图甲、卫籍人士等组织了10个菊社，联合举办了一个规模盛大的菊花大会。在这次菊花大会上，小榄各方精英商定以后每隔60年举办一次菊花大会。菊花大会以菊花的展示、品评为主，同时举办各种文艺演出、游艺活动，如粤剧表演、五人飞艇赛、风筝大赛、猜灯谜等。大会期间繁花似锦，歌舞升平，四邻八乡纷纷赶来赴会，形成民间自发性质的群众狂欢庆典。1874年和1934年，小榄如期举行了第二、第三届菊花大会。

1949年后，小榄菊花会与众多象征传统文化的事物一样，遭到压制和摧毁。菊花会存在的社会基础从根本上被动摇。"文革"期间，栽菊、赏菊被视为"封""资""修"的残余，几至绝迹。1979年，随着改革开放的不断深入，菊花会也得以正式恢复。这一年，小榄镇政府在中山县政府的支持下，主持举办了改革开放以来的第一场菊花会。

1987年、1990年、1994年，小榄又分别举办了3次菊花会。进入21世纪后，小榄菊花会的举办趋于常态化，每年都要举行。从2008年开始，每年的11月23日成为小榄菊花会开幕的固定日期。这些菊花会中，以1994年和2007年的菊花会规模最大。1994年，小榄举办了规模空前的第四届甲戌菊花大会。此次菊会的筹备耗时3年，斥资数亿。菊花会历时19天，布展范围达10平方千米，吸引国内外参观者超过600万人次。2007年，小榄承办了"第九届中国（中山小榄）菊花展览会"，将小榄菊花会与全国性菊花展结合起来，是继1994年之后举办的另一次大规模的菊花会。随着菊花会影响的扩大，

---

① 李尚仁：《小榄菊花会的孕育与演化》（http://lisrxl.blog.163.com/blog/static/24421427200823-083958337/．2008.3.30）。

253

以及小榄镇政府的持续努力，政府部门对菊花会的认可程度也不断提高：2004年，小榄镇荣获中华人民共和国文化部颁发的"中国民间艺术（菊花文化）之乡"荣誉称号；2006年，小榄菊花会入选首批国家非物质文化遗产。

二、菊花经济：小榄的城镇化之路

改革开放以来，菊花会成为贯穿小榄经济发展的一根红线，小榄每一次重大经济发展机遇的获得都伴随着菊花会的举行。这也解释了为何小榄镇的"改革开放三十周年展"几乎通篇都在介绍小榄菊花会改革开放30年的发展史。从改革开放初期的招商引资，到20世纪90年代中后期的大规模城镇建设，直至2004年小榄镇全部乡村实行"村改居"，依靠小榄菊花会提供的强有力的支持，小榄逐步实现了乡村都市化的历史性转变，成为一个经济与文化"双强"、现代与传统并存的模范城镇，先后获得"国家卫生镇""全国环境优美镇""全国文明村镇"等10多个国家级或省级荣誉称号。

1978年12月，十一届三中全会刚刚结束，整个珠三角地区就开始跃跃欲试，招商引资。小榄镇政府毫不犹豫地将菊花会作为吸引外资的最佳手段，立即着手成立了菊花会筹备委员会，准备恢复举办菊花会。这一设想得到中山县委、县政府的大力支持和配合。经过近一年时间的准备，1979年11月25日，小榄镇政府成功举办了改革开放以来的首次菊花会，吸引到了一批手握实权的官员和成功的港澳地区商人。菊花会结束后，小榄接收到了大量捐款和投资项目，港澳同胞为小榄捐建了宾馆、剧院、医院、学校、道路和桥梁等，并开始回乡投资工商企业，拉开了"三来一补"乡镇企业大发展的序幕。换言之，菊花会启动了小榄地方社会的改革开放。

此后，小榄多次举办规模不等的菊花会，小榄菊花会复兴与小榄城镇化的步调表现出惊人的一致。

1987年11月21日至12月5日，小榄举办了改革开放以来的第二次菊花会。开幕当天，同时举行了"小榄镇十项建设工程落成庆典"。因此，这次菊花会与其说是菊花展，还不如说是一次工业化、城镇化建设成果展。也正是在这一年，小榄实行了区镇合并，城区面积扩大，基础设施也有所改善。小榄旧城区面积仅2平方千米左右，基础设施也较为落后。1979年，小榄的公路长度仅为6480米。区镇合并为小榄城区扩张提供了机会，在区镇合并后编制的新的《城镇发展总体规划》中，城区规划面积为17.18平方千米，几乎是旧城区面积的10倍。根据这份规划，小榄镇建委于1989年开始征地，着手建设新城，改善交通。这一时期，小榄的城镇化还体现在经济结构的转变上。1987

第十七章 城镇化进程中的民俗复兴与地方再造

年左右,小榄开始从农业社会向现代工商业社会转型。其明显标志之一就是乡镇企业、工商业的蓬勃发展和传统农业的衰落。改革开放后,依靠集体化时期良好的社队企业基础,加上1979年后大量外资的进入,短短六七年间,到1986年,小榄已被誉为"南方锁城","工业经济开始形成"。① 同一时期,小榄传统农业主要支柱之一——桑蚕养殖停止,"传统农业生产开始式微,农业向高产、高值、高效益转型,形成以塘鱼、花卉为龙头的商品型、外向型、效益型农业体系"②。

1994年适逢60年一届的菊花大会举办时间,小榄地方政府决定举全镇之力筹备这次盛会,促进地方经济和城镇化水平更上一层楼。为了筹备这次盛会,小榄大规模进行城市建设,仅用两年多的时间就在老城区外围打造出了一座新城。据当地的一家报纸报道:"当1994年菊花大会开幕时,全镇投资300万元以上的百项建设工程也全部竣工了。镇区主要道路、体育馆、镇政府大楼、学校、自来水厂等大型基础设施,都相继完成。据说,3年内的投资超过了30个亿。"③ 宽阔的马路,装饰着玻璃外墙的高楼,公共绿地,集购物、餐饮、影视于一体的大型购物娱乐中心将小榄新城区装扮得焕然一新,充满浓厚的现代气息。城镇基础设施的改善为菊花会的举办提供了良好环境,而小榄地方政府的投资也在菊花会上得到充分回报。这次菊花大会为小榄镇带来了近15亿元的经贸合同,促使小榄镇的GDP从1991年的7.8亿元跃升至1995年的32.2亿元。

2004年,为纪念第四届小榄甲戌菊花大会十周年,小榄举办了甲申菊花文化艺术欣赏会。2004年的小榄菊花会以"魅力小榄,展示菊花文化新风采"为主题,以"自然、人文、花海、菊城"为特色。对生态环境和人文气息的重视,表明小榄的城镇化开始从单纯追求经济总量增长向经济、社会、生态协调发展转型。为了提升城市化水平,2002年,在清华大学建筑学院和国务院发展研究中心的帮助下,小榄镇政府重新修编了《中山市小榄镇总体规划纲要》。在这份规划中,小榄的城镇化发展不再局限于中心城区的硬件设施建设,而是按照城乡一体化思路,对整个镇区发展进行全盘规划。这份规划首次将环境保护、生态平衡、交通管理和人文景观提高到与经济发展同等重要的程度,以生态城镇和可持续发展为标准,对全镇进行了功能分区。2004年年末,

---

① 参见《小榄镇志·经济(1980—2007)》(未刊稿),2009年。
② 参见《小榄镇志·经济(1980—2007)》(未刊稿),2009年。
③ 宣舒平、王建平:《城乡一体看小榄——来自中山的报道(之四)》(http://www.xiaoshan.gov.cn/zw/ztzl/tcxs2000/tcxs-news/tcxs20000322-8.htm。网页浏览日期2014年12月5日)。

小榄全镇实行了"村改居",这也意味着小榄镇告别了农村,从管理体制上实现了"城镇化"。时任小榄镇党委书记自豪地宣称:"城乡界线正在小榄逐渐消失,政府所有的统计口径中已经没有了'农村'的字眼。"①

随着城镇化的发展,小榄的产业结构调整也不断深化:一方面,工业开始从数量型向质量型转化,致力于发展上规模、高科技、高创汇、高附加值项目;另一方面,优化产业结构,在保持第二产业稳步发展的同时,继续减少第一产业在经济总产值中所占比重,同时积极发展第三产业。至2004年,小榄农业占GDP总产值的比重不足1%,第三产业的比重则快速上升。小榄产业结构的变化在2004年的菊花会上得到清晰反映。这一年的菊花会明确将旅游纳入活动举办目的之一。菊花会举办期间,来小榄参观的旅游团近3500个。此外,这次菊花会还开始在展场内搭建临时展卖摊位,形成饮食、轻工产品展示和旅游产品售卖一条街。此后,小榄"菊花经济"的重心开始逐渐从招商引资向发展旅游、刺激消费转移。

2006年,小榄菊花会成功入选首批国家非物质文化遗产,完成了从凋敝到复兴的历程;这一时期,小榄也实现了从传统农业向现代工商业社会和城镇社会的历史转变。如果"菊花经济"只能说明菊花会这一民俗复兴与小榄地方社会经济再造之间的关联,那么以下我们就将从地方形象再造、地方认同再造和地方文化再造3个方面深入剖析菊花会复兴与地方再造的关系。

三、"菊城"小榄:地方形象再造

小榄自明清以来就是珠三角一个繁华的商业城镇,在经济上享有盛名;然而,成为处处充斥着菊花文化符号的"菊城"却是近年才出现的现象。大约从20世纪90年代中后期开始,小榄地方政府开始逐渐有意识地将小榄打造为"菊城"。1994年的菊花大会可被视为营造"菊城"形象的起点,这次菊花会被定位为:"把第四届小榄菊花大会办成以菊花为主题的大型文化艺术节,反映小榄在物质文明建设、精神文明建设中取得的巨大成就,宣传小榄的良好投资环境,广交朋友,促进经济发展。"② 如果说1994年之前的菊花会的主要意图在于招商引资,那么1994年以后的菊花会则更多地承担起"地方名片"的功能。这一时期,小榄的发展逐渐走向美化地方在新的全球环境中的仪容、形

---

① 《〈腾飞粤港澳〉第十九集——中山农民响当当》(http://cnr.cn/hxzs/zhuanti/tenfei/baodao/200909/t20090925_505486408.html),2009-06-30。

② 《小榄菊花会(1994·甲戌)规划(草案)》,小榄镇志编纂办公室保存资料。

象的"新城市主义"。Alan Smart 和 George Lin 指出,当一个城市发展了,投资条件更加规范化时,塑造地方形象就变得比海外华裔资本家的忠诚和爱国主义更加重要了。① 在有的学者看来,这是一种更高层次的市场化,即"建构和推销本土性",将区域或城市作为整体商品进行推销,美其名曰"城市名片"或"文化品牌"。②

为了打造"菊城",小榄镇政府付出了长期艰苦的努力,最大限度地对全镇进行全面动员。

第一,对掌握传统菊艺知识的老一辈本地居民进行动员,请他们帮助恢复菊花文化艺术。以往小榄擅长菊艺的多为中华人民共和国成立前的地主、富农,在中华人民共和国成立后的很长一段时间里,"艺菊"都是标明他们阶级成分的一个"污点",使他们长期遭受批斗和歧视。出人意料的是,菊花文化在改革开放的时代变得比以前更加炙手可热,他们也从"斗争对象"一跃成为受到政府格外优待保护的专家。第二,对文化界人士的动员。小榄有一批阵容强大的职业"菊花文化生产者"——作协、美协、摄影家协会、书法家协会等的成员。这些带有半官方性质的"民间团体"每年产生的各种以菊花为题材的文学、绘画、摄影、音乐、书法作品不计其数。作为回报,小榄地方政府也为文化艺术工作者提供了良好的环境,在场地、资金、举办活动等方面予以大力支持,促进了民间文化活动的繁荣。第三,鼓励商家对菊花文化加以包装利用,扩大资源共享的民间基础。在小榄,以菊花命名的企业、宾馆、餐厅、商店、楼盘、商标、食品等数不胜数,连许多道路、单位、机关都争相冠以"菊城"名称,菊花图案更是随处可见。第四,将菊花会的举办常态化。每年 11 月底至 12 月中旬,小榄的公园、广场和主要街道都被绚丽的菊花装扮得多姿多彩,成为名副其实的"菊城"。第五,大力发展菊花产业。小榄镇政府鼓励当地花农种植菊花出售;此外,小榄的菊花产业还包括菊花造型和旅游。菊花造型是小榄部分广告公司的一项重要业务,除了为本地菊展服务,它们也会承接外地菊展业务。菊花也是小榄旅游产业的支柱,每年的菊花会都会为小榄带来大量游客,对当地消费的带动十分明显。为了增加旅游吸引力,小榄积极开发菊花美食,已经开发出菊花肉、菊花羹、菊花鲮鱼球、菊花火锅等特色风味食品。

---

① Alan Smart, George C. S. Lin. Local Capitalisms, Local Citizenship and Translocality: Rescaling from Below in the Pearl River Delta Region, China. *International Journal of Urban and Regional Research*. 2007, 131 (2), pp. 280 - 302.

② 参见科大卫、萧凤霞《原初的跨域社会及其在现代的命运》,见吴毅主编《乡村中国评论》(第 2 辑),山东人民出版社 2007 年版。

持续不断的努力成功地将小榄塑造为一个与菊花紧密相关的地方。无论在本地人还是外地人的印象中，小榄的"菊城"形象都已深入人心。地方形象的再造也伴随着地方认同的再造，在小榄打造"菊城"的过程中，广泛而深入的社会动员促使小榄地方政府和部分民众都在一定程度上萌生出某种"文化自觉"。对菊花会的来历、形成过程和特色的发掘了解加深了民众对当地历史文化和经济社会的认识，从而激发起他们对地方社会的忠诚和热爱。当地政府抓住这一契机，以菊花会为中心，全面推进地方文化建设，积极治理地方生态环境，提高居民生活质量，以此增加地方魅力，重构民众地方认同。

四、再造魅力家乡：地方认同再造

以"地方"为基础建构共享的身份认同的做法具有悠久历史。研究者普遍认为，传统文化的一个重要特征就是其地域性，地域共同体是传统社会的基本构成单位。① 然而，在现代社会，由城市化而引起的地域范围的扩大和地理流动的增加，使缘于地方的社会网络和互动减少，由地域性所产生的共同关心也随之减少。这些因素共同导致了地域共同体的解体或"社区的衰落"，以及随之而来的认同危机。为了应对这一危机，认同的重构被提上日程。然而，未经定义的地方事实上并不具有任何意义，地方居民必须认定（或被说服）这个地方的某些东西对他们而言是至关重要的。②

在以往，小榄人引以为傲的事物非常多：繁荣的市镇经济、豪门大族在科举考试和官场中取得的非凡成就、"五松六路三丫水，一洞梅花十二桥"的水乡美景、远近闻名的菊花大会、各种复杂精致的民间信仰和仪式……然而，等到改革年代想回头寻找能够重新唤起当地居民认同的地方特色时，选择变得非常有限，宗族组织、祠堂寺庙、名胜古迹几乎绝迹；大规模的城市建设和工业化极大地改变了小榄的地理生态景观，风光旖旎、河汊纵横的水乡景色早已面目全非。尽管能够跻身富裕城镇的行列，但在强者如林的珠三角，小榄在经济上也不再有优势可言；唯独菊花会硕果犹存，这也意味着小榄地方认同的再造将不可避免地要围绕菊花会和菊花文化展开。

在青少年中开展"菊花教育"，培养青少年的地方认同是小榄地方认同再

---

① 参见费孝通《乡土中国　生育制度》，北京大学出版社1998年版；[德]滕尼斯著，林荣远译《共同体与社会》，商务印书馆1999年版；[英]安东尼·吉登斯著，田禾译《现代性的后果》，译林出版社2000年版。

② 参见包弼德《地方传统的重建——以明代的金华府为例（1480—1758）》，见李伯重、周生春主编《江南的城市工业与地方文化（960—1850）》，清华大学出版社2004年版。

造的主要手段之一。为了培养下一代对菊花文化的兴趣,促进他们对菊花文化的了解,每年的小榄菊花会都有专门为青少年设置的参赛组别,菊花文化促进会也经常组织镇里资深的菊艺高手去各个学校举办讲座培训,教授栽种菊花的技巧。许多学校有意在写作、诗词、美术课程训练中加入与菊花文化相关的内容。一些学校还开辟了专门的苗圃,供孩子们学习栽种菊花。不仅如此,小榄镇组织编写了菊花文化的乡土教材,"从幼儿园到中学,以不同程度的菊花会知识开展乡土教育,使青少年对家乡的历史文化有深入了解"①。小榄中学的一名老师在谈到对青少年进行菊花文化教育的意义时表示,小榄的菊花文化凝结着地域文化中特殊的感情,是传承民族精神,培养品德高尚、爱乡、爱国青少年的有效途径。②

获得外界承认,或者说"要求在世界文化秩序中得到自己的空间"③,是小榄地方认同再造的另一项重要内容。1994年的小榄菊花大会特别对海外来宾进行了统计,对海外游客的特别重视表明,一方面小榄渴望融入全球经济,另一方面希望得到更大范围内的承认。在查尔斯·泰勒看来,"我们的认同部分地是由他人的承认构成的;如果得不到他人的承认,或者只是得到他人的扭曲的承认,不仅会影响我们的认同,而且还会造成严重的伤害"④。菊花会为小榄寻求外界的承认提供了机会,进入21世纪,小榄菊花会连续创造了9项"吉尼斯世界纪录"。这个奖项之所以能够引起小榄特别的兴趣,在很大程度上可能是因为它意味着世界对小榄的认可。2005年,中华人民共和国文化部发出了《申报第一批国家级非物质文化遗产代表作的通知》,进一步激发了小榄寻求外界承认的热情。继2006年成功申报国家非物质文化遗产后,小榄镇镇长在2010年度的菊花会开幕典礼上正式对外宣告,小榄菊花会将申报世界非物质文化遗产。⑤ 包弼德在对明代金华府地方传统重建的研究中提出,地方人士通过聚焦在地方,即透过在地方的实践,试图去参与全国性的生活。⑥ 类似地,小榄也试图通过菊花会走向全国乃至世界。

---

① 《中山市召开非遗传承工作座谈会》(http://www.gdwht.gov.cn/shownews.php?BAS_ID=22555),2009年8月6日。
② 参见陈永生《菊花文化在德育中的作用》(http://www.docin.com/p-78176.html)。
③ [美]萨林斯著,王铭铭、胡宗泽译:《甜蜜的悲哀》,生活·读书·新知三联书店2000年版,第124页。
④ 汪晖:《承认的政治、万民法与自由主义的困境》(http://gongfa.com/chengrenwh.htm)。
⑤ 参见《小榄菊花会昨日开幕 小榄菊花会将申请"世遗"》(http://www.zsqyg.com.cn/qunwenxinxi/show.php?itemid=2581),2010年11月24日。
⑥ 参见包弼德《地方传统的重建——以明代的金华府为例(1480—1758)》,见李伯重、周生春主编《江南的城市工业与地方文化(960—1850)》,清华大学出版社2004年版。

然而，仅仅依靠菊花会来推动地方认同的再造还是困难重重。由于中华人民共和国成立后政治经济制度发生重大变革，加上改革开放后乡土社会向城镇社会转型，传统菊花会的生存土壤基本消失殆尽。以往菊花会之所以对地方社会具有重要意义，是因为菊花会是"整合不同地方利益的一个关键因素"，本地豪强借助包括菊花会在内的各种仪式和节庆活动，维持、协调地方社会内部的各种权力关系，地方社会群体在塑造自身地位的过程中，也利用了由上而下渗透的国家文化去创造地方社会。① 而现在，附着在菊花会之上的地方社会内部的各种权力关系几乎全部被剥离，这一传统已经变成了地方政府的政治经济工具，"失去了民俗生活所具有的历史感与当下性"②。在与当地民众的日常生活脱离了实质联系的情况下，菊花会已无法唤起人们内心的情感和认同。这就迫使小榄镇政府不再拘泥于菊花会，而是围绕菊花会构建起一套"菊花文化体系"，并以此为基础进行文化建设，切实满足当地居民日益增长的精神文化需求。

在这一方针的指导下，小榄镇政府采取了多项措施来建设文化强镇。

(1) 重视书画艺术，营造人文氛围。书法、绘画是小榄菊花文化体系的重要组成部分，清朝中后期，小榄科举之风盛行，书法、绘画艺术发达，书画创作、品鉴、收藏具有一定民间基础，成为地方政府可资利用的另一项优良传统。改革开放以来，小榄曾先后承办多项国家级、省级书法活动。现在，小榄平均每年举办书画活动50多场次，2000年和2010年，小榄先后荣获中华人民共和国文化部颁发的"中国民间艺术（书画）之乡"和"中国书法之乡"称号。当前，小榄已经以菊花文化为契机，发展出书法、绘画、文学、摄影、曲艺、武术等民间文化活动百花齐放的局面。

(2) 加大文化基础设施建设投入，积极组织开展群众文化娱乐活动，丰富群众文化娱乐生活。近年来，小榄兴建了一批公园、广场、艺术馆、博物馆、社区图书馆、社区文化活动中心等公共空间，为当地居民休闲娱乐、开展文化活动提供了良好的环境。不仅如此，小榄镇政府还积极鼓励民间文化团体开展活动，在经费、场所、组织方面为其提供支持。现在，小榄活跃着大批民间文化社团，这些民间团体每年组织开展大量文体活动，如广场舞、太极拳、舞狮、健美操大赛、舞蹈比赛、书画展等。小榄文化站还经常组织送戏下社区、送电影下社区，举办广场音乐会、露天文艺晚会等活动，公共文化生活生

---

① 参见萧凤霞《传统的循环再生——小榄菊花会的文化、历史与政治经济》，载《历史人类学学刊》2003年第1期。

② 刘晓春：《民俗旅游的文化政治》，载《民俗研究》2001年第4期。

机勃勃。田野调查表明，无论是小榄本地居民，还是外来务工人员，基本都对小榄的文化娱乐状况表示满意。

（3）治理生态环境，美化地方形象。近年来，小榄地方政府将环境治理与文化建设及旅游发展相结合，试图重现秀美的"水乡风貌"。这一意图集中体现于对水色匝①的整治上。长6.8千米的水色匝曾是小榄水乡秀色的缩影，小桥流水，绿树成荫，沿岸集中分布着仆射何公祠、葵树庙、北帝庙、源泉当铺、"谢老虎"故居等历史文物。在改革开放后的工业发展中，水色匝受到严重污染，成为臭气熏天的污水沟。自2004年起，小榄镇开始对包括水色匝在内的镇内河涌进行治理，通过疏通、拓宽、截污、清淤、堤岸整治和景观绿化等手段改善生态环境。经过3年的大力整治，水色匝污染大为减轻，沿岸生态好转，2008年和2009年，小榄镇政府连续两次在水色匝举行了停办已久的"五人飞艇赛"。2010年，水色匝的影像还走进上海世博会"中国馆小城镇区"展播厅，成为小榄优美城镇形象最具代表性的部分。

良好的文化氛围和日渐改善的生态环境切实提升了当地居民的生活质量和幸福感，也增加了他们对家乡的认同和热爱。在小榄进行田野调查期间，不止一位当地居民满怀自豪地向笔者介绍水色匝的美丽景色。为了表达对水色匝治理的满意之情，当地一个社区的"老板"还专门请来珠三角的咸水歌爱好者，在水色匝的一座小桥上举办了一场咸水歌会。②

值得注意的是，对菊花会的开发利用在当地引发了一股日益升温的"传统热"，促使人们重新审视传统文化的价值和意义。越来越多的当地人开始关注传统文化，并试图恢复、重建传统，这无疑在一定程度上改变了地方的文化景观。

五、追寻传统：地方文化再造

民间信仰复兴是小榄传统复兴最主要的表现形式。小榄的民间信仰分为3个层次：家神信仰、社区神信仰、佛教和道教等大众神信仰。改革开放后，小榄几乎所有家庭都恢复了在客厅中央设立神龛的习俗，供奉观音、财神、关帝、北帝、天后等"大神"及鲁班、华佗、包公等职业神。此外，土地神、

---

① 小榄水色匝也称"环镇大涌"，是一条环绕小榄镇区的河流，因旧时常举办一种珠三角特有的"水上飘色"民俗活动而得名。

② 参见李翠玲《"老板"参与下的乡村社区公共生活复兴——珠三角个案研究》，载《华中科技大学学报》（社会科学版）2013年第5期。

灶神也是被普遍供奉的家神。以"社"为单位的社区神信仰是小榄民间信仰体系的重要组成部分。社区神一般被称为"土地老爷",也叫"社头",是负责管辖整个"社"的土地神。在小榄,所有重要的岁时节日,如春节、端午、中秋,以及人生礼仪如出生、满月、婚礼、葬礼,都要祭拜社头,农历"七月半"还要以家庭和社为单位举行"社头烧衣"仪式。除了家神和"社头",寺庙也是民间信仰体系不可或缺的一环。近年来,小榄的庙宇重建如火如荼,两座在省、市民族宗教部门登记在册的庙宇——隐秀寺、净意庵在当地政府和民众的支持下得以大规模地公开重建;另外一些没有得到合法许可的庙宇则小规模、半公开地在民间被重建。民间信仰在工商业社会更加发达,是东亚社会中普遍存在的现象。台湾地区人类学家李亦园专门对此进行过研究。他指出,20 世纪 60 年代以后,台湾民间信仰表现出两个趋势:一是功利主义趋势,宗教的社群意义减弱,满足个人现实需求的意义相应增强,信仰的神灵数目无限扩大;二是提倡传统道德复兴,以恢复传统美好的伦理秩序。①

宗族复兴也是小榄传统复兴的有机组成部分。明清以来,中国东南的宗族势力一直非常强大,影响到社会生活的方方面面。尽管宗族组织一度受到一定的打击,但改革开放后,这一地区的宗族迅速复兴,其组织、协调、教育和文化功能全面复活。改革开放后,小榄的宗族也在很大程度上复兴,基本上每个家庭都会供奉祖先牌位,每个姓氏宗族都有各自的宗祠、墓地和族谱,同一宗族成员定期到宗祠祭祀聚会,清明期间共同前往墓地祭祖。宗族是当地居民认同感和归属感的重要来源:男婴诞生,通常都要在祠堂举行"开灯"仪式,登记姓名;年轻男子举行婚礼时,一般都要按照族谱辈分取一个"字",这个"字"就是将来他们上族谱要用的名字,因此,村里的成年男子一般都有两个名字,一个身份证上的名字,一个族谱上的名字,分别代表一个人在两套社会系统中的位置;以宗族血缘为纽带的亲属制度在各种人生礼仪,尤其是葬礼中被强调,"五服"之内的宗族成员之间有较强的相互支持的责任和义务。不过,与以往相比,小榄宗族也发生了一些明显的变化,如:采取较为民主的理事会形式对宗族进行组织管理,通过选举产生理事会成员,负责族谱修编、祠堂修缮管理、仪式筹备和财务管理等方面的工作;吸收成员机制灵活,范围扩大,从同宗成员向同姓成员扩展,不但不同村落、街镇、县市的宗族组织甚至国外的"宗亲会"之间都开始"联宗",而且部分宗族组织还开始对其成员的姻亲亲属开放,宗族网络日益扩大。有学者据此认为,宗族具有高度灵活性和

---

① 参见李亦园《台湾民间宗教的现代化趋势——对彼得伯格教授东亚发展文化因素论的回应》,见《李亦园自选集》,上海教育出版社 2002 年版。

适应性，这种变迁是宗族适应现代工商业社会的表现。①

红白喜事中的传统礼仪程序复兴是小榄传统复兴的一大特征。由于普通人对传统的礼仪程序已渐渐陌生，于是一批专门负责在婚礼和葬礼上指导红白喜事仪式事项的专家——"师爷"应运而生。一名"师爷"向笔者感叹，如今民间的红白喜事仪式越来越复杂，"有钱的人家都'复了古'"。本地家庭在这类事情上花的钱越来越多，尤其是葬礼，与相邻的其他镇相比，小榄的丧事普遍举办得更为隆重，灵柩停放在家中的平均时间更长，葬礼期间请道士、和尚或尼姑做"法事"的花费也更高。此外，部分岁时节日也在一定程度上复兴，除了春节、清明、端午、中秋4个传统节日，小榄民间对"七月半"和冬至也很看重。每到农历七月十四，家家户户都要举行仪式，称为"做十四"。庙宇则会在七月十五举行规模较大的公共祭祀活动。冬至在广东地区被视为大节，有"冬至大过年"的说法，很多机关企业都会在这一天将下班时间提前，以便人们回家团聚。

根据一般的认识和理解，工业化和城镇化将导致农民和村落的终结，但事实表明，许多经济发达的东南沿海地区，如福建、广东和浙江都出现了"社区生活的回归"和传统复兴的倾向，这些地区"不仅经济迅速发展了，而且富有地方文化的韵味"②。为何越是现代化、城镇化快速推进的地方，传统复兴越容易出现，发展得越好？本章认为，主要有3个方面的原因。

一是对安全感和确定性的追求。吉登斯指出，现代性的发展粉碎了旧有的"连续性"形式，损害了现代社会中的个人关系，个人生活由于失去原有的固定参照而变弱。现代性侵占了社会生活的大片领地，耗尽了他们曾经有过的意义丰富的内容。③ 不仅如此，现代性的发展还将人们抛入前所未有的"风险社会"。"流动的现代性"使社会成员被置于普遍的不确定感之中，前现代社会的安全感、信任和意义也随之丧失。为了抵制这些因素带来的焦虑，重构本体性安全，许多人将目光转回传统，传统中所蕴含的重视道德规范、怀念过去、眷念家乡和集体、渴望家庭的温情的品质，对处于快速社会变迁、被抛入市场经济大潮中的人们来说，显得格外可贵。

二是城镇化与传统复兴互构。一方面，工业化、城镇化为传统复兴提供经济基础；另一方面，传统为城镇化和经济增长提供动力和意义。依靠工业化、

---

① 参见黄世楚《宗族现代化初探》，载《社会科学研究》2000年第4期。
② 贺雪峰：《乡村治理的社会基础：转型期乡村社会性质研究》，中国社会科学出版社2003年版，第160页。
③ 参见［英］安东尼·吉登斯著，田禾译《现代性的后果》，译林出版社2000年版，第100～101页。

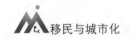

城镇化带来的经济繁荣，人们才能建造豪华的庙宇、祠堂、坟墓，举办盛大的婚礼、葬礼和各种仪式庆典。与此同时，礼仪活动又对工业化和都市化产生巨大的反作用。在沿海都市化的乡村地区，经济仍然深深嵌入当地家庭和亲属文化中，礼仪活动有助于巩固和加强社会关系，提高社区自组织能力，激发社区责任感和与市场经济追求物质利益相反的牺牲和奉献精神。因此，生气勃勃的"浪费性"的礼仪不仅能够避免现代性的异化，还有力地推动了市场扩大和城镇成长，促进了社区重建和公益积累，成为助推经济发展的重要动力。①

三是地方特色价值突显。随着现代化、全球化的推进，地方特色及个性大量丧失。但也许恰恰是新的全球背景正以非常积极的方式重新创造地域意识和社会群体意识，与地域密切相关的传统、语言、生活方式顿然复苏。全球化导致的另外一个悖论，是地方特色成为吸引投资的有力筹码，地方特有的差异成为竞争优势。② 外部因素对地方特色的巨大需求，促使部分当地民众自发地发掘和追寻地方历史文化传统，并在这一过程中强化对地方的热爱和自豪感。现在，小榄涌现出一批对地方历史文化抱有浓厚兴趣的居民，他们自愿去寻访本地的名胜古迹，从事资料搜集和考证工作，仔细地探寻街巷地名的由来，努力辨认、体察"地方纹理"。经由他们的努力，大量地方性文史知识被再生产出来，并通过地方电视台、报纸传播给当地民众。

六、结论

对小榄菊花会的民族志考察清晰地展现了城镇化、民俗复兴与地方再造三者之间的辩证关系，城镇化本身就是一个地方政治、经济、社会再造的过程，而菊花会这一传统民俗则为地方再造的内容和形式提供了立足点。借助菊花会，小榄地方社会在城镇化过程中实现了地方形象再造、地方认同再造和地方文化再造，从一个普通的珠三角乡村变成了经济发达、环境优美、城乡融合、传统与现代交织的"菊城"。而菊花会也在这一过程中被复兴，不仅有关菊花会的历史文化记忆得以深入发掘，而且通过发展菊花产业、鼓励菊花艺术创作、举办菊花会等活动，菊花会在现实生活层面得以延续。

研究显示，城镇化是一个长期的过程，分为不同的阶段和层次，在城镇化

---

① 参见［美］Mayfair Yang 著，何宏光译《"温州模式"中的礼仪经济》，载《学海》2009 年第 3 期。

② 参见［英］戴维·莫利、凯文·罗宾斯著，司艳译《认同的空间——全球媒介、电子世界景观与文化边界》，南京大学出版社 2001 年，第 159～161 页。

第十七章 城镇化进程中的民俗复兴与地方再造

过程中,当地政府和民众对民俗或传统的认知和理解也在不断调整深化,这反过来又会对城镇化产生影响。小榄城镇化初期,菊花会扮演的主要角色是经济发展媒介,通过传统文化唤起港澳同胞的乡愁,吸引他们回乡投资,菊花会或传统文化本身并未受到足够重视。当城镇化初具规模后,对外树立良好形象、对内重塑地方认同就被提上了日程,菊花会的功能相应地从招商引资向打造地方名片,唤起、培育民众"文化自觉"转变。为了实现这一目标,小榄地方政府一方面对城镇功能、布局进行重新规划,着手治理环境污染;另一方面以菊花会和菊花文化为核心建设文化强镇,满足群众日益增长的文化娱乐需求。在这一过程中,小榄的生态、人文环境得到切实的改善,民众生活质量得到显著提高,城镇化水平发展到新阶段。而通过"村改居"进入"城乡一体化"时代后,当地政府和民众对包括菊花会在内的传统民俗复兴表现出巨大的热情,这既是突显地方特色以吸引游客和投资的需要,也是现代化、城镇化所激发的乡愁所致。因此,地方传统和文化特色已经变成社区发展、文化、旅游及制造文化遗产的政治对象①,当地居民对社区及其传统的迷恋也成为混合着怀旧、情感及实用功利主义的产物。

部分学者对城镇化背景下的传统民俗复兴心存疑虑,担心市场化导向的民俗复兴使民俗沦为同质化的消费对象,损害民俗的生活性或"本真性"。本章的研究表明,城镇化对民俗的影响是一个持续而动态的过程,不可一概而论;而民俗也不只是被动接受城镇化的冲击,而是在城镇化进程中发挥积极作用。就此而言,本章认为,对民俗复兴的理解有必要进行适当调整,除了回归日常生活实践,民俗复兴的要义更在于恢复附着于传统民俗之上的文化认同,借助文化应对社会变迁,保持文化在地方社会发展中的地位。

---

① 参见[英]王斯福著,赵旭东译《帝国的隐喻:中国民间宗教》(中文版序),江苏人民出版社2008年版。

第五编

城市问题与社会治理

第十八章 移民与汕头经济社会发展的战略新思路

一、引言

汕头是我国重要的沿海经济特区之一，近年来，其经济社会的发展虽取得了可喜的成就，但与厦门、深圳、珠海等其他经济特区相比，其经济社会发展总体水平依然较低。在"十二五"规划中，广东省和汕头市决策机构从全省乃至全国经济社会发展的战略高度出发，提出必须加速汕头经济社会的全面发展，使其成为粤东地区经济发展的中心和主要依托。然而，现实却是汕头在全国城市中的排名正在下降。因此，应针对汕头经济发展的特点，着重解决汕头经济发展中经济发展战略、行政体制改革、经济发展模式等问题，优化社会环境和投资环境，提高开放程度。[1] 与此同时，还要充分利用行政资源，实现计划单列，加大行政资源优化配置对经济发展的促进作用。[2]

长期以来，由于在体制分割和政策等方面难以突破，汕头在推进城乡一体化过程中，未能取得令人满意的成果，因此，应当总结和借鉴本市和国外城乡一体化发展的教训和经验，采取有效措施加快推进城乡一体化发展。[3] 从城市定位的角度分析研究汕头经济社会的发展，我们认为其发展的关键是要进行准确的城市定位，并在城市定位的基础上提出城市发展的建议和思路。[4] 有学者从文化和软实力的角度探索汕头经济社会发展的新思路，认为汕头应当将提升

---

[1] 参见李翔《关于汕头经济发展问题的实证考察》，载《汕头大学学报》（人文社会科学版）2004年第3期，第17页。

[2] 参见田广、戴琴琴《行政资源与计划单列：汕潮揭同城化发展的战略新思路》，载《南方职业教育学刊》2013年第3期，第53～61页。

[3] 参见杨玉民《国外城乡一体化发展的经验及其对汕头市城乡一体化发展的启示》，载《西华大学学报》（哲学社会科学版）2012年第2期，第97～100页。

[4] 参见范建红、陈烈、蔡克光《基于城市定位的汕头城市发展战略思考》，载《江苏商论》2007年第7期，第141～142页。

移民与城市化

软实力作为特区建设的一个突破口,并将塑造汕头城市精神和提高城市知名度当作提升软实力的突破口。①

汕头文化积累深厚,商业发达,具有发展文化创业产业的优势资源、基础和特色条件,可采取由分散走向集群、由传统走向高新、由不完善走向完善和由国内走向国外等路径发展汕头文化创意产业。② 在对有关汕头经济社会发展战略研究文献进行全面细致的梳理后,我们不难发现,在现有理论和政策研究成果中,涉及经济社会发展与人口规模方面的研究并不多。事实上,汕头的人口规模及质量与经济社会发展总体水平之间存在着不平衡问题,这种不平衡性已经成为制约汕头经济社会取得更大发展的一个瓶颈。

现有经济理论和实证研究表明,一个地区的人口规模和人口质量,与其经济社会发展水平存在着紧密的联系。③ 在对汕头、珠海、厦门和深圳等城市的人口规模与人口质量进行比较分析后,不难发现,汕头现有人口规模与人口质量,不仅不能适应发展需求,而且成为制约其经济社会全面发展的关键因素之一。因此,在汕头未来的经济社会发展战略过程中,有关决策机构和理论工作者必须对人口规模和人口质量与经济社会发展水平相适应的问题进行全面的分析研究,提出具体的可供操作的政策建议,以便加速汕头经济特区经济社会的全面发展。

二、人口与经济发展的理论思考及模型

1. 人口与经济发展的理论思考

迄今为止,国内外已有众多学者对人口与经济发展的关系问题进行了比较系统的研究。经济学之父亚当·斯密在其《国富论》中,从劳动分工的角度间接论述了人口数量对经济发展的促进作用。斯密指出,一国繁荣最明确的标识,就是居民人数的增加。增加国民财富,主要在于提高国民的劳动生产率,而提高劳动生产率就必须广泛地实行劳动分工,由于分工,同数量的劳动者就能完成更多的工作量。但分工的程度取决于市场的广狭,市场过小,个体劳动者就很难实现终生专务一业,以专业化为标志的分工就必然会受到限制,只有在广阔的市场上,专业化分工才能越来越细。而市场的广狭,又主要取决于人

---

① G. Tian. Soft Power and Construction of ShanTou Economic Special Zone: A New Breakthrough Point. *Journal of Applied Business and Economics*, 2011, 12 (6), pp. 121 – 131.

② 参见陈松洲《汕头发展文化创意产业的路径选择》,载《汕头大学学报》(人文社会科学版) 2012 年第 2 期,第 71～76 页。

③ 参见李建民、原新、陈卫民等《中国人口与社会发展关系:现状、趋势与问题》,载《人口研究》2007 年第 1 期,第 33～48 页。

口数量和人口密度，只有在人口众多的地方才能有效地实现专业分工生产。①

马克思主义人口理论认为，在社会生产过程中，人既是生产者又是消费者。人是生产力中起决定性作用的因素，是社会财富的创造者；同时，人又需要消费，需要通过衣、食、住、行来补偿其在生产中的体力消耗。马克思认为，人口状况对社会经济发展起促进或延缓作用，并且人口状况对社会经济发展的促进或延缓作用首先表现在人的再生产与物质的再生产的比例关系上。如果人口过多或过少，就会造成劳动人口过剩或不足，以及自然资源掠夺性开发或开发不足的问题，这样就会延缓阻碍社会经济的发展，因此，一个社会的人口发展必须与其经济发展相适应。②

到了20世纪30年代，西方社会人口增长进一步减慢，又遇上经济危机后的经济大萧条，经济发展几乎处于停滞状态。凯恩斯针对这些现象进行了研究，并提出了有效需求理论。该理论指出，总就业量决定于总需求，失业是由总需求不足造成的，总需求不足，会使商品滞销，存货充实，引起生产缩减，进而解雇工人，造成失业，从而不利于经济的发展，而人口缩减是有效需求不足的主要原因；反之，人口的增长能够增加有效需求，从而促进供给的增长，进而增加国民产出。③

至20世纪60年代后，随着经济社会的发展，出现了许多传统经济理论难以解释的现象，比如德国和日本的崛起。在此背景下，为了解释这些现象，以舒尔茨和贝克尔为主的学者提出了人力资本理论，从人口质量方面对人口与经济发展的关系进行了研究。舒尔茨提出人力资本的投资就是人的知识、能力、健康等人口质量方面的投资，人力资本的提高对经济增长的贡献远比物资资本、劳动力数量的增加重要。此外，他们还指出正规教育和在职培训等对人口质量提高有重要的促进作用。④

到了20世纪80年代，博塞鲁普提出"人口推力假说"，认为人口压力可以推动技术进步和传播，从而推动经济增长。⑤ 而后，关于人力资本、技术进步与经济发展关系的研究成果大量涌现。约翰逊提出人口增长对近两个世纪里知识总量的快速增加起到了巨大的推动作用，随着劳动和资本的生产能力的提

---

① 参见亚当·斯密著，章莉译《国富论》，译林出版社2012年版。
② 参见马克思、恩格斯《马克思恩格斯全集》，人民出版社1995年版。
③ 参见凯恩斯著，杨力注释《就业、利息和货币通论》，上海外语教育出版社2006年版。
④ Schultz, T. W. Investment in Human Capital. *The American Economic Review*, 1961, 51 (1), pp. 1–17.
⑤ E. Boserup. *Population and Technological Change: A Study of Long-Term Trends*. Chicago: University of Chicago Press, 1981.

高，人口的增长推动了经济的发展。① 马德森等用1620年到2006年的数据来验证技术和人口增长与经济发展的关系。实证结果显示，技术进步和人口增长对经济的发展有重要的促进作用，并且人口素质的提高能够促进技术进步，从而促进经济增长。② 汉纳谢克利用发展中国家的数据验证人力资本和经济增长的关系，实证结果显示，人力资本对经济发展，尤其是经济的长期增长有非常重要的作用。③

从国内的研究来看，改革开放以后，国内学者以马克思主义关于两种生产理论为指导，在充分吸收关于人口与经济发展理论的基础上，结合中国的国情对人口与经济发展的关系进行了研究，提出了人口经济协调发展理论。此后，有关人口与经济发展关系的研究成果不断涌现。比如有学者探讨了民族人口发展对民族繁荣的重要作用，指出一个民族的繁荣离不开人口规模的增长和人口素质的提高。中国西部民族地区应当将提高人口数量和人口质量，作为促进经济社会全面发展的重大战略举措；并指出人既是消费者，同时也是生产者，必须重视人在生产中所带来的积极作用，保持人口数量与经济发展相适应。④

人口与经济协调发展表现为人口与生活资料、生产年龄人口与生产资料、人口文化素质与经济技术进步相协调。⑤ 我们不能夸大人口增长对中国经济发展的负面影响，但也不能忽视中国人口总量过大的历史包袱对经济发展的制约，我们应当寻求一个恰当的人口增长比例，使其与经济发展相适应。⑥ 人口理论工作者认为，人口与经济协调发展是内涵式的发展，即人口数量的适当、人口质量的提高和人口结构的优化，对社会经济的全面发展具有很大的促进作用，但如果两者关系失调，则会对社会经济的全面发展产生一定的制约。⑦

实证分析表明，人口增长对经济发展的影响可能是复杂的、非线性的，既可以带来正面影响，也可以带来负面影响。在宏观水平上，两种影响可以在一

---

① D. G. Johnson. Population, Food and Knowledge. *The American Economic Review*, 2000, 90 (1), pp. 1 – 14.

② J. B. Madsen, J. B. Ang, R. Banerjee. Four Centuries of British Economic Growth: The Roles of Technology and Population. *Journal of Economic Growth*, 2010, 15 (4), pp. 263 – 290.

③ E. Hanushek. Economic Growth in Developing Countries: The Role of Human Capital. *Economics of Education Review*, 2013.

④ 参见田广《从对泾源县的调查看民族的人口与繁荣》，载《宁夏大学学报》（人文社会科学版）1983年第3期，第14页。

⑤ 参见田雪原《论第三世界国家人口和经济协调发展的战略》，载《世界经济》1989年第8期，第27～32页。

⑥ 参见蔡昉、王美艳、都阳《人口密度与地区经济发展》，载《浙江社会科学》2001年第6期，第12～16页。

⑦ 参见肖立见、张俊良《转变时期中国人口与社会经济发展》，西南财经大学出版社2005年版。

定程度上相互抵消，我们应当在权衡利弊之后，选择一个合适的人口增长率。① 事实上，人力资本、技术进步及劳动力数量的增加都能够促进经济的增长，只是各种因素的促进作用在各个时期不尽相同，且劳动力数量的增长会带来一些不利的影响因素。我们应当使劳动力数量增加保持在一个适度的水平，以利于经济的发展。②

综上所述，人口与经济发展之间存在着紧密的联系。人既是生产者，也是消费者，人口增长要保持一个适度的比例，使人口数量与经济发展相协调。同时，我们也要努力提高人口质量，从而提高劳动生产率，为经济的增长带来强劲的动力。

2. 人口与经济发展的理论模型

关于人口与经济增长的理论有马尔萨斯的人口经济理论、哈罗德—多玛经济增长模型、索洛经济增长模型和内生经济增长模型，前3个理论的假设都过于严格，很多现实问题都不能用这些理论进行有效的解释，而内生经济增长理论则放宽了索洛经济增长模型的假设，把技术进步和人口因素作为内生变量，并认为技术进步是导致经济增长的引擎。此理论更适用于我们现实的经济增长环境，在此，我们详细描述该理论。该理论针对的问题是，世界上一些发达国家，如美国，在20世纪经济为什么能够以2%的增长率增长，并分析其经济增长背后的技术进步是从何而来的。其生产函数形式如下：

$$Y = AF(K, L)$$

其中，A 为一个给定的技术水平。在生产函数中，K 和 L 的规模报酬都不变，把创意 A 作为生产要素投入生产时就存在着报酬递增。也就是说，生产函数仅考虑劳动力和资本这两种要素时，规模报酬不变，但是，如果在上述两个要素的基础上再加上技术进步，产出一定是规模递增的，即将 n 倍的劳动、资本和创意存量投入生产，结果会得到超出 n 倍的产出。而且要实现经济的增长，新的创意必须随时间的推移而不断增加。如果研究人员不随人口增加而增加，则创意就不会增加，只有更多的研究者才能生产出更多的创意，从而使产出能够不断增长。此时，创意的增长率显然与人口增长率有关。在内生增长

---

① 参见左学金《人口增长对经济发展的影响》，载《国际经济评论》2010年第6期，第127～135页。

② 参见李德煌、夏恩君《人力资本对中国经济增长的影响——基于扩展Solow模型的研究》，载《中国人口·资源与环境》2013年第8期，第100～106页。

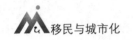

模型中，有另外一个重要的影响就是认为人力资本是技术进步的一个关键性要素，更多的人口将产生更多的创意，从而提高产出水平。于是有如下等式，在考虑人力资本变量的情况下，经济增长的计算等式如下所示：

$$\Delta Y/Y = \alpha \Delta K/K + \beta \Delta L/L + \Delta A/A$$

即产出增长＝劳动份额×劳动增长＋资本份额×资本增长＋技术进步。其中，α代表资本在产出中的份额，β代表劳动在产出中的份额，$\Delta A/A$为技术进步，且$\alpha + \beta = 1$。上式说明，经济增长的源泉是生产要素的增长和技术的进步。①

三、汕头经济发展的人口制约

1. 汕头经济发展现状

汕头是我国五大经济特区之一。近年来，汕头经济社会的发展取得了可喜的成就。2012年GDP为1400多亿元，比2011年增长了约9.5%，并且根据汕头统计局公布的2013年国民经济核算数据，2013年1月到9月汕头的GDP达到1130亿元，比2012年同期增长约9.3%，如果按照这个速度，到2013年年末，汕头的GDP将达到1530亿元左右。按照汕头目前的经济发展速度，到2016年，汕头经济特区GDP达到2100多亿元，汕头的经济发展水平略超中等发达国家，当然，这是根据目前汕头的发展态势、劳动生产率和资源所做的一种预测。那么，有没有可能使汕头的经济社会发展得更快、更好一些呢？

汕头市"十二五"发展规划提出，2011—2015年汕头的经济增长速度要达到20%。按照这个规划，到2015年汕头的GDP总量将超过3500亿元人民币，接近3600亿元人民币，在没有特殊的经济增长措施条件下，我们认为这是一个极富挑战性的目标。

2. 汕头经济发展的人口规模制约

传统的经济学原理告诉我们，一个地区的经济发展速度与程度取决于劳动、土地、资本和企业家素质这四大要素的合理与有效配置。而在这四大要素中，有两项与人口有关，即劳动和企业家素质。一定的经济规模与经济发展速度，必须要有与之一致的人口规模，这已被人类社会经济发展史所证实。② 汕

---

① 参见［美］刘易斯著，梁小民译《经济增长理论》，生活·读书·新知三联书店上海分店1990年版。
② 参见［法］索维《人口通论》，商务印书馆1982年版。

头现有人口 540 万左右，虽与汕头的经济现状基本相适应，但从发展的角度，特别是从经济高速发展的角度来看，即按照汕头市的发展规划，在若干年内力争使 GDP 达到或超过 3500 亿元人民币的规模来看，汕头现有人口规模难以支撑未来发展的需要，因此，必须加快人口的发展速度。

有人认为，人多地少是制约汕头经济发展的瓶颈。这种看法自然有一定的道理，但比较消极地将人口仅仅视为消费因素，而忽略了人口也是经济发展的重要因素之一。按照常规来看，汕头的人口密度约为 2632 人/千米^2，同广东省及全国人口的平均密度相比是高了点，但如果将汕头的人口密度同国内外的大中城市相比，以及从广东省政府和汕头市政府关于将汕头发展成为粤东的经济中心城市，并辐射周边地区的经济发展战略规划角度来看，就有必要突破常规思考的局限。

一个城市的发展不但需要空间的扩张，还需要人口的扩张，人口规模的增长能够为经济的发展提供源源不断的劳动力，而人口素质的提高则有利于创新，为经济的发展提供持续的动力。世界各地的经济中心和大都市都是随着人口规模的扩张和人口素质的提高而不断形成并发展起来的，其人口密度一般都高于其他城市和地区。如美国纽约的人口密度约为 10612 人/千米^2，日本东京的人口密度约为 5944 人/千米^2，英国伦敦的人口密度约为 5331 人/千米^2，加拿大多伦多的人口密度约为 4188 人/千米^2。再来看我国著名的北京、上海、广州、深圳和厦门五大都市的人口密度：北京约为 7921 人/千米^2，上海约为 10652 人/千米^2，广州约为 6788 人/千米^2，深圳约为 7785 人/千米^2，厦门经济发达的岛内人口密度更是高达 13537 人/千米^2。

毫无疑问，上述国际国内著名的中心城市，其经济社会发展水平都远远高于汕头，与之相应的人口密度也都远远高于汕头。就人口密度而言，我们且不说与国内的北上广深进行比较，仅以上述国际中心城市中人口密度较低的加拿大多伦多为参照，其人口密度比汕头高 1556 人/千米^2，是汕头的 1.59 倍，其人均 GDP 约为 45674 美元，是汕头的 12.69 倍。以目前汕头人口增长速度大约为 10‰计算，人口密度要达到多伦多市现有水平，即人口总数达到 820 万，大约需要 45 年时间。同时，假定在未来的 5 年内我们要使汕头的 GDP 达到汕头"十二五"规划提出的 3600 亿元人民币的规模，按预测的人均 GDP 为 45200 元人民币水平来估算，人口规模必须达到将近 800 万，这就意味着人口增长速度必须达到 87.5‰。

我们用汕头、厦门、深圳和珠海 4 个经济特区的年 GDP 增长率、年常住人口增长率数据，绘制了图 18 – 1。由图 18 – 1 可知，首先，在大部分年份，人口增长率低的时候，GDP 增长率也较低，在人口增长率高的年份，其 GDP

增长率也较高；其次，在大部分年份，汕头的人口增长率和GDP增长率和其他城市相比都比较低；再次，汕头的人口增长率一直保持在一个较低且较平稳的水平。从此数据分析可以看出，虽然目前汕头的低人口增长率和其低的增长率是相适应的，但是如果汕头将来想使GDP增长速度加快，甚至达到或者赶超上述其他经济特区，那么，其人口增长速度也需要相应地提高。

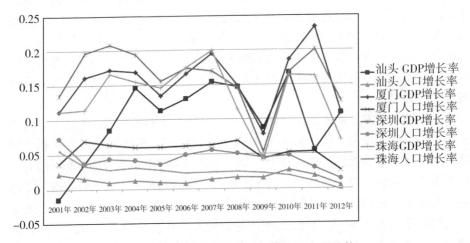

图18-1 我国经济特区人口与经济发展趋势

数据来源：各经济特区统计年鉴。

显然，汕头经济的快速发展面临着人口规模不足的问题。随着西方部分发达国家开始重塑本国制造业，不断地对中国出口企业设置贸易壁垒，使得中国出口企业生存越来越困难，靠投资和出口拉动经济增长的方式慢慢失效，扩大内需成为促进我国经济发展的主要途径。汕头人口规模不足将导致有效需求不足，造成商品滞销，存货充实，进而引起生产缩减，解雇工人，造成失业，从而不利于汕头经济的发展。此外，汕头人口规模不足，会造成劳动力供给不足，使企业陷入招工难的困境，导致企业不能及时有效地增强其生产能力，从而不利于汕头经济产出的增长。从内生增长理论来看，人力资本是技术进步的一个关键性要素，更多的人口将产生更多的创意，从而提高产出水平。汕头人口规模不足，限制了创意的产生，从而不利于企业产生规模经济效益，不利于经济的发展。

汕头要保持与经济快速增长相适应的人口规模，需要有一个较快的人口增长速度。而这个增长速度单靠汕头人口的自然增长是难以实现的，所以必须认真考虑汕头经济社会发展的移民因素。以广东省省会广州为例，近年来，广州人口自然增长率在2‰~4‰。而迁移人口以每年10%的速度增长。广州人口的迁移并非凭空发生，每一次经济的增长波动都引起了人口向城市的迁移波动，使城市的人口快速增长。广州的GDP一路上扬，增幅也保持在12%~15%，经济的增长带来了人口迁移的突破。尤其值得注意的是，广州常住人口在2007年突破1000万大关，达到1004.58万。这一年，广州的GDP也从上年的6068亿元跃升到7051亿元。同时也正因为大量的青壮年劳动年龄人口流入广州，使得广州在本地户籍人口老龄化加剧的情况下，还能有足够的青壮年劳动力。虽然广州是由于经济的加速发展而被动接受移民的，但是不能否认的一个事实就是，移民成为广州经济发展的一个重要促进因素。

3. 汕头经济发展的人口质量制约

从人口质量的角度来看，根据2010年汕头第六次全国人口普查公布的数据，全市常住人口中，大专以上文化程度的人口为224461人，高中（含中专）文化程度的人口为783191人，相当于每万常住人口中只有约416个大专以上文化程度的人、1453个高中（含中专）文化程度的人。而反观其他经济特区，如厦门，大专以上文化程度的人口为628560人，高中（含中专）文化程度的人口为667726人，相当于每万常住人口中有约1780个大专以上文化程度的人、1891个高中（含中专）文化程度的人。在深圳，大专以上文化程度的人口为1779018人，高中（含中专）文化程度的人口为2482326人，相当于每万常住人口中约1718个大专以上文化程度的人、2397个高中（含中专）文化程度的人。在珠海，大专以上文化程度的人口为286911人，高中（含中专）文化程度的人口为383569人，相当于每万常住人口中有约1839个大专以上文化程度的人、2458个高中（含中专）文化程度的人。（见表18-1）

表18-1 我国经济特区人口与受教育情况统计

城市	大专以上人口数量	中专和高中人口数量	每万人中大专以上人口数量	每万人中中专和高中人口数量
汕头	224461	783191	416	1453
厦门	628560	667726	1780	1891
深圳	1779018	2482326	1718	2397
珠海	286911	383569	1839	2458

数据来源：各经济特区统计局。

根据上述数据对比分析可知，汕头的大学和高中人口平均数均低于厦门、深圳和珠海，尤其是大学的人口平均数更是远低于这3个经济特区，鉴于此，

汕头的人口素质还有待大幅提高。再者,汕头地区仅有一所综合性高等学府——汕头大学,而且根据汕头大学公布的历年就业统计数据,其历届毕业生很大一部分去了珠三角,留在潮汕地区发展的还不到10%。另外,将汕头就业人口的受教育水平与其他经济特区进行对比得出,深圳从业人员平均受教育年限为10.93年,珠海为10.96年,厦门为11.1年,而汕头只有9.12年,甚至低于广东省的平均水平9.79年;受过高等教育的从业人员比例厦门为21.1%,深圳为22.5%,珠海为16.7%,而汕头只约9.01%。(见表18-2)

表18-2 我国经济特区从业人员教育情况统计

城市	从业人员平均受教育年限	受过高等教育的从业人员比例
汕头	9.12年	9.01%
厦门	11.10年	21.10%
深圳	10.93年	22.50%
珠海	10.96年	16.70%

数据来源:各经济特区统计局。

可见汕头的人口素质和劳动力素质与其他经济发达的经济特区相比,差距还很大。我国一直把"人才兴国"战略放在核心的位置,而人才的培养主要靠教育。由于汕头教育资源短缺,低端人才和高端人才的培养都做得不够,汕头很多企事业单位人才匮乏,企业创新和活力都大大不足,无论在企业生产成本、管理成本、新生产流程还是新生产工艺方面,企业都因为缺乏人才而不能有效地解决这些问题。再者,汕头留不住人才,一来说明汕头还没有一个让人才驻足的良好环境,二来说明汕头还没有较好的政策吸引并留住人才,三来也说明汕头当局和民众对人才的重视程度不够。这些因素都大大制约了汕头人口素质的提高,不能为汕头的经济发展注入持续的活力。

根据内生增长理论模型 $\Delta Y/Y = \alpha \Delta K/K + \beta \Delta L/L + \Delta A/A$ 进一步分析,若产出增长=劳动份额×劳动增长+资本份额×资本增长+技术进步,那么,资本份额($\Delta K/K$)、劳动份额($\Delta L/L$)和技术进步($\Delta A/A$)的增长都能促进产出增长率($\Delta Y/Y$)的提高。因此,汕头要在产出增长率方面取得更快的增长,则需要资本增长率、劳动力增长率,以及技术进步有一个更快的增长速度,而劳动力增长率和技术进步的快速增长则需要以汕头人口规模和人口素质的快速提高作为支持,否则将难以支撑未来汕头经济的快速发展。

四、汕头经济特区全面发展需要积极的人口战略

在上文中,我们分别从劳动分工、人的生产与物质再生产的比例关系、有效需求、人作为生产者和消费者的统一,以及技术进步等角度,阐述了人口规模的适度与人口素质的提高对经济发展的促进作用。根据内生增长理论模型,技术进步和人口因素都是内生的变量,依据这样的分析我们不难得出结论:人口规模的适度发展和人口素质的提高均有利于经济发展。而汕头人口规模不足,且人口素质较低的因素,无疑会制约汕头经济将来的快速发展。

1. 汕头人口规模和人口质量发展的必要性与可能

汕头现有人口规模的发展不能满足将来经济高速发展的需要。以目前的生育率来看,若无外来移民补充的话,人口规模难以较快增长。为此,可从移民方面着手制定政策,为汕头经济的高速发展注入劳动力。在人口素质方面,汕头教育资源的缺失、吸引和留住人才政策的不足、对人才重视程度较低等原因,造成汕头人口整体素质与其他发达地区相比不够高的局面,难以为经济的强劲发展注入活力。对此,可从增加教育资源投入、提高各级领导对人才的重视程度,以及吸引和留住人才等方面来着手提高汕头的人口素质。

2. 扩大人口规模

在扩大人口规模,提高汕头常住人口增长率方面,已有学者指出,汕头要实现人口的快速增长,单靠自然增长率是不够的,必须考虑移民的因素。[①] 据此,我们借鉴广州的经验教训,建议汕头在经济发展规划中考虑移民因素,采取必要措施,实行必要的积极移民政策。

(1) 实行积极的劳工移民政策,凡年龄在 30 岁以下,完成高中教育的中国公民,能够在汕头谋得正当职业或能够自谋职业者,可颁发汕头特区长期居住证,对他们中有连续 5 年纳税记录者,可转换为汕头特区永久居民(即享有汕头正式户口),对其养老医疗等社会保险等同实行有汕头正式户口者待遇。

(2) 实行积极的投资移民政策,凡年龄在 65 岁以下且身体基本健康者,无论国籍,能在汕头一次性投资 200 万元人民币者(包括购买高档商品房,购买汕头政府发展债券,投资汕头国有企业,创办企业等多种投资行为),夫妇二人一次性投资 300 万元人民币者(每增加一名未成年子女追加 100 万人民

---

① 参见田广、汪一帆、戴琴琴《大潮汕计划单列与经济发展战略新构想》,载《经济研究参考》2013 年第 59 期,第 69～71 页。

币投资）。他们中有着连续5年居住记录者，可转换为汕头特区永久居民（即享有汕头正式户口），对其养老医疗等社会保险等同实行有汕头正式户口者待遇。

（3）实行积极的技术移民政策，凡年龄在50岁以下、具有本科或本科以上学位且身体基本健康者，无论国籍，能在汕头谋得正当职业或能够自谋职业者，可颁发汕头特区长期居住证，对他们中有着连续5年纳税记录者，可转换为汕头特区永久居民（即享有汕头正式户口），对其养老医疗等社会保险等同实行有汕头正式户口者待遇。

3. 提升人口素质

在人口素质方面，汕头教育资源短缺、吸引和留住人才政策不足、对人才重视程度较低等原因，造成汕头人口整体素质不高，不能为经济的强劲和持续发展注入活力。我们可以从增加教育资源投入、吸引和留住人才，以及提升对人才的重视程度等方面着手提高汕头的人口素质。

（1）增大教育经费投入，兴办高校，全面提升汕头的教育水平，并且与汕头大学合作，以每人10万元人民币的奖学金招收全国各地每年的高考状元50名，并承诺他们，毕业后可以被优先招聘为汕头地方政府机构工作人员；同时，支持汕头大学与国际一流大学合作办学。还可以考虑加大与汕头大学的合作力度，引进世界第一流的大学在汕头大学设立教学点，如同杜克大学在中国的模式。

（2）建立一个尊重人才、重视人才的环境，加大对人才重要性的宣传力度；建立人才奖励机制，在物质和精神上对人才进行奖励；号召市民尊重知识、尊重人才，构建一个能够加强市民与人才沟通与交流的平台。

（3）运用薪资、福利杠杆来调节企业和各种人才之间的平衡，制定一套有自己特色的灵活的薪资制度，一般可以采取"底薪+奖金"的模式。首先，这种模式可以满足人才日常生活的基本需要，使他们可以安心专注于本职工作，也可以提供充分调动人才积极性所必需的物质激励。这样既有利于增加中小企业对人才的吸引力，留住他们，也符合中小企业的能力和条件。

（4）运用激励机制激发人才的积极性，通过参与形成人才对企业的归属感、认同感。采取物质激励和精神激励相结合，充分考虑他们的个体差异，实行差别激励的原则。只有知道他们需要什么，才能制定相应的策略，留住各类人才。

五、结论

一个地区的经济发展与其人口规模和人口素质有着密切的联系，其经济发展速度必须与一定的人口规模相适应。劳动力是各种生产要素中最为活跃的因素，是经济社会发展的强大动力。劳动人口素质的提升对生产创新和劳动生产率的提高具有极大的促进作用，从而为经济的发展注入源源不断的活力。汕头作为一个经济特区，其人口规模和人口素质与深圳、珠海和厦门等经济特区相比尚有较大差距。汕头要在未来实现经济社会的快速发展，其人口规模和人口素质都有待大幅提高。在提升人口规模方面，汕头必须在劳工移民、投资移民和技术移民方面有所突破；而在提升人口素质方面，汕头应以加大教育资源投入为突破口，积极塑造一个尊重人才、重视人才的环境，并设计出新的制度和政策，从薪酬和激励机制等方面入手，吸引并留住人才。

移民与城市化

第十九章 论新市民城市融入过程中的政府职能问题

新市民是指新进入城市生活的农村人,他们处于从农村人向城市人过渡的角色转型期。城郊失地农民和异地进城务工、经商农民是我国现阶段新市民的主体。快速的城市化使城镇人口数量剧增,1995—2014 年的 20 年间,我国城镇人口从 3.5 亿增长到 7.5 亿,净增 4 亿。按这一趋势,我国城市化率将在 2025—2030 年间达到 70% 这一城市化由快转慢的临界点。据保守估计,城镇人口还将净增 2 亿多。这 6 亿多已经净增和将要净增的城镇人口除少量城镇自然增长的新增人口外,绝大部分属于从农村流入城镇的移民。可见,半数左右的中国人都已经或将要进入新市民行列。新市民虽然进入城市生活,实现了职业非农化,但没有完成人格和生活方式的转型,属于都市乡民。新市民城市融入就是都市乡民走向终结的过程,也是进城农民逐步脱离乡民性、积累城市性的过程,也就是新市民最终完成乡村拔根和城市扎根的过程。

一、新市民城市融入需要政府支持

在新市民融入城市的过程中,政府应该而且必须在社会管理、社会支持、社会保障、社会服务等各个方面扮演重要的角色。

首先,新市民走出封闭的都市乡村物理环境需要政府支持。"城中村"、流动人口聚居区、工厂宿舍、建筑工地等流动农民聚居的"都市乡村"具有存在的意义,可以为刚进城的流动农民提供立足之地和最起码的生存条件,而且基于连锁流动的同源、同乡聚居可以为流动农民提供心理缓冲和原始的社会支持;但是,这些"都市乡村"对于流动农民只能是暂时性、权宜性、过渡性的生活场所,不应该变成长期性、目标性、归宿性的久居之地,否则,路径依赖效应必然发挥作用,流动农民必然进入恶性循环的"内卷化"轨道,"都市乡村化"问题将越来越严重,都市乡民问题将进入无解的境地。所以,流动农民应该尽快走出"都市乡村"。在这个问题上,政府必须承担责任,负责为流动农民提供社会保障,尽最大努力为流动农民提供居住条件。当然,政府

第十九章 论新市民城市融入过程中的政府职能问题

不应该直接充当发展商或业主,而应该去完善健全社会保障制度。

其次,新市民进入持续向上流动的生计通道需要政府帮助。生计是都市乡民走出都市乡村、融入都市社会的根本基础。从理论上来讲,中国农民现在有3次向上流动的机会:第一次机会是参加高考,与城市人平等竞争,如果考中就可以进入城市人的行列;第二次机会是进城务工经商,通过自身努力积累各方面资本,逐步融入城市社会;第三次机会是培养子女,争取实现代际向上流动。都市乡民已经基本失去了第一次机会,只能寄希望于第二和第三次机会。但是,由于自身人力资本存量有限,也由于户籍制度带来的歧视性、分割性就业政策,进城农民(包括失地农民)只能依托连锁就业的链条,进入低技术、低收入、低保障的岗位就业,甚至大量进入"非正规部门"寻求生计。从劳动力市场分割理论来看,进城农民只能分隔在二级劳动力市场就业,没有机会进入一级劳动力市场。结果是,除了极少数精英以外,绝大多数进城农民都没有职业、职位、收入向上流动的机会,难以在城市里形成积累。而与户籍制度相关联的教育制度使进城农民的子女不能和城市人子女一样拥有平等的教育机会,又使进城农民第三次向上流动的机会大大减少。所以,加快户籍制度及相关的就业制度、教育制度改革进程是都市乡民的终结的重要条件。政府还应该加强劳动力就业信息渠道的建设,使都市乡民逐步减少对连锁就业信息渠道的依赖。另外,政府还应加大对农民工职业技术培训的投入并提升政策落地执行的能力,帮助流动农民积累人力资本,提升职业发展潜力。

再次,新市民拓展次生异质性社会关系网络需要政府介入。我们将都市乡民从乡村老家带到城市的社会关系称为"原生社会关系",主要包括家人、亲戚、同村人、同学等。我们将都市乡民进入城市以后建立的社会关系称为"次生社会关系"。从来源、背景、处境等来看,次生社会关系又分为同质性社会关系和异质性社会关系。老乡、工友、同事属于典型的同质性社会关系;邻居、生意伙伴、单位领导上司、社会朋友、组织成员、政府部门人员等属于典型的异质性社会关系。都市乡民的社会支持网络结构将分3个发展阶段:进城之初主要依赖原生社会关系网络,然后长期依赖原生社会关系和次生同质性社会关系组成的网络,最后逐步拓展次生异质性社会关系网络。次生异质性社会关系网络扩大的过程就是都市乡民终结的过程。随着都市乡民逐步走出封闭的都市乡村物理环境,其次生异质性社会关系网络也将逐步扩大。阿布-卢格霍德发现,埃及都市乡民社会中正式社会机构(工会、协会、慈善组织、政治团体等)严重缺位,都市乡民不得不完全依赖非正式社会机构(家庭、家族、邻里、咖啡店等）以获取社会支持。① 中国目前也存在同样的问题。从户籍管理制度来看，都市乡民的"正式组织关系"（村民委员会、党团组织等）都在家乡，城市的政府组织、居民自治组织对都市乡民更多是控制、防范，而不是支持、服务。所以，"都市乡村"成了农民在城市建立的一个个飞地，成为典型的正式社会管理的盲点。工会、协会组织通常有名无实，对都市乡民的社会支持非常有限。正式社会机构与非正式社会机构此消彼长，正式社会机构缺位与非正式社会机构占位互为因果，正式社会机构的介入是促进都市乡民终结的关键。所以，我们应该加速改革以户籍制度为基础的城市社会管理体制，尽快建立以居住登记为基础的城市社会管理体制；同时，国家需要健全立法，引导流动农民建立公民协会、俱乐部、民间团体等社会组织。

最后，新市民学习都市文化并逐步养成市民人格需要政府提供帮助。都市乡民是在职业非农化和聚落模式城市化以后仍然保留了传统农民的人格和生活方式的农村人。都市乡民是一种城市性发展滞后现象，也是一种文化滞后现象。所以，都市乡民的终结是农民终结的一个阶段，也是农民终结的最后一个阶段，即文化意义上的农民终结。根据跨文化适应理论，乡村文化熏陶下成长起来的乡民进入都市文化环境以后，必然出现文化震撼（culture shock），在短暂的接触（transient contact）、最初调整（initial adjustment）和蜜月期（honeymoon）以后，必然出现崩溃（disintegration）和危机期（crisis），然后经过重新整合（reintegration）、恢复（recovery）、再度调整（regained adjustment），最终达到自治（autonomy）、独立（independence）和适应（adjustment）状态。② 这一过程是反思、放弃或悬置乡村文化的过程，也是认识、接受和学习都市文化的过程，也就是文化意义上的农民终结过程。都市乡民将不讲卫生、不守秩序、不守时、法制观念弱、公德意识差、守旧、理性化程度低、小圈子意识、迷信等落后文化带进城市。我们要倡导和促进都市乡民学习都市文化，培养理性、守时、守秩序、强调一致、精明、自由、宽容、世俗、竞争、进取、适应次级社会关系、适应超负荷社会交往模式、适应亚文化环境、创新与反常规的都市人格。政府应该举办新市民学校，帮助新市民适应城市生活，融入城市社会；政府还应倡导尊重都市乡民的文化习俗，不贬低、不歧视、不破坏传统中性文化，以保持都市社区文化的多样性。

---

① Janet Abu-Lughod. Migrant Adjustment to City Life: The Egyptian Case. *American Journal of Sociology*, 1961, 67 (1), pp. 22 – 32.
② 参见孙进《文化适应问题研究：西方的理论与模型》，载《北京师范大学学报》（社会科学版）2010 年第 5 期，第 45～52 页。

二、新市民城市融入过程中政府的缺位

笔者主持的国家社科基金项目"我国城市化发展的机遇与挑战研究——新市民城市性积累与市民化"在珠三角地区进行了抽样调查。调查工作于2011年年底、2012年年初进行。调查对象界定为：来自农村地区；在农村长大；在城市连续工作或生活半年以上（不一定在同一个城市工作或生活过；必须连续半年及以上，不能中断；目前在城市工作或生活）。这一界定基本上和国家统计部门测算城市化率的统计标准一致。针对新市民的活动规律，我们采用地图法进行逐步随机抽样，样本全面涵盖不同类型的区域，具有较好的代表性。我们抽取广州市、东莞市、江门市分别代表特大城市、大城市、中等城市。实际回收问卷1236份，剔除无法弥补的废卷之后，最终获得有效问卷1220份，广州市、东莞市、江门市、台山市样本数分别为405份、306份、297份、212份。我们在珠三角的抽样调查中发现，在新市民融入城市的过程中，政府基本处于缺位的状态。

1. 政府在新市民社会支持方面的作用非常有限

我们将新市民所需的社会支持分为生活支持（缺钱用、找地方住、生病时需要照顾）、情感支持（心情不好、重大问题一起讨论）、安全支持（被欺负、遇上纠纷）、工作或业务支持（找工作、介绍关系、收集工作或生意信息）几个方面。调查结果表明，政府部门在对新市民的安全支持（被欺负、遇上纠纷）方面发挥一定作用，但其他几方面的社会支持作用几乎可以忽略不计。（见表19-1）可见，政府在新市民社会支持方面基本上处于被动出场甚至被迫出场、应急出场的状态，只有当被欺负、遇上纠纷等消极甚至危机情形出现而且其他社会支持网络解决不了问题的时候，新市民才不得不求助于政府，政府也仅仅被迫充当社会秩序、社会底线维护者的角色，为新市民提供最低限度的社会保障。而在生计保障、住房保障、医疗保障、心理支持等方面，新市民基本处于"自生自灭"状态，政府并没有承担应该承担的责任。

表 19-1 政府部门在新市民社会支持中的作用

求助对象	心情不好	缺钱用	找工作	找地方住	重大问题一起讨论	被欺负	生病时需要照顾	遇上纠纷	介绍关系	收集工作或生活信息
家人/亲戚	33.1%	50.2%	14.0%	24.3%	66.6%	28.9%	66.1%	25.9%	19.3%	14.2%
老家认识的同学/朋友/熟人	35.4%	22.9%	32.7%	25.2%	15.6%	26.1%	13.2%	20.7%	33.4%	31.0%
来城市后才认识的老乡	5.3%	4.3%	8.9%	10.0%	2.5%	6.1%	2.7%	5.7%	10.0%	10.6%
来城市后认识的其他同事/朋友/熟人	13.2%	8.9%	18.3%	15.1%	5.7%	9.9%	6.6%	11.8%	20.5%	22.1%
单位领导/老板	0.6%	2.7%	3.0%	2.9%	2.0%	2.2%	0.4%	5.1%	3.4%	5.2%
政府部门/社会机构	0.4%	0.2%	1.6%	1.2%	0.7%	8.9%	0.7%	15.6%	1.1%	2.1%
其他	12.0%	10.7%	21.5%	21.3%	6.9%	17.8%	10.4%	15.2%	12.3%	14.8%
合计	100.0%	100.0%	100.0%	100.0%	100.0%	100.0%	100.0%	100.0%	100.0%	100.0%
样本数	1220 份	1220 份	1220 份	1220 份	1220 份	1220 份	1220 份	1220 份	1220 份	1220 份

2. 多数新市民反映政府失职

我们在定性研究阶段召开座谈会时，会上新市民普遍反映：政府对外来人口不够关心；外来人员缺乏向政府申述的渠道；政府没有采取有效的措施来帮助外来人口更好地融入城市。为了验证这些问题的普遍性，我们在问卷中问被访者对"政府对外来人口不够关心""外来人员缺乏向政府申述的渠道""政府没有采取有效的措施来帮助外来人口更好地融入城市"几个说法是否同意。调查结果见表 19-2。调查结果表明，新市民对这几个说法的同意率很高，各有大约 2/3 的新市民对这 3 个说法表示同意，而且 3 个说法之间差异不大。就各级城市来看，"政府对外来人口不够关心""外来人员缺乏向政府申述的渠道"两个说法的同意率差异不明显，对于"政府没有采取有效的措施来帮助外来人口更好地融入城市"这一说法，城市规模越大同意率越高（tau-y = 0.01，$p = 0.009$），说明大城市和特大城市政府对新市民融入城市的帮助更小。

表 19-2　新市民对政府职能发挥的评价

说法	是否同意	广州	东莞	江门	台山	合计
政府对外来人口不够关心	同意	68.5%	67.9%	66.4%	62.1%	66.7%
	不同意	31.5%	32.1%	33.6%	37.9%	33.3%
	合计	100.0%	100.0%	100.0%	100.0%	100.0%
	样本数	400份	305份	292份	211份	1208份
外来人员缺乏向政府申述的渠道	同意	74.3%	75.3%	69.4%	66.5%	72.0%
	不同意	25.8%	24.7%	30.6%	33.5%	28.0%
	合计	100.0%	100.0%	100.0%	100.0%	100.0%
	样本数	400份	304份	294份	209份	1207份
政府没有采取有效的措施来帮助外来人口更好地融入城市	同意	70.1%	67.2%	61.6%	57.6%	65.1%
	不同意	29.9%	32.8%	38.4%	42.4%	34.9%
	合计	100.0%	100.0%	100.0%	100.0%	100.0%
	样本数	398份	305份	292份	210份	1205份

3. 在少有的与政府部门打交道的过程中，新市民对政府部门人员评价不高

我们在调查时问被访者："您跟这个城市哪些政府部门（可以多选）打过交道？"从调查中可以看出，与所在城市各个政府部门打过交道的新市民比例整体上不高，有近四成新市民没有和任何政府部门打过交道，打交道比例最高的"部门"也是"准政府部门"即居委会和村委会，其次就是派出所、公安局等社会秩序维护机构。（见表 19-3）我们在调查时接着问被访者："请问您认为这些部门人员的态度如何？"从调查结果可以看出，新市民对城市政府部门人员对新市民态度的评价整体上好评率很低，只有约 1/4 评价为"很好"和"还不错"，大多数评价都是"一般""不大好"和"很不好"。各个城市之间有显著性差异（Somers'd = -0.07，$p < 0.05$），东莞新市民评价最低，台山相对较好。（见表 19-4）

表19-3 与城市政府部门打过交道的新市民比例

政府部门	打过交道的比例
居委会、村委会	33.4%
派出所、公安局	25.7%
工商部门	18.7%
税务部门	14.6%
城管部门	14.1%
劳动部门	13.5%
计生部门	12.6%
卫生部门	12.3%
消防部门	8.2%
以上都没有	39.6%
样本数	1209 份

表19-4 新市民对政府部门人员态度的评价

评价	广州	东莞	江门	台山	合计
很好	3.4%	2.6%	7.2%	5.9%	4.6%
还不错	23.7%	14.8%	21.5%	27.1%	21.8%
一般	48.1%	51.6%	56.9%	46.6%	51.0%
不大好	16.2%	23.2%	12.8%	14.4%	16.5%
很不好	8.6%	7.7%	1.5%	5.9%	6.1%
合计	100.0%	100.0%	100.0%	100.0%	100.0%
样本数	266 份	155 份	195 份	118 份	734 份

4. 在与政府部门人员打交道过程中，相当一部分新市民有不愉快的经历

调查结果表明，政府部门人员给大约 1/4 的新市民带来过不同程度的不愉快经历，包括实施过侮辱、搜身、打骂、歧视、敲诈等较为严重的侵权行为。这些经历客观上破坏了新市民对城市、城市人和城市政府的印象，损害了新市民对城市的归属感，对其融入城市留下了心理阴影。（见表19-5）

表19-5　与城市政府部门有过不愉快经历的新市民比例

不愉快经历	比例
罚款	16.0%
打骂	2.5%
侮辱	3.1%
搜身	3.0%
歧视	5.1%
敲诈	2.0%
抓起来	3.1%
没收财物	4.3%
扣押证件	7.9%
以上都没有	74.7%
样本数	1208份

三、新市民的期望与相关政策建议

我们在深入访谈和座谈会阶段，询问新市民希望政府能够为外来人口做些什么，然后将访谈的主要结果进行归纳，形成了7个主要的意见；在问卷调查阶段，我们将这些意见放在问卷上，以了解各个意见的量的分布。（见表19-6）

表19-6　新市民希望政府做的事情

新市民对政府的期望	广州	东莞	江门	台山	合计
为外来人提供交通、就业、住房等各方面信息咨询服务	73.8%	75.2%	74.4%	72.2%	74.0%
通过宣传教育消除本地人对外地人的歧视	63.7%	62.7%	69.4%	67.5%	65.5%
提供语言、安全、法律法规、卫生保健等各类培训	58.5%	61.4%	62.0%	58.0%	60.0%
建立专门服务于外来工群体的机构或部门	60.0%	64.7%	60.9%	50.5%	59.8%

续表 19-6

新市民对政府的期望	广州	东莞	江门	台山	合计
通过各种办法提高外来人口的社会地位	61.2%	61.8%	57.6%	48.6%	58.3%
通过社区文娱活动使外地人融入城市	50.9%	64.7%	61.3%	57.1%	58.0%
通过互联网等信息交流平台加强与外来人的沟通	45.4%	52.3%	47.1%	47.6%	48.0%
样本数	405份	306份	297份	212份	1220份

1. 信息咨询服务

最多新市民希望政府做的事情是"为外来人提供交通、就业、住房等各方面信息咨询服务",约3/4(74.0%)的新市民有这方面的期望。在理想中,政府是希望市场能很好地担负交通、就业、住房等各方面信息的供给职能;但在当今的现实中,新市民获得交通、就业、住房等各方面信息的主要途径是社会网络,主要是连锁就业链条上的同源社会网和同乡社会网。这是都市乡民问题产生的原因之一。其实,新市民强烈希望政府能够承担相应的责任。我们认为,政府在新市民需要的就业、住房、交通以至其他方面的信息收集、信息统计、信息整合、信息鉴别、信息发布、信息提供、信息跟踪等环节都具有权威性和透明性,能够更好地为新市民提供服务,弥补市场和社会网络在这方面功能发挥的不足;政府承担这方面的职能也能够帮助新市民减轻对同源社会网和同乡社会网的依赖,缓解新市民社会交往内卷化的趋势。

2. 消除歧视,提高地位

希望政府"通过宣传教育消除本地人对外地人的歧视"的新市民也比较多,65.5%的新市民有这方面的期望;与此相应,58.3%的新市民期望政府"通过各种办法提高外来人口的社会地位"。本地人对外地人的歧视是新市民融入城市社会的重要障碍,它遏制了新市民与本地人交往的动机,是新市民社会交往内卷化形成的重要原因。目前的情况是,政府就算在歧视方面不是实施者或者推波助澜者,起码也是旁观者、无动于衷者。在本地人对外地人的歧视方面,作为外地人的新市民是受害者,也是弱者,无力改变被歧视的被动处境;作为社会秩序和社会公正的维护者,政府不仅不能成为歧视实施者或者推波助澜者,而且作为旁观者、无动于衷者也是严重失职,甚至是渎职的表现。其实,政府在这方面是有责任而且有能力有所作为的。首先,政府应该认识到,歧视不仅是普通的民间行为,而且是有损社会和谐、社会稳定的社会问题，不利于当地社会的可持续进步和发展；其次，政府应该公开表明态度，反对族群歧视，维护新市民权益，这会在社会上形成健康的导向；再次，政府应该通过各种传播途径（政府官网、电视、电台、报纸、户外广告、宣传栏、志愿者、公益活动等）抵制族群歧视，倡导和谐文明的社会风气。

3. 新市民教育

也有较多新市民希望政府"提供语言、安全、法律法规、卫生保健等各类培训"，其比例达60.0%。提升新市民的人力资本可以帮助他们更好、更快地积累城市性，更好地适应城市、融入城市。各种针对新市民群体的培训如果能够落到实处，可以有效促进"都市乡民"问题的解决；各地举办的新市民学校在帮助新市民适应城市生活、融入城市社会方面发挥了一定作用。目前，新市民教育存在的主要问题是：各地冷热不均，苏南、浙东、成都、西安、北京等地开展较好，而珠三角及其他地区却鲜有报道；培训的系统性、持续性、制度性不强，政府大多将新市民教育当作政绩工程、安抚工程，并没有把新市民教育当作政府必须承担的制度化职责；培训内容过于侧重职业技术教育，有关新市民的素质培养、行为疏导、人格塑造、意识引导、思想熏陶等方面的文明教育非常缺乏，不能从城市性积累、现代人锻造的角度开展新市民教育，所以效果并不理想。

4. 成立专门机构

差不多六成（59.8%）的新市民要求政府能够"建立专门服务于外来工群体的机构或部门"。其实，新市民之所以迫切需要信息咨询服务，希望消除歧视，新市民教育之所以不能够在制度化的基础上持续、系统、全面地展开，就是因为从中央到地方都没有专门的机构或部门来统筹、计划、实施、监督、跟进针对新市民的各项管理和服务工作。没有专门的机构或部门是政府在新市民服务管理中缺位的根本原因。新市民数量已经超过2亿，而且这个数量还在不断快速增长，在未来10～20年间可能会达到5亿。如此庞大的人口数量却没有专门的服务管理机构或部门，以至于数亿新市民成为农村老家政府管不着、城市政府没人管的"自生自灭"群体，沦为都市乡民并陷入恶性循环的内卷化怪圈也就不足为奇了。其实，部分学者和地方政府已经适应时代的需要，开始自下而上地进行组织创新和管理创新的尝试。2005年9月12日，无锡市政府建设外来人口自治组织，包括新市民治安理事会、新市民亲情理事会、新市民维权中心。① 2006年2月起，青岛市建立"新市民之家"，开辟文

---

① 参见胡俊生《无锡：农民工成为新市民》，载《中国社会保障》2006年第4期，第12～14页；杨卫泽《突出"以人为本"理念 做好外来人口工作》，载《江南论坛》2006年第2期，第4～6页。

化活动中心、维权服务中心、学习教育中心、就业服务中心、交友联谊中心、党团活动中心。① 倪黄村报道，赣州从 2009 年开始实施"新市民工程"，成立"新市民办公室"代表市委、市政府具体操办并落实这些"工程"。② 顾莹报道，昆山市 2004 年专门成立了由市委书记挂帅的"新昆山人"工作委员会，后相继成立"新昆山人"服务中心和法律援助中心。③ 钱洁、陈洪泉报道，张家港设立了新市民事务中心，下设综合秘书科、业务指导科、法制宣传科、人事科、网络信息科、入户申办科、入医申办科、入学申办科 8 个科室。④ 2008 年 11 月 6 日，中国国内首个为外来人口而设的专职行政机构"东莞市新莞人服务管理局"经广东省政府批准正式对外挂牌成立。下设 32 个镇区新莞人服务管理中心。但是，这些机构大多无名无分，甚至无疾而终。我们建议，中央政府应该认真考虑数亿新市民的期望，在总结上述地方政府新市民服务、管理组织创新经验教训的基础上，设立全国性的新市民管理机构或部门，并督促全国各省市区设立相应的机构，地级市原则上也必须设立专门机构，区县（县级市）和建制镇可根据需要考虑是否设立。

5. 组织社区活动

接近六成（58.0%）的新市民希望政府能够"通过社区文娱活动使外地人融入城市"。城市社区文化娱乐活动可以丰富新市民的生活内容，对其身心健康有益；社区文娱活动可以增强新市民的城市归属感，让他们对城市产生良好的印象和感情；社区文娱活动本身就是城市生活方式的元素，可以培养新市民适应城市生活节奏，融入城市生活；更为重要的是，社区活动可以增加新市民与本地居民接近和交往的机会，帮助新市民拓展次生异质性社会关系网络。政府应该在新市民社区文化娱乐活动方面发挥倡导、策划、促进、监督、宣传甚至组织功能，城市社区自治组织、社工组织、志愿组织应该作为实施主体。部分地方政府已经做了尝试，但大多做成了面子工程。可见，只有明确政府职能，新市民需要的社区活动才能有计划、有组织、持续性地开展，才能真正发挥作用。

---

① 参见王婷《新市民：八大关里有个"家"》，载《招商周刊》2006 年第 14 期，第 86 页。
② 参见倪黄村《"新市民办"应因时而生》，载《民主》2010 年第 7 期，第 55 页。
③ 参见顾莹《创新制度管理 转变服务方式》，载《群众》2013 年第 3 期，第 12～13 页。
④ 参见钱洁、陈洪泉《我国流动人口"市民化"的协同治理模式——以张家港"新市民"服务管理为例》，载《唯实》2013 年第 5 期，第 57～60 页。

第二十章 "城中村"城市化进程中村民身份的解构与再构
——以广东省广州市长㴝村为例

乡村城市化是中国社会现代化的重要步骤和重大课题,备受世界瞩目。作为乡村城市化的根本,村民的市民化关乎八九亿中国小农是否"走向其历史的终结点"[①],越来越受到学界关注。村民的市民化涉及观念改变、体制改革、空间改造等诸多方面,而首要者则是村民身份的市民化,即由村民身份向市民身份转变,村民在获得市民资格和权责的同时发展出相应的认同、素质和能力。村民身份的市民化既需要社会经济环境、政府政策制度等外在结构性力量的作用,更需要作为主体的村民的心理认同、行动参与和自我实现。

目前,关于村民身份市民化的经验研究正在兴起[②],但仍很薄弱。而且,超越政策研究、恰当运用学术概念、具有本土气派且科学、系统的研究工作才刚起步。现有研究基本上还是从政府改造、社会结构的角度,将村民视为一个政府改造的实施对象、一个在外在结构性力量作用下适应社会的被动群体,对村民身份市民化存在的问题开展研究,提出政策性建议。而对作为主体的村民面临何种身份困境、如何理解身份转变并应对及其结果的关注极少,导致在认识上有不少偏差甚至偏见。例如,简单地认为只要赋予村民以实质性、同城化的市民身份就能让村民实现身份转换,或是认为村民的"没文化"阻碍了村民身份的市民化。

区别于这类研究,本章将村民这一行动主体置于研究的中心,以广州市长㴝村村民身份的市民化为例,尝试运用历史人类学的研究方法,即将田野调查与文献分析、结构性研究与过程性研究、基层社会研究与国家制度研究相结合

---

① 郑杭生:《农民市民化:当代中国社会学的重要研究主题》,载《甘肃社会科学》2005年第4期。
② 参见周大鸣、高崇《城乡结合部社区的研究——广东南景村五十年的变迁》,载《社会学研究》2001年第4期;李培林《村落的终结——羊城村的故事》,商务印书馆2004年版;折晓叶《村庄的再造——一个"超级村庄"的变迁》,中国社会科学出版社2007年版;等等。

的研究方法,从村民身份的解构和再构两个方面来考察村民在面临村民身份受到社会经济环境、政府政策制度等外部性力量解构,而市民身份又不能到位的"被城市化"困境时,为了维护自身权益和摆脱身份困境,运用传统的、熟悉的地方经验和治理规则及巧妙利用政府文化政策再构村民身份、维护村民待遇的过程,以求深化对"城中村"村民身份市民化的理解,为改革实践提供参考,推进理论研究。另外,需要指出的是,长㴖村是实名,笔者在该村工作、生活了14年,收集了包括族谱、档案、报刊等在内的民间文献,做了大量的访谈工作,对于提供口述材料的村民人名,考虑到村民"不开人名"的习惯和学术惯例,在注释中只以村民姓名的首个拼音字母指代。

一、社区概况

长㴖村位于广州市天河区东北部,随着城市的扩张,现已成为城区的一部分,是长兴街道办事处所在地。全村面积约3平方千米,村民约2400人,主要宗姓是梁姓、招姓和陈姓。外来流动人口超过两万人。村民自建出租屋640栋,总建筑面积为13万多平方米,集体经济组织建有出租物业99栋,总建筑面积12万多平方米。农田已基本被政府征用或被集体经济组织开发完毕。

长㴖村于1992年实行股份合作制,将集体资产量化折股按个人在村农龄分配到人,分得股份者即股东共1798人,股份共22256股。其中,具有村民身份的股东即社区股东共1180人,股份共16914股,不具有村民身份的股东即社会股东共618人,股份共5342股。股东个人持有股份最多为26股。社区股东以村民小组为单位组成股份合作经济社,全村6个股份经济合作社组成一个股份合作经济联社。2000年,长㴖村成立居委会。2005年,长㴖村实行撤村改制,撤销村委会,成立长㴖经济发展有限公司。村民"洗脚上田"后就业困难,失业严重,主要收入来源是出租屋租金和集体经济收益分配,后者主要包括股份分红、退休金、生活补贴。撤村改制后,社区公共事务,如行政管理、环境卫生等和社区公益事业(如基础设施建设、基本福利保障等)都转由新成立的公司承担,公司不堪重负。①

---

① 参见周华《宗族变公司——广州长㴖村村民组织结构的百年演变》,当代中国出版社2014年版;《长㴖集体和村民房屋情况总表》,长㴖村档案室藏。

二、征地建设过程中村民身份的解构与再构

身份是一种社会成员的资格，包括享有相应的权利和承担相应的义务。它是人们在社会关系中的存在形式和所处位置。村民身份是与市民身份相对应而存在的概念。要探讨城市化进程中村民身份的解构与再构，需简要回顾村民身份与市民身份形成的过程及变迁。20世纪50年代，为了防控农村人口流入城市，实现城市重工业优先发展的目标，政府开始实行越来越严格的户籍管理制度，将农村人口牢牢地控制在土地上、农村里，承担重工业资本原始积累的重任。户籍是一种依据个人家庭和出生地来确立其社会身份的制度。1958年，《户口登记条例》的颁行正式确立城乡二元户籍管理体制。从此，农村人口与城市人口因为一纸户口截然区分开来，享受截然不同的社会待遇。村民因为其与生俱来的本村农民户口而被确定为村民身份，从此与一个拥有城市居民户口即市民身份的"城里人"有着巨大的待遇差别。在人民代表选举权上，农村与城市所代表的人口数有4∶1、5∶1和8∶1之分，而城乡之间的差异更多地体现在福利待遇方面。在相当长一段时间里，城市实行包住房、包就业、包医疗的"统包"政策，而村民要向政府缴纳沉重的统购任务，难以进城就业，更无法与市民平等享受医疗、教育、养老等社会资源和社会保障。村民要想转村民身份为市民身份，必须获得城市居民户口，而渠道只有入伍、考学、征地招工等极有限的几种途径。非常有限的名额成为村民互相争夺的目标，很多时候只有具有特殊关系的人才能获得。"跳出农门"是一般村民难以企及的梦想。直到20世纪80年代因取消统购任务和实行家庭联产承包责任制，农村生活才得到了极大改善，有的村民仍在为改变身份而努力，甚至不惜重金购买指标。

进入20世纪90年代，长涊村进入城市化的快车道，村民身份的转变发生了变化。这一时期，村民的承包地陆续由村委会分片集中收回，或由企事业单位通过政府征地开发，或由村委会自主开发，一栋栋工厂、商场、住房拔地而起。按照政府的征地政策，每征用约0.59亩土地，就有一位村民的本村农民户口必须被转为城市居民户口。① 农村土地属于村民集体所有，村民只有确保自己的本村农民户口即村民身份，才算是集体成员，才能参与分享集体土地及物业收益。而村民一旦被转变其本村农民户口，失去村民身份，就不能再参与

---

① 参见《关于一九八六年工作文件资料》，长涊村档案室藏，目录号：A1-1，年度：1986年，案卷号：33。

因工商价值快速上升带来的可观的集体土地及物业收益。而依附在城市居民户口上的含金量也大不如昔。因此，村民对政府征地带转农民户口变得非常抵制，而为了完成政府征地带转农民户口的指标任务，村委会又必须将村民的农民户口转出，强行改变其村民身份。双方因此发生激烈矛盾，而矛盾的根源在于村民个人在所谓"人人有份"的集体资产中并不占具体份额，其"有份"依附于其村民身份、本村农民户口，随着村民身份、本村农民户口的取消而消失。这种社会矛盾当然不为长湴村所独有，而普遍存在于城郊农村，而且在天河区近郊农村表现得最为激烈。一些近郊农村甚至还出现了大量已转户口的原村民回村要求转回本村农民户口、要求分配集体资产的现象。为了解决农村存在的问题，天河区政府经过在几个近郊农村的试点改革，于1991年开始在全区农村推行一种将集体资产量化折股分配到个人，股东按股分红，参与分享集体经济收益的新制度，即股份合作制。

长湴村的基本做法是，将全村集体资产清产核资，村民和已转户口的原村民依据1966—1992年期间在村作为劳动力（男性劳动力16～60周岁、女性劳动力16～55周岁）的年限（即农龄）参与集体资产折股分配，一年农龄即获配一股，由此成为股东。具有村民身份的股东为"社区股东"，不具有村民身份的股东为"社会股东"。股东股份一分即定，不会因为股东户口转变而增减。这样一来，村民对政府征地带转户口理应不再抵制，然而事实并非如此。此全因伴随着股份合作制的推行而发展起来的村民待遇制度所致。在将集体资产折股量化到人后，为了满足村民"洗脚上田"后在就业、养老、救助等方面的保障需要，村委会广泛征求村民意见，发展出了一套村民待遇制度。依据此种制度，村民享有的福利主要包括：18～60周岁的男性和18～55周岁的女性且没有任职于村委会及其下属单位的村民每月享有生活补贴；60周岁以上的男性和55周岁以上的女性村民每月享有退休金；村民出生、考取高等院校、死亡等享有一次性补贴；村民生病可报销医疗费用的一半；等等。村民待遇的开销与股份分红均来自集体经济收益。也就是说，股东获得的股份分红并非集体经济收益用来分配的全部。实际上，村民待遇的开销是先于股份分红列支的，而且村民每人每月享有的生活补贴或退休金仅稍低于每股每年的分红，全村村民待遇的开销通常超过股份分红。显然，村民待遇制度是长湴村为了给村民提供社会保障，参照城市居民保障体系建立起来的村规民约。村民待遇依附于村民身份，只有具有村民身份即本村农民户口者才能享有村民待遇。

在20世纪90年代以前，政府征地带招工和转户口，村民可由征地单位招工而享有城市居民福利和社会保障。而进入20世纪90年代后，政府逐步采取了"征地只转户口不管人"的策略，不仅基本上不再组织招工，而且不负责

第二十章 "城中村"城市化进程中村民身份的解构与再构

被转户口者的就业、养老、医疗和社保事务,只是支付其每人数千元到上万元的安置费了事。这样一来,一方面是村民享有的村民待遇随着集体经济的发展水涨船高,另一方面是村民一旦被征地带转户口,将陷入社会保障城乡无着的境地,因此,尽管已分得了集体资产的股份,但是村民对政府征地带转户口仍旧非常抵制。为了落实征地带转户口,推进征地建设,政府在农村打破村民身份的壁垒,推行了将集体资产折股分配到人的股份合作制,极大地消弭和解构了村民身份;与此同时,为了给"洗脚上田"的村民提供基本福利和保障,长涊村发展出了一套依附于村民身份的村民待遇制度,极大地充实和再构了村民身份。而村民待遇制度也就成了征地带转户口的新的障碍。随着政府征地步伐的加快,为了完成带转户口的指标任务,顺利推进征地工作以获得征地补偿作为自我建设资金,村委会不得不在 1994 年召集村民代表制定了一条新的村规民约,规定服从村委会统一安排转出本村农民户口的村民将保持村民身份及待遇不变,而不服从村委会统一安排转出本村农民户口者将被取消村民身份及待遇。① 正是有了这种"管人不管户口"的村规民约,政府征地带转户口才得以顺利施行。而这样一来,村民的村民身份及待遇就开始与本村农民户口脱钩了。判断一个人是否具有村民身份不能再单纯地依据其是否有本村农民户口,而是要依据其是否有村民待遇。长涊村自行设定的村民待遇开始取代国家户籍管理制度中的本村农民户口,成为村民身份的标识。这表明,在城市化进程中,面对村民身份被政府外部性解构,村民通过村民待遇的设定成功实现了村民身份的再构,有效地维护了自身的权益。

三、撤村改制过程中村民身份的解构和再构

在城市化的进程中,"城中村"村民的身份转变一方面因社会发展趋势、政府法规政策所致,另一方面又由自身思想和行为所建构。这种身份转变是微观的社区自我建构和宏观的城市化进程共同作用的产物。对于 21 世纪的长涊村村民来说,解构其村民身份的外部结构性力量包括已经成为"城中村"的社会事实和撤村改制的政府政策。

经过 10 年的城市化建设,到 2000 年,长涊村已建成 3 个工业园区和一个大型综合市场等集体物业,总建筑面积超过 10 万平方米。在被政府征用的土地上已建成 3 个商品房住宅小区、一个体育学校以及数个事业单位的办公楼。

---

① 参见《长涊村现阶段"农转居"暂行办法》,长涊村档案室藏,目录号:A1-2,年度:1992年,案卷号:16。

全村外来流动人口超过一万人。村民争相扩张宅基地，建起4～6层的高楼，高楼间距通常不足1米，被称为"握手楼""贴面楼"。长湴村的村容村貌已由田园瓦屋变换成了"石屎森林"，成了名副其实的"城中村"。"城中村"这样一个社会事实和政策概念对长湴村和村民的内涵、角色和改革期望都给予了设定，长湴村和村民在社会结构所处的"城中村"的位置和意义决定了其必将融入城市的未来。而融入城市的第一步则是撤销乡村建制、解构村民身份，即所谓的"撤村改制"。

实际上，早在1997年，天河区已有先行成为"城中村"的农村被政府撤村改制。撤村是指撤销村委会，社区公共事务和公益事业转由居委会承担；改制是指通过设立公司逐步将股份合作经济组织改制成为股份公司。为了推动股份合作经济组织向股份公司演进，天河区政府继1994年出台《关于进一步完善农村股份合作制的若干规定》，取消集体积累股（天河区政府曾规定村集体在股份合作经济组织中应占70%的股份，不过长湴村并没有真正执行），强调股份固化"一刀断"，进一步消除村民身份的影响之后，又于2001年出台了《农村股份合作经济组织基本规定》，规定实行"新增人口不增，去世人口取消"的村民待遇"一刀断"的政策，对"城中村"自行设定的村民身份及待遇进行了解构。为了推进股份合作经济组织改革，天河区政府继1994年对村民福利分配占股份合作经济组织利润分配的比例做出限制性规定后，于2000年进一步规定股份合作经济组织要执行村民待遇"一刀断"的政策，即规定某时后出生的村民不再享有村民待遇。

作为天河区政府的上级，广州市政府同样加快了"城中村"改制的步伐。2002年，广州市出台《关于"城中村"改制工作的若干意见》，做出了要将"城中村"村民的农民户口全部变更为城市居民户口的规定。2003年4月1日，政府一声令下，长湴村村民的本村农民户口一夜之间全部变更为城市居民户口。也就是说，在国家户籍制度层面，村民不再具有村民身份，而具有了市民身份。同年年底，天河区撤镇建街，长湴村所属的沙河镇被撤销，长湴村和邻村岑村转归新成立的长兴街道管辖，由此转入城市管理体制中，为撤村改制奠定了基础。2005年5月30日，按照《关于天河区前进村等11条村撤村改制工作的实施方案》，天河区政府正式将长湴村撤村改制，撤销了村委会，成立了长湴经济发展有限公司。也就是说，在国家行政管理体制中，长湴村不再是一个农村社区，而是一个城市社区。实际上，政府已于2000年在长湴村设立了居委会，不过只承担了极少量的社区公共事务和公益事业，如一些民政、计生工作，作用甚为有限。政府的撤村改制使得村民身份失去了社区依托和制度基础，使得村民待遇失去了合法性和合理性。诸如"村都不存在了，何来

第二十章 "城中村"城市化进程中村民身份的解构与再构

村民和村民待遇"之类的理由成为督促"城中村"将村民身份及待遇"一刀断"的利器。

以上论述表明，自2000年以来，长涨村村民身份面临的外部结构性的解构力量主要来自两个方面：首先是快速城市化所致的"城中村"这一社会事实，这是一种宏观环境的、具有强大社会压力的结构性因素；其次是撤村改制的制度性力量，这是政府自身为了深化社会治理和市场治理改革、实现城乡一体化的目标进行的制度设计和政策推动。这两个方面的外部结构性力量共同对村民身份进行着解构，给力图维持村民身份及待遇的长涨村村民带来了巨大的压力。当然，人们的身份并不是单由外部结构来决定的，它实际上是在人们对外部结构做出反应行动的过程中实现的。在城市化进程中，受到社会现实、政府政策和发展期望的影响，村民对身份转变也会有所呼应。不过，村民要实现这种身份转变必须得到外部结构的支持，尤其是对其获得新身份所包含的地位和权利的支持。然而，以下论述将表明，政府在将村民旧的村民身份解构的同时并没有赋予其市民身份的地位和权利，而是将村民身份界定为"农转居"，所提供的将其与市民身份待遇同等化的政策支持迟迟不能到位，使得村民在身份转变的过程中困难重重，在村民身份与市民身份之间无所适从，不得不通过自身行动，运用历史经验、原村民组织结构遗存及政府政策，努力寻找"自己是谁"的身份认同，维护村民待遇，再构村民身份。

村民没有从外部结构处获得对其市民身份地位和权利的支持主要体现在个人和组织两个层面。在个人层面上，主要体现在财产权利和社会保障方面。在财产权利方面，市民的房屋可对外流转，撤村改制后，村民的自建房仍受到农村宅基地不能对外流转的法律限制，仍只能用于自住或出租而不得对外出售，其产权是残缺的，价值得不到完整的体现。在社会保障方面，尽管2002年出台的《关于"城中村"改制工作的若干意见》规定了"'城中村'转制后的居民，享受城市居民同样的社会保障"，但是太过空泛，缺乏可操作性。直到2006年，广州市政府才出台《广州市农转居人员基本养老保险办法（试行）》，到2008年，才印发《关于广州市农转居人员参加医疗保险有关问题的通知》。虽说村民农转居后的养老、医疗保障有了政策依据，但在实践中并未真正取得与城市居民一样的待遇。而对于村民农转居后其他方面的社会保障，如最低生活保障、失业、生育等，政府目前都还没有出台专门性的实施办法。

在组织层面上，主要体现在股份合作经济组织和新成立的股份公司的职能和税费方面，撤村改制新成立的股份公司又称"改制公司"。实际上，改制公司与股份合作经济组织是"一套人马，两块招牌"。在职能方面，撤村改制后，长涨村的公共事务和公益事业并没有像城市社区那样，从村委会转由基层政府和居委会承担，而是转由股份合作经济联社（改制公司）承担。也就是说，作为一个企业的股份合作经济联社（改制公司），肩负着包括计划生育、市容环卫和水电管网建设等社区行政、公益、基础设施建设等本该属于基层政府和居委会承担的职能，基层政府和居委会总是以缺少预算和人手为由，迟迟没有承担职责。在税费方面，撤村改制后，社区的公共事务和公益事业开支并没有被政府纳入财政体系而与城市社区一样有所安排，而是转由股份合作经济联社（改制公司）负担，而且许多开支没有合法的凭证，无法在税前列支。不仅如此，股份合作经济联社（改制公司）在2005年过渡期结束后，原来作为乡镇企业享有的减免税优惠被逐一取消，房地产税、土地使用税不再减免，所得税不断调升。[①] 也就是说，股份合作经济联社（改制公司）开始与社会上其他公司同等待遇纳税，村民股东不仅没有通过撤村改制减轻股份合作经济联社（改制公司）对社区公共事务和公益事业的负担，没有享受到与市民同等的基本公共服务和社会福利，反而没有了减免税的优惠，在企业税收上承担起了与市民同等的义务，在撤村改制中不得利，反受损。

可见，长湴村村民经过农转居、撤村改制，村民身份受到社会经济环境、政府政策制度等外部结构性力量解构的同时并没有获得市民身份的地位和权利。村民既非市民，又非农民，既有权益开始失去，期待的保障又迟迟不能兑现，由此产生的身份困境和被歧视、被边缘化甚至被剥夺感使得村民对这种被动式身份转变强烈不满。基于自身安全和利益的考虑，村民唯有通过主体行动取向，运用传统的、熟悉的地方经验、治理规则，在与政府政策周旋和互动中维护村民待遇，再构村民身份。这种对村民待遇的维护和村民身份的再造主要体现在政治选举、经济分配和文化认同3个方面。

在政治选举方面，由于股份合作经济联社选举一直是内合于村委会选举之中的，因此在撤村之后，股份合作经济联社（改制公司）的选举问题即刻突显出来。其中最重要的就是没有股份的村民（主要是当年配股时不足16周岁的年轻人）和没有村民待遇的股东（即社会股东）能否参与选举的问题。如果按照股份合作经济联社应由股东自治的发展逻辑，那么，不是股东的村民就不能参与股份合作经济联社的选举，而社会股东就应参与股份合作经济联社的选举。这与之前的村委会选举截然相反。但是这样一来，长湴村的村民待遇就极有可能不保，因为没有股份的村民对村民待遇最为在乎、最要力保，他们却被排除在股份合作经济联社权力机构之外，而没有村民待遇的社会股东对村民待遇最为反对、最想废除，他们终于进入股份合作经济联社权力机构之中。

---

① 参见《关于天河区改制公司经济发展情况的调研报告》，长湴村档案室藏。

第二十章 "城中村"城市化进程中村民身份的解构与再构

为了确保村民待遇制度不会被股份合作经济联社最高权力机构（即股东代表大会）抵制甚至废止，村干部们利用政府没有对撤村后股份合作经济联社（改制公司）的选举制定相关规则的空档，以股份合作经济联社（改制公司）新的选举办法要经过原股东代表（村民代表）大会通过为由，召集村民代表通过了可以确保村民待遇制度继续实施的选举办法。该办法明确规定，没有股份的村民能够参与股份合作经济联社（改制公司）的选举，但只有选举权，没有被选举权。同时，继续将没有村民待遇的社会股东排除在外。① 由此引起了一些社会股东的不满，政府对此也表示质疑。面对政府的质疑，股份合作经济联社（改制公司）给出的理由是："那些年轻村民本来就对当年没分到股份有看法，撤村改制前还到村委会闹过。如果再取消他们的选举权，闹起来谁来收拾？他们可有两三百人啊。"（摘自2005年8月9日村民LZQ的谈话记录）于是政府不再究问。就这样，股份合作经济联社（改制公司）在决策机制上成功确保了村民待遇制度的长久稳定。从此，每当面对政府以2001年出台的《农村股份合作经济组织基本规定》为依据，提出村民待遇要"一刀断"的要求时，股份合作经济联社（改制公司）总能以"选民不同意、股东代表大会通不过"为由成功推托，使得政府力图通过截断村民待遇来推动村民身份向市民身份转变的改革举措无法落实。

在经济分配方面，股份合作经济联社（改制公司）对村民待遇的维护表现为总是不遗余力地提供财力支持。实际上，按照2006年实施的《广州市农转居人员基本养老保险办法（试行）》所采取的社会统筹与个人账户相结合，基本养老保险费由个人、集体和政府三方共同负担的原则，股份合作经济联社（改制公司）承担了为村民缴纳集体部分费用的责任。也就是说，股份合作经济联社（改制公司）已经资助村民享受社会养老保险了，但其并没有因此相应减少对村民养老金的支付，而是仍然按照以往做法，逐年提高村民养老金待遇。在村民医疗待遇方面，股份合作经济联社（改制公司）的负担也非常沉重。由于农转居人员参加医疗社会保险的政策迟迟不能落实，股份合作经济联社（改制公司）只有继续将村民的医疗保险承担起来。基本做法是，为村民报销医疗费用的一半。近年来，由于老年村民和慢性疾病的增多，股份合作经济联社（改制公司）的负担越来越重，到2013年，为村民报销医疗费用总额为380多万元，占股份合作经济联社（改制公司）利润的比重超过10%。② 对

---

① 参见《长涅经济发展有限公司股东代表大会选举方法》，长涅村档案室藏，年度：2005年，案卷号：11。

② 参见《长涅股份合作经济联社（改制公司）2013工作总结》，长涅村档案室藏。

村民待遇的维护不仅挤占了股份分红的空间，而且排除了股份合作经济联社（改制公司）提取公积金、公益金的可能。股份合作经济联社（改制公司）已多年未提取过公积金、公益金，年年无余。对此，有干部不无忧虑地感叹："这样下去，（将来）要把（集体）物业（抵）押给银行贷款来维持（村民待遇）了。"（摘自2013年11月15日杜志民LGH的谈话记录）实际上，这种做法已为周边个别"城中村"股份合作经济联社（改制公司）所采用。

相对于政治选举和经济分配，长涌村在文化认同方面为维护村民身份及待遇而进行的一系列建构行为要令人瞩目得多。这一系列文化建构行为通过再造传统让村民找到了身份归属，塑造出了村民区别于市民的身份，从而在村民身份被外部制度性力量进行解构的局势中实现了对村民身份的文化再造，为村民维护村民身份及待遇找到了内在于心的"正当性"。这一系列文化建构行为主要包括族祭再造和村祭再造，它们是村民身份文化再造的两大基石。

族祭是指宗族祭祀，村祭是指村落祭祀。历史上，长涌村村民分属四大宗族组织，各宗族设有族田，建有祠堂，全村族田面积约占土地总面积的一半。祠堂内供奉着历代祖先，来村始祖被尊奉为开基祖，具有为村民的身份及权利提供来历证明的意义。各宗族组成一个村级权力机构——会源堂，会源堂设在村东的北帝庙。[①] 北帝庙是村庙，庙内供奉着以北帝为首的数十位神灵，北帝被尊奉为村落保护神即村主，被村民用作抗击外敌的旗号，具有为村民的身份及权利提供安全保护的意义。村民身份来自族祭和村祭礼仪，人们要获得村民身份，必须经过仪式程序。例如，一位新生儿要获得村民身份，必须经过的仪式程序是祠堂"挂灯"和神灵"坐镇"。首先，新生儿的家人在"灯日"（村南的"灯日"是正月初十，村北的"灯日"是正月十一）要将一盏写有新生儿名字的纸灯（"灯"谐音"丁"）挂到祠堂，在祠堂拜告祖先，宴请父老。正月十一，村民将神灵神像从北帝庙中抬出，每天抬到不同的祠堂坐镇，祠堂"挂灯"接受以北帝为首的神灵的巡视，村民在祠堂拜告神灵，而后"灯"上所写新生儿名字将被登记入册，新生儿从此获得村民身份。村民的身份会在每年正月十七的"菩萨行乡"仪式中得到巩固和彰显。这一天，神灵坐镇祠堂完毕，村民抬着神像巡游村境，排头的是老更（治安）队，跟着是龙亭（神龛）队，有令旗、令印、头牌、大罗伞、八宝、叶扇、七星旗等，狮队殿后。

[①] 北帝乃北方大帝，又称"上帝""玄武亮"，是星宿神、北方之神、水神、战神。玄武原为星宿，是民间传说中的"四象"之一，《楚辞补注》云："玄武，谓龟蛇，位在北方，故曰玄；身有鳞甲，故曰武。"（中华书局1983年版，第171页）玄武后被改造为龟蛇合体的动物神，被人格化为道教敬奉的无量祖师、守护神。

村民或自设神台，或以街坊为单位设神摊祭拜神灵，祈求保佑。菩萨行乡过后，还有舞狮、武术表演等节目。这是长滘村村民独有的节日，村民都穿上节日盛装，全家出动，还邀请四乡村民前来做客、参观，非常热闹。① 在一年一度的"菩萨行乡"仪式中，村民的社区观念和身份得以根深蒂固。从以上所述的族祭和村祭可见，村民身份在历史上来自祭祀礼仪，是一种文化创造。

如同中国其他乡村一样，1949年后，经过土地改革运动、合作化运动、人民公社化运动、"文化大革命"，长滘村的族祭和村祭被连根拔起、消灭殆尽。与中国很多乡村不同的是，长滘村族祭和村祭并没有伴随着人民公社的解体和家庭联产承包责任制的推行而在20世纪八九十年代有所复兴，而是一直到21世纪初临近撤村改制时才明显兴起。个中因由除了通常所谓的"村民的心理需要""礼俗的文娱功效"和"乡愁的情结使然"等之外，更重要的显然是村民为了再造村民身份，维护村民待遇，抵御外部结构性力量的解构。正如有村民这样说道："我们搞这些（族祭、村祭），就是要记住我们是谁。（向外人）说明我们是谁，我们有我们的历史，我们有我们的做法。"当然，村民在新的历史时期的"做法"并不能与历史上的族祭和村祭同日而语。这些"做法"主要是，在族祭方面，各族村民将之前出租用作商铺的祠堂收回，修葺一新，恢复了香火。每年清明时节，由父老号召，村民认捐族祭经费，齐集祠堂祭拜祖先，而后携带着烧猪、糕点、果品、纸钱、香烛、鞭炮等物品浩浩荡荡地前往祖先墓地祭拜，引得无数路人注目。到了祖先墓地，村民一边祭拜，一边听父老口述祖先世系和故事，尤其是始祖开基的故事。祭拜过后，村民每人能分得一份胙肉。这是一个被称作"太公分猪肉，人人有份"的古老习俗。它树立着这样一个信念：村民作为开基者的后人，分享祖业是天经地义的。

在村祭方面，村民重建了在人民公社化运动中被拆除的北帝庙。尽管"菩萨坐镇""菩萨行乡"的仪式没有恢复，但是正月十七又成了长滘村独有的节日。这一天，村民和本村狮队要接待来自附近地区的宗亲代表和狮队。人们簇拥着狮队拜过祠堂、北帝庙，游村采青，鞭炮、锣鼓响震天。与族祭由村民自筹资金不同，村祭开销全由股份合作经济联社（改制公司）承担。村祭的尾声是一场宴饮，股份合作经济联社（改制公司）设酒席数十桌，宴请村中父老和来访宾客。酒席露天摆设，热闹非凡，彰显出东道主的身份和荣光。

从以上所述可见，村民身份是因村民生活需要而不断被建构出来并通过差异而得以与其他社会类群区别出来的身份归属。在撤村改制、身份不明的新的历史时期，村民通过族祭、村祭彰显自己的历史，在发掘和再造仪式传统的过

---

① 参见广州市天河区长滘村民委员会编《长滘村志》，中华书局2004年版，第173～174页。

程中完成了对村民身份的再造。村民进行这种文化创造的一个重要目的是要强调村民被赋予的外在身份与村民自己所认为的"我们是谁"的不同,强调村民的身份和社区与市民的身份的不同,为维护自己的村民身份及待遇提供理据支撑。需要特别指出的是,村民进行这种文化创造离不开政府的支持,尽管政府的地方文化发展政策并无意于村民身份的再造。

实际上,村民对自我身份和村落意识的建构肇始于政府的文化政策。具体来说,就是天河区政府的村志编修计划。随着城市化内涵的发展和社会对现代性的反思,村落文化不再被简单地界定为"迷信""落后"和与城市文化截然对立,包括村落历史、民俗节庆、建筑古迹、人的观念等都越来越受到社会重视甚至保护。正是在这种社会背景下,2001年5月,天河区政府发文要求区内各村开展村志编修工作,政府的意图正如村志的官方序言所指出的:"随着广州经济的快速发展和城市不断变迁,高楼大厦、道路桥梁替代了菜田稻海、祠堂村落,天河由传统农村变成了现代化都市——广州的中心城区。面对沧桑变迁,我们在为之振奋的同时,是否想过,祖辈们千年的历史足迹如何永世留存?他们艰苦创业的传统如何代代继承?编修村志,是为了抢救即将流逝和淹没的历史,让这段历史永存于世。"① 可见,村民要维护村民待遇、再造村民身份的意图与政府要求的意图可谓不谋而合,都是要让乡村历史永存于世。这就使得村民的文化创造活动可借助政府的支持而开展。在政府的计划下,村里的编修小组追溯、梳理了祖先世系和拓殖事迹,描述、记录了乡村的方方面面和发展历程,而后将其集结、出版成书并发给全村每户一本,当作村史教育素材;在政府计划之外,村民修葺了祠堂,重建了村庙,恢复了仪式活动,建构了一个形塑村民身份及认同的现实空间。就这样,村民身份在制度层面被动接受政府解构的同时,长湴村村民主动利用政府的文化政策,与政府"合作",成功地在文化层面上完成了对村民身份的再造。

四、结语

广州市长湴村村民身份的解构与再构,为我们研究城市化进程中村民身份"市民化"的问题提供了一个个案。从目前的结果来看,长湴村村民较为成功地完成了对村民身份的再构,维护了村民待遇。本章从村民作为行动主体的角度,对城市化进程中村民身份的解构与再构进行了考察,揭示了村民在面对村民身份不断受到包括社会经济环境和政府政策制度等外部结构性力量解构,而

---

① 参见广州市天河区长湴村民委员会编《长湴村志》,中华书局2004年版。

第二十章 "城中村"城市化进程中村民身份的解构与再构

市民身份又无法到位的困境时,为了维护自身的村民待遇,积极通过政治、经济,尤其是文化上的行动追问"我们是谁",进行村民身份再构的机制和过程。在深化对村民主体和社会结构互动的认识的基础上指出村民身份市民化的重点和难点,在实践层面上为更有针对性、更有效地制定相关政策提供了参考。村民身份市民化的重点是,在村民身份市民化进程中,政府自上而下对村民身份进行解构的同时必须为村民建构起实质性、同城化的市民身份,强化制度保障,构建纳入社会化管理新型社区,不要让村民陷入身份不明的困境,且要让其愿意成为市民。村民身份市民化的难点是,因市民身份的不到位,村民身份一经再构,再市民化的进程包括村民待遇的取消将变得异常艰难。正如股份合作经济联社(改制公司)一位干部所说:"只怪当初(市民身份)没到位,村民对村民待遇越来越依赖,谁会放弃这样的身份和利益?那些社会股东倒想(取消村民身份及其待遇),但他们哪有话事权?"(摘自 2013 年 11 月 1 日村民 LCW 的谈话记录)而且,即便从政治、经济上取消了村民身份及其待遇,但由于村民身份在文化建构上的成功,以及这种文化的勃兴与传承,村民在文化认同上要实现村民身份的市民化也是极为复杂而漫长的。正如一些身份、角色转变理论所提示的,人们对原来角色的认同越强烈,进入新角色越困难。①

在理论上,本章为"城中村"村民身份市民化研究提供了一个"内部化""历时性"的视角、一条历史人类学的研究路径,有效克服了那种单从西欧城市化、市民化的历史路径和概念框架和单从"共时性"的空间维度来研究中国社会比较独特的城市化、市民化进程的弊端。"市民"一词源自古希腊和古罗马,是随着中世纪自治城市的兴起而发展起来的。居住在自治城市的人们与封建国家相抗争并与之签订特许状,在法律上享有居留权、参政权、福利权等特许市民权,因此被称为"市民"。市民社会在近现代对欧美民族国家的兴起和治理起着基础性和关键性的作用。显然,中国社会的城市化、市民化并不是在这样的历史根基上展开的,而且中国社会的城市化、市民化在现实空间和未来走向上也不能简单地比照欧美社会的模式。例如,基于欧美经验,美国学者弗里·德曼提出过一个城市化的经典理论,其将城市化过程分为城市化 I 和城市化 II。前者是可见的、物化的过程,包括人口非农业活动在规模不同的城市环境中的地域集中过程、非城市型景观转化为城市型景观的地域推进过程;后者是抽象的、精神上的过程,包括城市文化、城市生活方式和价值观在农村地

---

① Blake E. Ashforth. *Role Transitions in Organizational Life: An Identity-Based Perspective.* Mahwah: Lawrence Erlbaum Associates, Inc., 2000.

305

域的扩散过程。① 但是从本章的案例来看，"城中村"城市化的过程并不是城市化Ⅱ所指出的单向度的城市文化、城市生活方式和价值观在农村地域的扩散过程，而是"城中村"在历史传统上的文化创造也成了新城区文化的一部分，城市化的农村地区与老城区共同创造并融入新的城市文化结构。可见，形成中国社会城市化、市民化的分析概念并总结中国社会城市化、市民化的独特经验需要转入"内部化""历时性"的视角，需要个案、区域研究的不断积累。本章即这方面的一个粗浅的尝试。

---

① 参见许学强、周一星、宁越敏《城市地理学》，高等教育出版社2009年版，第54～56页。

第二十一章 水库移民与社区可持续发展探析

——以云南省红河州一个傣族村寨为例

一、引言

自中华人民共和国成立以来，为改善生活条件，应对能源紧缺，国家兴建了许多不同容量的水库，在防洪、发电、供水等方面发挥了重大作用，有力地促进了国民经济的发展。在此过程中产生的大量移民，为国家和社会发展做出了巨大的贡献，但他们自身的生产生活条件并未因此得到改善或提高。以三峡水电站为例，因工程较大，牵涉移民比较多，移民搬迁历经10余年。但受当时"重工程、轻移民"政策的影响，移民搬迁后的生产生活受到很大影响，很多人搬迁之后无法摆脱贫困境地，陷入恶性循环，暴露出移民安置政策的诸多漏洞，如扶持资金欠缺、安置区设置不合理、对民众思想情绪考虑不够等，为搬迁后社区的稳定和发展带来许多隐患。基于此，国家开始重视移民工作的前期规划和后期可持续发展问题，学术界也日渐关注对此类问题的研究。

西方发达国家在20世纪20年代就开始注重解决水库移民的相关问题，如移民的安置和补偿问题，移民问题研究自此拉开了序幕，到20世纪80年代，水库移民研究已经取得了很大的进展。世界银行是移民理论和政策研究的开拓者，他们多提倡从移民的社会学、经济学的角度进行移民研究，他们也是最早提出开发性项目中非自愿移民政策的组织。世界银行先于1980年颁布了移民政策《世界银行资助项目中的非自愿移民所产生的社会问题》（运用导则说明2.33），1986年又提出了《实施政策说明》（OPNIO.08），1988年将上述两个文件又合并成政策文件《开发项目中的非自愿移民》（技术文件80号）。1990年，移民政策经修订并重新颁布为世界银行文件《非自愿移民》（业务导则

OD4，30），这项政策正是在对水库移民进行大量总结研究的基础上而形成的。①世界银行的高级顾问迈克尔·M. 塞尼（Michael M. Cernea）对非自愿移民进行了很详细的研究，提出了著名的移民贫困风险模型即 IRR 模型（impoverishment risks and reconstruction model for resettling displaced populations）——移民的风险（risks）、贫困（impoverishment）和重建（reconstruction）模型。通过对 3 个基本概念的分析，IRR 模型认为防范贫困风险的发生、恢复和改善移民的生活水平应该是任何非自愿移民安置过程的主要目的，在移民开始的时候就应该采取相应的安置搬迁措施来防止贫困和达到富裕。② IRR 模型的提出可以说是世界移民补偿理论与实践研究的一个典范，世界各国工程项目移民实践和各国研究人员与实际工作者都以 IRR 模型为借鉴进行工作和研究。世界银行移民政策的影响已经扩大到了全球范围内，并给移民实践提供了新的参考方法。

在国际上，很多国家也都研究过水库移民问题，如美国、日本、法国、苏联等，其中的重要成果就有《大坝经济学》。《大坝经济学》是由美国人 P. 麦卡利撰写的，书中收集了大量有关大坝的实证资料，涉及巴西、美国、泰国、东欧、印度等地，详细地分析了大坝在建设过程中和建成运行后所遭遇的种种问题。他从宏观角度分析了大坝对环境和人类的影响，从微观角度分析了修建大坝的技术问题、大坝的效益及能源、水与人类的关系等与人类发展有关的问题，论述精辟、客观，对全球范围内的大坝研究有深远的影响。③

从上述简略的叙述中可以看出，世界各国的水库移民安置都在将重心从一次性补偿型移民安置方式向长期可持续发展型移民安置方式过渡。这对移民的稳定搬迁和后续发展都是一个不错的方式。

我国的移民研究大概始于 20 世纪 80 年代后期，1996 年是一个分界点。在 1996 年以前，研究与水利工程相关的政府部门和学科大部分都只是工作性的规划、讨论和总结，很少涉及工程搬迁主体——移民的问题。这个时期关于移民的著作有《水库移民工程论文集》（1989—1990）、《水库移民工程论文集》（1988）和《长江三峡工程移民专题论证文集》（1988）等。在研究不断向前发展的同时，程国阶等人也提出要对库区移民进行社会学方面的研究。

接下来的一段时间，各种学科，如经济学、社会学、管理学、人类学、心理学等都开始运用各自的专业知识来进行移民研究，成为移民研究大军中的一

---

① 参见唐传利《加强水库移民理论研究 迎接新世纪的挑战》，载福建水利水电工程移民网（http://www.fjym.gov.cn/html/lilunyantao/2471.html）。

② 参见［美］迈克尔·M. 塞尼著，水库移民经济研究中心编译《移民·重建·发展——世界银行移民政策与经验研究（二）》，河海大学出版社 1998 年版。

③ 参见［美］麦卡利著，周红云等译《大坝经济学》，中国发展出版社 2005 年版。

员。研究的重点也开始转移，从对工程本身的研究转移到工程搬迁主体——移民的问题的研究上，但这时候还只是从移民个体微观层面来探讨移民搬迁本身所引起的问题、移民安置方式对移民的影响等。

近些年来，国内学者不再局限于移民个体微观层面的研究，开始转向更加广泛的社会发展方面的探讨。学者们从不同的角度，运用不同的理论对水库移民进行研究。在多种学科交叉研究的前提下，产生了不同的研究主题，如移民政策理论研究、移民补偿理论与实践研究、移民的适应性研究、大坝对环境和人类的影响研究、移民的可持续发展研究等。本章重点关注水库移民与社区可持续发展。

我国水能资源非常丰富，但分布极不均匀。这就导致国家整体用电分布也不均匀，国家通过实施"西电东送"的方针来调解两者的不均衡。为了配合国家"西电东送"的水能开发，云南省兴建大中型水库。本章所涉及的云南省红河马堵山水电站工程位于红河干流下游红河州的个旧市和金平县境内，坝址位于云南省红河哈尼族彝族自治州的红河干流上。马堵山水电站是坝式开发的水电工程，工程任务以发电为主，为发展供水、库区航运创造条件。水库总库容5.51亿立方米，调节库容2.6亿立方米，具有不完全年调节性能。电站装机容量288兆瓦，设计年发电量13.14亿千瓦时。本工程总投资22.37亿元。① 马堵山水电站工程于2007年4月开工，2011年12月31日上午10时，马堵山水电站正式下闸蓄水。马堵山水电站库区移民涉及个旧、元阳、金平、蒙自和建水5个市县，搬迁户458户，2084人。

本章所涉及的曼村位于个旧市，是60年前由自愿移民建立的傣族村寨。在这60年的时间里，村民们把一个陌生的地方变成熟悉的环境，适应了当地的生产、生活方式并实现了社会融合。60年后，在国家水库建设的要求下，村民又一次非自愿搬迁。本章为曼村移民前后对比研究的一部分，主要探讨移民搬迁前和搬迁过程中出现的问题及解决方法，为水库移民社区的可持续发展提供一种思路。研究方法主要是对将搬迁的村落采用参与式观察、个别访谈和小型会议（focus group）等传统民族志的调查方法，对整个村寨的基本情况在分类描述的基础上，进行整体的把握。尽量运用摄影和照相记录村里的房屋、道路等基础设施和村民的日常生活及礼仪活动。采用诠释人类学理论中"深描"的叙事手段，对移民的现实生活进行多角度、全方位的表述。田野调查时间是2008年12月到2010年1月，研究人员先后4次到曼村调查。

---

① 参见百度百科·红河马堵山水电站（http://baike.baidu.com/link?url=F8mSbynaAgfZp6DP3F9-HzMMzkARHDnJdk-nOTIB0J40hrCLda51KlRMdod8H4oP78uZiW8EFisvgSwT5A9tF6q）。

二、田野点背景介绍

马堵山水库库区属元江炎热气候区,红河流域干热河谷区气候炎热干燥,常年不结冰。该区多年平均气温为20℃~21℃,年平均降水量为700~1200毫米,降水一般集中在5—10月,占全年的85%左右。该区域多年平均蒸发量为2731~1565.9毫米(20厘米蒸发皿),年平均相对湿度在76以下,多年平均风速为2.8~3.3米/秒,历年最大风速为20米/秒。①

个旧市蛮耗镇黄草坝村委会曼村小组是一个傣族村寨,整个村寨只有47户,共184人。村寨面积不大,村民居住比较集中,是马堵山水电站建设计划中即将被淹没的自然村(曼村详细村情见表21-1)。曼村只有60年的历史,在中华人民共和国成立初期这里还是一片没有人烟的土地。听当地的老人回忆,中华人民共和国成立初期,在极短的时间里有6户人家迁到这里。有两户是兄弟俩,姓陶,有一户姓王,一户姓刘,还有两户姓白。这几户人家都是从周边地区——蛮耗、冷墩、元阳等地搬迁过来的。迁来的理由基本都是因被当地人冤枉遭到歧视、隔离而被迫离开生活地,重新寻找新的定居地。开始的寨子是靠近山泉流淌的地方,都是建在水边。后来几年,村中不断有人畜生病,大家认为是地址选得不好,才又迁到现在这个靠山近水的地方,两个地址也就相差百米的距离。经过60年的发展,变成了今天的47户人家,整个村子基本都是白姓人家,陶姓次之,刘姓、张姓很少。在最初的岁月里,村子都是村内人联姻,致使现在整个村子彼此或多或少都有姻亲关系。经过60年的发展,现在整个村子基本都是亲戚。

表21-1 曼村村情

村名	总户数	总人数(人)		主要民族成分
曼村	47	184	男 / 女	傣族
			83 / 101	
全村经济状况				
全村土地面积(亩)	人均土地面积(亩)	年人均经济纯收入(元)	年经济总收入(万元)	主要经济来源	备注
225	1.37	951.2	31.8	种植业	2008年数据

---

① 数据来源:中水珠江设计公司《马堵山水电站建设征地移民安置规划报告》。

续表 21-1

年龄	全村教育状况																		
	小学（人）			初中（人）			高中及相当于高中学历（人）			大专及以上学历（人）			幼儿园及未上学（人）			文盲（人）		
	男	女	合计	男	女	合计	男	女	合计	男	女	合计	男	女	合计	男	女	合计
0～6岁	0	0	0	0	0	0	0	0	0	0	0	0	8	14	22	0	0	0
7～16岁	7	6	13	2	1	3	0	0	0	0	0	0	1	0	1	0	0	0
17～24岁	5	11	17	2	6	8	2	4	6	3	1	4	0	0	0	0	1	1
25～35岁	6	13	19	16	3	19	3	2	5	0	0	0	0	0	0	0	3	3
36～45岁	7	6	13	5	1	6	2	0	2	0	0	0	0	0	0	1	10	11
46～60岁	5	3	8	1	0	1	0	2	2	0	0	0	0	0	0	3	11	14
60岁以上	1	0	1	0	0	0	0	0	0	0	0	0	0	0	0	1	5	6
合计			71			37			15			4			23			35

基础设施及其他情况						
与镇距离（千米）	与村委会距离（千米）	是否通公路	是否通电	有电视户数	有电话户数	有何医疗设施
35	15	是	是	46	46	一家小诊所

数据来源：中共云南省委、云南省人民政府"云南数字乡村网"，2008 年（http://www.ynszxc.gov.cn/szxc/villagePage/vindex.aspx?departmentid=158805&classid=1639791）。

曼村地处元阳和屏边两县的四级公路上，交通便利，并且有一个共同的农贸市场，故曼村这个傣族村落与周边的彝族、苗族、汉族村落都有密切的联系。曼村和上述村寨之间的文化是不完全相同的，在建寨 60 年的时间里，与周边的其他民族、其他文化相沟通，形成了自己较有特色的曼村傣族文化。如在宗教信仰上，曼村不信仰佛教，但相信有鬼神的存在。村中 30 岁以上的村民大部分还是相信有鬼神的，尤其相信人死后是有灵魂的。每当村中出现不好的事情，如有人生病、出车祸、出事故等，都会请 shiniangmu① 来唱一下，以驱散不好的、不洁净的东西。年轻一辈，尤其是到外面打工的人在与其他民族的交流和发展过程中，接触了新的东西，开阔了眼界，开始相信无神论，认为世界上没有那些怪诞荒谬的东西，这些都是人给自己上的一道枷锁，都是人吓唬自己的东西，认为与其信仰鬼神，不如相信自己。

三、曼村移民搬迁前出现的主要问题

曼村的高程范围在 172～173 米，村庄的整个范围都在水库淹没线以下，属于直接淹没的类型。目前，我国移民安置形式大致有 3 种形式，即就地后靠安置、外迁开发安置和投靠亲友安置。曼村占据地形优势，在村寨左上方海拔 270 米左右有一块较为平坦的空地，可以作为新的安置点，所以，曼村就近实行组内后靠搬迁，利用政府付给的移民补偿费用，重新开垦荒地，修建房屋，并在维持原有农业的基础上，努力找寻和发展适合当地移民发展的第二和第三产业。

曼村的新寨子建在距离最高蓄水位线上 60 米左右的地方，是淹没线上唯一一块大的平地。村中有红河谷公路冷墩到清水河的二级公路穿过。相对于公路而言，寨子分两部分，公路线下有几户人家、学校和村小组办公地方，公路上方有几户人家。相对于水库淹没以前的活动范围来说，以后新寨子的活动领域缩小了很多。红河沿岸几块面积较大的农业用地在水库建成后将会被淹没，曼村的土地资源日渐减少，而农业是曼村移民的主要产业，生产和生活都以此为保证。农民缺少土地之后的生活靠什么来维持？水库建成后的经济利润，与移民的生活基本是无关的。当然，曼村有一定面积的荒山林地，但适宜农耕的少之又少，土地质量与之前的也无法相比，农作物及经济作物的耕种面积将大大缩小，作为主食的稻谷种植面积无法保证，作为主要经济来源的荔枝、芒果等经济作物的种植面积也会萎缩。如果政府没有为移民发展提供相应的就业机会或者发展第二、第三产业的规划，那么移民的生活水平必然下降。这对移民的后续发展将是一个潜在的危险。

在笔者的调查中，发现对水库的相关问题，如库区淹没村主要经济指标、

---

① shiniangmu，是指当地类似于神婆的一种人，可以通过唱经来驱散邪恶的、坏的东西。她并不是由人指派任命的，而是由去世的上一任灵魂来指派，一般都会有点亲戚关系。获得这种能力的人会行为怪异，发疯一样地度过一段时间，清醒之后就可以自动地接受她们做仪式的唱词与能力。一般，生病、红白事可能都会请她，当然要付一定的报酬。

淹没影响房屋及附属设施面积、淹没影响土地面积等，在 2009 年 5 月以前并没有张贴在村中公示栏中，村民知道的很少，可以说是完全不知道。笔者曾和村中一些人闲聊，问及对水库搬迁所实施的政策措施了解多少，很多人回答说只知道马堵山上建立了一个水电站，水库要堵水，村子被淹没了所以才要搬迁，对搬迁的相关政策并不了解，只知道这是政府要求搬迁的，而且已经赔了钱。在 2009 年 5 月份之后，应村民的要求，张贴了淹没影响土地面积的公示，接着就开始按照上面所标示的数目进行赔偿，这个公示距离测量土地已经过去了两年的时间。有些村民看完公示以后就发现出了问题。有的说本是水田的地被当成了旱地来计算；有的说测量的标准不符合要求，比实际面积要小很多；有的说本是芒果地，最后测量却变成了荔枝地。可以说，出现的问题多种多样。村民彼此之间议论了很久，最后有个人才说："听政府里的办事人员说，这些地在没有测量以前，马堵山水电站的规划人员已经画好了图纸。测量土地有些是根据图纸上的规划来进行的，并不是按照实际淹没面积进行测量。"

补偿问题是移民搬迁前村民与地方政府争执的焦点。据相关政策，移民的淹没实物补偿应该是施行一次性的补偿，并不是国家所提倡的开发性补偿方针。从 2009 年 5 月份开始，村民就陆续领取了淹没实物补偿资金，有的人家一次性就领取了十几万元。经济能力的突变使曼村人勤俭节约的价值观念发生了变化。笔者发现，很多人家没有有计划地使用补偿金，而是在拿到补偿金之后就开始添置家用电器和摩托车。笔者听村里的老人说，在近一年里，村里有一人因为酒后驾驶摩托车死了，有四五人受了不很严重的伤。以前很多人穿的衣服都是几十元一件，在农贸集市就可以买到，100 元以上的衣服都觉得较贵。现在一些年轻人也开始光顾安踏、361°等品牌店购买衣服。大家对穿衣的态度更加趋向于舒适，只要穿着舒服，贵一点也是可以接受的。同时，曼村出现了雇人从事农业生产的现象。笔者在 2009 年年底到村子里的时候，向村里土地看去，大概有一半的木薯没有收割。有的人家是雇用周边彝族的人来帮忙收割，除了包午饭，每天还有 15～25 元不等的工资。只有零星几户人家是自己去挖木薯，但也不像以前一样赶着收获，而是凭着喜好想挖就挖，不想挖就不去。此外，曼村人投入大量资金建新房。全村旧房基本都是土木结构，零星几家是砖混结构，一般土木结构和砖混结构的补偿标准是 260～400 元/米^2，新房子的实际造价是 1000 元/米^2，村民需要另外加钱才可以盖起政府规划的房子。由于大量的资金将被用于修建新房、添置生活必需品，曼村移民手中可以用于流动的资金就变得相对较少。如果要保证农业，尽力发展第二、第三产业，用于重新开采土地、发展其他生产生活方式的资金也会减少，这对村民增加经济收入就会有很大的影响，给曼村的可持续发展带来困难。

四、水电移民与社区可持续发展：发展人类学视角

发展人类学是应用人类学的一个分支，主要研究人类社会发展的问题（如贫穷、环境恶化、饥饿），并应用人类学知识去解决这些问题。发展人类学兴起于20世纪60年代，当时世界殖民体系完全崩溃，形成分别以美国和苏联为首的资本主义和社会主义两大阵营。以美国为首的西方国家，为在新独立的新型民族国家推广现代资本主义发展模式和对抗苏联，向经济落后的国家提供直接的经济援助项目，如杜鲁门的"四点计划"。这些项目把经济增长作为社会发展的目标，但在实践中并未取得预期的效果，反而引发了许多社会、经济和文化问题，如通货膨胀、分配不公、两极分化、文化冲突等。到20世纪70年代，一些发展机构，如美国国际发展署（United States Agency for International Development）和联合国开发计划署（The United Nations Development Programme）等，开始利用人类学家的专长和知识修订发展计划，把社会问题而不仅仅是经济增长指标纳入他们的政策和规划里，受援国的社会文化因素得到重视。① 在这一时期，发展人类学研究机构也建立起来，如美国的发展人类学研究所、英国的海外发展研究所、丹麦的发展研究中心、法国的海外科学和技术研究办公室和肯尼亚的发展研究所等。同时，以发展人类学为题的论文或书籍也相继出版。这些都是发展人类学诞生的标志。

同一时期，国际上的发展项目出现了4个新的投向：第一，城市基础设施建设项目；第二，社会方面的发展项目（如健康、教育、医疗、住房等）；第三，乡村发展项目；第四，新的发展意识：发展要适应于当地的自身资源／技术水平。20世纪80年代出现可持续性发展概念并得到普及，"自然环境成为发展项目必须关注的内容"。到90年代初期，妇女与发展问题成为国际发展项目关注的重点。90年代中期以后，国际发展项目转向最贫困的群体，强调让他们参与发展项目的设计、传递、决策过程。当前，国际上对发展项目有几点共识：①关注农村地区的发展；②以人为本，关注就业和收入的提高，而不是单纯的资本积累；③关注妇女在发展中的特殊需求和地位；④可持续发展，防止以发展经济为代价的生态环境破坏；⑤提倡农村地区最贫困人群对发展过程的全面参与。②

---

① 参见陈刚《发展人类学视野中的文化生态旅游开发》，载《广西民族研究》2009年第3期，第164页。

② 参见杨小柳《发展研究：人类学的历程》，载《社会学研究》2007年第4期，第189页。

第二十一章 水库移民与社区可持续发展探析

发展人类学随国际发展计划扩张而壮大。发展牵涉方方面面，如住房、卫生设施、身体健康、饮水、教育、农业、旅游业、环境保护、就业、政治权力、消除贫困、可持续性发展、食品保障等，为发展人类学提供了很大的舞台。作为应用人类学的一个分支，发展人类学立足于服务发展项目，实地解决或缓解发展项目中因文化引起的社会、政治和经济问题，探索利用本土文化提高发展项目实施效果的可能性。它把发展视为一种文化、经济和政治的过程，关注和分析在这一过程中出现的经济和权力不平等关系。[①] 发展人类学成为"传统"社会向"现代"社会过渡时，连接文化和发展的桥梁。每年有众多新的学术著作出版，更多的人类学家投身于发展领域，使发展人类学更好地融入人类学学科中。

格瑞洛（Grillo）在1997年把发展人类学的研究主题归纳为：一是人类学家在发展中处于何种地位；二是人类学的"异文化"研究到底能为发展研究带来什么贡献；三是反对在发展实践和研究中把第三世界国家的普通人民及其知识边缘化；四是倡导自下而上的参与式发展，促使赋权模式的实施；五是讥讽现有的发展实践和目标；六是批判发展和发展过程；七是寻找有效处理发展的人类学研究中权力关系的另类途径。[②]

发展人类学强调理论、方法和实践的有机结合，其常用的两个概念——参与（participation）和赋权（empowerment），既是理论，也是方法。一些地方发展项目采用了这种理论和方法，结果显示，当社区和社区成员参与发展项目的规划和决策过程，被赋予管理和控制他们自己的资源和未来的权力时，平等发展最有可能实现。这也是发展人类学的发展趋势之一。另一趋势是加强同其他学科合作，学习其他学科新的发展理论，不仅对当地进行研究，还研究对发展计划影响更大的政治、经济等组织势力。[③]

马堵山水电站建设引发的曼村移民问题具有以国家、政府权力为主导的强制性迁移的基本特点。深入分析该村出现的移民问题后会发现，从发展人类学的视角来看，其根源都可认为是缺乏移民主体参与造成的。发展人类学倡导自下而上的参与发展模式和在发展领域中研究本土知识，强调发展要适应当地的自身资源。修建水库一方面是应对能源危机，充分利用水能，另一方面也是扩大内需，增加就业机会，发展经济的选择。对搬迁群体来说，更多的则是摆脱

[①] 参见杨小柳《发展研究：人类学的历程》，载《社会学研究》2007年第4期，第191页。
[②] 参见杨小柳《发展研究：人类学的历程》，载《社会学研究》2007年第4期，第191页。
[③] 参见陈刚《发展人类学视野中的文化生态旅游开发》，载《广西民族研究》2009年第3期，第165页。

贫困，提高生活水平的一个机遇。

马堵山水库移民搬迁是自上而下的动员，相应的移民政策和规划是在民众缺席的情况下，由政府和专家学者研究制定的。当地民众对发展规划一无所知或者不求甚解的情况很普遍。他们关注的只是一次性搬迁补偿资金的多少，对搬迁到哪里、怎样搬迁和搬迁之后的正常生活如何保证等问题思考得并不多。在此民众基础上的搬迁发展规划能够在多大层面上发挥作用可想而知，移民的可持续发展将无从保证。

世界各地有许多提高社区社会、经济、环境和文化能力，改善社区成员生活的社区可持续发展项目，其成功的经验值得借鉴。2009—2011年，澳大利亚学者在澳大利亚南部昂克巴林加（Onkaparinga）市开展了社区连接项目（The Community Connections Project）。其目标是强化和开发社区资源和能力，以改善当地居民的生活，并促进社区可持续发展。该项目坚持社区发展的原则包括：给居民提供信息（informing people），使其更清楚发展机会；在与居民相关的问题上，征求其意见（consulting people）；吸引居民参加决策制定（involving local people）；通过伙伴关系与其他组织合作（collaborating through partnerships with other organizations）；通过技能开发和教育机会，给予居民力量（empowering people）。

在实际运作过程中，该项目采用了欣赏式探询法（appreciative inquiry）。该方法完全是参与式，强调社区的条件与环境，利用社区和居民内存的力量和资源开展工作，包含4个循环过程，即发现（discovery）、梦想（dreaming）、设计（design）和交付（delivery）。发现过程鼓励社区居民去发掘过去成功的因素和条件；梦想过程让居民想象他们渴望的未来，识别社区给居民提供最大支持的方式并认清他们自己、团队或组织在实现梦想中的作用；设计过程通过建设能力、参与、社会关系、管理结构、社区领导才能、与外部组织新的关系和资源利用，使社区居民的梦想变为现实；交付过程提交并实施包括短期和长期目标的行动计划，让居民利用资源，建立新关系，开发新技能，使社区的生活发生改变，社区居民的集体梦想得到实现。①

澳大利亚学者提出的社区可持续发展的原则和欣赏式探询法适用于我国水电移民社区建设，能减少矛盾，调动社区资源，保障社区可持续发展。国务院2006年发布的《大中型水利水电工程建设征地补偿和移民安置》条例第三条规定："国家实行开发性移民方针，采取前期补偿、补助与后期扶持相结合的

---

① Frank Tesoriero, Fiona Boyle, Linda Enright. Using Strengths—Based Ways to Build Community and Contribute to Social Inclusion. *New Community Quarterly*, 2010.

方法,使移民生活达到或者超过原有水平。"第四条中还有这样一条原则:可持续发展,与资源综合开发利用、生态环境保护相协调。① 上述两条规定已经明确告知,使移民可持续发展、合理利用生态资源,改变传统的一次性安置补偿模式为走开发性移民的道路是移民"搬得出、稳得住、能致富"的必要条件。

五、结语

自三峡工程后,我国水电安置移民从先迁移、再开发的"移民性开发",到创造基本生产条件后再移民的"开发性移民",发生了根本性的转变。水库移民方式由"安置型"转为"开发型",改消极补偿为积极创业,变生活救济为扶助发展生产。但是,面对移民社会生存环境的巨大变迁,不是一次性扶助就可以让移民持续稳定地生产生活的,也不是一次性扶助就可以补偿劳动技能、社会网络资源、文化传统习俗等方面的无形损失的。如果没有政府的关心和政策扶持,仅靠移民自身的努力,则难以解决移民贫困化问题,因而需要进行较长时期的扶持,但扶持并不是由政府垄断发展。

水电和水利工程是造福人民的工程。移民为水电和水利开发做出了巨大的牺牲,需要社会给予回报。特别是水电建设,如果移民没有享受到水电开发给自身带来的生活质量的提高,那么,这个水电建设就谈不上是富民工程。然而,难以让移民接受的现实是,水电开发企业从电力收益中获取了丰厚的利润,电力企业的过高收入、垄断性国企职工的优厚待遇与水电移民的贫困构成了巨大的反差。还有,地方政府财政增加后的楼堂馆所的增加,引发了人们对冠以国家利益的水电开发的质疑。水电开发"富站、富县、穷民"究竟是为谁谋福祉?是为少数垄断企业的员工,为了官员,还是为了广大民众?利益分配不公,必然降低公众对地方政府的信任度。上访求助、移民回流甚至会导致过激行为,直接影响到政权的稳定与社会安定。因此,水电建设的后期效益分配问题特别受到关注。如果水电移民的贫困问题得不到很好的解决,就会失去我国构建和谐社会的公平发展基础,对在能源战略中进一步发展水电业来说,则是一个严峻的挑战。

水库淹没问题涉及面积大,一次性搬迁移民多,社会影响广泛。水电工程移民已不是传统意义上的经济补偿问题。大量移民移得出、稳得住,已成为一个系统的社会和谐问题。水库移民的政策首先应使他们为国家利益做出的牺牲

---

① 参见《大中型水利水电工程建设征地补偿和移民安置条例》(国务院令第471号)(百度文库,2013年10月14日。http://wenku.baidu.com/view/2e28b6abdd3383c4bb4cd255.html)。

得到补偿；并使他们在搬迁之后，能够与当地原来的居民和谐相处，共同提高生活水平，实现"移得出、稳得住、能致富"的目标。

20世纪60年代兴起的发展人类学致力于改变落后的发展意识，倡导自下而上的参与式发展，推动社区和社区居民积极参与发展项目的规划和管理，促使赋权模式的实施，协调利益相关者的利益和关系。发展人类学在水电移民和社区可持续发展研究方面，能发挥巨大的作用。推动社区发展的欣赏式探询法，以其4D（discovery，dreaming，design 和 delivery）的手段，依靠社区居民，尊重地方知识，利用社区现有的资源和优势，实现社区共同可持续发展的梦想。这完全符合习近平总书记2013年3月17日在十二届全国人大一次会议闭幕会讲话中提出的"中国梦归根到底是人民的梦，必须紧紧依靠人民来实现，必须不断为人民造福"的精神。

后　记

　　2015年，我组织在虎门召开了第五届移民与城市化论坛，本书就是那次会议的论文结集。文集中所有的文章只做了文字上的修改，基本保持原貌。之所以选择在虎门召开学术会议，是因为20世纪90年代初，我在虎门进行乡村都市化的课题研究，在虎门镇对南栅、大宁、龙眼等村落进行过详细的调查。2000年后，因城市新移民课题、乡村都市化再研究课题等，我又多次到过虎门。可以说，我是虎门城市化进程的见证者，同时，虎门也是我移民与城市化研究主题的田野场。

　　自1978年以来，虎门的地理景观、产业结构和社会结构都发生了巨变，正如刘创楚、杨庆堃所说，中国社会正从不变到巨变。[①] 这与36年前我第一次来虎门所看到的景观千差万别，由此我产生了强烈的"文化震惊"。30多年的乡村都市化，虎门经历了从乡村到都市的变迁历程，社会转型的过程中也伴随着文化的转型。早在20世纪90年代末期，费孝通先生就已经谈到中国面临文化转型。他认为，"文化转型是当前人类的共同问题，因为现代工业文明已经走上自身毁灭的绝路上，我们对地球上的资源，不惜竭泽而渔地消耗下去，不仅森林已遭难于恢复的破坏，提供能源的煤炭和石油不是已在告急了么？后工业时期势必发生一个文化大转型，人类能否继续生存下去已经是个现实问题了"[②]。文化机制作为社会转型现象背后的深层次结构性逻辑，深刻影响着社会转型的方式，是社会转型的本质，而文化转型则以社会转型为动因和表征，实践着文明进程意义上的变迁。对于中国大部分地区来说，现阶段是一个从乡村社会向都市社会转变的时期，而这个转变的过程也是从农业文明向都市文明转化的文化转型过程。相较于社会转型，文化转型是一个长期、隐蔽的过程。在文化自觉观念引导下的中国意识的构建，成为当下中国文化转型的一个动力基础。文化转型首先是人对自然界态度的转变，即从对自然无所畏惧的探索和

[①] 参见刘创楚、杨庆堃《中国社会：从不变到巨变》，香港中文大学出版社1989年版。
[②] 费孝通：《反思·对话·文化自觉》，载《北京大学学报》（哲学社会科学版）1997年第3期。

利用，转变到以对自然的敬畏之心去思考人存在于天地之间的价值和意义。因此，文化转型必然要在人心或心态上做文章。文化转型对于中国而言，首先意味着一种整体性的世界观念上的转变，即从由于追赶先进而将自身定位为后进的姿态中转换角色，从别人影响我们开始转变为我们去影响别人；其次，当下中国的文化转型也意味着一种价值观念的转变；最后是由社会连接方式的转变直接带来的一种主体意识的转变。

乡村都市化由此成为我一生的研究主题。我开始拓展相关研究领域，将许多乡村的主题带入城市，如都市宗族研究、都市民间信仰研究、乡城移民研究，以及城中村的研究，尤为重要的是发起对城市中少数民族的研究。

此次学术会议也是我十余年精心培育的研究平台，从2011年的第一届移民与城市化论坛到即将在湘南学院举办的第八届移民与城市化论坛，研究的主题不断深入，学术共同体的成员越来越多，我很高兴看到这种可喜的变化。2015年会议之后我就开始组织本论文集的论文收录和整理出版工作，调整主题，三易其稿，中间因琐事耽搁了一段时间，但庆幸此书最终付梓。为此，我应该感谢所有的会议参加者和撰稿者，尤其是那些按时完成章节撰写的作者，感谢他们的付出；感谢中山大学出版社，特别是嵇春霞副总编辑，她的不弃和细致的工作最终成全了此书的出版。

参加本书撰写的有（按照章节顺序排列）：中山大学社会学与人类学学院教授周大鸣、中山大学社会学与人类学学院博士研究生陈世明（第一章），中山大学社会学与人类学学院博士研究生肖乙宁（第二章），华东师范大学中国现代城市研究中心暨社会发展学院教授文军、华东师范大学社会发展学院社会学系博士研究生吴越菲（第三章），河海大学公共管理学院教授陈绍军、河海大学公共管理学院博士研究生田鹏（第四章），中山大学社会学与人类学学院副研究员曹雨（第五章），西南科技大学政治学院副教授胡雨（第六章），中山大学旅游学院教授孙九霞、中山大学旅游学院博士研究生黄凯洁（第七章），浙江大学人类学研究所教授刘朝晖（第八章），南通大学副教授陈媛媛（第九章），深圳大学文化产业研究院执行院长、教授周建新（第十章），沈阳师范大学社会学学院副教授聂家昕（第十一章），云南大学民族研究院副教授王越平、云南大学陈民炎（第十二章），中山大学社会学系教授梁玉成、中山大学社会科学调查中心刘河庆（第十三章），湘潭大学副教授张恩迅（第十四章），中山大学人类学系博士研究生陈世明（第十五章），中山大学地理科学与规划学院吴蓉（第十六章），武汉大学社会学学院副教授李翠玲（第十七章），汕头大学商学院教授田广、汕头大学商学院刘瑜（第十八章），中山大学社会学与社会工作系副教授王兴周（第十九章），华南农业大学副教授周华

（第二十章），云南财经大学社会与经济行为研究中心教授陈刚、安徽三联学院工商管理系讲师张琳、云南民族大学人文学院民族学系教授郭锐（第二十一章）。本书完稿后，由天津社会科学院田絮崖统一整理和校对。最后要感谢我的科研助理祁红霞，她为本书的出版付出了相当多的努力。

  本论文集的结集和出版是一种鞭策和鼓励，将催促我们继续前行。相信这本论文集的出版不但不会中止我们对中国城市化的观察和思考，而且能够引发更大范围和更加强烈的回应和反响。

周大鸣
2019 年于康乐园斯盛斋